科学出版社“十四五”普通高等教育本科规划教材

大学生心理健康教育

（第四版）

杨小丽　孙宏伟　主编

科学出版社
北京

内 容 简 介

本教材在广泛吸收国内外最新研究成果的基础上，运用积极心理学理念，通过系统的、有计划的教育影响，引导大学生正确认识自我，以积极的心态、有效的方法应对学习、生活、人际交往和就业中的各种挑战，减少心理困扰，防范心理障碍。教材涵盖了心理适应、自我发展、情绪管理、人际关系、恋爱婚姻、挫折应对、生涯规划等内容。教材中穿插了大量案例、拓展学习和心理测验，以鼓励大学生主动参与、亲身实践、善于质疑和独立思考。本教材的特色在于结构体系完备、内容新颖实用、知识性与趣味性并重，具有较强的可读性。

本教材既可作为高等院校大学生心理健康教育的配套教材，也可以作为大学生和青年朋友提升心理健康水平的参考读物。

图书在版编目(CIP)数据

大学生心理健康教育 / 杨小丽，孙宏伟主编. 4版. -- 北京 ：科学出版社，2025. 5. --（科学出版社“十四五”普通高等教育本科规划教材）. -- ISBN 978-7-03-080112-8

Ⅰ. G444

中国国家版本馆 CIP 数据核字第 2024Z2X662 号

责任编辑：闵　捷 / 责任校对：谭宏宇
责任印制：黄晓鸣 / 封面设计：殷　靓

科学出版社 出版
北京东黄城根北街 16 号
邮政编码：100717
http：//www.sciencep.com

南京展望文化发展有限公司排版
上海锦佳印刷有限公司印刷
科学出版社发行　各地新华书店经销

*

2014 年 9 月第　一　版　开本：889×1194　1/16
2025 年 5 月第　四　版　印张：13 1/2
2025 年 5 月第二十八次印刷　字数：430 000

定价：60.00 元

（如有印装质量问题，我社负责调换）

《大学生心理健康教育》(第四版)
编委会

主　编

杨小丽　孙宏伟

副主编

姚莉华　王艳郁　肖　宵

编　委

（按姓氏笔画排序）

马　珺（重庆医科大学）
王胜男（山东第二医科大学）
王艳郁（山东第二医科大学）
孙　琳（山东第二医科大学）
孙宏伟（山东第二医科大学）
杨小丽（重庆医科大学）
杨晶晶（重庆医科大学）
肖　宵（重庆医科大学）
邹　敏（山东第二医科大学）
张春霞（重庆医科大学）
罗　婷（重庆医科大学）
赵　民（山东第二医科大学）
赵海钧（重庆医科大学）
姜能志（山东第二医科大学）
姚莉华（重庆医科大学）

第四版前言

我国的心理健康教育理论研究和实践探索是在20世纪80年代逐步开展起来的。1982年北京师范大学率先成立了心理测量与咨询服务中心，这标志着我国高校心理健康教育工作的开始。1995年，国家教育委员会在颁布的《中国普通高等学校德育大纲》中把心理健康教育列为德育内容。21世纪以后，教育部颁发了一系列的纲领性文件，对心理健康教育工作开展的重要性、主要任务和内容、原则、途径和方法、队伍建设、工作管理等方面作出了具体指导。2016年10月，中共中央、国务院发布的《“健康中国2030”规划纲要》要求加强心理健康服务体系建设和规范化管理。2016年12月，国家卫生计生委、中宣部等22部门联合印发了《关于加强心理健康服务的指导意见》，从深化健康中国建设、健全社会心理服务体系的战略高度，部署了心理健康服务体系工作。2017年10月，党的十九大报告明确提出加强社会心理服务体系建设，其核心是心理健康服务建设。2022年10月，党的二十大报告明确指出要“推进健康中国建设”，要“把保障人民健康放在优先发展的战略位置，完善人民健康促进政策”，特别强调要“重视心理健康和精神卫生”。2023年4月，为了贯彻党的二十大精神，贯彻落实《中国教育现代化2035》《国务院关于实施健康中国行动的意见》，全面加强和改进新时代学生心理健康工作，提升学生心理健康素养，教育部等十七部门共同制定了《全面加强和改进新时代学生心理健康工作专项行动计划（2023—2025年）》。该专项行动计划要求统筹教师、教材、课程、学科、专业等建设，加强学生心理健康工作体系建设，全方位强化学生心理健康教育，健全心理问题预防和监测机制，主动干预，增强学生心理健康工作的科学性、针对性和有效性。该专项行动计划还对课程设置提出了具体要求，即“普通高校要开设心理健康必修课，原则上应设置2个学分（32—36学时），有条件的高校可开设更多样、更有针对性的心理健康选修课。”在党中央和国务院的大力支持和推动下，我国心理健康教育的政策体系逐渐完善，心理健康教育工作受到极大关注和重视。

应客观现实的需要和时代发展的要求，我们对《大学生心理健康教育》（第三版）进行了修订。教材吸收了国内外近年来的新理论、新成果、新方法，并对有特色的研究、高水平的研究、系列化的研究、服务性的研究进行了总结和梳理，在保持全书十二章框架不变的基础之上，将这些新成果纳入教材之中以充实和完善现有的心理健康教育教材体系。

本教材的特色在于内容与体例新颖，知识性与趣味性并重，理论与实际相结合，学习与应用并举。本教材以实际应用为目的、心理素质培养为重点来建构教材体系，打破了以知识结构为逻辑体系来建构教材体系的传统做法,避免过分追求理论体系完善的"学科化"倾向。在教材编写过程中,在理论和知识的选用上,注重吸收国内外最新的研究成果,增加了拓展学习内容,使教材能够反映时代特点,满足大学生的需要。在教材体例上,每一章根据教学内容选取了典型案例,以供教师在课堂上进行案例教学,帮助学生学习和理解,以便科学地调整心理状态。此外,教材中还设计了一些心理测验或心理训练活动,以使教师在教学中能将心理体验与心理知识的讲授融为一体,使学生在自己领悟的基础上,学习心理学理论,使理论能转化为调节心理、提高心理素质的实际行动。

此次教材修订由重庆医科大学和山东第二医科大学共同完成,杨小丽教授、孙宏伟教授担任主编,负责全书的策划和统稿工作,姚莉华副教授、王艳郁教授、肖宵副教授担任副主编,负责全书的审稿工作。

教材编写过程中参阅并引用了大量的文献和资料,在此谨向原作者表示真诚的感谢。由于涉及面广、种类多,在所列参考文献中恐有个别遗漏,在此恳请原作者谅解。由于编写者水平有限,书中如存在错漏之处,敬祈专家、学者及广大读者予以指正。

主 编

2024 年 1 月 20 日

目　录

第一章　大学生心理健康与自我发展　001

第一节　健康与心理健康　001
第二节　大学生的心理特点　008
第三节　大学生心理自我调适的策略　013

第二章　大学生的自我意识　018

第一节　自我意识与大学生人格发展　018
第二节　大学生自我意识的特点　025
第三节　大学生自我意识完善的途径　031

第三章　大学生的人际交往与调适　037

第一节　人际交往概述　037
第二节　大学生的人际交往　045
第三节　大学生人际交往的自我调适　050

第四章　大学生的健康人格与塑造　058

第一节　人格概述　058
第二节　大学生常见的不良人格倾向　068
第三节　大学生健康人格的塑造　073

第五章　大学生的情绪及管理　078

第一节　情绪概述　078
第二节　大学生情绪特点及情绪困扰　081
第三节　大学生的情绪管理　086

第六章　大学生的学习心理与创新　091

第一节　大学阶段学习活动概述　091
第二节　大学生常见的学习心理问题及调适　095

第三节 大学生创造力与创新思维的培养 101

第七章 大学生的恋爱心理 108

第一节 爱情的心理学视角 108
第二节 大学生的恋爱心理 112
第三节 提高大学生爱的能力 118

第八章 大学生网络心理 123

第一节 网络世界与大学生心理需求 123
第二节 大学生常见网络心理问题 127
第三节 大学生健康网络心理与行为的培养 132

第九章 大学生挫折心理 140

第一节 挫折的概述 140
第二节 挫折相关理论 145
第三节 大学生常见的心理挫折 149
第四节 大学生心理挫折的应对 153

第十章 大学生常见异常心理与应对 160

第一节 异常心理概述 160
第二节 大学生常见的异常心理 163
第三节 大学生异常心理的识别与处置 170

第十一章 大学生心理危机干预与生命教育 174

第一节 心理危机与大学生心理危机 174
第二节 自杀心理与预防措施 180
第三节 生命存在与生命价值 184

第十二章 大学生职业生涯规划与择业心理 189

第一节 职业生涯规划的概述 189
第二节 职业生涯规划理论 194
第三节 大学生职业生涯规划及择业中常见的心理困扰 197
第四节 培养大学生生涯规划素养和健康择业心理 200

本书主要参考文献 205

第一章

大学生心理健康与自我发展

本章要点

掌握：心理健康的概念，心理健康的评估与解读。
熟悉：大学生的心理特点，自我心理调适的策略。
了解：健康的概念及健康的解读。

健康是个人需求，是人生快乐、幸福与成功的前提和基础，同时健康也是社会责任。随着社会发展，人们对健康尤其是心理健康的认识正不断演变和深化。大学生的心理处于迅速发展又尚未完全成熟的阶段，因此，了解大学生心理发展特点、开展大学生心理健康教育可以提高大学生的整体心理素质，维护和增进大学生的心理健康水平。

第一节　健康与心理健康

健康是人类的永恒追求。现代健康观认为，健康是生理健康与心理健康的协调统一，且心理健康的重要性日益凸显。心理健康的评估标准往往受到文化背景与所处时代的制约，故应对其全面地理解，从而达到消除认识偏差的目的。

一、健康的概述

成长过程中，每个人都在不断地追求着人生的价值与目标——金钱、名誉、权势、健康、成功等。

拓展学习 1-1

鱼与熊掌不可兼得，你会作何选择？

有记者曾将某年高考作文材料加以改编对大众进行采访。“一个年轻人，在漫漫人生路上经过长途跋涉，到达一个渡口的时候，他身上已经有了七个背囊：美貌、金钱、荣誉、诚信、机敏、健康、才学。渡船开出的时候风平浪静，过了不知多久，风起浪涌，上下颠簸，险象环生。老艄公对年轻人说：‘船小，负载重，客官您只能留下一个背囊，才可安全到达对岸。’看年轻人不肯丢掉任何一个，老艄公又说：‘有弃有取，有失有得。’”

如果你是这位年轻人，你会留住哪一个？无疑答案一定是留住健康。健康，是人生中最宝贵的一个“背囊”。

曾有人演绎了一个“健康数论”：把健康比作1，其他都是紧随其后的0，每获得一个背囊(财富、权势、爱情……)，等于在1后添加一个0。背囊越多，人生的资本就越多。有了前面的1，后面的0才有价值。一旦失去了健康，相当于人生资本中的1没有了，那么后面再多的0也只是0而已，又有什么意义呢？健康是人生的第一财富。当我们拥有健康的时候，并不一定会拥有一切，但是，当我们失去健康的时候，我们就会失去生命中的所有。拥有健康的人，即使没有权杖作道具，没有财富作布景，依然可以站在人生的舞台上扮演好自己的人生角色。一旦失去健康，权杖有何用？病入膏肓，财富值几何？正所谓：金钱诚可贵，权势价更高。若与健康比，两者皆可抛。

资料来源：严秀梅.开展诚信教育之我见[J].现代教育科学(中学教师)，2015(2)：74.

(一) 健康的概念

“您健康吗?”“当然健康!”很多人回答得斩钉截铁。

四肢发达，身板硬朗，这健康吗？身边没有朋友，稍不如意就寻死觅活，这健康吗？嗜烟、嗜酒、嗜赌如命，这健康吗？心里总是阴云密布、悲观厌世，这健康吗？

拓展学习 1-2

认识健康

甲方代表：“筝，女，22岁。近期筝进行了全身体检，结果显示各项指标均正常，身体状况良好，这使得她对自己的健康状况津津乐道，更对自己已有的生活方式坚信不疑。筝是典型的‘夜猫子’，特别能熬夜。昼夜与电脑打交道，一盯电脑屏幕就是几个小时，每晚必到凌晨1点后才休息，节假日更是昼夜颠倒。平时早上喜欢睡懒觉，宁可憋尿也要赖床，通常匆忙起床后来不及吃早餐，最多将就着喝杯奶茶，特别能忍饥挨饿，并以‘忍耐力超常’而著称。由于睡眠不足，筝经常会犯困，随时随地都能倒头就睡。筝比较注重形象，经常穿着紧身衣裤，饮食随心所欲却又热衷减肥。有时故意饥一顿饱一顿，甚至还吃减肥药。口味比较重，尤其喜欢盐腌、烟熏、烧烤的食物，臭豆腐是她的最爱，吃冷饮也不分季节。晚上熬夜时夜宵是必备品。筝平时的三餐极不规律，她形容自己的三餐：早上吃得像乞丐，中午吃得像平民，晚上吃得像皇帝。筝认为，只要体检自己没有生病，就是健康的。”

乙方代表：“堃，男，23岁。堃的生活很规律，每天设定自己的作息时间与健身计划，晚上9～10点上床睡觉，早上5点左右起床，不抽烟、不喝酒，三餐定时定量，每天至少运动30分钟。有些人笑他太过认真，但他不以为然。节假日并不会影响他的日常作息，他隔三岔五会骑车到郊区呼吸新鲜空气，有空的时候还会出去游山玩水，感受一下大自然的气息。堃有很多的朋友，他会经常与朋友走动或打电话，聊聊过去、现在和未来。堃认为，现在没有生病并不代表就是健康的。健康并不局限于眼前的身体状况，它是一种全方位的、持久的、系统的、长期的状态。”

你认为筝与堃谁更健康呢?

健康是人生的快乐之本。随着社会的发展与自我认识的深入，人们对健康的认识也处于不断演变的过程中。传统的健康观认为“无病即健康”，即甲方所持有的观点。这种健康观长期左右着人们的健康意识，使得人们对健康的认识仅仅局限于躯体的生物学变化。健康等于没有疾病？乙方代表的现代健康观对此并不认同。现代健康观认为健康并不仅仅是传统所指的身体没有疾病。

20世纪初甚至更早，人们的死亡大多由传染性疾病引起，人们相信个体对自身的疾病所负的责任甚微，因为大多数疾病是由于生物学因素所致，要避免这种情况是不可能的。20世纪中后期，随着预防措施的普及和医疗手段的进步，导致死亡的主要原因从传染性疾病转向慢性疾病，而这些疾病恰恰与激烈的社会竞争、频繁的应激事件、快速的生活节奏、巨大的心理压力及不健康的生活方式密切相关。人们逐渐认识到心理与社会因素在健康与疾病转化过程中的重要作用。世界卫生组织(World Health Organization, WHO)在《世界卫生组织宪章》中将健康(health)定义为:"一种在身体上、心理上和社会适应上的完好状态,而不仅是没有疾病和虚弱的现象。"随着研究的深入,世界卫生组织又对健康给出了新的定义,即"健康不仅是没有疾病,而且包括躯体健康、心理健康、社会适应良好和道德健康。"现代健康的含义是多元的、广泛的、系统的、全面的,它肯定了健康是一种正向的状态,是一个多维度的概念。一个生理上有缺陷的人,其心理与社会适应层面可能是健康的。

(二)健康的评估

做一个健康的人并不容易。依据科学而系统的健康新观念,一个健康的人需要达到躯体上、心理上、社会适应上的完好状态。为了加深人们对现代健康观的认识,世界卫生组织提出了评估健康的十大标准:① 精力充沛,能从容不迫地应对日常生活和工作的压力而不感到过分紧张;② 处事乐观,态度积极,乐于承担责任,事无大小,不挑剔;③ 善于休息,睡眠良好;④ 应变能力强,能适应外界环境的各种变化;⑤ 能够抵抗一般性的感冒和传染病;⑥ 体重适当,身材匀称,站立时头、肩、臂位置协调;⑦ 眼睛明亮,反应敏锐,眼肌轻松,眼睑不发炎;⑧ 牙齿清洁,无龋齿,无痛感,牙龈颜色正常,无出血现象;⑨ 头发有光泽,无头屑;⑩ 肌肉、皮肤富有弹性,走路轻松有力。

随着时代的发展,世界卫生组织又提出了评估健康的八大标准:"五快"+"三良好"。

"五快"指的是食得快、便得快、睡得快、说得快、走得快。食得快,表明进食时胃口很好,对食物不挑剔,显示内脏功能正常;便得快,表明排泄轻松自如,显示胃肠功能良好;睡得快,表明入睡快且深,醒后精神饱满,头脑清醒,显示中枢神经系统功能协调,且内脏无病理信息干扰;说得快,表明头脑清醒,思维敏捷,说话流利,中气十足,显示心肺功能正常;走得快,表明行动自如,转变敏捷,显示精力充沛、旺盛。

"三良好"指的是良好的个性、良好的处事能力、良好的人际关系。良好的个性,即性格温和,意志坚强,感情丰富,乐观幽默,具有坦荡胸怀与达观心境;良好的处世能力,即看问题辩证客观,待人接物合情入理,自控能力强,能适应复杂的社会环境,保持社会外环境与机体内环境的平衡;良好的人际关系,即遇事不斤斤计较,大度和善,助人为乐,与人为善。

由上述标准可知,健康是生理健康与心理健康的和谐统一,二者相辅相成,缺一不可。无论采用何种标准评估健康,必应遵循生理、心理、社会适应相整合的系统化评估原则。

(三)健康的解读

1. 全面性的健康观念　现代人的健康观强调整体健康,关注一个人在生理上、心理上和社会适应上的完好状态。衡量一个人是否健康,不仅要检验其有无器质性或功能性异常,还要考量其有无主观不适感,评价其有无社会公认的不健康行为。一个健康的人既要有健康的身体,又要有健康的心理,这就好比"人"字的一撇一捺,二者缺一不可,相互影响而又相互制约。生理健康是心理健康的基础和载体,心理健康是生理健康的条件和保证。

人的生理活动与心理活动相互联系、相互制约。研究表明,很多生理疾病与心理因素密切相关,其中,行为模式 ABC 理论就反映出二者之间紧密的关联。科研人员在研究心脏病的过程中注意到,候诊室里的椅子都有一个共同的特点,即椅子的前半部分总是磨损得异常严重,而椅子后部与靠背却崭新依旧。他们观察患者的行为发现,不少患者在候诊时间内显得焦躁不安,一会儿站起来一会儿又稍稍欠身坐到椅子边上,这种反复站立坐下的动作导致了椅子前半部分的磨损。随着研究深入,研究者逐渐发现特定性格或行为模式与疾病之间存在着紧密的联系。在行为模式 ABC 理论中,A 型行为模式的人急躁、没耐性、争强好胜、易激动、行动快、做事效率高、精力旺盛、忙忙碌碌、有被时间追赶的感觉、经常感到时间不够用;与 A 型行为模式相反,B 型行为模式的人悠闲自得、不好争抢、平静轻松、有耐心、没有时间紧迫感;C 型行为模式的人异常拘谨、委曲求全、挫折感强、内心藏事,很少公开表达情绪。研究表明,A 型行为模式的人患冠心病的概率是其他人的两倍以上;在排除了食物、年龄、吸烟等干扰因素的情况下,A 型行为模式的人的冠心病发病率明显高于 B 型行为模式的人,而且更容易复发,死亡率也较高;C 型行为模式的人负性情绪多且得不到宣泄,更容易导致肿瘤的发生。且不说到底是由生理疾病而引发了性格与行为变化,还是因行为模式而导致了生理疾病,大量研究均已证实生理健康与心理健康之间的高度相关性。

生理健康是心理健康的基础与载体。生理功能的异常状态会导致相应心理或行为的变化,如心脏病患者常常惶惶不安;癌症患者会感到生活无趣,甚至产生死亡将至的强烈恐惧感。

心理健康是生理健康的条件与保证。不健康的心理状态更容易使人罹患各种生理疾病。《黄帝内经》中指出:怒伤肝,喜伤心,思伤脾,忧伤肺,恐伤肾,百病皆生于气。例如,林黛玉多愁善感,吐血而亡;范进中举,狂喜而疯。不良的心理状态可以引发失眠、便秘、消化不良、心绞痛、心律失常等症状。例如,现代医学研究表明,愤怒会使人呼吸急促,血液内红细胞数剧增,血液凝结加快,心动过速,不仅会损伤心血管系统,更会影响肝脏健康。美国耶鲁大学医学院门诊部统计发现,求诊患者中因情绪紧张而致病的占76%。中国医学伦理中,对于"是否应将癌症实情告知病患"这一问题常有争论,纠结的根源就在于病患知晓实情后的恐惧心理可能对患者生理造成重大影响,现实生活中此类案例不胜枚举。

2. 系统化的健康模式　19世纪到20世纪中期被大众广泛接受的健康模式是生物医学模式,迄今依然有不少人认同这一模式。生物医学模式强调运用生物与医学相联系的观点认识生命、健康与疾病,认为疾病或身体的病症是由于生物学因素造成的,大多数疾病是可以治愈的。生物医学模式促使合成药物与医疗技术的飞速发展,在医学史上显现了巨大的价值。但是,这一模式对某些功能性和心因性疾病不能给予完整而科学的解释。

20世纪后期,随着人类疾病谱和死因谱的改变(由感染性疾病转变为与不健康行为和生活方式相关的慢性疾病)、对健康认识的深化,以及对卫生保健需求的提高,一些医学家、心理学家与社会学家对原有的生物医学模式产生了质疑,提出了生物-心理-社会医学模式。生物因素包括源自双亲的遗传基因以及个体的生理功能,如先天的生理缺陷、后天的机能损伤、对疾病的免疫力、对粉尘的敏感性等;心理因素涉及个体的认知、情绪、意志及其个性特征等;社会因素囊括了社会的各个层面,小到家庭、社区、学校,大到民族特征、社会文化、传统习俗等。生物-心理-社会医学模式认为生物、心理和社会因素三方的合力共同影响了人们对疾病的易感性、疾病治疗的结果和健康维护的功效。

人,既是自然的人,又是社会的人。一个人是否健康,不仅要考虑其生物学变量,还要权衡其心理与社会状态的变量。生物医学模式只考虑到人的生物属性,忽视了心理及社会因素的潜在影响;生物-心理-社会医学模式则更强调生物、心理与社会因素的整合,要求从更广泛的联系上系统化地研究健康与疾病问题。

案例1-1

不容忽视的心理与社会因素影响

枫,男,22岁,身高1.76米,体重130千克。他父母的体重都比较正常。家庭条件优越的他,小时候就拥有着比其他小朋友更多的糖果、更特别的零食。父母由于工作比较忙,常年不在身边,小时候的枫经常哭闹,为了弥补对孩子的亏欠,家人总是用好吃的零食对他进行安抚,这种方法非常有效。父母回来是枫最高兴的日子,因为每次父母都会带他去炸鸡店、汉堡店大吃一顿。父母一直认为,胖胖的孩子才是健康的,只有孩子胖嘟嘟的,才表明父母不在身边的日子里他生活得很好。但他们却没有意识到枫已经太胖了,而且随着年龄的增长,越来越胖。枫非常容易疲倦,也不爱运动,偶尔走走,便气喘吁吁。他最喜欢倚在沙发上边玩电脑边吃零食,累了就直接打瞌睡。枫经常会上网浏览美食咨询,看到美食便不能自控,有时甚至可以为了一顿美食奔波数百里。枫也曾尝试过减肥,如控制饮食、增加运动量,但最终都因不能坚持而放弃。

枫的肥胖不能仅仅用生物学的因素加以解释,还有不容忽视的心理与社会因素的影响,如认知的偏差、意志力的薄弱、家庭教育的失误、社会媒体的误导等。正是生物、心理与社会因素相互影响、结合而成的动态系统导致了枫的健康问题。著名学者乔斯林(E. Joslin)曾指出:"基因给枪上膛,是生活模式扣动了扳机!"显而易见,在生物医学模式与生物-心理-社会医学模式的对决中,后者更胜一筹。

二、心理健康概述

（一）心理健康的概念

案例 1-2

心理能量的巨大潜力

河南省某县李家怪事频频发生：在瘫痪者李某一个人住的屋子里总是有怪影神秘闪现；摆放在厨房里的零食经常无缘无故就不见了踪影。事后发现，十多年来一直瘫痪在床的李某在无人的时候竟然可以自己站起来走路，但自己却意识不到。

李某从 13 岁至今一直瘫痪在床，多年来生活均不能自理，生活起居需要家人帮忙。兄弟姐妹中，她年龄最小，备受父母宠爱。小时候并无异常，父亲去世后，母亲担起家庭的全部重担，经常带着子女从事繁重的体力劳动。李某 12 岁时突然开始生病，经常头痛干呕，因此不用下地干活。去医院检查过，但无器质性病变，治疗也未见成效。一次与姐姐闹矛盾时，姐姐推了她一把，没想到她就此彻底瘫痪在床。一直以来，李某都是由母亲无微不至地照顾，母亲去世后，妹妹接管。虽然家庭并不富裕，但妹妹却尽心尽力。一次偶然外出返家，竟然看到常年瘫痪在床的李某，正在屋里行走！正在行走的李某看到妹妹的那一刻一下子晕厥在地，等她醒来之后，却一脸茫然，对刚才发生过的事情一无所知。

从精神分析理论角度分析，李某潜意识里根本就不想站起来，她瘫痪在床的目的就是想方设法获取别人的关心。通过综合采用催眠、暗示、行为放松等技术，卧床多年的李某终于在有意识的状态下奇迹般地站了起来。该治疗的有效性也印证了心理能量的巨大潜力。

重视心理健康已成为当今世界的大势所趋。那么，什么才是心理健康？国内外不少专家学者从不同的角度对心理健康的概念进行了研究和论述，目前尚无一致的看法。

心理学家奥尔波特(G. W. Allport)认为，心理健康的人不被无意识的冲动所驱使，他们的行为是在理性和有意识的水平上活动的；这样的人积极追求目标、希望和理想，并形成自我同一性。

精神病学家门宁格(K. Menninger)认为，心理健康是人们对于环境及人相互之间具有最高效率及快乐的适应情况。即心理健康不只是要有效率及满足之感，也不只是能愉快地接受生活的规范，而是三者都要具备。心理健康的人应能保持平静的情绪、敏锐的智能、适应社会环境的行为和愉快的气质。

第三届国际心理卫生大会指出，心理健康是指在身体、智能及情绪上能保持同他人的心理不相矛盾，并将个人心境发展成为最佳的状态。

《简明不列颠百科全书》将心理健康界定为个体心理在自身及环境条件许可范围内所能达到的最佳功能状态，而不是绝对的十全十美状态。

总而言之，心理健康(mental health)是一种持续良好的状态，在这种状态下，个体不仅没有心理疾病或变态，而且能够持续对环境做出良好的适应，并能保持旺盛的生命力，充分发挥身心的潜能。

（二）心理健康的评估

人的生理健康有明显的生理指标，如脉搏、体温、血压等。同样，心理健康也可以通过一些特定的指标加以评估。心理健康研究的角度、出发点和参照系不同，因此，关于心理健康的标准也有众多的观点，至今尚无一致的结论。

第三届国际心理卫生大会提出了心理健康的四条标准：① 身体、智力、情绪十分和谐；② 适应环境，在人际关系中能彼此谦让；③ 有幸福感；④ 在工作中，能充分发挥自己的能力，工作有效率。

人本主义心理学家马斯洛(A. H. Maslow)提出了心理健康的十条标准，曾被称为心理健康最经典的标准。这十条标准是：① 有充分的自我安全感，具有自尊心与价值感；② 能充分了解自己，并能恰当地评价自己的能力；③ 生活的目标与理想切合实际；④ 不脱离周围的现实环境，有自知之明；⑤ 能保持人格的完整与和谐;⑥ 具有从经验中学习的能力;⑦ 能保持良好的人际关系;⑧ 能适度地表达和控制情绪;⑨ 在符合集体要求的前提下,能较好地发挥自己的个性;⑩ 在不违背社会规范的条件下,能恰当地满足个人的基本需求,并具有满足这种需求的能力。

在国内,目前比较公认的心理健康八大标准如下。

(1) 智力发育正常:智力是心理活动认知功能的表现,智力是否达到一定水平是衡量一个人心理健康的最重要的标志之一。正常的智力是心理健康必备的条件,智商水平在 80 以上者为智力正常,智商水平低于 70 为智能不足,即智力不正常。

(2) 情绪积极稳定:情绪和情感是心理活动明显的外部指标,情绪健康的重要标志是情绪积极而又稳定。情绪积极是指正向情绪多于负性情绪。心理健康者愉快、乐观、满意等积极的情绪状态总是占优势,但这并不表示心理健康的人就没有悲伤、忧虑、愤怒等消极的情绪体验。正常的情绪反应总是与环境相适应,每个人都不可能生活在真空里,难免会产生喜、怒、忧、思、悲、恐、惊等情绪反应,这都是再正常不过的了,只不过心理健康者的负性情绪持续时间不会很长。

情绪稳定是指善于控制与调节自己的情绪,既有适度的情绪表现,又不为情绪所左右,能保持比较平静的心境。或许有人会认为,既然要保持积极的情绪,那么天天放声大笑岂不是更好?事实并非如此,极端的积极情绪或极端的消极情绪对健康都是不利的。心理健康的人具有较强的自控能力,对自身情绪既可以适度克制又能够合理宣泄,控制情绪,保持平和才是最有意义的。

(3) 意志坚定自制:意志是对自身活动的控制力。心理健康的人具有良好的意志品质,意志健全的重要标志是坚定而又自制。意志健全者在行动的自觉性、果断性、坚韧性和自制性等方面都表现出较高的水平,如在诱惑面前能克制自己,在困难面前能采取合理的反应方式,在重任面前能持之以恒等。心理不健康者的意志水平常表现为两种极端状态,要么武断独行、顽固执拗,要么犹豫不决、畏惧退缩。

(4) 人格完善和谐:人格是个体比较稳定的心理特征的总和,是一个人的整体精神面貌,人格完善是指具有健全统一的人格。心理健康者其所思、所言、所做均协调一致,需要、愿望、目标、行为统一,正直、热情、自信、勇敢;而心理不健康者其所思、所言、所做均不协调,需要、愿望、目标、行为相互矛盾,冷漠、自卑、惧怕、自私。

(5) 自我意识正确:人贵有自知之明。心理健康者能恰如其分地认识自己,接纳自己,正视现实,对自己的长处不自傲、不夸大,对自己的缺点不自卑、不掩饰,努力完善自我,既不妄自尊大,又不妄自菲薄。生活目标与理想切合实际,不苛求自己,能摆正自己的位置,扬长避短。

(6) 人际关系协调:人是社会的人,不能脱离集体而存在,良好的人际关系也是心理健康的重要标志。心理健康者乐于与人交往,在人际交往中既能接受他人,认可他人存在的重要性和独特性,也能被他人理解和接受;既能在与挚友同聚之时共享欢乐,也能在独处沉思之时无孤独之感;与人相处时,友善、信任、尊重等积极的交往态度总是多于猜疑、妒忌、敌视等消极的态度,有充分的社会安全感,不卑不亢。

(7) 社会适应正常:个体应与客观现实环境保持良好的关系。心理健康者在环境改变时能面对现实,对环境做出客观的认识和评价,以有效的办法应对环境中的各种困难,还可以对环境的特点和自身的状况加以协调,或者改变环境以适应个体需要,或者改造自我以适应环境。

(8) 心理行为符合年龄特征:人在生命发展的不同年龄阶段,都有相应的心理与行为表现,从而形成了不同年龄阶段独特的心理行为模式。例如,少年的天真活泼,青年的朝气蓬勃,中年的成熟稳健,老年的沉着老练。心理健康者的认识、情感与言行举止都应符合其所处的年龄阶段的特征。如果一个人的心理与行为严重偏离自己所处年龄阶段的特征,一般都是不健康的表现。

(三) 心理健康的解读

问题一:心理正常就是心理健康,心理不健康就是心理不正常吗?

心理正常指具备正常的心理功能;心理不正常或心理异常是指大脑的结构或功能失调,或者人对客观现实反映紊乱和歪曲,具有典型的精神障碍症状。"心理正常"与"心理不正常"讨论的是"没有精神障碍"与"有精神障碍"这一对范畴,而"心理健康"与"心理不健康"针对的是另外一对范畴,即在正常的范围内,讨论正常心理健康水平高低及其程度。可见,"心理健康"与"心理不健康"均包含在"心理正常"这一概念之中,心理不健康也属于心理正常，“不健康”和“病”是两类性质的问题，“心理不健康”并不代表心理不正常或有精神障碍。临床上鉴别心理正常和心理不正常的标准与评估心理健康水平的标准是截然不同的。

问题二：具有不健康的心理和行为就证明一个人的心理不健康吗?

一个人的心理是否健康与一个人是否有不健康的心理和行为并不是一回事。心理健康与不健康都是指较长时间内的一种持续的心理状态，故而对一个人的心理健康状况进行评价时，要以较长一段时间内持续的心理状态为考察对象，而不能简单地根据一时或一事得出结论。

心理不健康是一种持续的不良状态，表现为某项指标在时间上有一定的持续性，在内容上有一定的深度，带有必然性；不健康的心理和行为则是一种现象，表现为在某一时间、某一场合下出现的情况，带有偶然性。一个人偶然出现的不健康的心理和行为，并不能说明他的心理不健康，更不能就此判定其心理异常。

问题三：一个人现在心理健康就永远心理健康，现在心理不健康就永远心理不健康吗?

心理健康既是一种状态，也是一个过程，它并非静态的、一成不变的，而是动态的、处于发展变化之中的。心理健康与否只反映一个人在某一段时间内的特定心理状态，这种状态是可以改变的，既可以从不健康状态转变为健康状态，也可以从健康状态转变为不健康状态。

我国心理学学者岳晓东博士提出的“灰色区”理论认为，心理健康与否没有一个明确的界限，它是一个连续不断的变化过程。人的心理健康与不健康是相对而言的，心理健康与心理不健康之间只是存在着量的变化。岳晓东在“灰色区”理论中用纯白色与纯黑色作为一个连续体的两端，他认为人的心理状态在此连续体上呈正态分布，处于纯白区的人心理完全健康，处于纯黑区的人具有精神障碍，在这两个区域之间存在着一个巨大的缓冲区，即灰色区。灰色区可以分为浅灰色与深灰色，各个区域之间没有明确的界线，既是一种连续的状态，也是一个渐进的演变过程。处于纯白区与纯黑区的人极少，大多数人处于灰色区内。不同区域人的心理状态只在健康水平和程度上有差异。也就是说，不同的区域只是表明该心理状态对人们的正常生活和情绪状态干扰的程度有所不同。

心理健康不是一种静态的平衡，它并不代表永久性的无压力、无痛苦、无冲突。心理健康者要不断地在平衡与不平衡的交替中进行有效的自我调整，努力与现实环境保持动态的协调，才能达到维护心理健康的目的。

问题四：通过观察一个人的行为就可以判断其心理是否健康?

拓展学习 1-3

他们心理健康吗?

一男大学生，平时性格外向，活泼开朗，但最近几周他突然变得抑郁、孤僻、沉默、注意力分散、学习兴趣下降，而且经常在半夜里哭醒。他的精神失常了吗？如果告诉你，他的母亲刚刚去世，你怎么想?

一胖男生在商场与母亲走散，他焦急地问身旁的人：“你有没有看见我妈妈？她的身边带着一个小胖子?”他的心理发育正常吗？如果告诉你，他只是一个懵懂的三岁孩子，你怎么想?

一男青年在站台上焦虑地徘徊着。列车进站，尚未停稳，只见一女青年急切地走下车，男青年不顾一切地跑上前去，抱住她亲吻，全然不顾站台上众多乘客的目光。他的心理健康吗？如果告诉你，这对青年男女是西方人，你又会得出怎样的结论呢?

一个人的心理是否健康，仅仅以某一种行为来判断是得不出正确结论的，还必须要考虑其所处的年代、年龄、环境、背景、文化等诸多因素。

心理健康状态是一个相对的概念。人与人之间存在着地域、民族、社会文化等方面的差异，这些个体差异决定了心理健康的标准不能绝对化。心理发育是否正常，只有与同一年龄段的人相互比较才有价值；在同一时期内，心理健康的标准也会由于社会文化标准的差异而有所不同。

问题五：开展心理健康教育，是因为学生的心理不健康吗?

《中共中央、国务院关于深化教育改革，全面推进素质教育的决定》明确指出：加强学生的心理健康教育,培养学生坚韧不拔的意志、艰苦奋斗的精神,增强适应社会生活的能力。《国家中长期教育改革和发展规划纲要》战略主题中提出:加强心理健康教育,促进学生身心健康、体魄强健、意志坚强。我国著名心理学家林崇德教授认为,现在社会上有一种极不科学、极不严肃地对待学校心理健康教育的态度,认为之所以开展心理健康教育,是因为许多学生心理不健康。这是对心理健康教育认识的最大误区。开展心理健康教育的根本目的在于提高学生的整体心理素质,维护和增进学生的心理健康水平。

现实生活中,即使是心理健康者也存在着健康水平高低的问题,就好比没有生理疾病的人,他们的身体健康水平也并不完全相同。心理健康水平的高低或心理健康素质的好坏直接决定着一个人对心理疾病的"免疫"能力。古人言:圣人不治已病,治未病,不治已乱,治未乱。"治未病"的思想至今仍是"指南针式"的重要智慧,依据此理论,我国高等学校心理健康教育的模式具有了导向性,即致力于从补救性为主转变为发展性为主,将重点放在大学生潜能的开发与心理素质的优化上,促进其人格的全面发展与完善。

三、关注大学生心理健康的意义

(一) 新时代要求高校培养大学生健全的人格

大学生作为构建和谐社会的生力军和新时代的接班人,不仅需要坚定的政治方向和专业的知识水平,还应具有新时代建设要求的健全人格。健全人格是保障心理健康的基础。健全人格的培养,可以帮助大学生明晰自己的人生目标,端正人生态度,正确看待物质利益与个人价值的关系。健全人格的培养,可以引导大学生不断提升内在修养,尊重理解他人,避免以自我为中心,实现人际关系的和谐。健全人格的培养,可以激发大学生开拓进取,敢于冒险和勇于承担责任的精神,这有利于大学生在以后的学习和工作中执着追求,锐意进取,为国家和社会作出贡献。

(二) 心理健康有利于培养大学生终身学习能力

科技兴则民族兴,科技强则国家强。全球新一轮科技创新发展正加速推进,并深度融合、广泛渗透到人类社会的各个方面。伴随着新知识新技术的不断涌现及科技的快速发展,大学生在专业学习及实践工作中将会面临重重的挑战,瞬息万变的专业领域和社会发展需要大学生具备终身学习的能力。大学生心理的健康发展是培养其终身学习能力的重要促进因素。心理健康有利于大学生端正学习动机,激发专业知识学习兴趣,变被动学习为主动学习;并且更好地提升其发现问题和解决问题的能力,以塑造创新能力,为实现科技创新,建立创新型国家提供人才支持。

(三) 社会激烈的竞争要求大学生提高承受压力的能力

现代社会竞争已经渗透到生活的方方面面。竞争在为社会发展注入活力,选择优秀人才的同时,也会给参与竞争的个体带来压力与挑战。大学生作为社会中的活跃群体,面临着竞争带来的学习、人际交往及就业等各方面的压力。抗压能力是大学生心理健康的重要组成部分。抗压能力的提高可以减轻大学生在激烈竞争中所产生的负面情绪,最大可能地避免大学生产生心理问题及心理危机;可以增强大学生综合素质能力,为大学生全面发展提供支持;可以培养大学生的心理复原能力,有助于大学生在逆境中奋进,在失败中成长。

第二节 大学生的心理特点

人的心理既包括一般的共性特征,又涉及独特的个性特征。就构成成分而言,人的心理可分为心理过程与个性心理两个方面,心理过程是指人的心理活动发生、发展、消失的动力过程,包括认知、情感和意志;个性心理是指个体在心理方面所表现出来的区别于其他个体的特殊品质,包括个性倾向性与个性心理特征,其中个性倾向性主要表现为需要、兴趣、理想、人生观等,个性心理特征主要表现为能力、气质、性格、自我等。大学生的心理发展是逐步走向成熟的过程,但各种心理的发展并不是同步的,而是呈现不平衡的状态,不仅有时间上的先后和程度上的强弱,而且也存在着较大的个体差异。

一、大学生心理发展的基本特征

从心理发展的整体来看，大学生正处于趋向成熟却又尚未完全成熟的阶段，其心理发展呈现出一系列显著的矛盾性特征。了解大学生心理发展的基本特征是帮助和促进大学生稳步走向成熟必不可少的前提条件。

（一）抽象思维迅速发展，但易有主观片面性

随着专业知识的积累、思维训练的强化与实践经验的丰富，大学生的认知能力基本达到成熟水平，其抽象思维能力也获得迅速发展。

大学生思维的独立性与批判性日益增强。随着辩证逻辑思维的发展与抽象概括能力的提高，大学生独立思考问题的能力迅速发展，并开始用批判的眼光来看待周围的事物，喜欢质疑、探索、争论，不盲从。

大学生思维的深度与广度进一步发展。随着能力的提高与视野的开阔，大学生逐渐对事物的因果规律产生浓厚的兴趣并热衷于开展比较系统的理论论证，已经能够对不同事物进行比较全面的认识、分析、比较，从而把握事物间固有的、内在的、本质的联系与规律。

大学生思维的灵活性与创造性明显提高。大学生能够运用所学知识采用发散性的思维方式对同一问题提出多种设想并从多个方面展开论证，对新事物与新问题有着较强的敏感性，思维活跃且富于想象，出现了更多的创造性成分。

不过，大学生的抽象思维还没有达到完全成熟的程度。因此，大学生看待问题时难免会带有主观片面性，评判问题时易掺杂个人的好恶与情感因素，有时会在多渠道的信息交流中受到不正确的理论观点和不良价值观的诱导，模仿社会上的一些流行现象，良莠不分，真伪不辨，识别能力有待加强。

（二）社会情感日益丰富，但情绪波动性较大

随着文化层次的提高与生活空间的扩大，大学生的情感日益丰富，尤其是社会情感迅速发展，如学习过程中的理智感、集体生活中的道德感、人际交往中的正义感、政治生活中的责任感、文化熏陶中的美感等表现得更为成熟。

大学生对情绪和情感的调控能力不断地由弱变强，情感表达有了间接性和内隐性的特点。他们可以依据具体的条件选择不同的情感表达方式，也学会了掩饰自己的内心体验，情感表达含蓄而隐蔽。

不过，大学生驾驭情绪和控制情感的能力还不够健全、不够稳定。无论从生理、心理还是社会的角度来看，大学生均处于内在需要与外界环境相互矛盾的刺激之下，情绪带有强烈的可变性与多变性，波动性较大且两极性比较突出。不少大学生容易受到周围环境变化的影响，情绪起伏比较大，心境变化比较快，在短时间内可以从高度兴奋变得无比消沉，也可以由非常冷漠突然转变为极度狂热。当情绪与理智不一致时，有时会表现出理智的一面，但更多时候不能冷静地控制自己的情绪。这种情绪的不稳定、不成熟是大学生心理发展过程中难以避免的特征，是心理发展的正常现象。大学生在学业、生活、人际关系等各方面的冲突变化，都会引起其情绪上的波动，提高自身的情绪与情感调控能力是大学生成长与发展中的重要任务。

（三）意志水平明显提高，但不够平衡稳定

随着社会知识与实践经验的增多，大学生对社会与人生的意义有了更为深刻的认识，其世界观、人生观、价值观逐步确立，开始进行人生的规划、奋斗目标的确立、前进计划的制定与具体过程的实施。多数大学生在实现目标的过程中表现出坚强的毅力，其意志力已发展到较高的水平。

大学生的意志水平明显提高，在实际行动过程中表现为自觉的目的性、顽强的意志力、明显的社会性等特征。多数大学生能够意识到自己行为的目的并自觉地进行有意志的行动，能够以持之以恒的态度克服来自内外环境的障碍，意志品质获得了极大的发展。

不过，大学生意志的发展水平不够平衡、不够稳定。一般来说，大学生意志的自觉性与坚韧性品质发展水平较高，而果断性与自制性品质发展相对缓慢。在处理关键问题或采取重大行动时，有时会优柔寡断、摇摆不定，有时会草率武断、盲目从众。大学生的意志水平往往会随着活动类型与心境的变化而表现出巨大的差异，在不同活动中的意志表现不同，即便同一活动，心境的好坏也会影响其意志水平。

（四）自我意识逐渐增强，但发展仍不成熟

自我意识是人对自己及自己与周围环境关系的认识，包括自我认识、自我体验、自我调控等。自我意识

的发展不仅与年龄有关,而且与知识水平有关,大学生所处的年龄阶段与所具备的文化水平促进了其内省的发展与自我意识的增强。

大学生的自我评价比较客观,能够借助横向比较与纵向发展的方式对自我进行观察与分析,自我评价比较符合客观实际,高估与低估现象逐渐减少。

大学生的自我体验比较深刻,社会的要求与自身的发展促使大学生经常进行自我反思,注重探求自己微妙的内心世界,极易产生强烈而深刻的内心体验。

大学生的自我调控水平较高,基本能够依据理想与追求规范自身行为,并逐渐以社会标准与要求调节自己的行动,自我控制能力大大提高。

不过,大学生自我意识的发展还不够成熟。由于社会知识经验与自身能力的欠缺,许多大学生在自我意识的形成与发展过程中面临着各种矛盾和问题,如现实我与理想我的矛盾、主观我与社会我的矛盾、自尊心与自卑感的矛盾、独立意识与依附心理的矛盾等。大学生的过度自我接受与过度自我拒绝、过强自尊心与过度自卑感等,都反映出他们的自我意识正逐步发展但尚未真正成熟的心理特点。

(五)性意识进一步觉醒,但应对能力不强

大学时期是大学生走向成熟的关键期。生理成熟是最基本的物质基础。大学生的生理系统发育已基本完成,第二性征凸显并进入性成熟期,具备了成年人的体格及生理功能,逐渐产生性意识的明朗化与进一步发展的要求,这是正常的发展现象。

大学生的性意识处于进一步觉醒并趋于成熟和稳定的阶段。他们已经不再为第二性征感到尴尬与羞涩,开始出现性的自然表露与亲近行为。性意识的发展一方面引导大学生性别化的人格与形象塑造,另一方面也带来其对异性的倾慕与追求。大学生活为大学生提供了与同龄异性交往的环境与机会,性意识的发展及随之而来的恋爱与性问题成为大学生活的一部分。

不过,大学生对于恋爱与性问题的应对能力有待加强。大学生还不善于处理与异性之间的关系,大学生的经济水平与心理成熟度还不足以应对此类问题,行为往往具有冲动性,如果缺乏自制力与性道德,极易产生不良心理。

(六)社会需求日益迫切,但社会经验不足

大学生的校园生活期比同龄人要长,这使他们与社会有了一定的距离,也正因为如此,他们渴望融入社会的愿望更为强烈。大学生独特的社会层次及较高的文化素质使得他们对社会现象有着自己独到的见解,希望可以按照自己的想法去改变令人不满意的社会现实,体现自身的价值,有一种"以天下为己任"的抱负。

不过,大学生的社会实践活动比较表面和肤浅,对真正的社会生活并没有直接的、深刻的了解,与社会生活存在着某种程度的隔离,社会经验较为欠缺。一方面,大学生不仅要关注自身利益,还应关心社会的发展,关注整个社会的进步;另一方面,由于有限的生活阅历及社会实践能力,大学生在评价、思考社会现象时,往往带有理想的色彩,不能深刻、准确、全面地认识社会现象,表现出一定的片面性和幼稚性。

(七)人格发展基本成熟,但不够完善

人格是一个人相对稳定的、具有独特倾向性的心理特征的总和,它是在长期实践中形成与发展起来的,反映了一个人总的心理面貌。大学生处于身心急剧发展和自我意识逐渐统一的特殊阶段,这正是人格发展的重要时期。

大学生的人格发展既有成熟积极的一面,又不同程度地存在着缺陷与不完善。大学生能够正确地认识自我、可以较好地适应社会、具有一定的创造性与竞争意识等,但也存在一定程度的自卑、懒惰、粗心、鲁莽、急躁、悲观、孤僻、多疑、狭隘、冷漠、被动、虚荣、脆弱、自我中心等不良特征。良好的人格是在不断地学习与实践中逐渐优化、完善的,大学生正处于人格初步定型的时期,教育者应引导其为自身人格的不断完善付出积极的努力。

二、大学生心理发展的阶段特征

从身体机能的角度来看,大学生正处于青春期到青年期的阶段,明显的生理疾病并不多见;从心理健康的角度分析,大学生处于生理、心理与社会的矛盾发展之中,不可避免地面临着适应与发展的严峻挑战。大学生在大学生活的不同阶段所关注的问题和发展的任务有所不同,加上环境与身份角色的变化,其心理发展也呈现出阶段性的特点。大学生一般会经历心理适应、稳定发展与趋于成熟三大阶段。

（一）心理适应阶段

大学生对大学生活从心理不适应到心理适应的过程为“准备发展阶段”，这一阶段面临着从中学生活到大学生活一系列急剧的转折。随着生活环境、目标定位、学习方式、人际关系等的变化，大学生原有的心理定势受到严重冲击，一时难以适应。对于大学新生来说，对环境的不适应与思想的不稳定是导致其心理失衡的主要原因。能否尽快适应大学生活对个人的发展至关重要。心理适应的时间长短因人而异，少则一两个月，多则需要半年甚至一年的时间。

1. 适应社会角色从中学生到大学生的转变　不少大学生在中学时是受到关注的尖子生。而到了人才济济的大学校园里，大多数成了不再担任任何职务的普通学生，由高才生到普通学生的角色转变难免会带来心理落差。大学生实现角色转换的最佳途径在于正确的自我评价、准确的自我定位与积极的自我发展。

2. 适应奋斗目标从考试到深造的转变　高中生有着明确的奋斗目标——考上大学。那么，大学生要为什么而奋斗呢？大学新生普遍存在迷茫心理。一般来说，大学生在从中学生到大学生的过渡过程中存在着短暂的“目标迷失期”，这是正常的。随着心态的调整与目标的确立，大多数大学生逐渐会实现从考试到深造的积极转变，规划人生的长远目标，设计具体的阶段目标，并很快站在新的起点上为创造人生辉煌而努力。

3. 适应学习方式从监督到自觉的转变　与中学相比，大学里学习氛围较为宽松，学生自我支配的时间增多，学习环境由“硬”变“软”，很少有人主动监督、指导，也极少有人帮忙制定具体的学习目标与计划。与中学相比，大学里的课程内容很庞杂，课时却有限，很多知识在课堂上来不及消化，甚至需要课后查阅大量的资料，学生的学习自主性明显增强。这对于自制力与自律性较差的学生来说无疑是严峻的考验。大学生要实现学习方式的转变，必须意识到考试分数并不是衡量人的最重要的指标。单凭坐在教室里苦读诗书是难以适应大学学习的，综合能力的培养与全面素质的提高才是发展的关键。

4. 适应生活方式从依赖到独立的转变　中学时，生活琐事大多由父母料理，进入大学后，衣、食、住、行等都得自己安排处理。我国教育家陶行知曾说过：“滴自己的汗，吃自己的饭，自己的事情自己干。靠人、靠天、靠祖上，不算是好汉。”主动适应大学生活是大学生自主、自立、自律的表现。大学新生应学会打理日常生活，坚持自己动手，今日事今日毕；学会管理财富，依据客观实际进行日常消费；养成良好的生活习惯，合理安排作息时间。

5. 适应人际关系从旧友到新朋的转变　与中学同学相比，大学同学多来自不同的地域和家庭，每个人在思想观念、价值标准、生活方式、生活习惯等方面都存在着巨大的差异，难免会产生碰撞与摩擦。良好的人际关系对于拓展大学生的生存发展空间、促进成才必不可少。大学生在交往过程中一要主动，二要尊重，三要真诚，四要理解，五要宽容，六要互助。与人为善才是交往之道。

此外，饮食、气候、语言、风俗等环境变化也会对大学生的心理适应产生影响。大学新生的不适应与其心理发展尚未完全成熟直接相关，同时也是进入新环境的一种特殊心理反应。多数大学生是能够逐步适应的，学校和老师也会加强对适应不良学生的帮助与指导。

（二）稳定发展阶段

经过入学阶段的适应与调整之后，大学生基本建立了新的心理平衡，开始步入相对稳定的发展阶段，是大学生全面成长与深化发展的关键阶段，大致从大二开始至毕业前一年或半年止。促进大学生成才的四大拼图——广深的知识、实用的技能、独立的人格与同学的友情，也在这一时期获得了极大的发展。稳定发展阶段是大学生的思想、学习、生活开始走向分化的阶段。无论怎样分化，大学生在稳定发展阶段的表现都可聚焦于寻求知识、能力、思维和情感的发展。

1. 寻求知识的深度与广度　是这一阶段发展的基础目标。随着对专业的了解与学习的深入，大学生的专业思想逐步稳定，发展方向逐渐明朗，知识的贫乏感越来越强，学习的目的性也越来越明确。大学生日益重视知识的深度与广度，逐渐发展出主动钻研的兴趣，并积极扩展学习领域；不再满足于课堂学习与理论探讨，热衷于博览群书，涉猎旁系；更加注重自学，重视学习方式与效率，已然接纳“比起考试，学会自学更重要”的发展与教育理念。

2. 寻求能力的内化与实践　是这一阶段发展的技术目标。大学生的求知欲望非常强烈，“知识饥饿感”使他们如饥似渴地汲取丰富的知识养分。但是，他们已不再满足于知识的存储，更希望释放自身的能量。在中学阶段,学生习惯伏案学习;在大学里,学生需要站起来,四面观望。大学生越来越注重有用技能的学习与自身能力的培养,更加重视社会经验的积累与应用技能的践行。从事社会兼职、组织学团活动、参与公开竞演、拜访名校名师、发表科研论文等是大学生提高自身社会交往能力、组织管理能力、语言表达能力、问题解决能力、实际操作能力与科研能力的常见途径。

3. 寻求思维的理性与进步　是这一阶段发展的思想目标。大学生对社会责任与个人前途有了更加深入的认识与体验,他们勤于思考、勇于探索、富于进取、敢于开拓,对人生重大问题的认识和处理不再单纯和盲目,而是有了自己的理智与主见,思维由"非成人化"向"成人化"转变,开始认真思考人生之路,向往个体的全面发展,并为之确立自己的奋斗目标。但有时候会由于不够成熟出现偏激的言论甚至盲从的行为。

4. 寻求情感的亲密与稳定　是这一阶段发展的生活目标。随着自我意识的进一步增强,大学生对自尊、爱与归属的需要更加凸显,他们努力寻求着广泛、可靠而亲密的关系。这一时期既是友谊关系的稳步发展期,又是恋爱关系的"高发展"期。大学生通过巩固稳定的友谊建立可靠的人际关系,为排忧解难提供帮助;通过扩大社交圈发展广泛的人际关系,为知识面的拓展与经验的累积创造条件;通过发展恋爱关系感受亲密的异性交往,为独行的心灵寻找同行者。恋爱与性问题在这一阶段表现得尤为突出。在性意识进一步觉醒的大学阶段,应给予性心理发展足够的重视。在这一阶段接受基本性知识的普及、正确性观念的引导及不当性行为控制的教育对大学生性心理的发展与整体素质的提高有着重要的价值。

总之,稳定发展阶段是大学生发展知情意、塑造独特个性,完成教育目标的重要时期。由于这一阶段持续时间长、情况复杂、问题隐蔽,因而教育的重点是关注微妙的变化、引导正确的取向与促进全面的发展。

(三)趋于成熟阶段

由于校园文化的塑造与心理策略的掌控,毕业阶段大学生的心理发展趋于成熟。但是,面临着又一次环境的变迁与角色的转变,大学生的心理难免再起波澜,毕业阶段也成为大学生心理最为复杂、冲突最为激烈、负担最为沉重的时期。多方的心理冲突与两难抉择是毕业阶段大学生心理失衡的主要原因,其中以发展、择业、恋爱问题居多,而自我同一性的确立与价值观的稳定是应对压力的最佳策略。

1. 深造还是就业　这是毕业阶段大学生考量发展取向的一大抉择。在竞争日益激烈的社会环境下,很多大学生陷入了是否考研的两难境地。在考研大军中,有些人是为了获得更好的专业发展,有些人是为了躲避就业竞争的压力,有些人是为了不落人后而随大流,有些人则是为了遵从父母之命而被动参与。很多学生在放手一搏的同时会显得迟疑。随着考研队伍的不断壮大,大学生面临着更为激烈的竞争,艰辛的努力能否带来预期的结果以及日后就业的状况能否有所改变等问题犹未可知,这就使得很多大学生在这一人生重大抉择上变得犹豫不决,甚至产生强烈的心理冲突。

2. 重薪还是重工　这是毕业阶段大学生面对就业选择的一大难题。"工轻薪低"与"工重薪高"的纠结以及理想与现实的巨大落差是这一阶段大学生产生心理波动的重要原因。对于大学生而言,社会给予了他们暂缓履行成人责任和义务的时间,称为"延缓偿付期"。大学生在这一时期通过实践、检验、树立、再检验的循环过程,逐渐形成和确立自我同一性,即对关于我是谁、我的价值观和我的理想是什么的一种稳定的意识。毕业阶段大学生大多已基本确立了自我同一性,明确了自己的人生观与价值观,并能够在理性权衡自我、社会、职业的基础上确定对未来职业与社会生活的选择。

3. 放弃还是坚守　这是毕业阶段大学生处理恋人关系的一大困扰。毕业阶段堪称大学生活的"多事之秋",不安定的情绪是此时学生心理的重要特征,其中的一大情绪诱因就在于恋人间分与合的纠结。爱情是美好的,它满足了一个人对亲密的需求。但爱情也是残忍的,它可能变成一把利刃伤人于无形。不管如何抉择,千万别让爱成为一种伤害。

毕业阶段是大学生实现角色转换的阶段,也是完成一系列重大抉择的阶段。对于多方冲突的心理调适归根结底还是要靠自己,学会更多的生活智慧与心理调适的策略、把握自身的社会定位是一名成熟毕业生的基本素质。

总体而言,大学生的三大发展阶段由低到高依次递进,但个体之间呈现出一定的差异:一部分大学生始终停留在最初的心理适应阶段,无法适应"新"的生活;一部分大学生在发展阶段出现自身无法排解的心理问题,致使其潜能得不到发挥,发展受到限制;一部分大学生在毕业阶段产生过于强烈的矛盾与冲突,甚至造成不可弥补的伤害与罪错。大学生各方面的心理发展也呈现出不平衡的状态，单方面的优势并不能代表全部。一个人不可能任何方面都独占鳌头，但一定要保持积极向上与全面发展的动力。

案例1-3

自我冲突的大学生

林，男，23岁。林从小听话懂事，学习成绩虽然不算出类拔萃，但也处在中上水平。林出身于书香门第，家里很重视孩子的教育，林的兄弟姐妹都十分优秀，相比之下林显得没有那么出色。看到兄弟姐妹纷纷上了名校，自己上的是普通学校，林的心理有些失衡。大学时的林重整旗鼓，勤奋刻苦，多方面表现突出，最终保送本校研究生，但他并不开心。本想报考名校的他因为没有信心，最后决定选择保送本校研究生，看到与他一起奋斗的好友考上了名校，林的心理再度失衡。他说缺乏信心始终是他心底最深的痛。他似乎比周围任何一个人都辛苦，但上天并没有眷顾他。为此，他痛苦得无法自拔。

忙碌的大学生活里，林在学习之余还参加多种社会活动。由于阅历丰富、知识广博，平时十分开朗，林几乎可以与周围的每个人相处融洽。在男同学的眼里，他是一个坚持而有远见的人，但他自己却不这样认为，他说这不是他。他不喜欢与人谈论家庭和成长中的烦恼，因为这些都是林心底最隐秘的部分，也是他想改变却又总是失败的部分。林认为这个隐秘的"我"才是真正的"我"，而那个外在的"我"不过是个假象，不曾真实地存在过。在女同学的眼里，林积极阳光，成熟幽默，很具有吸引力。曾有不少女孩对他表示好感，但他总是拒绝，不敢与女孩深交。为此，他也抱怨自己。

林要解决的问题其实是大学生发展过程中的重要问题——自我同一性。林的痛苦根源就在于他总是戴着面具生活，找不到真正的自己。"内在我"与"外在我"之所以不能够整合，是因为他存在强烈的自卑情结，不愿相信也不敢正视自己优秀的一面，拒绝将那个勇敢、独立、坚强、勤奋、积极的"外在我"融入自我系统。

第三节　大学生心理自我调适的策略

健康本身其实也是一种责任。荷兰学者斯宾诺莎(B. Spinoza)早有论述：保持健康是做人的责任。一个人的健康不仅关系到个人幸福，而且关系到家庭、集体和社会的利益。从这个意义上说，健康不仅是一种个人需求，更是一种社会责任。那么这种责任应该如何来承担？

世界卫生组织曾指出，一个人的健康与寿命，15%取决于遗传因素，10%取决于社会因素，8%取决于医疗条件，7%取决于气候影响，而60%取决于自己。对于大学生而言，其心理健康不仅受到神经系统类型、内分泌活动、性生理发育、疾病与营养等生物因素的影响，而且受到诸如家庭结构、教养方式、父母榜样、学校教育、社会风气等环境因素的影响，更受到大学生自我心理调节能力的显著影响。也就是说，对大学生的心理健康负有最大责任的就是自己。大学生要为自己的心理健康负责，应该掌握自我心理调适的策略、学会自我心理调适的方法、提高自我心理调适的技能。

一、问题解决取向的策略

问题解决取向的策略包括指向环境改造的应对与指向个体发展的应对。指向环境改造的应对是指通过改变环境达到解决问题的目的，而指向个体发展的应对则是指通过提高自身的技能，如学习新行为、新技术，达到解决问题的目的。

（一）指向环境改造的应对

心理学家黑克豪森(J. Heckhausen)在控制理论中指出，控制是人类发展的中心主题，人的控制系统分为初级控制与次级控制两类。初级控制是指人类通过改造环境而控制环境的企图,次级控制是指人类通过改变自己以顺应环境的企图。就实质而言,初级控制属于创造性适应环境的行为系统,而次级控制则属于被动适应环境的行为系统。

从个体的发展来说,初级控制是人的根本愿望。因为初级控制指向外在世界,能使个体通过改变环境来满足个人的需要、发展自我的创造潜能、展现自己的生存价值,其功能相当强大。

有人说:伟人改变环境,能人利用环境,常人适应环境,庸人不适应环境。每个人都生活在特定的环境中,但大多数都是常人,在很多时候是无法控制环境的。如果不能改变环境,那就改变自己去适应环境,无论是自然环境还是人文环境。生活在沙漠,就得学会节约水源,忍受风沙肆虐;生活在高原,就得适应高原反应,放慢生活步调;生活在荒郊,就得学会自我生存,忍受荒凉寂寞;生活在闹市,就得学会与人相处,习惯嘈杂拥挤。

(二)指向个体发展的应对

柏拉图(Plato)曾告诉弟子说自己能够“移山”,于是弟子们纷纷请教移山之法。柏拉图笑谈:“移山的方法就是,山若不过来,我就过去。”如果不能改变环境,那就改变自己。改变自己并不意味着被动地无所作为,即便是改变自己来“移山”依然需要自身充沛的体力与顽强的意志力去跨越这座山,这就是个体在解决“移山”问题的过程中所应具备或发展的自我素质。只有通过不断获得新行为与新技能以促进自我发展与自我提升,才是解决实际问题的明智之举。傅雷在《约翰·克利斯朵夫》的译者献词中曾说过:“真正的光明绝不是永远没有黑暗的时候,只是永不被黑暗掩蔽罢了;真正的英雄绝不是永远没有卑下的情操,只是永不向卑下的情操屈服罢了。所以在你要战胜外来的敌人之前,先得战胜你内在的敌人;你不必害怕沉沦堕落,只要你能不断地自拔与更新。”

个体发展与环境改造是相辅相成的,随着自我能力的提升,一个人改造环境的能力也日渐增强。通过新技能的学习,大学生可以在促进自我发展的同时增强自身改造环境的能力。在现实生活中,如果大学生运用沟通的技巧与对方“沟而通”了,就可以改变对方不适当的现状,进而改造所生活的环境。但是,有时会出现“沟而不通”的现象,这时也要学会接受一些不能改变的现实,要知道大千世界,无奇不有。

二、认知改变取向的策略

认知改变取向的策略是指以合理的认知取代不合理的认知,从而改善情绪、调控行为,达到心理调适的目的。

哲学家爱比克泰德(Epictetus)曾说过:“困惑人们的不是事物,而是看待事物的方式。”一般而言,客观事物本身并不必然影响一个人的情绪和行为,人们对客观事物的认知才是决定性的因素。由于人们对事物所持有的观点或态度不同,故而对同一事物可能会产生不同的甚至相反的情绪以及行为表现。

拓展学习 1-4

秀才的梦

有位秀才进京赶考,住在一家旅店里。考试前两天他做了两个梦,一个是梦到自己在墙上种白菜,另一个是梦见自己下雨天出门,戴着斗笠还打着伞。秀才觉得这两个梦颇有深意,于是请人来解梦。解梦人听后对他说:“我劝你还是回家吧。你想想,高墙上种白菜,那不是白费劲吗?戴斗笠还打伞,这不是多此一举吗?”秀才一听,心灰意冷,回店收拾包袱准备回家。店主奇怪地问:“怎么还没考就准备回去了?”秀才如此这般说了一番,店主笑道:“我也会解梦,我倒觉得你应该留下来。你想想,高墙上种菜,那不是要高种(高中)吗?出门戴斗笠还打伞,那不是说有备无患吗?”秀才一听,深受鼓舞,精神振奋地参加了考试,居然中了探花。同一件事,思考的方向不同,结果就大相径庭。有时思想决定命运,有什么样的思想,就有什么样的未来。

资料来源:陈瑞英,张群,徐颖.践行群众路线,关照学生的精神成长——以《思想道德修养与法律基础》课的教学为例[J].文教资料,2014(6):171-172.

临床心理学家埃利斯(A. Ellis)提出了著名的 ABC 理论，并指出："人在很大程度上感受的是自己的思想，如果能改变思想，就可以改变感受。"他认为情绪及行为的结果(consequence)并非是由导致结果发生的诱发事件(activating event)直接引起的，而是通过人们对事件的认识或信念(belief)所引起的。对事件合理的认知或信念一般会产生适当的情绪和行为反应，而不合理的认知或信念往往是导致不良情绪和行为的直接原因。ABC 理论认为，如果改变不合理的认知或信念，建立合理的观念，那么就会产生积极的情绪和行为反应，即可以通过对引起不良结果的不合理信念进行纠正，从而达到改善不良情绪和行为的目的。基于此，艾利斯将 ABC 理论扩展为 ABCDEF 模式，即诱发事件 A 是以不合理的认知或信念 B 为核心中介引发情绪与行为结果 C 的，要想改变不良的情绪及行为，就要与不合理的认知或信念进行辩论(dispute)，获得效果(effect)，从而产生积极的情感(feeling)(表 1 - 1)。

表 1 - 1　认知改变的 ABCDEF 模式

模式组成部分	举　　例
诱发事件(A)	我虽然很努力，但在这件事上做得还是不如别人
不合理的认知或信念(B)	我做任何事都不如别人 我绝不会比别人强 我是一个处处不如人的人
结果(C)	产生抑郁与自卑的不良情绪
与不合理的认知或信念辩论(D)，建立合理的认知或信念	有什么证据证明我做事不如所有人 这件事没做好不代表所有的事情都做不好 我并非一无是处，这件事虽然没有做好，但是我可以把别的事情做好
效果(E)与情感(F)	只是轻微的烦恼与失望

人们通常所持有的不合理的认知或信念有三个共同的特征，即绝对化要求、过分概括化与糟糕至极论。绝对化要求是指认为某件事的发生或某个人的态度行为应符合自己的预期，通常与"必须""应该"联系在一起，如"我必须获得成功""我没法忍受这种事发生在我身上，这是根本不应该发生的事"；过分概括化是指用以偏概全的方式看待周围的人或事，通常以一句话、一件事来评价整个人或整件事，如"这件事我没有做好，我是个没用的人""我晕血，所以我以后不可能当医生"；糟糕至极论是指某件事一旦发生，便认为是非常可怕的、无法接受的，通常与绝对化要求相联系，如"这种事要是发生在我身上，我这一辈子就完了"。不合理的认知或信念与合理的认知或信念对比见表 1 - 2。

表 1 - 2　不合理的认知或信念与合理的认知或信念对比

不合理的认知或信念	合理的认知或信念
犯错是一件很可怕的事，所以我千万不可以犯错	人非圣贤，偶尔都会有犯错的时候，知错能改、下不为例就好了
没有比我更倒霉的了	对于任何一件事来说，都有比它更坏的情形发生，没有什么事是百分之百糟透了的
我真不是读书的料	考得不好不是什么大不了的事，如果考前能够充分准备，下次就会考好了
我对别人好，别人就一定会对我好	人与人之间差异很大，我对别人好，但不强求别人一定要对我好

积极乐观的认知有利于减轻心理压力，消极悲观的认知则有害于心理健康。在实际生活中，要注意改变片面的、绝对的、无限夸大负面后果的思维方式，学会用全面的、发展的观点看待问题，将不合理的认知或信念向合理的认知或信念转变。

三、情绪疏泄取向的策略

情绪疏泄取向的策略是指通过正确地表达各类情绪、合理地宣泄不良情绪，以求在短时间内缓解极端的情绪,避免恶劣后果的发生。

（一）正确地表达各类情绪

遇事该喜则喜,该怒则怒是一个心理健康的人最基本的表现。健康并不代表没有情绪,若该喜而不喜,该怒而不怒,那就不是正常的表现,长期压抑甚至会产生无法弥补的后果。失业妇女玛利亚曾别出心裁地刊登了这样一则广告:“您若需要眼泪或笑声,本人可以大量供应,表情逼真,形象感人,价格公道,令君满意。”广告的反响热烈,她生意兴隆,收入颇丰。当参加客户的葬礼时,她身穿黑色丧服,哭得死去活来;不到两个小时,她又换上华丽的礼服参加客户的喜宴,笑容满面。几年后,这种需要情绪反常的繁忙业务使玛利亚患上了严重的精神疾病,她去世时还不足 50 岁。

（二）合理地宣泄不良情绪

无论是喜是怒都要控制在一定的程度和范围之内。如果喜则狂喜,怒则盛怒,那就是失去理智的前兆,极端的情绪更容易产生负面的效应。生理学家在实验中发现,一个人平和时呼出的气体冷却后变成的水无杂质无颜色;悲痛时呼出的气体变成的水有白色沉淀;生气时呼出的气体变成的水则有紫色沉淀,将“生气水”注入大白鼠体内,大白鼠于几分钟后死亡。过度的情绪冲击不仅会对一个人的生理造成极大的伤害,而且还会损害其正常的认知,诱发极端的行为。它会抑制大脑皮层的高级心理活动,使人的意识范围变得狭窄,判断力减弱,甚至导致精神错乱、神志不清与行为失常。

北宋文学家范仲淹在《岳阳楼记》中指出:不以物喜,不以己悲。稳定与平和才是情绪健康的关键。就调节情绪的方式而言,通过认知的改变来缓解情绪固然是一种有效的策略,但是如果情绪过于强烈或极端,往往会蒙蔽一个人的认知,而且极端的情绪危险性极强,一般需要在短时间内及时处理。这时,认知改变取向的策略并不适用,而合理的宣泄便成了最佳的调适方式。

宣泄情绪的方法多种多样,常见的七字方针为“哭、笑、喊、说、听、写、动”。哭,让眼泪迸发,冲刷忧伤;笑,让肌肉放松,消除紧张;喊,让怨气宣泄,抒发愤慨;说,让烦闷出窍,疏解郁结;听,让音乐绕耳,转移注意;写,让图文并茂,表达情感;动,让躯体发泄,释放能量。

还有一种宣泄情绪的方法——自我训练策略,简称“TRAIN”。“TRAIN”这一单词的每个字母分别代表一种情绪宣泄的方式。T(talking)代表倾诉,意在鼓励寻求可靠的社会支持来倾诉烦闷;R(relaxing)代表放松,意在提倡依靠自由的想象与舒缓的音乐来放松身心;A(action)代表活动,意在倡导采用体育运动与公益活动的方式来缓解压力;I(interest)代表兴趣,意在主张通过发展纯粹的兴趣爱好来陶冶情操;N(nourishing)代表营养,意在建议凭借有针对性的合理膳食来改善情绪。

需要注意的是,宣泄不良情绪时,必须增强自制力,切忌随便发泄不满或者不愉快的情绪,宣泄要选择适当的场合、正确的方式与合理的对象。

四、行为塑造取向的策略

行为塑造取向的策略是指将良好的生活行为习惯化,通过坚持健康、文明的生活方式,达到维护身心健康的目的。一个人的生活模式与身心健康有着非常密切的关系。良好的生活模式使人精力充沛,延年益寿,认知成熟,情绪稳定;不良的生活模式不仅使人身体亏损,而且可能造成认知偏差与情绪不良。

常有人说:“我的生活没什么规律,但我的身体很健康。”事实上,这种观点是不正确的。生活模式的影响具有极强的“隐蔽性”,其效应是潜移默化的。如今,“预防重于治疗”的理念逐渐深入人心,其实古人早已将“治未病”的思想作为重要的健康指南。古人问扁鹊:先生兄弟三人,皆以医为业,何以独先生扬名于世?扁鹊叹曰:长兄治未病者也,教导邻里,顺四时,调寒暄,节喜怒,和五味,故其乡邻无病,亦不知长兄为医;仲兄为医,走千家,访邻里,凡病之初起即治之,随手而瘥,无人知其能。唯扁鹊无能,游诸国以医为业,治验之例由世人等下愚传扬,致使黄钟毁弃,瓦釜雷鸣,哀哉!圣人不治已病,治未病,不治已乱,治未乱。

综合来看,健康的生活方式主要包括以下几个方面:① 合理作息。起居有常,早睡早起,劳逸结合,睡眠充足,保持良好的作息习惯和有规律的睡眠。② 平衡膳食。坚持吃早餐,体重保持正常水平,饮食营养要均衡,不但要吃多种谷物和粗粮,还要适量吃新鲜的水果和蔬菜,注意少油、低盐、低糖。③ 选择文明、高雅的休闲娱乐方式,愉悦身心。多进行户外运动,接受自然阳光的照射(非暴晒),多到大自然中呼吸新鲜空气。

④ 适量运动。积极参加体育锻炼，坚持安全、适量的有氧运动或参加以耐力性为主的运动项目，如跑步、登山等。⑤ 节制烟酒。不吸烟，少喝酒。烟酒对人的身心健康危害极大。吸烟被称为“20世纪的鼠疫”。酗酒是危险的放纵行为，李时珍曾指出：过饮不节，杀人顷刻。节制不良的嗜好对人的身心健康百利而无一害，虽难为却并非不可为。

此外，我们处于竞争激烈、节奏快速的现代社会中，保持健康要忌六“硬熬”：身体疲劳时不可硬熬、身体患病时不可硬熬、如厕时不可硬熬、起居上不可硬熬、口渴时不可硬熬、腹饥时不可硬熬。

总之，一个人要为自己负责，“行个人之能”，学会选择适当的自我调适策略来应对问题。现实生活中，有些人笑对人生，有些人怨天尤人。其实，心态才是真正的主人。

拓展学习 1-5

生活是美好的

作家契诃夫(A. P. Chekhov)在《生活是美好的》一文中谈道：生活是极不愉快的玩笑，不过要使它美好却也不是很难。为了不断地感到幸福，甚至在苦恼和愁闷的时候也感到幸福，那就需要善于满足现状，很高兴地感到“事情原来可能更糟”呢。

要是火柴在你的衣袋里燃了起来，那你应该高兴：挺好，幸亏你的衣袋不是火药库。要是你的手指头扎了一根刺，那你应该高兴：挺好，幸亏这根刺不是扎在眼睛里。要是你有一颗牙疼了起来，那你应该高兴：挺好，幸亏不是满口的牙疼起来。

依此类推，朋友，照着我的劝告去做吧，你的生活就会欢乐无穷了！

资料来源：胡月星.维护积极的情绪太重要[J].人民公仆,2014(10)：50-53.

【思考题】

(1) 什么是心理健康？

(2) 大学生关注心理健康有怎样的意义？

(3) 大学生应该怎样进行心理自我调适？

(邹　敏　肖　宵)

第二章

大学生的自我意识

本章要点

掌握：自我意识的概念与结构；大学生自我意识发展的特点；大学生自我意识完善的途径。

熟悉：自我意识的性质与作用；大学生常见的自我意识偏差及其调适。

了解：自我意识的产生与发展；大学生自我意识发展的过程。

正确认识自我是走好人生的第一步。对自己的认识越准确，选择正确道路的可能性也就越大，进而取得成功的可能性就越大。但是在大学阶段，许多同学还并没有形成自我的稳固形象，对“我是谁？我是怎样的人？我想做什么？我能做什么？我应该成为怎样的人”等问题常常感到困惑。因此，大学生的健康成长，应该首先从正确认识自我开始，在正确的自我意识基础上充分发挥自身优势，不断完善人格。

第一节　自我意识与大学生人格发展

案例 2-1

新生的困惑

小明以优异的成绩考入大学，且选择了医学专业。但学了以后才发现自己的兴趣根本不在于此，完全没有学习的热情，成绩也不尽如人意。原以为自己有很强的管理协调能力，但是在组织班级、社团活动时，总有部分同学不配合，小明渐渐对自己失去了信心，觉得自己做什么都失败，未来也没有方向。其实他学习非常刻苦，只是成绩达不到自己的要求。他做事认真、负责，人际交往能力也不错，但却没有实现他当优秀干部的愿望，对于同学、老师的劝解、忠告他也听不进去，陷入沮丧、痛苦之中难以自拔。

从小明的经历来看，由于对自己的兴趣和能力缺乏正确的自我认识，小明在学习和生活中都不如意；由于缺乏积极的自我认识，他遇到挫折而一蹶不振，看不到自己的优势和前途。因此，正确而积极地认识自我，在大学生的成长和发展中至关重要。

自我意识是个体意识发展的高级阶段，是一个人心理成熟的重要标志，也是人的心理区别于动物心理的一大特征。大学生自我意识的发展状况，既是个体心理健康的基础，又是个体心理健康的起点。积极的自我意识对心理健康具有良好的促进作用，而消极或矛盾的自我意识，则常常会危害大学生的心理健康。大学生只有比较客观准确地认识和了解自我，并对自我持一种积极的、接纳的态度才有可能发掘自己的潜能，快乐幸福地生活，进而保持心理健康，顺利成长。

一、自我意识的概念

自我意识（self-consciousness）也称自我概念或自我，指个体对自己存在的一切的认识。包括三个层次的认识：自我的生理状况（如身高、身材、外貌、健康等）、心理特征（如能力、气质、性格、兴趣等）及人际关系（如角色、地位、影响力等）。平时我们说“我觉得我观察问题有点粗心大意”“我觉得我是一个急性子人”“我认为我能完成这项工作”“我觉得我对某某的感情发生了变化”等，这些对自己感知觉、情感、意志等心理活动的意识，对自己与客观世界的关系，尤其是人际关系的意识，以及对自身机体状态的意识，都属于自我意识的内容。

二、自我意识的结构

自我意识的结构是指自我意识包含的成分，它是一个多维度、多层次的复杂心理系统。

（一）内容角度

从内容上看，自我意识可分为生理自我、社会自我和心理自我。

1. 生理自我　生理自我（physical self）是指个人对自己身体（身高、体重、容貌、身材、性别等）的认识及温饱饥饿、劳累疲乏的感受，还包括对自我的占有感、支配感和爱护感。生理自我可以说是自我意识最原始的形态，是最早产生的自我意识，也是人的基本自我意识。一个人的身体、生理状态是与生俱来的，随着自我意识的发展，我们逐渐对生理自我有明晰的看法，例如，女生会关注自己是不是漂亮、高矮胖瘦，甚至脸上的雀斑等，男生会关注自己的体型与身体高度，甚至声音的吸引力等。

2. 社会自我　社会自我（social self）是指个人对自己与外界客观事物关系的认识、体验和愿望，包括个人对自己在客观环境及社会关系中的角色、地位、权利、义务、责任、力量等的意识。人要在一定的社会环境中生存，每一个人都有一定的社会属性，这些社会属性也成为个体不可分割的一部分。例如，“我是学校学生会主席，又是班上的班长，我应该在各方面表现出更强的能力，争取老师和同学的信任”。

3. 心理自我　心理自我（mental self）是指对自己心理状态如智力、兴趣、气质、性格、理想等方面的认识。这是个体自我意识的核心部分，它使个体依据主客观需要，对自己的心理特征、性格特点等进行观察、评价，调节控制自己的心理与行为，修正自己的经验与观念。例如，“最近因为找工作的压力太大我的心情一直不好，我觉得自己专业知识学得不好，综合素质也不理想，很难找到满意的工作。”“我暂时不想急着找工作，等学习提高一些再说”。

（二）形式角度

从形式上看，自我意识可以分为自我认识、自我体验和自我调控，它们分别反映了自我意识的认知、情感和意志三种成分。

1. 自我认识　自我认识（self-recognition）是指个体对自己及与周围关系的认识，它包括自我感觉、自我观察、自我分析和自我评价等。自我认识解决“我是一个什么样的人”的问题，对此问题进行客观、正确的觉察与评价是复杂的、毕生的过程，人的自我发展也是一个连续的、终生的过程，对自我的认识是人类永恒的话题。

2. 自我体验　自我体验（self-experience）指个体对自己的一种情感体验，它是在自我认识的基础上产生的，反映个体对自己所持的态度，包括自尊、自信、自卑、自豪感、自我效能感等。其中，自尊是自我体验中最主要的方面，它主要解决“我对自己是否满意”“我是否悦纳自己”等问题。

3. 自我调控　自我调控（self-regulation）是个体对自己的心理活动和行为的自我调节和控制，是以自我意识的发展为基础的，以自身为对象的人的高级活动，包括自立、自主、自制、自强、自律等。它主要解决“我能否控制自己”“我如何控制自己”等问题，表现为个体在达到目的的过程中，如何克服外部障碍与内部困难，采取什么手段实现自己的决定，集中体现了人的主观能动性。

案例 2-2

韩信胯下之辱

《史记·淮阴侯列传》中记载过韩信的一则故事。韩信很小的时候就失去了父母,主要靠钓鱼换钱维持生活,经常受一位靠漂洗丝绵为生的老妇人的施舍,屡屡遭到周围人的歧视和冷遇。一次,一群恶少当众羞辱韩信。有一个屠夫对韩信说:"你虽然长得又高又大,喜欢带刀佩剑,其实你胆子小得很。有本事的话,你敢用你的佩剑来刺我吗?如果不敢,就从我的裤裆下钻过去。"韩信自知形只影单,硬拼肯定吃亏。于是,当着许多围观人的面,从那个屠夫的裤裆下钻了过去。史书上称"韩信胯下之辱"。有传说韩信富贵之后,找到那个屠夫,屠夫很是害怕,以为韩信要杀他报仇,没想到韩信却善待屠夫,并封他为护军卫。他对屠夫说,没有当年的"胯下之辱"就没有今天的韩信。

资料来源:李宏.好脾气享用一生[M].哈尔滨:黑龙江美术出版社,2016:8-9.

自我认识、自我体验、自我调控是自我意识不可分割的部分,以自我认识为基础,自我认识决定了自我体验的情绪基调是积极的还是消极的,并控制了自我调控的内容。但是自我体验作为起渲染作用的情绪,可以强化个体的自我认识,同时决定着自我调控的行为力度。自我调控是完善自我的途径,并调节着认知和体验。三者的协调一致、积极主动正是自我意识发展的动力所在。

自我意识从内容上看涉及生理自我、社会自我、心理自我,从形式上看涉及自我认识、自我体验、自我调控,所以有人说自我意识既是心理活动的客体,又是心理活动的主体(表 2-1)。

表 2-1 自我意识的结构

	自我认识	自我体验	自我调控
生理自我	对自己身体、容貌、衣着、风度、家属、所有物等的认识	英俊、潇洒、漂亮、有吸引力、矮小、瘦弱、身材差等	追求身体的外表、欲望的满足,维护家庭的利益等
社会自我	对自己的名望、地位、角色、性别、义务、责任、力量等的认识	自尊、自信、自爱、自豪、自卑、自怜、自恋等	追求名誉地位,与他人竞争,争取得到他人的好感等
心理自我	对自己的智力、兴趣、气质、性格、能力、记忆、思维等特点的认识	有能力、聪明、优雅、敏感、迟钝、不善言辞、自制力差等	追求信仰,注意行为符合社会规范,要求智慧与能力的发展等

(三)观念角度

从自我观念的角度或自我意识的存在方式上看,自我意识可以分为现实自我、投射自我和理想自我。

1. 现实自我 现实自我(real self)又叫真实自我,是个体对自己在与环境相互作用中表现出的综合现实状况和实际行为的意识,是从自己的立场出发,对于现实中自己的各种特点的认识和看法。

2. 投射自我 投射自我(reflected self)又叫镜像自我,就像需要借助镜子看清自己的面孔一样,他人对自己的态度和反应也是自我认识的一面镜子。当然,他人的态度和反应有时也并不准确,就如镜子因凹凸不平会歪曲人的形象一样,所以也应该学会客观中立地运用投射自我促进自我认识。

3. 理想自我 理想自我(ideal self)是个体从自己的立场出发对自己未来的希望,也就是我们常说的希望自己能够成为一个什么样的人。随着经验的积累和个体发展的成熟,个体对未来的希望更加体现出自我选择的目标和价值观,理想自我也可以作为促进个体努力奋斗的动力。但如果理想自我与现实自我差距过大,甚至根本无法达成,个体也容易产生挫败感。

心理测试 2-1

我是谁(Who Am I)技法

我是谁(Who Am I)技法也称“我是谁测验”(Who Am I test),受测者通过自问自答的方式回答关于“我是谁”的二十个问题。

【指导语】现在,我问你20次“你是谁”,请你把想到的答案一一写在纸上,每个问题只有20秒左右的时间供思考并写下答案。例如,当我问“你是谁”时,你可以这样回答:“我是某大学的一年级学生。”如果在某次问“你是谁”时,你一下子想不出答案,这种情况下可以不写,在下一次问“你是谁”时,再继续往下写。请只写下自己想到的答案,不要参考他人的答案。当我问完20个问题又20秒之后,你要停笔不再作答。

【结果分析】

(1) 自我压抑感分析:回答问题数大于12个,无自我压抑感;8~12个,可能存在一定的自我压抑感;少于8个,可能过分地压抑自我。

(2) 自我肯定感分析:全部自我肯定——接纳自我,自信心较强,但可能显得自负,自尊心太强,不易认识到自己的缺点而固执己见;基本或全部自我否定——严重自我否定感,自卑;自我肯定和否定都有——自我认识较客观。

(3) 自我意识内容完整性分析:生理自我多——注意锻炼身体,关注自身疾病,占有欲较强;心理自我多——关注心理健康或心理发展较成熟;社会自我多——对自我的角色、责任、义务较了解,能按社会规范行动或具有相当程度的社会交往能力。

(4) 未来感的分析:未提未来之事——现实感较强烈或缺乏生活目标;提未来之事1个以上——有一定的理想或生活目标;提未来之事大于或等于3个——未来感较强,但也可能存在空想。

资料来源:刘淑娟.社会心理学[M].长春:吉林大学出版社,2017:105-107.

三、自我意识的性质与作用

(一) 自我意识的性质

1. 社会性　自我意识形成和发展的过程,实际上就是个体社会化的过程,是个体内化、整合别人对自己的态度和评价而产生的心理模式。刚出生的婴儿具有较大的依赖性,必须得到成人的关怀和照顾才能长大成人,产生人的意识。如果从一出生就被剥夺了人类的社会环境,同动物生活在一起,就会因为失去了人类的社会环境而不能形成人的意识。所以,一个人通过社会化形成了“自我”,认识到自己是什么人,有什么特点,自己在与他人的关系中处于什么样的地位和有什么样的作用等。

2. 形象性　美国心理学家库利(C. H. Cooley)认为人与人之间可以互作镜子,能照出他面前的人的形象。就像我们可以在镜子中看到自己的面容、体态和服装一样,他人之所以引起我们的兴趣,是因为他们与自己有关。自我意识是个体在周围人们的期待中,以及周围人们的评价过程中,通过自己的主观体验而逐渐发展起来的。当个体觉察到对方的态度和言语中所包含的内容时,自我意识的内容也就得到了丰富。所以,个体正是通过注意到他人对自己的态度,想象他人对自己的评价等,在不断积累与丰富中勾画出了自我形象。

3. 能动性　自我意识的能动性不仅表现在个体能够根据社会或他人的评价、态度和自己的实践所反馈的信息形成自我意识,而且能根据自我意识来控制和调整自身的心理活动和行为,也就是指人能自觉、主动地认识、调节和控制自己。自我意识能够成为个体自身心理活动和行为的调控系统,能动地指引和确定个体行为的方向,协调个体和环境的关系,自我意识不仅能够适应世界,而且能够自觉地创造世界,并创造自己。

4. 同一性　是指个体将自身动力、能力、信仰和经历等加以组织,纳入一个连贯一致的自我形象,是自我意识的协调统一性。个体自我意识的形成与发展受社会、文化等环境因素的影响,但这些影响又是通过个体的具体生理、心理实现的,是在个体单独活动与社会交往的互动中完成的,虽然这种自我意识有可能因个体实践的成败和他人的评价改变而发生变化,但青年后期以后,自我意识的发展一般会趋向稳定、成熟,即个体对自己的基本认识和态度保持同一性,这种同一性也是良好自我意识的标志。

(二)自我意识的作用

个体的心理、行为总是受自我意识影响的,一般来说,自我意识对个体的心理、行为具有以下作用。

1. 提高认识水平　由于主、客观条件的制约,"理想自我"的实现常常会遇到各种障碍,致使个体产生不同程度的挫折感。这时,自我意识使人能把自己的心理活动也当作客体加以反映,人就会对自己的认识、情感、意志、行为等进行反省,找到受挫的主客观原因,并重新调整认识,形成新的"理想自我",使其与"现实自我"趋于统一,这就大大提高了人的认识活动的效能。人不仅能对外部世界的对象进行感觉、知觉、记忆、想象和思维,还能对自己的这些认识过程本身进行认知,即对这些过程加以分析、监督和调整。通过对自身认识过程的认知,人就有可能发现原有认识活动的不足,选择和运用更好的认知策略,从而使认知活动更加完善、更加有效。

2. 丰富感情世界　对于儿童来说,他们所意识到的现实只是外部世界,还不能完全意识到自己的内心世界。进入青少年期,自我意识发展逐渐成熟,心中"自我"概念逐渐明晰和稳定,到青年期个体发现自己的新的情感世界,意识到"自我"的独一无二、与众不同,也可能会产生"孤独"之感,他们体验到自尊的需要,会产生与自尊感相联系的"羞耻感"和"腼腆感"。由于个体发现了一个自己的内部世界,时常会感到"内在"自我和"外在"行为的种种不符或冲突,从而产生"苦闷""彷徨"等新的情感。青年人能把内在的情感世界作为自我意识的客体,才会发现大自然的美丽,发现人类创造的艺术品(音乐、绘画等)的美丽,从而体验种种美感。总之,自我意识的存在和发展,使得人的情感生活变得日益丰富、细致和复杂。

3. 发展意志品质　一个人要获得发展、取得成就,仅有目标是不行的,还必须具有自我调控的意识,对自己的情感、行动加以调节和控制。自我实现需要个人监督,需要意志的力量,离不开自我意识的作用,离不开在意识中对自我和环境明确的区分。自我意识健全的人,在对自我做出正确认识、合理规划的基础上,能够对自己的注意力、情感、行为等加以控制,以实现自己的目标。缺乏自我控制意识的人,将是一个情绪化、缺乏毅力的人,终将一事无成。一个能够控制自我的人,往往与环境相适应,并能规范自己的情绪和行为,因此更容易实现自己的目标。

4. 促进道德形成　自我意识不仅包含现实自我,还包含着理想自我的方面。亦指当个体被问到"我是谁"时,不仅要回答"我现在是谁",还要回答"我将是谁"和"我应当是谁"等问题。由于人不是游离于社会之外的抽象的个体,个体的自我概念必然受到他所处社会各种规范的制约。每个个体都在社会体系中处于一定的角色地位,社会对他有着一定的角色期望,这些角色期望承载着社会规范,要求、约束着个体的心理和行为。因此,社会道德就在个人的自我意识中找到了可以存在的处所,也找到了可以调节、激发(或抑制)个体心理与行为的杠杆。就个体方面来说,一个人的自我意识里,就包含了道德、信念,以及与之相联系的诸如责任、义务、使命、荣誉等价值观念的内容。

5. 保障心理健康　个体具备良好心理素质的最重要的标志是对自我的接受和认可,即有成熟的自我意识和健康的自我形象。心理学家在界定心理健康标准时,不约而同地将自我认识作为主要的指标。可见,心理健康的人对自己有客观认知,能够接纳自我,有良好的自尊。但那不是自以为是或自我陶醉。人必须首先爱和尊重自己,才能真正地爱他人。心理健康的人清楚地认识自己,尤其是在自己的感觉和意图方面,自我觉察力特别强。只有客观、准确地认识和了解自我,并对自己的经验持一种接受和开放的态度,才有可能保持心理健康,才有可能快乐幸福地生活,才有可能充分发掘自己的潜能以助成才。如果对自我认识不清,或对与自我不一致的经验持否认、回避、拒绝的态度,可能会影响到身心健康和个人发展。

四、自我意识的产生与发展

(一)奥尔波特的自我意识发展理论

奥尔波特(G. W. Allport)把自我意识的发展分为三个阶段,即从生理的自我到社会的自我,最后发展到心理的自我。

1. 自我意识的产生　从出生后第8个月至3岁左右，人开始产生自我意识。奥尔波特认为，自我意识最原始的形态是生理自我。婴儿刚出生时，不能区分是自己的与不是自己的东西。到了七八个月的时候，往往会关心自己在镜子里的形象。到了10个月左右，会主动地看镜子里的形象，想和那个形象玩耍，但还不知道镜子里的形象就是自己。从1岁8个月开始，渐渐能够区分同伴。到2岁左右，能用自己的名字来表达需求，如“宝宝要吃糖”。2岁2个月左右，能够确定地认识镜子里的或照片上的自己形象，这一阶段的自我意识，是以躯体需要为基础的生理自我，是自我意识发展的第一阶段。这个时期表现出来的行为是以自我为中心的，以自己的想法来解释外界的现象，认为外部世界是为他而存在，以他为中心。所以在这个时期又称为“自我中心期”。这个时期的特点是：① 出现了羞愧与疑虑感；② 出现了占有欲和嫉妒感；③ 第一人称“我”使用频率提高，有了自立要求。

2. 自我意识的发展　从3岁至14岁，人的自我意识的发展进入到第二阶段。通过在幼儿园参加反映成人社会生活的游戏活动，扮演各种角色，以及随后度过的学校生活，承担相应的社会义务和责任，个体在社会化过程中产生了自我实现的需要与欲望，特别是在成就动机的推动下，个体努力学习，表现出符合社会要求的行为，以实现符合社会期望的社会自我。这一以“社会自我”为主要内容的自我意识发展阶段，称为“客观化时期”。这个时期，个体虽然已经意识到自己是一个主体，但却还不全面地了解自己的心理状态，也不善于运用自己的眼光去认识世界，大多是照搬成人观点作为自己对外部世界的认识。

3. 自我意识的成熟　从青春期开始到青年后期，是自我意识发展的第三阶段。从青春期开始，个体的生理、情绪、思维能力都发生了急剧变化，如逻辑思维能力的发展、想象力的丰富、性意识的成熟与觉醒。从这一时期开始，个体清晰地意识到自己的内心世界，关注自己的内在体验，喜欢用自己的立场和观点去认识外部世界，常常强调自己所具有的独特个性特征的优越性与重要性，开始有明确的价值探索和追求，强烈要求独立，产生了自我塑造、自我教育的紧迫感和实现自我目标的驱动力。这是自我意识“主观化时期”。这个时期自我意识的特点是：① 个体的思想和行为带有浓厚的个人色彩；② 有明确的价值体系探索和追求；③ 出现与价值观相一致的理想自我，会指导自己的言行；④ 抽象思维能力提高，使自我意识超越具体情境，进入精神领域。

（二）埃里克森的人格发展八阶段理论

埃里克森(E. H. Erikson)对人格的发展做了广泛的研究，他指出个体自我意识的形成和发展由贯穿一生的八个相互联系的阶段组成。在人格发展的八个阶段中，每一阶段都有一个特定的发展任务需要解决，每个人都要去适应社会为他准备好的社会任务。阶段与阶段之间是相互存储的，其构建具有累积性，同时，每个阶段又各自形成人格中的独特的品质。在发展过程中，青少年时期所形成的自我同一性是一个核心概念。形成自我同一性必须整合先前的经验，并为今后的发展打下基础。如果每个阶段心理、社会发展课题得以完成，危机得以解决，就会产生积极的品质，反之，就会产生消极的品质。

埃里克森人格发展的八个阶段划分如下。

1. 信任与不信任(0～1.5岁)　埃里克森认为信任是健康人格的基础，它是安全感的主要成分，并且是以后各个时期的基础。信任感表现为一个人对他的周围世界，特别是社会环境的基本态度，是在出生后的一两年中发展起来的。这种信任感和安全感可以通过父母、长者在抚育婴儿过程中以关心和爱护婴儿的需要而培养出来，因此母亲养育婴儿的态度和与婴儿的情感交流很重要。当一个婴儿的生理需要经常得到满足时，可使其对别人和周围世界产生信任。当父母拒绝婴儿需要或以非寻常方式满足婴儿需要时，婴儿会产生不信任感。

2. 自主与羞怯和疑虑(1.5～3岁)　这个阶段的儿童可以比较独立地探索周围世界，表现出一种自主感，“让我来做”变成了第二个发展时期的最主要的话题。儿童渴望独立吃饭、穿衣、走路、说话、探索外部世界，安排自己的活动范围，按照自己的想法做事。因此，在可能的条件下，父母应允许儿童自由活动，并以各种形式对他们的自主性和独立性表示认可和赞扬，使儿童逐渐产生自信和自主之感。如果这个时期父母对儿童的行为干涉过多，甚至支配儿童的一切活动，儿童将对自己的行为或自身产生羞怯感，影响身心的发展。

3. 主动与内疚(3～6岁)　随着年龄的增长，儿童接触外面的世界日趋广泛，他们日益增多的语言和运动能力也使他们有可能把活动范围扩展到他的家庭环境之外。如果在与小朋友交往中可以充分发挥自己的主动性和积极性,在与教师和父母的交往中,能得到鼓励和表扬,会激励他们的主动精神。如果教师或家长对儿童的活动要求过严、指责过多或评价不公正,则会挫伤他们的积极性,使他们失去信心,产生自卑、羞耻感,甚至经常产生内疚心理。

4. 勤奋与自卑(6～12岁) 6岁是儿童入学的年龄,将接受一系列的要求和教导,进入集体,面对各种竞争。儿童为了在同学、家长、教师面前争取荣耀,会勤奋学习。这个阶段如果教师和家长能利用儿童的这种精神,为他们提供一个良好的环境,并热心地指导和鼓励他们,儿童就会更加勤奋努力,各方面都会受到良好的锻炼。如果儿童在这个阶段里学习屡遭失败,所从事的活动不受欢迎和重视,就会失去信心,产生自卑感。因此,在这个阶段里,同伴在衡量儿童本身的成功或失败中具有相当重要的作用,如果能成功地应对各种挑战可以避免自卑的产生,并获得一种"勤奋感"。

5. 自我同一性与角色混乱(12～18岁) 在青少年时期,人们经历了一系列急剧的身体变化。在这一阶段,不管人们是否准备好了,他们都将从儿童转变为成年人,这可能是人生中特别困难的一个阶段。埃里克森特别关注这一阶段,并把获得自我同一性作为发展中最重要的目标。自我同一性又称自我认同感,是一种关于自己是谁、在社会上应占什么样的地位、将来准备成为什么样的人以及怎样努力成为理想中的人等一系列感觉和认知的整合。青少年期是建立自我同一性的关键时期,它体现着个体对自我的一种探求。达成自我同一性的人具有以下特点:① 有独立感、独特感,感觉到自己是独特的个体,虽然可能和别人共同完成任务;② 自我本身是整合的、统一的,自我的发展具有连贯性,现在的我是由童年的我发展而来,将来我还会发展;③ 自我设想的"我"和自己体察到的他人眼中的"我"是一致的,相信自己的目标和为达到这个目标所采取的手段能被社会承认。一些青少年在寻求自我同一性的过程中可能会遭遇困难,出现"角色混乱"的现象——迷失自我、角色混乱,不知道自己是怎样的人、想要成为怎样的人,自我认识割裂。寻求自我同一性可能是一个艰难甚至痛苦的过程,但自我同一性的建立是健康人格形成的一个前提。

拓展学习 2-1

自我同一性的四种状态

玛西娅(J. Marcia)认为,在形成自我同一性的过程中,个体会经历危机和投入的阶段。危机(crisis)是指自我同一性发展中个体面对与自我有关的困惑,需要做出探索的状态。部分研究者用探索(exploration)这一名词来表示这种状态。投入(commitment)也称承诺,是个体为自我同一性实现投入时间和精力的程度。

玛西娅认为,个体在自我同一性发展中所处的状态可以被描述为自我同一性混乱、自我同一性早闭、自我同一性延缓和自我同一性实现。个体所处的自我同一性状态取决于是否:① 面临不同选择的危机或探索;② 对某一自我同一性目标的投入或承诺(表2-2)。

表2-2 玛西娅的自我同一性的四种状态

危机或探索	投入或承诺	
	否	是
否	混乱	早闭
是	延缓	实现

自我同一性的四种状态具体描述如下:

(1) 自我同一性混乱(identity diffusion):是指个体既没有经历自我同一性危机,也没有进行任何投入的状态。他们没有未来的职业规划和人生目标,甚至对这些问题不感兴趣。

(2) 自我同一性拒斥(identity foreclosure)：是指个体在没有经历选择危机，也没有进行其他探索之前过早地投入。这大多是由于家长强制性地为孩子选定目标，督促其努力投入，而青少年自身则丧失了探索不同生活方式、信仰和工作职业的机会。

(3) 自我同一性延缓(identity moratorium)：是指个体正在面临危机而没有明确投入方向的迷茫状态。

(4) 自我同一性实现(identity achievement)：是指个体已经经历了危机，选择了目标和方向并积极进行投入的状态。

资料来源：罗尔夫·E. 缪斯.青春期理论：原书第6版[M].周华珍，等译.上海：上海社会科学院出版社，2014：71－73.

6. 亲密与孤独(18～24岁) 当亲密关系的发展成为最根本、最重要的任务的时候，青少年就步入了下一个阶段：发展亲密关系。个体开始寻求一种特殊的关系，通过这种关系来发展他的亲密感，并在情感方面得到成长。所谓亲密感，是指个体能够与他人深入沟通、相互关怀以及相互承担义务的一种情感，包括友谊和爱情。如果一个人不能与他人分享快乐和痛苦，不能与他人形成相互关心、相互帮助的人际关系，就会陷入一种深深的孤独感之中。如果个体在此阶段形成亲密能力胜过孤独能力，就会形成爱的美德。

7. 繁衍与停滞(25～65岁) 根据埃里克森的观点，繁衍力是一个人为家庭、社区、单位和社会做贡献。人们可以通过养育孩子来获得繁衍力，也可以通过其他一些方式来满足这种需要。有些父母会发现他们通过对孩子的教育，丰富了自己的生活。没有子女的成年人通过与年轻人的接触也会感到这种生活的丰富，例如，我们常常看到一些年长的成人志愿去帮助青年团体，或者照料兄弟姐妹的孩子，他们通过这些活动一样能获得内心的满足。没有形成这种繁衍力的成年人会陷入一种停滞感当中，它表现为一种空虚感和对人生目标的怀疑。对一些父母来说，抚养孩子给他们的生活增添了许多有意义和有趣的事情。而有些父母，他们从教育孩子中很少获得快乐，反而充满了厌烦和对生活的不满。有些人不断在追求自我存在的价值，寻找新的、更充实的生活方式为社会做出更多贡献，而有些人则可能困于日常琐碎小事，感到挫败并开始厌倦生活。

8. 自我整合与失望(65岁以上) 在最后一个发展阶段中，人们将度过或圆满完成自己的一生。当意识到死亡将临近时，他们是绝望还是害怕？是张开双臂迎接死亡的到来，还是认识到大千世界中自己仅此一次的生命的秩序与意义？埃里克森认为，只有回顾一生感到满足和幸福的人才不会惧怕死亡。这种人具有一种自我整合感，即对自己的一生具有一种圆满感和满足感，包括长期锻炼出来的智慧感。相反，那些一生充满挫折和失败的人在回顾其一生时，则体验到失望和沮丧，产生失落感，对人生感到厌恶。如果自我整合感超过失望感，就会形成智慧的美德。智者们懂得生命的现实性，并接受这样一个现实：人的一生必须按其既定的轨道运行，根本不存在“假如”的结局。

第二节 大学生自我意识的特点

进入大学以后，随着学习、环境等的改变和心理的发展，大学生的自我意识有了明显的变化。大学生开始重新评估世界、塑造自己，并且迅速发展。大学生开始注意到自己以往不曾留意的许多方面，但由于心理尚未成熟，自我意识矛盾冲突日益明显。

一、大学生自我意识发展的过程

大学时期是自我意识迅速发展并趋向成熟的时期，是在儿童、青少年时期自我意识基础上的进一步的发展，既有继承性，又有新的发展。一般来说，大学生自我意识的发展要经历“分化—冲突—统一”的过程，在发展过程中还可能经历多次的反复。

(一) 自我意识的分化

青年期自我意识的发展是从明显的自我分化开始的,这也是自我意识开始走向成熟的标志。青春期来临之后,许多少年会惊奇地发现原来笼统的“我”被打破了,开始出现主观的我(I)和客观的我(me),理想的我和现实的我。

社会心理学家米德(G. H. Mead)从语言学出发分析了“主观的我(I)”和“客观的我(me)”的差异。他认为,当人们以“主观的我(I)”来称谓自己或认识自己时,这时的“我”是主观的,是可以使人们意识到当下存在的即时性的“我”。“主观的我”代表了每个人的自然特性。而当人们以“客观的我(me)”来称谓自己或认识自己时,这时的“我”是一个被对象化的客观的“我”,是在对过去的回忆中和对未来的展望中而被充分反思的“我”,被自己、他人作为观察对象处于历史性之中的“我”。代表了自我意识社会的一面。“客观的我”为“主观的我”采取行动提供方向,两者整合成一个统一的自我。大学生喜欢追求自我活动的独特性,但当个体感到处处与他人不一样时,可能转向寻求与其他个体活动的共同性,这既让大学生成了不同的个体,也为理解个体间的不同打下了基础。总之,个体在社会互动中发展扮演不同角色的能力而使自我意识得到发展,随着个体角色扮演能力的逐渐提高,扮演角色范围的不断扩大,自我意识就进入了不同的发展阶段。

伴随着“主观的我”和“客观的我”的分化,大学生能越来越清晰地意识到自己的社会地位和应承担的社会责任,“理想我”和“现实我”也开始分化。“理想我”是在自己头脑中所塑造的、自己所期望的未来的自我形象,“现实我”是通过个人的实践活动而反映到头脑中的真实的自我形象。“我应该成为一个什么样的人”就是大学生头脑中的一个“理想我”的形象。这个“理想我”的形象构成以后,大学生常会不自觉地把自己理想化,因而也容易与“现实我”发生矛盾,导致两种形象混淆起来。自我明显的分化,使大学生主动、迅速地关注自己的内心世界和行为,产生了新的认识、体验,同时,由此而来的种种激动不安、焦虑、喜悦增加,自我沉思增多起来,要求有属于自己的一片空间和世界,渴望被理解、被关怀。

(二) 自我意识的冲突

自我意识冲突是心理冲突的一种,是个体在自我认识、自我体验、自我调控中形成的自我分析和评价时出现的心理冲突。大学是自我意识飞速发展的阶段,大学生们逐步意识到自己的内心世界,并越来越关注个体的内在体验,但由于发展尚不完全,在自我意识发展的过程中会面临许多矛盾冲突,甚至有很大的内心痛苦和强烈的不安感。归纳起来,大学生自我意识的冲突主要表现在以下几个方面。

1. 主观我与客观我　大学生中主观我与客观我之间的冲突比较突出。从自我意识的发展角度来说,主观我与客观我应该是统一的,是个人对客体的认识和个人愿望的统一,是个人与社会的统一。但是,由于自我的结构是多种多样的,每个人所处的社会环境也有一定的差异,主观我与客观我就容易陷入矛盾、冲突之中。比如,自我评价与别人评价之间可能存在差距,某同学认为自己对人真诚,喜欢直来直去,而别的同学却认为她任性自私、不好相处。

2. 理想我与现实我　这是大学生自我意识冲突最突出、最集中的表现。大学生朝气蓬勃,富于幻想,常常胸怀远大的理想,对未来的事业和生活充满美好的向往。但由于大学生的生活范围相对狭窄,社会交往比较单一,缺乏社会阅历等原因,往往对现实生活中的困难估计不足,或者无力应对,不能很好地将理想与现实结合起来,从而使理想我与现实我之间产生较大的差距。在这种差距中有值得重视的两个方面:一是理想我与现实我有一定距离是正常的,它可以激励大学生奋发图强、积极向上,朝着梦想的方向努力;二是当现实我距离理想我太遥远时,容易产生强烈的心理冲突,给大学生带来困扰,因此当理想我与现实我发生冲突,积极的自我调适是非常必要的。

3. 独立与依附　一方面,大学生生理与心理的不断成熟使他们渴望独立,希望自己能独立地面对生活、学习与工作中遇到的问题,希望自立自强,成为一个有独立见解、能决定自己命运的人。但大学生的社会阅历与经验相对匮乏,当出现应激事件时,需要得到别人的帮助,获得他人的支持。另一方面,大学生迫切希望摆脱约束、追求自立,却又不可能真正摆脱家长的经济支持,这也加深了心理上独立与依附的矛盾冲突,导致大学生在渴望独立与难以摆脱的依附冲突中徘徊。应当看到,独立并非独来独往,“一个好汉三个帮”,真正成熟的独立个体是能够勇敢作出决定并勇于承担自己的行为后果,能够建立良好的社会支持,维系个体的心理健康。

4. 自负与自卑 是自我意识中自我体验的典型冲突表现。大学生的自我意识尚在发展过程中，难以对自己有全面的正确的认知，容易产生自负或自卑的认知偏差。自负者往往过高地评估自己的长处和优点，自卑者往往容易自我否定，表现为缺乏信心，对自己充满不满。有时自负与自卑是紧密相连的，自负表现过度强烈的人往往也是极度自卑的人。与其他群体相比，大学生往往有较高的自尊，他们渴望成功，不甘落后，对成功的渴望与预期高，特别是当小小的成就来到身边时，很容易表现出骄傲自大、唯我独尊、自我中心。当遭遇失败与挫折时，有时甚至是小小的失利，都能令他们开始怀疑自己的能力，进而产生自我否定、自我怀疑甚至自暴自弃的情绪，陷入强烈的自卑之中，这些都与大学生自我认识不良、自我定位不准确有关。

案例 2-3

自卑的大学生

王同学，身高 155 cm，体形偏胖，是一位来自农村的女孩。因家庭贫困，王同学从小生活节俭，学习成绩一直名列前茅，是老师们夸奖、同学们羡慕的对象。进入大学后，看见身边的同学能歌善舞，时髦靓丽，而自己因为家庭经济困难从没接触过课外补习、兴趣班，没有特长，除了学习什么都不会，在生活费之外没有多余的钱用于化妆装扮，自己的身高和体形也不如同学，经常自惭形秽，不愿与人交往。她本想通过努力学习，用优异的成绩来找回自我，但一个学期下来，考试成绩并没有如她所愿地名列前茅。第二学期开学后，王同学总觉得在同学面前抬不起头来，上课时注意力难以集中，不愿参加集体活动，经常独来独往，连宿舍同学也不愿交流，整天愁眉苦脸，寝食不安。

王同学主要是因为家庭经济困难和自身生理条件欠缺等因素造成了自卑心理。从人格上来说，人们都是平等的，没有高低贵贱之分，个人条件、经济条件与人们的修养、知识、能力没有内在的、必然的、绝对的联系。

5. 渴望交往与心灵闭锁 大学生在人际交往中有追求爱与归属的需要，更加渴望同辈群体的认同与归属感，他们愿与朋友分享快乐，分担痛苦，沟通信息和交流情感，渴望从异性朋友中获取爱情。然而，大学生的自我表露又受着心灵闭锁的影响，“逢人且说三分话，未可全抛一片心”，大学生可能不经意地将自己的心灵深藏，有意无意地在与他人交往时保持着一定距离，不能完全敞开心扉交流与沟通思想。还有一些大学生因为交往心切，还未相互了解就和盘托出心中秘密，结果受到伤害，导致心灵闭锁。这种渴望交往与心灵闭锁的冲突是大学生人际交往中的普遍问题，不少大学生因此感到十分孤独。

6. 理智与情感 这是自我意识的自我调控方面的冲突。随着身心的发展与认知水平的提高，大学生渐渐成熟，相比高中时代，大学生考虑的问题更加全面与客观，对人生、未来都有所思索，但是大学生情绪的一个显著特点是波动性大、易冲动，表现为自我控制能力较差，可能因一时赞扬而洋洋得意忘乎所以，也可能因犯错被斥而怒发冲冠。理性理智思维成熟与情绪情感不稳定出现明显的冲突。在遇到问题时，可能一方面不断克制，另一方面不断冲突，既想满足自己情绪与情感的要求，又想服从于社会及他人的需求。特别是当遇到失恋等打击时，往往理智上能够理解，情感上却难以接受。

（三）自我意识的统一

在自我意识的矛盾冲突中，大学生的自我意识也在不断调整和发展。他们极易寻求新的支点，寻找自我意识的统一点，整合自我意识。由于自我意识具有复杂性与多维性，大学生逐渐在多向角度中审视自我、调整自我，向理想自我靠近。

1. 实现“理想自我”与“现实自我”的积极统一 积极自我建立在自我肯定的基础上，即对自我的认识比较清晰、客观、全面、深刻。这种积极自我的特点是在经过痛苦的选择与调整之后，使自己的理想自我与现实自我趋于统一，“主观自我”与“客观自我”趋于一致。统一后的积极自我，不仅了解自己的长处与优势，也了解自己的不足与劣势，能够分析哪些是通过努力可以达到的，哪些是自己无法企及的。既符合社会要求也符合自己的实际，能确立合乎自我实际情况的抱负水平，确立合适的理想自我，并积极主动地投身实践，逐步向着理想自我迈进。

2. 实现“主观自我”与“客观自我”的积极统一　随着自我意识的分化与统一,大学生自我评价的自觉性不断提高,常常在自我反思与社会比较中认识自我,全面地评价自我,能充分考虑个人情况和现实实际、主观意识符合客观现实,正确把握了自己不是独立于社会之外的抽象的人,而是社会关系的综合,要在符合社会现实的条件下追求自我价值和自我实现。从社会交往或比较中获得的理想人格内化为自己的品质,在积极投身各类实践活动中开阔视野,增加自我认识,丰富自我评价,实现“主观自我”和“客观自我”的统一,从而形成较高水平的自我效能感。

3. 自我认识、自我体验、自我调控的和谐统一　自我意识是个体自主性的体现,人格的铸造自始至终都是通过自我导向、自我监督和自我激励来实现的。与中学时代的冲动、自控力较差相比,大学生对自己的控制方式逐步从外部控制向内部控制转变,大学生不仅能在感知水平上驾驭自我,而且能在信念和意志水平上驾驭自我。随着自我控制能力的提高,大学生可以通过自我教育,形成沉着冷静、独立思考、排除干扰、自主决断等优良品质,不断向自我和谐统一的目标迈进。

自我意识的发展伴随一个人一生,是青年人面临的主要人生命题。自我意识由分化、矛盾到整合的过程是相对的,由于个体不同的成长环境和生活经历,自我分化的早晚、自我矛盾的性质和持续时间及自我统一的具体特点都有所不同。大学生要学会把握自我意识分化与统一的发展规律,不断在自我反思及与他人互动中提升自我意识的发展水平。

二、大学生自我意识发展的特点

大学生自我意识发展的特点主要体现在自我认识、自我体验、自我调控三个方面。

(一) 自我认识

1. 自我认识不断深化　大学生在自我认识的深度和广度上都有较大提高,他们不仅关注自己的外表、行为举止等外在特征,其自我认识还涉及自己的气质、风度和性格等内在因素,甚至还涉及自己的社会地位、社会责任、自我价值等问题。通过对这些问题的分析和思考,大学生自我意识达到了新的广度和深度。

2. 自我认识更具主动性　进入高校的大学生,刚刚摆脱了中学时期沉重的学习压力,开始围绕个人发展、个人与社会的关系积极主动地探索着自我。他们经常反省这样一些问题:“我聪明吗?”“我是一个什么样的人?”“我的性格怎么样?”这些问题都涉及大学生的自我认识问题。为了认识自我、发展自我,大学生主动而自觉地把自己与周围的同学、老师、英雄人物进行比较,并把他们作为自己学习的榜样,力图将社会的期望内化为自我的品质。

3. 自我评价趋于客观、全面　自我评价也是一个循序渐进的认识过程。随着各类知识增多,生活经验扩大,大学生通过对自己进行分析评价,能够更加客观地认识现实的我,找到自我的优势,发现自我的不足,然后扬长避短,修正自我,使现实的我趋向于理想的我。大学生开始具备在自觉基础上的自知之明,但是大学生自我评价的能力仍具有较大的个体差异性,表现在大学生中的自我评价偏差,有的大学生高估自我,有的则低估自我。

(二) 自我体验

1. 自我体验的丰富性　大学生的自我体验既丰富又复杂,大学多彩的学习生活为他们发展自我体验的丰富性提供了有利条件。随着自我认识的发展,大学生意识到自身的成长而产生成人感;意识到自己是一名当代的大学生而产生义务感、爱国主义和集体主义的体验;意识到自己的能力和品德状况而产生自豪或自卑等体验。

2. 自我体验的敏感性　大学生对于外部世界和内心世界的许多方面都比较敏感,尤其是与他们自身相关的事物,很容易迅速引起情绪上的反应,凡是涉及“我”及“与我相关的事物或事情”都很敏感。大学生开始重视自己在集体中的地位和威信,对他人的言行和态度十分敏感,对涉及自己的名誉、地位、前途、理想及异性交往等方面的问题,更易引起强烈的情绪体验。

3. 自我体验的深刻性　大学生的自我体验是深刻的。大学生的自我体验不仅与自己的个性特点相联系,而且还与自己的生活信念和人格倾向相联系。当自我的生活信念和人格倾向为别人所容纳,或客观事物符合自己的生活信念和人格倾向时,就会产生愉快的情感体验,否则就容易产生消极、不愉快的体验。

4. 自我体验的波动性 大学生的自我体验仍有一定程度的波动性。例如，取得优异成绩时，容易产生积极的情绪体验，甚至高傲自大，目空一切；而遇到困难时，则容易产生消极的情绪体验，甚至悲观失望、自暴自弃。大学生自我体验的波动性是正常的，关键是大学生应正确对待这一特点，胜不骄，败不馁，在困难和挫折面前丰富自我，塑造自我。

（三）自我调控

1. 自我控制能力明显提高 低年级大学生的冲动性仍较明显。在随后的大学学习过程中，特别是进入高年级后，由于知识积累、生活阅历的增加，大学生自我认识和自我评价水平增强，能够根据别人的评价和自己的行动结果进行反省，及时调整自己的行为和目标。这说明大学生行为的自觉性和自我控制能力明显增强，盲目性和冲动性则逐渐减少。

大学生自我控制能力的明显提高，还表现在他们的行为和目标能以社会期望和社会要求为转移。例如，当今社会对大学生的要求越来越高，不仅看学历高低，还要看综合素质、真才实学和竞争意识。面对社会的期望和要求，大部分大学生能对自己的目标进行及时的调整，在掌握专业知识的同时，注重实践动手能力、沟通协调能力、统筹规划能力等各种能力的培养，以便能更好地适应社会。

2. 自我设计的愿望强烈 大学生有设计自我、完善自我的强烈愿望。他们根据自我设计的“最佳自我形象”而不断地学习知识充实自我，培养自己的能力，形成自己良好的性格与品德。大学生的成就动机很强，大多不愿做一个庸庸碌碌的人，想干出一番事业，能对社会、对祖国有所贡献，以实现自己的人生价值。不过，有时大学生的自我设计会产生与社会要求不一致的矛盾。例如，大学生希望自己能为建设公平正义的社会出力，抨击不良的社会现象，但在涉及自身利益时，有的大学生却对利己主义、享乐主义、拜金主义等表示认同。但总体而言，我国大学生的自我设计、自我完善的基本倾向是奋发向上的、积极的。

3. 强烈的独立意识和自信心 随着自我评价能力的提高和知识经验的积累，大学生表现出强烈的独立意识和自信心。大学生在生理发育上已完全具备了成人的特点，心理成熟和社会成熟也已达到较高的水平。通过对自我的认识、体验和调控，已逐渐确立了一个新的成人式的自我，成人感特别强烈。另外，大学生有体力充沛、精力旺盛、思维灵活、记忆力强、优越感比较明显等特点。这充分表现出大学生的自信心是十分强烈的，他们不仅对自己的才华、学识充满自信，而且对自己的风度、能力充满自信。但由于知识、经验不足，他们易产生过分的自信，也容易因一时的挫折而降低自信。

大学生的独立意识和自信心十分宝贵，它是蓬勃向上、积极进取等优良品质的心理基础。一般来说，随着自我评价能力的提高和知识经验的积累，大学生的独立意识和自信心会逐渐表现得客观和稳定。

三、大学生常见自我意识的偏差及其调适

（一）过分自我接纳

自我接纳是指自己认可自己、肯定自己的价值，对自己的才能和局限、长处和短处都能客观评价、坦然接受，不过多地抱怨和谴责自己。对自我的接受是心理健康的表现，但过分自我接纳则可能带来适应问题。过分自我接纳是指个体不切实际地高估自己的能力和长处，难以看到自我的缺点或不足，有时甚至把别人看得一无是处，是对现实自我的评价过高，“现实自我”与“理想自我”之间存在虚假的统一。就像拿放大镜看自己的优点，用显微镜看别人的缺点，往往目中无人、自以为是、孤芳自赏，甚至把自己的短处看成优点，盲目乐观。过分自我接纳的大学生的人际交往模式是“我好，你不好”“我行，你不行”。他们对自己评价过高，容易骄傲，听不进别人的意见和建议，又不容许别人有意见，不易处理好人际关系，遭遇挫折后通常不能很好地反省自己，总是抱怨别人和周围的环境因素。

克服过分自我接纳的途径包括：① 眼中要有他人，学会欣赏别人。每个人身上都有过人之处，人与人之间要取长补短。学会欣赏别人，是与人平等和谐相处的心理基础。② 建立客观的自我评价。全面地了解自己不是件容易的事，能够认识到的自己常常是浮在水面上的冰山一角，经常仔细聆听别人对自己的看法，有助于深入地了解自己。③ 学会承受挫折。过分自我接纳的人的成长往往是一帆风顺的，正因为路走得太顺，滋长了优越感。一旦遇到挫折和失败，情绪会一落千丈。其实挫折对于过分自我接纳的个体未必是坏事，恰当的挫折就是个人成长的契机。

(二) 过分自我拒绝

自我拒绝是指个体不喜欢自我,不能容忍自己的局限和不足,否定、指责自己。适度自我拒绝可以促使大学生修正自我,趋于完善,进一步提高素质。但过分地自我拒绝就是无视自己的才能和优点,只看到缺点,总认为自己能力不如他人,感觉低人一等,从而丧失自信。这种类型的人在心理上的特征就是自我排斥,当过分自我拒绝的大学生在把理想我与现实我进行比较时,往往对理想我期望较高,又无法达到,对现实我不满意,却无法改进。"理想我"与"现实我"的距离过大所导致的自我矛盾冲突,往往会产生否定自己、拒绝接纳自我的心理倾向。过分自我拒绝压抑了大学生的积极性,限制了其对未来生活的憧憬和追求,很容易引起内心冲突,最终使大学生不能很好发挥才能,无视自己的优点,甚至还会引发心理疾病。

克服过分自我拒绝的途径包括: ① 调整认知方式。过分自我拒绝的人,往往自我评价过低,"别人都好只有我不好",看不到自己的价值,感觉处处低人一等,自信心严重不足。② 发现自己的长处,全面客观地评价自己。"上帝为我关上一扇门,也会给我打开一扇窗",要学会欣赏自己所长,接纳自己所短,学会扬长避短。③ 多参加集体活动,与朋友多交往。在实践活动中体会到集体或他人的支持和关切,肯定自己的工作成果与进步,建立安全感与自信心,努力完善自我形象。

(三) 过分追求完美

精益求精、尽善尽美是一个人有理想、有责任心的表现,但是过分追求完美会给个体带来很大的心理负担。过分追求完美主要表现为对自己提过高的要求,期望自己完美无缺,却不顾自己的实际状况。一方面,过分追求完美的人往往对自己有过高的、不切实际的要求,脱离了现实生活的实际状况,很容易使自己完美的期望受挫,另一方面,过分追求完美的人不能容忍自己不完美的表现,对自己不完美之处过分看重,甚至把人人都会出现的、遇到的问题看成是自己不完美的表现,总对自己不满意,从而严重影响了自信心。他们对自己十分苛刻,只能完美无缺,不肯接纳现实中平凡的、有缺点的自我。

克服过分追求完美的途径包括: ① 树立正确的认知观念。人不可能十全十美,每个人都有优缺点。② 确立合理的评价参照体系和立足点。总是以弱者为参照会自大;总是以强者为标准会自卑。人应该选择合适的标准,更重要的是以自己为标准,按照自己的条件评定自己的价值。③ 目标合理恰当。在充分了解自己的基础上树立恰当的目标,目标符合自己的实际能力,不苛求自己,不被他人的要求左右。④ 接纳自己的不完美。人各有所长,各有所短,每个人都是独特的,与众不同的。欣赏自己的独特性,不断地进行自我激励。个体越能独立于周围人的期望,其自我意识的独立性就越强,所遭遇的冲突就越少。

(四) 过分自我中心

适度自我关注、自我分析有利于正确、客观地认识自己,有助于正确地意识到自己采取的行为是否恰当,从而能够及时适当地告诉自己行为的不当,克服自己的不足。但过分自我中心则不利于个体心理的健康发展。过分自我中心是指在个体与他人或社会的关系上只从自我立场出发,而不能从他人或社会位置去思考问题或处理问题。有较强自信心、自尊心、优越感、独立感的学生更容易过分自我中心。他们常常认为他人也应该如此关注自己。例如,过分自我中心的大学生在与人交往时,往往不顾别人的喜好和需要,长时间喋喋不休地高谈阔论,自我感觉良好,甚至在交谈已改变话题后,仍按照自己的思路不断地阐述,完全没有意识到谈话的情境;在处理有利害关系的问题时,常常也只会从自己的得失出发,按自己的意愿行事,不考虑他人的利益。

克服过分自我中心的途径包括: ① 树立健康的人生观,自觉地将自己和他人、集体结合起来,走出自己的"小天地"。② 要实事求是、恰如其分地评估自己,既不自高自大,也不妄自菲薄。③ 尊重他人,设身处地地从他人的角度思考问题。尊重和信任是人际交往的基础,学会将心比心,真诚地关爱他人。

案例 2－4

过分自我中心的大学生

小阳是独生子,自幼父母离异。他认为学习知识是最重要的,看不惯学习不努力的同学,常常以自己的标准要求同学,说话不考虑别人的感受,常常得罪别人。他不屑与同学处好关系,喜欢独来独往,始终认为自己生活安排是最优的。进入大学后，小阳遇到以下三个典型的问题。

(1) 宿舍关系紧张，被其他同学驱赶：一天，小阳的舍友找到辅导员，说："请老师把小阳调离我们宿舍，小阳和我们处不来，他在宿舍很少说话，常常因为小事闹得不愉快，最近又在班级微信群里骂我们不爱学习，像猪一样睡懒觉等，严重伤害我们的自尊心，我们很讨厌他。他有时还会无端生气，做出过激的事情，我们都很害怕他。"后来小阳辩解："宿舍同学炫富又不爱学习，没有共同语言，他们有时故意找我麻烦，我看不惯他们，在群里没有说骂谁，不知道他们为什么有这么大的反应。"

(2) 没拿到奖学金，认为不公平：一次综合测评分数出来后公示，小阳气呼呼地过来找到辅导员，说："我的考试成绩这么好，为什么拿不到奖学金？他们成绩没有我好却怎么能拿到奖学金？素质加分不公平，学生干部做了多少事，要给他们加这么多分？我的德育基础分为什么不是最高的？我犯什么错误了扣我的分？老师你做事公平吗？"

(3) 没获得助学金，认为同学有偏见：新学期，要对贫困建档的同学进行民主评议，以决定其是否可以获得助学金。小阳在民主评议中，票数排名末尾，按照贫困补助的比例，小阳未获得助学金。小阳得知情况，找到辅导员，说："我妈妈下岗在家做小本生意，学费有时都是从亲戚朋友处借的，票数末尾是因为同学对我有偏见，不能因为偏见就不给补助，班级里还有条件比我好的同学都拿到了助学金，为什么我不能拿？老师你有没有去了解情况？"

"过分自我中心"是一切以自我为中心，只看到和想到自己的利益和感受，很少考虑别人甚至不考虑别人的利益和感受；只希望别人关心、关照自己，而很少想到自己去关心、关照别人。面对过分自我中心的小阳，你会给他提出怎样的建议呢？

第三节　大学生自我意识完善的途径

自我意识在大学生人格形成与发展中占有重要的地位。大学生的认知、情感、意志都受自我意识的影响。健康的自我意识是人们依据周围环境的发展而形成的有关自己的正确认识以及积极的情感和态度。健康的自我意识对人的心理健康起着很重要的作用，它制约着人格的形成与发展。因此，大学生要注意多角度地、全方位地培养健康的自我意识。

一、正确认识自我

"认识你自己。"是篆刻在古希腊德尔斐神庙石碑上的一句话，它表达了千年来人类对自己的思考。人对自己要有一个正确的认识，正确认识自我是建立健全的自我意识的基础。大学生对自己的价值观、愿望、动机、个性等特征要有正确全面的认识和评价，根据自己的实际情况，为自己制定一个合理的目标并为之努力奋斗。因此，大学生只有打破自我封闭，拓宽生活范围，增加生活阅历，扩展交往空间，积极参加活动，扩大社会实践，才能找到多种参考系，凭借参考系多方面、多角度地认识自我，做到不过度自卑也不过于自信，不骄傲也不过于谦虚，才能充分发挥自己的聪明才智，实现自己的人生价值。

（一）通过自省认识自我

自省又叫自我观察，是个体对自己的内心活动进行观察、体验和陈述。孔子曰："吾日三省吾身。"通过自省，经常检查自己行为和动机正确与否，行为过程中有什么不足、结果如何、有哪些收获和缺憾，从中发现长短得失，就可以形成对自己比较客观、全面的认识。运用内省认识自我要注意以下几点。

1. 观察对象的选择　个体关于自己的情感、意向、信念的信息，主要来源于知觉自己的内心状态、观察自己的外显行为及与这些行为相关的环境。要把自己正在进行的心理活动作为自己注意的对象，同时要注意对自己已有的心理经验有所认识。

2. 遵循普遍的社会文化准则和行为规范　正确的内省需遵循现代社会中通行的社会文化价值观，遵循普遍的社会文化准则和行为规范,否则,难以做出关于自己的客观公正的评价。

3. 选择适合个人的方式方法　内省可以是多角度、多形式的。例如,在内省的方式上,有自我提问或写日记等。在内省的角度上,可以从自己眼中的“我”认识自己,即对作为客体我的认识,例如,自己是有能力的吗？自己是性格随和的人吗？也可以从别人眼中的“我”来认识自己,也就是认识他人眼中的“镜中之我”。而且,我们与不同的人交往时,反应和态度并不完全相同,在不同的关系中可以反映出自己的不同侧面。例如,“自己是待人和善的人吗?”“自己热情助人吗?”再从自己心目中的“我”认识自己,理想自我反映出个体对自己的期望,如“我对自己满意吗?”。

(二) 通过与他人比较认识自我

唐太宗有句名言:“以铜为鉴,可以正衣冠;以人为鉴,可以知得失。”他人是自己的一面镜子,不仅要关注他人对自我的反应与评价,通过与他人比较也是获得自我认识的主要途径。大学生自我意识发生偏差的重要原因之一,就是不能与其他人作客观的比较。与他人比较,并非随意地与他人无序地比较,应注意下列几点。

1. 比较对象的选择　比较的对象应与“我”有同质性和相似性。一个平庸的人如果选择的比较对象是一个出类拔萃的人,结果往往是使自己感到一无是处,自惭形秽,走向自卑;相反,选择一个碌碌无为的人作为比较对象,结果则可能是使自己夜郎自大,沾沾自喜。

2. 选择合适的参照因素　避免总是用他人的优点和自己的缺点相比,或习惯性用他人的缺点和自己的优点相比,或与年龄、性别、家庭出身等不可变因素相比,这些比较所获得的自我认识是毫无意义和不可信的,建议选择可控的、能改变的因素进行比较。

3. 学会用辩证发展的眼光看待比较　与他人的比较结果不是一成不变的,而是为了在与他人的比较中向他人学习,获得足够的经验来自我发展、自我完善,要学会用动态的、辩证的、发展的眼光看待比较,努力克服认识问题时出现的主观性、片面性、绝对化、表面化等倾向。

案例 2－5

动物的比赛

有一天,一群动物聚在一起,彼此羡慕对方的优点,抱怨自己的缺点。于是它们决定成立一所学校,希望通过训练,使自己成为一个通才。它们设计了一套课程,包括奔跑、游泳、飞翔和攀登。所有动物都报了名,学习了所有的科目。最后的结果是:小白兔在奔跑方面,名列前茅,但是一到游泳,就浑身发抖;小鸭子在游泳方面成绩优异,但是奔跑与攀登的成绩糟糕透顶;小麻雀在飞翔方面轻松愉快,却不能正确地奔跑,尤其碰到水就几乎精神崩溃;至于小松鼠,固然爬树的本领高人一筹,奔跑的成绩也还不错,却始终学不会飞翔。

大家越学越迷惑,越学越痛苦,终于决定:停止盲目学习别人,好好发挥自己的长处。它们不再抱怨自己、羡慕别人,因此又恢复了往日的活泼和快乐。

资料来源:蔺桂瑞.大学生心理健康与自我成长[M].北京:北京出版社,2011:43.

(三) 通过自己既往的经历认识自我

个体在既往经历中可以获得有关自己能力、意志和兴趣等方面的认识。但既往的经验,无论成功与否,其价值视个体差异而有很大的不同。例如,有些人可以从过去的成功中获得经验,从失败中吸取教训,不断提高自己的能力,有些人遇到挫折后一蹶不振,不敢面对现实和迎接挑战;还有一些人获得成功后就沾沾自喜、狂妄自大,渐渐变得自不量力等。因此,只有对既往的经验仔细分析、深入思考,才会有益于个体的成长和发展。

(四) 通过别人的态度和评价认识自我

大学生在自我评价过程中容易受到主客观因素的影响和制约,对自我的认识如果仅从自我感受出发容易失之偏颇，同时需要通过他人的态度和评价来认识自我，如周围的老师、同学、朋友、父母等，通过他人对自己的态度、期望和评价进一步认识自我，完善自我。但同时也要注意避免简单地、不假思索地全盘接受他人的评价，避免因他人的评价沾沾自喜或失去信心。运用这种方法关键在于如实表现自己，坦率地征求他人对自己的意见，闻过则改。

在与他人的交流中，由于双方对希望交流的认识不同，因而对交流者自我意识确立的作用也不同。通常有以下四种情况：① 自己和别人都认识到的优点或缺点，有利于形成正确的自我意识。② 别人未认识到而自己认识到的，较易形成肯定的自我意识。③ 别人已认识到自己未认识到的，这时自我意识确立的情况要视其对交流者信任度的不同而不同，与自己信任的人交流较易形成明确的自我意识，反之则较难形成确定的自我意识。④ 若自己和别人都未认识到，则难以形成正确的自我意识。

拓展学习 2-2

约哈里窗口理论

美国心理学家约瑟夫(Joseph)和哈灵顿(Harrington)提出关于人自我认识的窗口理论，被称为约哈里窗口理论，他们认为人对自己的认识是一个不断探索的过程，每个人的自我都有四个部分：公开的自我，即透明真实的自我，这部分自我自己很了解，别人也很了解；盲目的自我，这部分自我别人看得很清楚，自己却不了解；秘密的自我，这部分自我自己了解但别人不了解；未知的自我，这部分自我别人和自己都不了解，通过一些契机可以激发出来(表 2-3)。

表 2-3　约哈里窗口理论

	自　知	自不知
他知	公开的自我	盲目的自我
他不知	秘密的自我	未知的自我

一个人公开的自我部分越多，自我认识就越客观，个体可以通过不断扩大公开的自我，获得正确的自我意识。盲目的自我部分较多，表示对自我的认识存在偏差，可能夸大了自己的优点或缺点，盲目自负或自卑；相反，个体可以通过他人的反馈减少盲目的自我，使得对自己的了解更准确。秘密的自我部分较大，可能暗示怕别人看清自己，进而否定自己，总是按照别人对自己的预期评价来表现自己，善于压抑自我。未知的自我部分的存在是我们的盲区，无法全面地认识自己，精神分析工作者常常在此部分工作。

资料来源：徐端华，樊富珉.做早起觅食的鸟儿[M].北京：中央广播电视大学出版社，2013：260-261.

总之，在认识自我时，大学生应从多方面入手，整合多方面的信息，恰当评价自己。当你敏感于他人的评价，如别人说你有没有某方面能力的时候，结合既往的经验等客观地看看自己到底是不是这样。当你一直为达不到设定的目标而闷闷不乐，认为自己水平不佳的时候，比较一下身边的人，或许他们目前还不如你出色，这样你会重新找到自信。只有对自己有正确的认识，才有可能根据自己的实际情况选择相应的奋斗目标，使自己不断发展和完善。

二、积极悦纳自我

积极悦纳自我是指一个人相信自己存在的价值，认同自己的能力，并在行为上表现出一种与环境和他人积极互动的心理状态，这是发展健康的自我意识的关键和核心。那么，如何才能悦纳自己？

（一）接纳善待不完美的自我

接纳善待不完美的自己，这是自信的表现，也是完善自我的起点。常言道：金无足赤，人无完人。没有人是十全十美的，每个人都有优缺点。人既不会事事行，也不会事事不行。一事行不能说明事事行，一事不行也不代表事事不行。每个人都知道自己是最重要的，却常常不懂得接纳善待自己。接纳善待不完美的自我就是要无条件地接受自己的一切，无论好坏、成败，都要让自己体会到价值感、自豪感、满足感。

案例 2-6

凡事不必追求完美

世界顶级高尔夫球手博比·琼斯(Bobby Jones)，被称为是美国高尔夫史上最优秀的业余选手，年仅28岁便拿下英国公开赛、英国业余赛、美国公开赛、美国业余赛的大满贯。

在博比·琼斯的高尔夫球员生涯早期，他总是力求每一次挥杆都完美无缺。当做不到时，他就会折断球杆，破口大骂，甚至愤怒地离开球场。他的这种脾气也使得很多球员不愿与他一起打球，而他的球技也并未有所提高。

直到后来，博比·琼斯逐渐了解，一旦自己打坏了一杆，这一杆就算完了，必须努力去打好下一杆。让自己静下心来，调整心态后，才能真正开始赢球。对此，他这样解释："要对每一杆有合理的期望，而不是寄望于非常完美的挥杆成就，你会发现自己的表现良好、稳定，也就容易取胜。"

资料来源：王志艳.慢下来，静下来[M].北京：现代出版社，2016：364-367.

（二）发现喜欢有潜力的自我

心理学家詹姆斯(W. James)认为："普通人只用了潜力的极小部分，与我们应该成为的人相比，我们只苏醒了一半。我们的热情受到打击，我们的蓝图没能展开，我们只运用了我们头脑和身体资源的极小一部分。"所以，悦纳自我不但要看到、喜欢有闪光点的自己，还要善于发现、喜欢眼前平凡但潜藏着巨大潜能的自己，在此基础上，去体验价值感、幸福感、愉悦感与满足感。

（三）允许自己犯错误

智者千虑，必有一失。何况我们都还不一定是智者，所以当大学生犯错的时候，要勇敢正确地面对，不应过度紧张或焦虑，也不应毫不在意，要勇于承认错误，知错就改，认真反思自己为什么会犯错误，总结教训，争取下次不再犯同样的错误。

（四）正确地对待成败得失

正确地对待成败得失是悦纳自我的表现，更是成长自我的契机。有的大学生由于对自己期望很高，总希望自己能够表现得很完美，事实上聪明人不是不失败，而是能够从失败中吸取教训。古人云：失之东隅，收之桑榆。失败对于成功具有重要价值，可以使人获得更丰富的经验。

三、合理调控自我

自我调控是人主动定向地改变自我的心理品质、特征和行为的心理过程。有效调控自我是健全自我意识、完善自我的根本途径。要使自我调控积极有效，应注意以下几个方面。

（一）建立合乎自我实际情况的抱负水平

抱负水平也称自我期望，是指一个人在做某种实际工作之前，估计自己所能达到的成就目标。大学生正值青年年华，对未来的生活蓝图充满了希望和幻想，对学习、工作往往怀有较高的期望和要求。但同时也对社会生活的复杂性、实现目标过程中可能遭遇的阻碍估计不足，对自我的能力、知识水平也缺乏全面的认识，在实现目标的过程中容易遭遇困难或阻碍，进而产生挫折感。究其原因在于对自我期望值过高，目标设定不符合自身实际。

要学会确立合适的理想自我，在充分了解自己的基础上，确定恰当的目标，使目标既符合自己的实际要求，又符合自己的实际能力，不苛求自己，不被他人的要求左右。首先要明确自己的期望是什么，再结合实际确定具体的奋斗目标，可以把远大的理想分解成一个个远近高低不同的子目标，由近及远、由低到高，循序渐进，逐步加以实现。关键是每个子目标都应适当、合理，经过努力可以达到，否则会丧失信心。

（二）增强自尊与自信

自尊心对个体有强大的影响力。研究表明，当要求高自尊和低自尊个体在许多特质维度上对自己进行评定时，低自尊个体对自己各方面的评价普遍较低。高自尊个体在交往活动中，能够既尊重自己的人格与荣誉，不卑躬屈膝，不容别人歧视侮辱，又会约束自己尊重别人；既不为个人目的奉承别人，也不需要别人奉承自己，能自爱而爱人，并表现出“自知之明”。

美国心理学家布兰登（N. Branden）长期研究自尊问题，在其著作《自尊心》中，深刻地论述了自尊的影响：“自尊高低对我们生活的每一个层面都存在着巨大的影响：工作关系的处理，恋人的选择，与配偶、子女、朋友的互动等。许多直接影响我们成就和快乐的因素，与健康的自尊都有正面关系。健康的自尊与理性、直觉、创造力、独立性、心理弹性、应变能力、仁慈及合作存在显著的相关，而低自尊则与非理性、抗拒、霸道、反抗等存在显著的相关。这些心理特征间的关联是合乎逻辑的，自尊支持我们的生活，也提升了我们的生活。”

自信心是一种自我肯定的信念。在自我意识中往往以“我行”“我能行”“我是不错的”“我比很多人都强”等观念得以存在与表现，并会有意无意地体现在个体的行为之中。所以，有无自信心对个体而言非常重要。比如，自傲的人，应当有意地控制自己，避免傲慢自大。自卑的人，应当积极地调控自我，如进行积极的自我暗示，当面临某种事情感到自己信心不足时，不妨自己给自己壮胆：“你一定会成功！”

拓展学习 2－3

增强自信的方法

“自信是成功的第一秘诀”，拥有自信就拥有无限机会。增强自信的方法有：

(1) 关注自己的优点：在纸上列下十个优点，不论是哪方面（如细心、眼睛好看等，多多益善），在从事各种活动时，想想这些优点，并告诉自己有什么优点。这样有助提升从事这些活动的自信，这叫作“自信的蔓延效应”。这一效应对提升自信效果很好。

(2) 与自信的人多接触：“近朱者赤，近墨者黑”，这一点对增强自信同样有效。

(3) 自我心理暗示：不断对自己进行正面心理强化，避免对自己进行负面强化。一旦自己有所进步（不论多小）就对自己说：“我能行！”“我很棒！”“我能做得更好！”等，这将不断提升自己的信心。

(4) 树立自信的外部形象：首先，保持整洁、得体的仪表，有利于增强一个人的自信；其次，举止自信，如行路目视前方等，刚开始可能不习惯，但过一段时间后就会有发自内心的自信；另外，注意锻炼、保持健美的体形对增强自信也很有帮助。

(5) 不可谦虚过度：谦虚是必要的，但不可过度，过分贬低自己对自信心的培养是极为不利的。

(6) 扬长避短：抓住机会展现自己的优势、特长，同时注意弥补自己的不足，不断进步。

(7) 进行积极的心理暗示：心理暗示是指人接受外界或他人的愿望、观念、情绪、态度影响的心理特征。积极的心理暗示可以强化良好的自我意识。例如，要改变自卑心理，应该积极地发现自己的优点，可以试一试写下“优点卡片”：努力总结自己的优点并将它们写在卡片上，当心情不好的时候，随时拿出来阅读，做积极的自我暗示，久而久之，优点卡片越积越多，自己对事物的看法也会逐渐变得积极起来。

资料来源：韩广.大学生创新训练实用教程[M].长沙：湖南师范大学出版社，2019：198－199.

（三）培养健全的意志品质

意志健全的人，在行动的自觉性、果断性、自制力和顽强性等方面都表现出较高的水平。对自我的有效监督和控制，离不开意志的力量。只有意志健全的个体，才能做到对自我的有效控制，从而最终实现理想自我。因此，每个人都应从培养自我健全的意志品质做起，增强挫折承受力，提高自控能力。

四、不断完善和超越自我

在正确认识自我、积极悦纳自我及合理调控自我的基础上,不断完善自我和超越自我,是个体一生发展的目标。自我完善是个体在认识自我、认可自我的基础上,自觉规划行为目标,主动调节自身行为,积极改造自己的个性,使个性全面发展,以适应社会要求的过程。人本主义心理学家马斯洛(A. Maslow)认为,人具有不断完善自我、趋于自我实现的内在动力,自我实现是人最高层次的需求,是一种令人神往的理想的生活状态。而自我完善、自我实现不是一蹴而就的,它是一个点点滴滴长期积累的过程,是从“昨日之我”向“今日之我”和“明日之我”的迈进。

大学生社会磨炼不足,人生观和价值观没有完全确立,很容易受到社会上各种思潮与其他外部环境的影响,对待问题容易偏激和情绪化,对自己的长处和短处往往估计不足。顺境时容易自视过高,受挫折时又容易自暴自弃。时而充满希望,时而极度烦恼。所以,大学生应加强自我修养,不断塑造自己,勇于超越自己、完善自我,这是健全自我意识的终极目标。

超越自我是对自身能力或素质的突破,这不仅仅是心理潜能的激发,更多的是人性的完善、境界的提高和智慧的凝结。超越自我需要自己坚持不懈地努力。坚持和积累比素质和技巧都重要得多,水滴石穿的道理是通用的。对于大多数人来说,智力和能力的差距并不大,知识和技巧也差不多,所以自我超越的重点更应该倾向于坚持和积累。

经验告诉我们,自我认识不易,自我调控更难,那么期望自我完善、超越,更是难上加难。但每个大学生都有自己的理想和抱负,所以,塑造自己、超越自己、实现自己应成为终身努力的目标,要先“修身”,才能“齐家、治国、平天下”。应从点滴小事做起,积极行动,勇于超越自我。

总而言之,自我意识的完善和超越需要付出艰辛的努力,它是每个追求卓越的人的终身课题。

【思考题】

(1) 什么是自我意识?它有哪些表现形式?

(2) 如何理解自我意识的分化、冲突和统一?

(3) 结合自身实际,谈谈如何塑造健全的自我意识。

(姜能志　罗　婷)

第三章

大学生的人际交往与调适

本章要点

掌握：人际交往的原则，影响人际交往的因素，大学生人际交往的调适。
熟悉：大学生人际交往的特点，大学生人际交往中存在的心理问题。
了解：人际交往的功能及常见理论。

人际交往是人与人之间为实现一定的目的，借助一定的手段进行的联系和接触，从而在心理上发生相互影响的过程。通过人际交往，可以实现信息交流、自知知人、促进社会化等功能，一些心理效应和因素都会影响到人际交往的发生，学者们也把人际交往中的规律总结为相应的理论。在大学阶段，大学生的人际交往具有迫切性、广泛性、平等性等特点，人际交往对大学生的身心健康、社会化发展、职业发展有重要的影响，但也可能出现诸如自卑、自负、嫉妒、孤独等人际交往中的问题。要发展良好的人际关系，需要了解人际关系的影响因素，矫正人际交往中的认知偏差，识别人际交往中存在的各种心理问题并及早调适，并遵循人际交往中的基本原则，擅用人际交往中的语言和非语言的艺术，以培养良好的人际关系。

第一节　人际交往概述

人际交往是人类社会存在的方式，是人类实践活动的一个要素。人类实践活动需要借助多种形式才得以实现，人际交往则是最基本、最重要的一种形式。从某种意义上说，人际交往直接影响与推进着社会的和谐发展。对任何人而言，正常的人际交往和良好的人际关系都是其心理正常发展、个性保持健康和生活具有幸福感的必要前提。

一、人际交往的概念及功能

（一）人际交往的概念

人际交往是指人们在社会生活中交流信息、沟通感情、相互作用和相互知觉的过程，它表现为人与人之间的心理距离，反映着人们寻求满足需要的心理状态。

人际交往包含两方面的含义。从动态的角度说，人际交往是指人与人之间的信息沟通和物品交换。人与人之间的一切直接或间接的相互作用，都超不出这个范围。当人们用语言、眼神、表情或者其他身体动作表达意见、情感或态度时，就是在与他人进行信息沟通；当人们买东西、送礼或者进行其他物质交换时，此时人们之间的相互关系既有物质交换，也有信息沟通。从静态的角度说，人际交往是人与人之间已经形成起来的关系，即通常指所有的人际关系。这种关系是通过直接交往所产生的情感积淀，是人与人之间相对稳定的情感纽带,它所反映的是人与人之间的心理关系和心理距离。人际关系不同于人们常说的社会性角色关系、政治关系和劳资关系等,因为情感是不能强迫的,任何外加的力量都不能左右已经产生的具有倾向性的情感,情感的产生、保持、改变和消亡都由个人自己把握。所以,就本质而言,人际关系是一种非规范性的关系,它与社会角色关系、政治关系、劳资关系等不同,后者都是具有强制性的、规范性的人际关系,卷入关系的双方拥有的影响力往往不均衡,且关系的存在不会简单地以卷入者的情感好恶而改变。各种社会性人际联系尽管也受心理规律的影响,但它首先受社会习俗、伦理、政治和法律规范的制约。

动态的相互作用与静态的人际关系相互影响、相互依赖、相互转化。动态的相互作用直接导致静态的人际关系的形成。前一时期动态交往所激发的情感会积淀成后一时期的静态的人际关系。而人际关系一经形成,就会作为一个相对稳定的导向系统,引导以后的动态交往。积极的交往会转化成积极的人际关系,积极的人际关系又会引导出进一步的积极交往,这是二者的良性循环。当二者处于恶性循环状态时,则是消极的交往导致消极的人际关系,而消极的人际关系又会使交往进一步恶化。

(二)人际交往的功能

1. 信息交流功能　21世纪是信息技术的时代,信息技术和互联网技术的迅速发展不断地改变着人们的生产、生活方式。随着信息时代的到来,信息量正呈几何级数增长。即使是皓首穷经、学富五车,与浩瀚的知识海洋相比,也只不过是沧海一粟而已,这需要人们以更迅速的方法直接获取信息。

相比从书本获得的信息,人际交往有着内容更广泛、渠道更直接、速度更快捷等特点。在一个人的学识中,很大一部分是从社会交往中学到的。通过交流,双方拥有的知识、信息得以传播,交往的双方互通有无,使双方的知识面都得到扩展,即信息可以增值。现代科学技术的发展使我们越来越依靠群体的力量,人与人之间的情感沟通和智力交往使某些工作出现质的飞跃,这种“群体效应”已经越来越成为各项工作的推动力。而这种效应的出现,主要是在人际互动和交往中实现。在交往过程中,彼此互相学习,共同提高,可产生$1+1>2$的放大效应。通过交往人们可以相互交流和传递信息,达到开阔视野、丰富经验、增长见识、启迪思想的目的。

2. 自知、知人功能　老子曾说:“知人者智,自知者明。”在当下,人们也常说“知人难”。即要真正识知一个人,深入了解其长处和短处,并非易事。毫无疑问,“知人”是为人处世的头等大事。无论帝王将相,还是贩夫走卒,都不能不“知人”,否则就可能寸步难行。“知人”是每个人都必须掌握的基本生存技巧,人和人的区别只在于“知人”水平的高低,善于“知人”的人是智者。“自知者明”是指人能清醒地认识自己、对待自己。我们每个人都在一定的社会关系中生活,总要与他人结成某种社会关系。“自知”的人,即有成熟自我意识的人,才能在人际交往中游刃有余。

无论是“自知”还是“知人”,都是在人际交往中逐渐成熟起来的。人际交往可以帮助人们提高对自己的认识,同时也能帮助人们增强对他人的认识。在人际交往中,聪明的人善于以“他人为镜”,通过他人对自己的态度和评价,以及自己与他人关系的远近来认识自己。同时,通过自己对他人优缺点的比较来认识他人。

3. 促进社会化功能　社会化(socialization)是指个体在特定的社会文化环境中,学习和掌握知识、技能、语言、规范、价值观等社会行为方式和人格特征,适应社会并积极作用于社会、创造新文化的过程。它是人和社会相互作用的结果。通过社会化,个体学习社会中的标准、规范、价值和所期望的行为。

人际交往是个人社会化的起点和必经之路,人们通过与家人、同伴及他人的交往,学习社会生活所必需的知识、技能、态度、伦理道德规范,积累生活经验,并逐步摆脱自我为中心倾向,树立集体意识,明确自我在社会中的地位和责任,学会与人平等相处和竞争,养成遵守法律及道德规范的习惯,从而自立于社会,取得社会认可,成为一个成熟的、社会化的人。

4. 确立自我价值感、表现自我功能　在与人交往时,人们只有将自己置身于社会背景之中,将自己与别人进行对比才能准确地找到自我价值。人需要了解别人,也需要通过别人了解自己。每个人必须不断地通过社会比较获得充分信息,自己相信自己有价值,才能保持稳定的自我价值评判。若人际交往的机会被长期剥夺,则会使人因缺乏自我状况的社会反馈而导致个人价值感的危机。同样,也只有扩大交际范围,才可能让他人了解自己的能力、才干、特长、学识以及自己的为人、品格、性格,才可能得到更多人的赏识,并可能在更大范围内表现自己,从而获得更多发展的机遇。

5. 人际协调功能　人际交往也是人类在改造自然中相互协作的产物，个人在自然面前是软弱的，而集体的力量则是无穷的，正是通过人与人的社会交往，才使单个的、孤立无援的个体，结成一定的群体共同应对环境的挑战。

在社会分工越来越细化的今天，任何人要完成一项事业都离不开社会、群体和他人的支持与协作。而要真正发挥团体的力量，人际协调是不可或缺的技能。所以，作为一个现代人，要想取得事业的成功，就要学会善于与人合作，善于组织、协调各种力量，调动各方智慧来达成共同的目标。

6. 身心保健功能　人作为社会成员，有着强烈的合群需要。交往中通过个人喜怒哀乐、爱憎喜悲的表达，使彼此间产生情感共鸣，从而在心理上获得归属感和安全感。生活中那些交际空间大、朋友多的人，往往精神生活更丰富，身心更健康；相反那些孤僻、不合群的人，往往有更多的烦恼和难以排遣的忧愁，因而也可能出现身心健康问题。

二、常见的人际交往理论

（一）社会交换理论

社会学家霍曼斯(G. C. Homans)采用经济学的概念来解释人的社会行为，提出了社会交换理论。他认为人和动物都有寻求奖赏、获得快乐并尽可能少地付出代价的倾向，在社会互动过程中，人的社会行为实际上就是一种商品交换。人们的行为总是为了获得某种收获，或者逃避某种惩罚，并且希望能够以最小的代价来获得最大的收益。人们的行为服从社会交换规律，如果某一特定行为获得的奖赏越多，就越会表现这种行为；而如果某一行为付出的代价很大，但获得的收益却较小，则个体将不会再继续这种行为，这就是社会交换。

霍曼斯指出，社会交换不仅是物质的交换，而且还包括了赞许、荣誉、地位、声望等非物质的交换，以及心理财富的交换。个体在进行社会交换时，付出的是代价，得到的是报偿，利润就是报偿与代价的差值。个体在社会交往中，如果给予别人的多，他就会试图从双方的交往中多得到回报，以达到平衡；如果个体付出很多，但得到的回报很少，会产生不公平感，就会终止这种社会交往。相反，如果一个人在社会交往中，总是付出的少，得到的却多，他就会希望这种社会交往继续保持，但同时也会产生内疚感。只有当个体感到自己的付出与收益达到平衡时，或者自己在与他人进行社会交往时，自己的报偿与代价之比相对于对方的报偿与代价之比是同等的，个体才会产生满足感，并希望双方的社会交往能继续保持下去。

当然，个体在进行社会交往时，对报偿和代价的认识并不是固定不变的，也不一定是根据物质的绝对价值来估算，里面包含着与心理效价有关的内容，所以当个体对自己的报偿与代价之比的认识大于他人的报偿与代价之比时，也许会被别人所不理解或不认可。这就是为什么在人们的社会交往过程中，有时会出现在有些人看来根本不值得做的事情，却被当事人做得很有趣，而有些时候在别人看来是值得做的事情，却被另一些人所不齿。可见，在社会交换过程中，包含了深层的心理估价的问题。

（二）人际需要三维理论

社会心理学家舒茨(W. Schutz)提出人际需要三维理论，该理论分为两个方面，第一个方面是三种基本的人际需要，第二个方面是根据三种基本的人际需要，以及个体在表现这三种基本人际需要时的主动性和被动性，将人的社会行为划分为六种人际关系的行为模式。三种基本的人际需要分别是包容需要、支配需要和情感需要。这三种基本人际需要决定了个体在人际交往中所采用的行为，以及如何描述、解释和预测他人行为。

1. 包容需要　包容需要是指个体想要与人接触、交往、隶属于某个群体，与他人建立并维持一种满意的相互关系的需要。在个体的成长过程中，若是社会交往的经历过少，父母与孩子缺乏正常的交往，或者儿童与同龄伙伴缺乏适量的交往，那么儿童的包容需要就没有得到满足，他们会与他人形成否定的相互关系，产生焦虑，于是倾向于形成低社会行为，在行为表现上倾向于内部言语，促使他们摆脱相互作用而与人保持距离，拒绝参加群体活动。

2. 支配需要　支配需要指个体控制别人或被别人控制的需要，是个体在权力关系上与他人建立或维持满意人际关系的需要。个体在早期生活经历中，若是成长于既有要求又有自由度的民主气氛环境里，个体就会形成既乐于顺从又可以支配的民主型行为倾向，能够顺利解决人际关系中与控制有关的问题，能够根据实际情况适当地确定自己的地位和权力范围;而若个体早期生活在高度控制或控制不充分的情境里,则倾向于形成专制型的或是服从型的行为方式。

3. 情感需要　情感需要指个体爱别人或被别人爱的需要,是个体在人际交往中建立并维持与他人亲密情感联系的需要。若个体在早期经验中没有获得爱的满足,就会倾向于形成低个人行为。

舒茨认为这三种基本人际需要是人类成长的关键,必须同时被满足,其中任意一种需要不能得到满足都会造成个体心理上的创伤,且可能促使个体去虚拟的网络世界寻求满足。例如,若儿童时期包容需要没有得到满足,长大之后则可能去网络中寻找、接触或者隶属于某个群体;若个体在早期生活中的支配需要被过度压制,则可能促使个体去虚拟世界寻找平衡;若个体在童年时期不能和别人建立合适的情感联系,情感需要未能得到必要的满足,长大后则可能去网络中寻求情感慰藉。

(三)柏恩的PAC理论

物质和精神方面的需要固然是人际交往的驱动力,但人们的心理状态对交往进程和结果的影响也很大。加拿大精神科医生伯恩(E. Berne)博士在《人们玩的游戏》一书中从心理上分析人际交往这一复杂现象,提出了PAC理论。PAC理论认为,个体的人格是由三种比重不同的心理成分构成,这就是"父母(parent)""成人(adult)""儿童(child)"状态,简称人格结构的PAC分析。

"父母"成分以权威和优越感为标志,通常表现为统治、训斥、责骂等家长制作风。当一个人的人格结构中P成分占优势时,其行为表现为凭主观印象办事,独断独行,滥用权威,他们经常使用"你应该……""你不能……""你必须……"等命令式语词。"成人"成分表现为注重事实根据和善于进行客观理智的分析。这类人能从过去存储的经验中,估计各种可能性,然后做出决策。当一个人的人格结构中A成分占优势时,其行为表现为:待人接物冷静,慎思明断,尊重别人。常用"我个人的想法是……""是否……""我们一起……"等表达观点。"儿童"成分表现为服从和任人摆布,像婴幼儿的冲动,一会儿逗人可爱,一会儿乱发脾气。当一个人的人格结构中C成分占优势时,其行为表现为遇事畏缩,感情用事,喜怒无常,不加考虑。与他人交流时喜欢用"我就不……""我不知道……""我猜想……"等词。

根据PAC理论,人与人相互作用时的心理状态有时是平行的,如父母-父母、成人-成人、儿童-儿童。在这种情况下,对话会无限制地继续下去。如果遇到相互作用,出现父母-成人、父母-儿童、成人-儿童,人际交流就会受到影响,信息沟通会因此出现中断。最理想的相互作用是成人刺激-成人反应。

根据PAC理论,人际交往存在着以下十种类型。

1. PP对PP型　在这种类型中,甲乙双方都表现出一种颐指气使的武断,如甲方说:"你把这任务完成一下。"乙方却说:"你不见我正忙着吗?找别人干去吧!"

2. AA对AA型　在这种交流类型中,双方都能以理智的态度对待对方,如甲问:"你能把这项任务完成吗?"乙说:"如果没有什么干扰,我想是能够的。"

3. CC对CC型　在这种类型中,甲乙双方都易诉之于感情。如甲说:"过不到一起干脆离婚。"乙答:"离就离,谁离不开谁呢!"

4. PC对CP型　在这种交流类型中,甲乙双方表现出权威和服从的行为,即甲方以长者自居对待乙方,乙方亦能服服帖帖、不以为意。如甲作为上级对乙说:"这件事完不成要受批评。"乙作为下级回答:"真完不成,我甘愿接受批评。"

5. CA对AC型　在这种交流类型中,一方表现为小孩子脾气,而另一方则表现为有理智的行为,这在同事、夫妻之间经常会发生。

6. PA对AP型　在这种交流类型中,甲方表现为有理智,但又担心自己控制不住自己。为此,甲方经常要求乙方担任P的角色,起到对甲方的监督和防范作用。这在上下级、同事、夫妻之间经常会发生和利用这种类型的相互作用。

7. PC对AA型　在这种交流类型中,甲方要求乙方以理智对待他,但乙方则以高压方式对待甲方,这在上下级、同事之间经常发生。

8. CP对AA型　在这种交流类型中,甲方讲理智,而乙方却易感情用事,这种现象也经常发生在不同人之间的交流中。

9. PC对PC型 在这种交流类型中，一方采取命令式而另一方不服，也采取同样方式回敬。这种交流方式必然会引起矛盾冲突。这经常表现在上下级、家长和子女之间。

10. CP对CP型 在这种交流型中，甲乙双方都把对方作为权威看待而表现出一种服从的意向，这在同事、朋友之间经常发生。

（四）符号相互作用论

符号相互作用论的倡导者是美国社会心理学家米德(G. H. Mead)。符号相互作用论旨在分析社会的多元性和冲突性，社会生活的相对开放性，社会结构的不稳定性，主观解释的重要性，道德和社会规则的文化相对性及自我的社会结构性。米德把个体看作是相互作用的基本分析单元，强调在人类意义上符号和语言的作用。他最感兴趣的是研究个体、群体、社会是如何发出信息、传递信息以及对方对此的反应。从人的心理特点出发，受行为主义心理学思想的启发，米德提出"刺激—符号的意义—反应"的模式，米德认为人与人在交往中的相互影响，"符号相互作用论"可以用模式图表示(图3-1)。

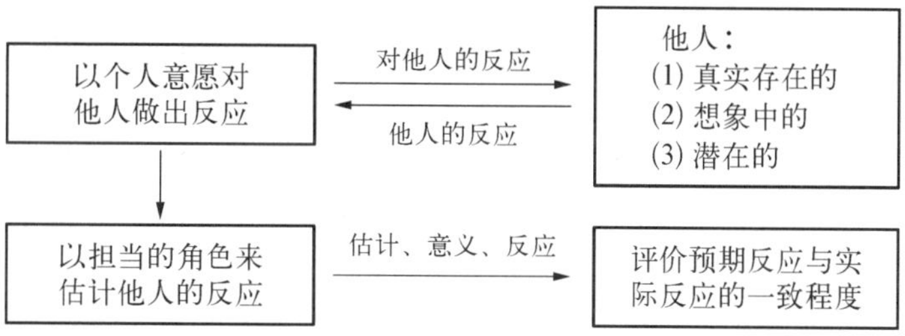

图3-1 "符号相互作用论"模式图

符号相互作用论重视语言符号在交往中的作用，强调对他人行为倾向的预测、估计，要求人们按照自己在交往活动中所担任的角色来行事，并注重行为效果的反馈，认为客观现实是心理反应产生的源泉和内容，所有这些都有积极的意义。

三、人际交往中的心理效应

人际交往的过程中，人与人之间会发生心理上的相互影响，故正确地认识和把握影响人际交往的心理效应，有助于个体分析产生人际交往阻碍的缘由，从而有针对性地调整和改变自己的交往态度，改善人际关系。

（一）晕轮效应

晕轮效应是指人们在看问题时，受到某一突出特征的影响而产生的以点代面、以偏概全的社会心理效应。实质上，晕轮效应是一种先入为主、凭第一印象一锤定音的认知偏差。对第一次交往的两人而言，若对方长得眉清目秀，衣着整洁庄重，举止彬彬有礼，则会留下好的印象，得到积极肯定的评价，如此人有教养、有才能，工作一定不错，并可能预言他前程似锦；相反，如果对方衣着不整，举止不当，讲话粗俗，则会留下不好的印象，还会给予消极否定的评价，如知识浅薄、缺乏才干，甚至被认为是一个不可信赖的人，将来可能难有作为，这就是常常发生在生活中的"晕轮效应"。人们常说："情人眼里出西施""爱屋及乌""一好百好""一俊遮百丑"，就是典型的晕轮效应。

美国心理学家戴恩(K. Dion)曾做过这样的实验：让一些大学生分别去看两个不同容貌的七岁女孩的照片。照片下面都写有完全相同的一段描写女童过失行为的文字。然后要求大学生推测女童平时的行为。结果发现：对容貌美的女孩的评语偏向于有礼貌、肯合作，纵然有行为过失，那也只是偶然的，可以原谅的；而对容颜不佳的女孩的评语，多推测她是个相当严重的"问题儿童"。

可见，晕轮效应所产生的认知偏见是一种明显地从已知推及未知，由片面看全面的认知现象，往往会歪曲一个人的形象，导致不正确的评价。因此，应尽量避免晕轮效应在人际交往中的不良影响，坚信人人都有优点和缺点，应在交往中多了解对方，避免以点代面，以偏概全；同时，在交往中也可利用晕轮效应，给对方留下良好的印象，有利于良好人际关系的建立。

（二）首因效应

首因效应又称"第一印象效应"，是指最初接触到的信息所形成的印象对我们以后的行为活动和评价的影响,实际上指的就是“第一印象”的影响。初次印象包括谈吐、相貌、服饰、举止、神态,对于感知者来说都是新的信息,它对感官的刺激也比较强烈,有一种新鲜感,这就如同在一张白纸上,第一笔抹上的色彩总是十分清晰、深刻一样。与“晕轮效应”不同,它不存在“以偏概全”的特征表现,只是“所见即所感”。第一印象效应是一个妇孺皆知的道理,为官者总是很注意烧好上任之初的“三把火”,平民百姓也深知“下马威”的妙用,每个人都力图给别人留下良好的“第一印象”。

首因效应是一种直观的感觉,所形成的第一印象往往不太可靠。如某些青年往往以在第一次见面时,对对方是否有好感,作为能否进一步深交下去的标准。印象好的就交往,印象不好的就不屑交往,导致陷入人际交往的误区当中。但首因效应是一种客观存在的心理现象,是不可回避的,它决定交往是否继续,并影响今后的交往质量和结果。所以,应该重视人际交往中的首因效应,力求在人际交往中给人留下良好的第一印象。比如,在交友、招聘、求职等社交活动中,可以合理地利用这种效应,给人展示一种极好的形象,为以后的交流打下良好的基础。

(三)近因效应

近因效应是指最近的信息对人的认知具有强烈的影响,最后留下的印象比较深刻,这就是心理学上的所谓“后摄”作用。近因效应在人际交往中普遍存在,如某人平时表现很好,可一旦做了一件错事,就容易给别人留下很深的负面印象。特别是平时两人关系很好的同学,因为一件小事,就闹矛盾,甚至反目为仇,根本不考虑平时两人的深厚友谊。因此,大学生在人际交往中应该注意克服近因效应带来的认知偏差,学会用动态的、发展的、历史的、全面的眼光看待他人,与他人建立良好的人际关系。

一般来说,在与陌生人的交往中,首因效应所起的作用较大;而在与熟人或分别很久的人的交往时,近因效应所起的作用则更为明显。首因效应和近因效应告诉我们,在与他人交往时,我们既要利用首因效应和近因效应给人留下好的印象,但同时也要注意避免在与人交往时因首因效应和近因效应而带来的消极影响。

(四)投射效应

投射效应也叫自我投射效应。自我投射是指内在心理的外在化,即以己度人,把自己的情感、意志特征投射到他人身上,强加于人,以为他人也应如此,结果往往对他人的情感、意向做出错误评价,歪曲他人意愿,造成人际交往障碍。典型的投射效应就是人们常说的:“以小人之心,度君子之腹”,认为别人和自己一样有着相同的好恶、相似的观点。投射效应在人际交往中的表现形式多种多样。如有的人对别人有成见,总以为别人对他也怀有敌意,甚至觉得对方的一举一动都带有挑衅色彩;自己感兴趣的东西,也以为别人同样感兴趣,便高谈阔论地讲个没完;自己喜欢议论别人,就总认为别人也在背后议论他;还有的男生或女生暗恋上自己喜欢的异性时,总认为对方也喜欢自己,在观察对方时,总觉得对方对自己有意,对方一个眼神,一个动作,一个友好的表示,甚至一句玩笑话,都会被其误认为是爱的信号。

投射效应是一种自我防御的反应,有时会有利于人们相互理解,有利于进行自我心理调节,但在人际交往中由于主观猜测,也常常会造成误会和矛盾。

(五)刻板效应

刻板效应指的是人们对某一类人或事物产生的比较固定、概括而笼统的看法,是在认识他人时经常出现的一种相当普遍的现象。人们经常听人说姑娘“宁可饿着,也要靓着”,知识分子是戴着眼镜、面色苍白的“白面书生”;农民则是粗手大脚、质朴安分的形象;法国人是浪漫的,英国人是保守的;女性是温柔的、细心的,男性是理性的、豪爽的、粗心的等,实际上这些都是“刻板效应”。

刻板效应的形成,主要是由于人们在人际交往过程中,没有时间和精力去和某个群体中的每一成员都进行深入的交往,而只能与其中的一部分成员交往。因此,人们只能“由部分推知全部”,由所接触到的部分,去推知这个群体的“全部”。

“物以类聚,人以群分”,居住在同一个地区、从事同一种职业、属于同一个种族的人总会有一些共同的特征,因此,刻板效应一般说来有一定道理。但“人心不同,各如其面”,刻板效应毕竟只是一种概括而笼统的看法,并不能代替活生生的个体,因而“以偏概全”的错误总是在所难免。如果不明白这一点,在与人交往时,“唯刻板效应是瞻”,像“郑人买履”中的郑人,宁可相信作为“尺寸”的刻板印象,也不相信自己的切身经验,就会出现错误,导致人际交往的失败。

（六）期待效应

期待效应又称皮格马利翁效应、罗森塔尔效应。皮格马利翁是希腊神话里年轻的塞浦路斯国王，同时也是一位手艺高超的雕刻家。一次，他为雕刻一个美女石像倾注了全部心血，把她刻得活灵活现，栩栩如生，最后自己竟情不自禁地爱上了她。为此，他日思夜想，茶饭不思，最后感动了爱神阿佛洛狄忒，把这个石像变成了真正的美女，满足了皮格马利翁的愿望。这个故事虽然只是一个美丽的神话，却说明了一种心理学效应：在人际交往中，一方充沛的感情和较高的期望可以引起另一方微妙而深刻的变化。

美国心理学家罗森塔尔（R. Rosenthal）等人则对这一现象进行了实验研究，他们做了一个著名实验。他们到一所小学，在一至六年级各选三个班的儿童进行所谓的“预测未来发展的测验”，然后实验人员将有“优异发展可能”的学生名单通知教师，其实这个名单并不是根据测验结果确定，而是随机抽取。它是以“权威性谎言”暗示教师，从而调动了教师对名单上学生的某种期待心理。8个月后，再次智能测验的结果发现，名单上的学生的成绩普遍提高，教师也给了他们良好的品行评语。这个实验取得了奇迹般的效果，人们把这种通过教师对学生心理的潜移默化的影响，从而使学生取得教师所期望的进步的现象，称为“罗森塔尔效应”。

期待效应说明在人际交往中期望和赞美能产生奇迹。赞美他人会使别人愉快，更会使自己身心健康。被赞美者的良性回报既会使我们更自信、更有魅力，形成人际关系的良性循环。

四、影响人际交往的因素

除了以上心理效应外，还存在一些常见的影响人际交往的因素。

（一）时空邻近性与熟悉性因素

俗话说，“近水楼台先得月”“远亲不如近邻”。这说明时空距离是形成密切人际关系的一个重要条件。因接近机会多而相识，因相识而彼此吸引，最终建立友谊，甚至彼此相爱，是最寻常的事。这种由空间上的接近而影响人际吸引的现象称为接近性。费斯廷格（L. Festinger）等曾以麻省理工学院已婚学生眷属宿舍的居民为对象，研究他们之间的邻居友谊与空间远近的关系。结果发现，互不相识到入住一段时间后所结交的新朋友，几乎离不开四个接近性特征：他们是邻居、他们是同楼层的人、他们信箱靠近、他们走同一个楼道。由此看来，经常见面是友谊形成的一个重要因素。在大学里常见的情况是，由于是同学，或同住一个寝室，或同在一个学习小组，或同属某个活动团体，或是同乡等原因，经常接触，交往频繁，容易具有共同的经验、共同的话题，从而建立起较为密切的人际关系。

当然，人与人在空间上彼此接近，未必一定彼此吸引，反而可能日久生厌。因此，时空接近性仅是密切人际关系的一个必要条件，不能看作是充分条件。就大学生而言，它也仅是在大学新生中起主要作用。国内学者的研究表明，相似性吸引和补偿性吸引在年级上没有差别，而接近性吸引与年级差别则有着密切的关系。一年级的小团体的形成以接近性吸引为主，随着年级的升高，接近性吸引的小团体明显减少。在接近的条件下要想进一步与人建立良好的人际关系，彼此能否相互接纳无疑是另一个重要因素。所谓接纳，是指接纳对方的态度与意见、观念与思想，对对方的为人处世不但感兴趣，而且表示适度的赞许。只有在接近的条件下彼此接纳，才会继续来往沟通；有沟通，才会彼此相知；彼此相知，才会成为心意相契的莫逆之交。

此外，熟悉可以减少人们的不确定性，有利于产生认可、增加交往机会，还能增加喜欢的程度。心理学家的实验证明，在某种场合下，同样是未曾交往的陌生人，你会喜欢出现次数多的那一个。扎伊翁茨（R. Zajonc）进行了这方面的实验。他将12张陌生人的照片，随机分成为6组，每组2张，按以下方式出示给五组被试者：第一组看一次，第二组看两次，第三组看五次，第四组看十次，第五组看二十五次。当被试者看完全部10张照片以后，实验者又把最后两张陌生照片编为第六组，与前五组照片混合给被试者看，并要求他们按照喜欢程度将照片由喜欢到厌恶进行排序。结果发现，照片被看的次数越多，排在最前面的机会也越大。但是，这仅限于个体所认为的正面人物和中性人物，对反面人物，见得再多也难以增加喜欢的程度。

(二)相似性与互补性因素

有两个成语“惺惺相惜”与“刚柔相济”,前者指才智相似的人会彼此爱怜,后者指两个性情极端不同的人能和谐相处。这两种人际彼此吸引的原因,分别称之为相似性和互补性。

1. 相似性　正所谓“物以类聚,人以群分”,对某种事物或事件具有相同或相似的态度,具有共同的理想、信念和价值观,感情上容易产生共鸣,形成密切的人际关系。纽科姆(T. M. Newcomb)曾用实验法研究过这个问题。他向自愿参加研究的大学新生提供免费住宿。在住进宿舍前,研究者先给这些彼此不认识的被试者实施态度、价值观和个性特征等测验,将态度、价值观和个性特征相似或不相似地安排在同一间房子住。然后,定期测验他们对一些事情的态度、看法,以及他们对同房室友的喜欢程度。住宿初期,空间距离是决定彼此交往较多的重要因素;但到了后期,彼此间态度、价值观和个性特征的相似性,超过了空间距离的重要性而成为密切人际关系的基础。在研究的最后阶段,让这些大学生自由选择同住一房间的室友,结果表明,相同意见和态度者均喜欢选择住同一个房间。态度相似性之所以能密切人际关系,可能是由于彼此观点一致,争辩机会较少,互相支持,从而使友谊得到发展。正如大学生在评价这种友谊时所说:“我们性格志趣相投,谈得拢。”又说:“我们有共同的语言,在情感和信仰上没有隔阂和矛盾。”

2. 互补性　除两性之间男刚女柔的自然互补之外,在个人兴趣、专业、特殊才能等方面,多数人都会有期望他人弥补自身缺陷的心理倾向。因为人在成长的过程中,不可能发展得面面俱到。因此,遇到自身所缺而对方所擅长的某种特征时,就会对其表示好感。例如,学理工的人可能爱好文艺但失去学习文艺的机会,如交到擅长文艺的朋友,分享其在文艺上的心得与快乐,就可使他对失去的缺憾得到某种补偿,自然也密切了彼此的关系。事实上,大学生们在评价他们的友谊时,也往往说,“他成绩好,知识面广,可以带动我”“我们在一起,经常在思想上、学习上互相帮助”。

相似与互补看似矛盾,其实是针对不同方面。前者多含有价值取向的意味,后者则多表现为现实的需求。总之,大学生们长期在一起生活、学习和工作,不可避免地会产生各种各样的矛盾。但是,如果一方所表现出来的行为,正好能满足另一方的心理需求,则彼此间将产生强烈的吸引力,从而能密切他们之间的人际关系。相反,如果其中一方对另一方表示不友好或不利于另一方的时候,就会引起另一方不安,双方的友好关系可能中断,甚至会使矛盾加剧。

(三)外貌因素

“美是介绍信,是通行证”。外貌因素虽然是一种外在因素,但在人际交往中起着不可小视的作用。外貌是指个体的容貌、体态、服饰、举止、风度等。俗话说,人不可貌相,海水不可斗量。这是告诫人们不能以貌取人。尽管人们懂得这个道理,但在日常交往中却难以完全摆脱“以貌取人”的倾向。

事实上,外貌是引发第一印象的“窗口”,其所起的微妙作用不可否认,外貌可以影响人们对认识对象的评价。在一项实验中,测试者给大学生们看 3 张大学生的照片:三者分别是有外貌吸引力、相貌一般和无吸引力,让大学生在 27 种个性特征上对三者做出评价,并要求他们估计这 3 个人未来是否幸福。结果表明,最合人心意的、最幸福的预言都安在了外貌有吸引力的人身上。无论男性评价男性,男性评价女性,女性评价男性,还是女性评价女性,结果都是如此。这说明,人们喜爱漂亮、英俊的人胜过相貌不好看的人,而且往往把一切好的特性与外貌有吸引力的人联系起来。

虽说外貌对人际关系有着重要影响,但不能夸大外表和容貌的作用。在人际交往中,随着相互认识的加深,外貌的作用在不断降低,而人格品质等诸多内在特性所起的作用却越来越重要。

(四)个性因素

个性也可称为人格,著名心理专家郝滨先生认为:“个性可界定为个体思想、情绪、价值观、信念、感知、行为与态度之总称,它确定了我们如何审视自己以及周围的环境。它是不断进化和改变的,是人从降生开始,生活中所经历的一切总和。”简单地说,个性就是个体独有的并与其他个体区别开来的整体特性,即具有一定倾向性的、稳定的、本质的心理特征的总和,是一个人共性中所凸显出的一部分。

个性包含了一个人的整体精神面貌,如能力、气质、性格、需要、动机、兴趣、价值观等。其中,能力高低是人际交往中的重要因素,主要指个体交往中的技巧和方法等内容。聪明能干的人可以给人以智慧,能帮助他人解决问题,想出办法,让生活更有趣、更容易。但这并不意味着个人能力强的人,人际关系就一定好。国外心理学家阿伦森(E. Aronson)曾经做过这样一个实验：让被试者听四个人的讲话录音，这四个人中，A是能力超凡的人，B是犯过小错但能力超凡的人，C是平庸的人，D是犯过错误且平庸的人。然后要求被试者对四个人的可接受程度进行评价。结果表明：B被认为最具吸引力，D最无吸引力。而A排在第二位。这个实验说明，人们最喜欢的是能力高但出了点小错的人，最不喜欢能力低又出错的人。A太完美，反而让人感觉高不可攀，给人造成压力；而B则显示出他有平凡可亲的一面，让人感觉更易接近。

除能力外，一个人的性格品质对人际交往也起着重要作用。良好的性格品质是人际关系的基础。那些不尊重他人、以自我为中心、过分自卑的性格品质容易妨碍人与人之间的吸引，不利于人们的团结与协作。而在群体中，一个性格开朗、活泼，心胸开阔、坦荡，性情和善、宽厚，富有同情心，能体谅他人的人，易受到其他成员的欢迎，因而也容易与他人建立良好的人际关系；相反，一个性格孤僻、古怪、固执、自高自大、目空一切，或敏感多疑，或感情贫乏、麻木不仁的人，则难以与人相处，难以形成良好的人际关系。

第二节　大学生的人际交往

当代大学生人际交往质量及形成的人际关系直接影响其在校期间的学习、生活、身心健康乃至未来的发展。解析当代大学生在人际交往方面表现出的具体特点，探究影响人际关系建立和发展的种种心理因素，对于有效寻找对策，消除大学生人际关系问题，促进大学生选择恰当的交往策略，提高人际交往质量具有积极的意义。

一、大学生人际交往的特点

随着社会发展、科技进步，以及高校教育体制改革的深化，正处在生理和心理日趋成熟的当代大学生在人际交往中出现了一些新的特点。

（一）迫切性与开放性

迫切性是指大学生在人际交往方面具有强烈的需求的特征，大学生思想活跃、精力充沛，有强烈的交友愿望。开放性主要表现在与异性的交往上。随着生理的成熟，大学生对于爱情特别关心和敏感。他们对在校园里与异性交往大多持认同态度，并呈现出明显的开放性特点。

（二）广泛性与时代性

广泛性是就大学生交往的内容和范围而言的。市场经济的发展使封闭、半封闭的自然经济和产品经济解体，“鸡犬之声相闻，老死不相往来”及因循守旧、安步当车等传统观念和行为习惯被代之以信息观念和竞争意识。这种适应市场经济发展的信息观念、竞争意识已然渗透、延伸到校园人际交往之中。在信息时代，几乎每一个人都是一个信息载体。人们只有在与他人的广泛交往中，才能捕捉、筛选到对学习有价值的新信息，更新自己的知识贮存，打破自己的思维定式，变革陈旧的思想观念，改变过时的行为规范，在实践中完善、再造自己，提高与他人竞争的能力。大学生在广泛的人际交往中除了寻求友谊和交流学习体会外，还常常在一起探讨人生，开发智力和获得新技能等。

时代性特点主要通过交往方式的改变体现出来。大部分的大学生不再抱有狭隘的交友观念，转而追求建立更加广泛多样的人际关系。例如，网络交往已成为大学生们广泛使用的人际交往方式。

（三）平等性与不平衡性

大学生的交往对象主要是同龄人，人际关系主要是同学关系。随着时代的发展，当代大学生不但要求政治上平等、民主，而且要求交际中平等、民主。他们期待交往的双方彼此尊重，相互接纳。大学生交际的平等、民主观念，使交际双方冲破等级观念的羁绊和心理障碍，使交际方式的单向“辐射”转变为双向“交流”。

不平衡性主要体现在当代大学生生活条件的差别上。生活条件较差使其在人际交往中较多地表现被动，个别学生由此产生自卑、孤僻等心理，甚至不敢与人交往、不敢加入学生社团等。

(四) 理想性与实惠性

大学生人际交往的动机相对单纯,情感的因素占绝大多数。他们在交往中真诚、坦率,注重精神层面的满足,较少带有功利色彩。无论是对朋友,还是对师长,都希望不掺杂任何杂质,往往对人际交往抱有较高的期望值,并较为理想化。

近些年由于受社会环境中各种因素的影响,尤其是受实用主义至上等思潮的影响,人际交往中互惠互利的功利需求已变得较为突出。

(五) 情感浓烈但不稳定

当代大学生在交往中感情色彩浓烈,讲求情投意合。但是,由于大学生的心理发育尚未完全成熟,情绪经常处于不稳定状态。当情感需要得到满足时,即会欢呼雀跃;而一旦情感表露未获得同样热烈的回馈或遭遇婉拒时,则情绪低落,整日垂头丧气。大学生这种情绪上的不稳定性,也直接造成了人际交往中关系的不稳定。

二、大学生人际交往中存在的心理问题

当代大学生具有思想活跃、崇尚自由、兴趣广泛、勇于接受挑战、竞争意识和独立意识较强的特点,在生活中希望被人接纳和认可。当代大学生的亲密人群以同学和朋友为主体,愿意与同学和朋友分享情绪,倾诉交流。但同时他们自我中心感强烈,不会控制负面情绪,追求独立却难以摆脱对家庭的依赖,张扬个性有时却显得叛逆,乐于助人但又常常显得缺乏责任心。在人际交往中,大学生常常表现出不敢交往、不愿交往、不善交往、缺乏技巧等现象。

(一) 自卑心理及产生原因

自卑是指由于一些条件的限制和认识上的偏差,认为自己在某个方面或某几个方面都不如别人,从而产生的轻视自己、失去自信、畏缩的一种情绪体验。自卑有多种表现形式,退缩或过分地争强好胜是其中最明显的两种,会妨碍一个人积极而恰如其分地与他人交往,尤其是过分畏怯、退缩。

自卑心理一般多见于新入学的大学生宿舍人际关系中。由于学习、生活环境的变迁,大学生在人才荟萃的新"家庭"中,出现一种重新分化的格局。在学习上,失去了中学时期名列前茅的优势;在生活上,也由中学时代的父母"包办"变成了"自理"。家庭经济状况、社会地位及自身的某些生理缺陷等主、客观原因,都会促使他们感到自卑和脆弱。自卑感一经形成便具有很强的感染性和扩散力,会给他们之间的相互交往带来不良的影响。在大学生中还存在另一种自卑心理,即掩藏于"自傲""清高"表象之下的一种自卑心理。有这种自卑心理的人十分渴望与别人交往,渴望得到别人的关心和帮助,但是由于其在某一方面的优势,而不肯放下"架子"与他人主动交往,给人造成一种拒人于千里之外的感觉。

一般来说,自卑的人容易消极地、过低地评价自己,总觉得自己在容貌、身材、知识、能力、口才,甚至衣着等各方面不如别人,低人一等,害怕与人交往。

产生人际自卑的原因可以有这几个方面,有的个体在人际交往中存在认知误区,往往认为对方是强大的,自己是弱小无能的;有的个体性格内向而缺乏自信,或者源于童年人际交往负面情绪的积累;也有的个体因为过去人际交往屡遭挫折,对自己的能力产生了怀疑,自卑心态便发生了。

(二) 自负心理及产生原因

自负就是盲目自大和过度自信,过高地估计了个人能力,失去自知之明。人不能没有自信心理,尤其对大学生而言,在适当的范围内,自信可以激发向上的斗志,坚定战胜困难的信念。但是自信必须建立在客观现实的基础上,脱离实际的自负不但不能帮助个人成功,反而影响其学习、工作、生活和人际交往,甚至影响心理健康。

自负者难免心高气傲,有的自视过高,总爱抬高自己贬低别人,把别人看得一无是处,总认为自己比别人强很多;有的固执己见,唯我独尊,总是将自己的观点强加于人,在明知别人正确时,也不愿意改变自己的态度或接受别人的观点;自负者往往也很少关心别人,与他人关系疏远;他们经常从自己的利益出发,不太顾及他人感受。

造成个体形成自负心理的原因,有的缘于家庭教育中父母过度的宠爱、夸赞、表扬,会使他们觉得自己"相当了不起";抑或他们的生活一帆风顺,很少经历挫折和打击,从而形成自负的心理;还有一些人的自尊心

特别强烈，为了保护自尊心，在人际交往挫折面前，通过自负的表现来获得心理的补偿。

（三）嫉妒心理及产生原因

嫉妒是一个人由于嫉贤妒能，对才能、名誉、地位等比自己强的人所产生的不愉快和怨恨的情绪体验。当身边的同学在学习成绩、活动能力、生活条件、外貌形象等方面优于自己时，就可能引起个体产生嫉妒心理。从心理学角度来看，嫉妒是对超过自己的人感到恐惧和愤恨的混合心理，是个人思想世界里唯我独尊的一种不良心理表现。嫉妒者其实比其他人更为痛苦，别人的幸福和自己的不幸都将使他痛苦万分。他们因心灵巨大的创伤或某种无法补偿的缺陷，无力或不敢与强者竞争；或因为怕吃苦而不想与别人竞争，但又容不下别人的优点与长处，害怕别人超过自己，心理上发生矛盾，失去平衡，便自觉或不自觉地贬损别人以求得心理上的平衡。嫉妒者时刻在寻找对他人实施“报复”的时机，经常处于精神紧张的“高度戒备”状态。嫉妒心理同自傲、自卑心理一样，是良好人际关系的大敌。

嫉妒者由于把别人的优势视为对自己的威胁，从而感到恐惧和愤怒，怕别人的优势突显出自己的低下。但他们并不是通过自己的努力去弥补已经存在的差距，而是借助贬低、诽谤、中伤等手段攻击对方，以求心理上的平衡，似乎这样就可以缩短自己与对方的差距。

嫉妒心理产生的原因主要源于个体有强烈的欲望，争强好胜，好出风头，虚荣心强，凡事总想高人一等，同时又心胸狭窄，自私自利，容不得别人比自己强。

（四）害羞心理及产生原因

害羞是指在面对新环境的交往活动中羞于同别人交往的一种心理反应，表现为腼腆、胆怯、拘谨、动作忸怩、不好意思、脸色绯红、说话的音量又低又小，有时还动作颤颤抖抖，很不自然。害羞是人际交往中普遍存在的心理现象，尤其发生在与异性的交往中，其产生原因主要是由于个体对安全感的过分追求。

按产生原因可将害羞分为三类：一是气质型害羞。即生来就有的性格沉静内向，遇到人或事就胆小退缩，思前想后，举棋不定；二是认知型害羞。过分注意自我，注意自己的举手投足，患得患失，所以易受他人的支配，羞于与人交往，缺乏交往的主动性；三是创伤型害羞。由于生活、学业上的挫折和失败经历，而变得小心谨慎，消极被动地接受周围的一切。随着年龄增长、交往的频繁，害羞心理会逐渐减弱与消失。但如果过度害羞，就会使人在交往活动中过分约束自己的言行，无法充分表达自己的愿望和情感，也无法与人沟通，阻碍良好的人际关系的形成。

害羞心理往往是在家庭、学校等环境下，在接触朋友、同学等特殊条件时逐步形成的。害羞者真正缺少的是自信，是不相信自己能给别人留下好印象，担心自己说错话，于是干脆不说。此外，缺少交往活动也是害羞心理产生的重要因素。

（五）猜忌心理及产生原因

猜忌是指没有事实依据而捕风捉影，凭主观想象进行判断推测，只相信自己，却总怀疑他人、挑剔他人的一种不良心理。猜忌心理过重的大学生在人际关系中常表现为生性孤僻、敏感多疑、小心谨慎、戒备心强、对人冷淡，完全处在一个自我封闭的圈子中，无端地怀疑别人在威胁自己的名誉、声望、形象，把别人的一举一动都与自己联系起来并看成是自己的阻碍。还有不少学生疑心太重，“逢人只说三分话，不可全抛一片心”，一旦遇到一些意外或不顺心的事，不是首先从自身找原因，而是怀疑别人在背后做了手脚。

猜忌产生的心理原因主要是受到不恰当的他人暗示或自我暗示。猜忌者给人的感觉是心胸狭窄、气度狭小、过分注意自己的得失，他们希望别人相信自己，又怀疑别人看不起自己、不相信自己。猜忌者自身也常常体验到巨大的心理压力，在这种心理状态下，很难与别人进行正常的人际交往，既影响个人潜能的发挥，又影响朋友关系的建立和发展。

猜忌是大学生正常人际交往的拦路虎，如果一个人猜忌心重，并形成稳定的心理状态，就会令人厌恶，导致人际关系紧张，甚至会使同学间的亲密关系产生裂痕。

（六）孤独心理及产生原因

孤独是因缺乏人际交往而产生的寂寞感与失落感，是宁可独处也不与别人交往所产生的一种心理。孤独是一种主观的心理感受，而不一定与外在行为表现相一致。

孤独也是大学新生中普遍存在的心理问题。满怀愁绪无可倾诉的时候,会感到孤独;生活困难求助无门时,会感到孤独;失学、失业、失恋后缺少社会关怀时,也会感到孤独。在这些情况下孤独的心态是难免的,也可以说是正常的。若在多人参与的生活环境下,或在众皆欢乐的热闹场合里,仍然深深感到寂寞,那就是孤独了。

大学生感情上的满足,一般来源于恋爱、家庭、朋友和社会等几方面,如果在这些方面的关系出现裂痕,难免会感到孤独和苦闷。没有人永远不寂寞,但却有人长期寂寞。孤独与独处不同,孤独是心理上的寂寞感与痛苦感,孤独的人是不快乐的,也是不情愿的;独处只是身体上离开别人,而在心理上却未必不快乐,甚至有人甘愿独处,享受宁静中的喜悦。

具有高傲、孤僻性格的大学生容易产生孤独感,他们自命不凡,看不上旁人,感觉别人“庸俗”“不懂人情”,于是索性不愿与人交往,不想依靠别人,也不想别人求助于他。孤独会使人丧失社会交往,丧失青春活力,丧失才智和健全的人格。

孤独产生的原因大致包括:缺乏社交技巧,不能在与人接触时体察别人,并适度表现自己;过度自我满足,忽略别人的权益与需求;对人缺乏同情心与同理心,无法获得别人的感情回应;自责过重,与人交往时过分患得患失,因恐惧失败心理的影响而导致对社会活动的退缩与逃避;个性悲观,对人无信心,与人交往不能坦诚相对,不能表露自己的特点,因而无从获得对方的欣赏与尊重。孤独的人一般缺少人际关系,或者说,不能建立亲密的人际关系。

三、大学生人际交往中心理问题的调适

大学生的思想活跃,精力充沛,兴趣广泛,人际交往的需要极为强烈,但每个人在交往中都或多或少地出现这样或那样的问题。克服交往中存在的自卑、自负、嫉妒、害羞、猜忌、孤独等心理问题,改善人际关系,加强人际交往,对大学生的学习、生活和心理健康都有重大意义。

(一)自卑心理的调适

心理学家阿德勒(A. Adler)认为,自卑也有积极意义。人人都有自卑感,自卑是每个人在追求更加优越地位和完美人生过程中必然要出现的心理反应,是人前进的动力。大学生要克服自卑心理,让自卑真正成为自身前进的动力,应从认知、情绪、行为三个方面同时入手。

1. 形成“天生我材必有用”的认知　大量的心理学研究表明,成功者与失意者在智力上并没有显著差异,导致成功与失败的主要原因之一是个人不同的自我评价。

2. 调节自己交往时的情绪　学会积极地自我心理暗示,自我激励,可以暗地里用语言对自己说“我能行”“我对未来充满信心”“再试试”。

3. 树立自信,马上行动　正确认识自己,善于根据自己各方面的条件、特长,发挥自己的优势,在发展中增强自信心;积极参加群体活动,在活动中发现和发展自己的能力,唤起自信心,在积极的心理状态下不断克服自卑心理。真正的自信还需要用行为来表现,故可以从容易处入手,如说话训练,先在朋友、熟人面前演练,有把握后再扩大听众群。

(二)自负心理的调适

1. 接受批评　自负者的致命弱点是不愿意改变自己的态度或接受别人的观点,接受批评即是针对这一特点提出的调适方法。它并不是让自负者完全服从于他人,只是要求他们能够接受别人的正确观点,通过接受别人的批评,改变过去固执己见、唯我独尊的形象。

2. 与人平等相处　自负者视自己为上帝,无论在观念上还是行动上都无理地要求别人服从自己。平等相处就是要求自负者以一个普通社会成员的身份与别人平等交往。

3. 提高自我认识　要全面地认识自我,既要看到自己的优点和长处,又要看到自己的缺点和不足,不可一叶障目,不见泰山,抓住一点不放,未免失之偏颇。认识自我不能孤立地去评价,应该放在社会中去考察,每个人生活在世上都有自己的独到之处,都有他人所不及的地方,同时又有不如人的地方,与人比较不能总拿自己的长处去比别人的不足,把别人看得一无是处。

4. 锻炼长远目光　要以发展的眼光看待自己,既要看到自己的过去,又要看到自己的现在和将来,辉煌

的过去可能标志着你过去是个英雄，但它并不代表着现在，更不预示着将来。

（三）嫉妒心理的调适

嫉妒心理源于病态的竞争，其本质是个体不能很好地接纳自己，也不能很好地接纳别人。大学生要消除嫉妒心理，通常可用以下调适方法。

1. 加强思想意识修养，树立正确的人生观 因为嫉妒心理受人的理想、信念等个性倾向性的制约，只有逐步树立起高尚的道德情操和献身于社会的崇高理想，自私自利、唯我独尊的个性缺陷才能克服。

2. 解放狭隘的“自我” 嫉妒的病根在于自私，如果能克服私心杂念，严于律己，宽以待人，“心底无私”，把别人的进步和优越看作是自己的一样，见贤思齐，凭自己的奋斗迎头赶上，那么嫉妒心理就无法滋生。

3. 积极克服自己性格上的弱点 一般而言，虚荣心强、心胸狭窄、敏感多疑的人容易产生嫉妒心理。加强自己的性格塑造，逐渐形成不图虚名、心胸开阔、坚毅自信的性格特征，对消除嫉妒心理至关重要。

4. 正确评价自己，增强竞争意识 承认自己某方面与别人的差距，欢迎竞争，积极参与竞争，努力实现自己潜在的价值，同时注意与他人的竞争应该有所选择和侧重，避免分散精力和进行无谓的竞争。

（四）害羞心理的调适

1. 树立自信 相信自己有能力以恰当的方式讲述任何事，并能给别人留下良好的印象；相信自己能在交朋友方面比现在做得更好。

2. 加强交往实践活动 性格懦弱、十分害羞的人，若从事服务业、教育、商业、行政等常需与别人打交道的职业，其害羞心理能在实践中逐步消失。故有害羞心理的大学生也应该在自己的生活中勇于去交朋友，多与他人交谈，多参加自己感兴趣的集体活动，让害羞心理在实践中不知不觉消失。

3. 加强自律性训练 心理的自我暗示可以使自己沉住气，落落大方，不卑不亢地走向交往场合。交往伊始，要多运用自我暗示的方法，多告诫自己，如“没什么可怕的”“勇敢些，没什么大不了”。

4. 善于模仿 善于学习有关的学问，注意观察与模仿一些坦然自若、善于交际、活泼开朗的人的言行举止和风度。了解更多交往的具体方法，张嘴就不会“丢丑”，不会助长害羞心理，进而一步步地走出害羞。

（五）猜忌心理的调适

1. 培养良好的性格 猜疑者的一般表现是与朋友相处时不坦率，不暴露思想，唯恐真实动机被别人察觉到。故需培养正直、诚实、实事求是的性格，养成根据客观事实来进行推理、判断的思维习惯，克服主观武断地下结论、轻易怀疑别人的习惯。

2. 树立远大的目标 猜疑往往和一个人抱负水平低、过分拘泥于生活琐事有关。提高自己的抱负水平，在远大目标的追求中开阔个人的胸怀，倾心于自己所追求的事业，就不会为人际关系中的琐事而分心了。

3. 注重提高自信心 只有自己相信自己，才能以乐观的态度看待现实，不会遇事总往坏处想。“谁人背后无人论，谁人背后不论人”，即使别人议论自己也不必在意，别人的议论未必正确，但也未必就是恶意。每位同学都应当看到自己的长处，培养自信心，当我们充满信心地投入学习和生活时，就不用担心自己的行为，也不会随便怀疑别人是否会挑剔、为难自己。

（六）孤独心理的调适

1. 融入集体之中，多参与社会活动 心中包容整个世界，把个人永远融入集体之中，这样才能正确处理好个人与社会的关系，发挥个人的才智，这也是战胜孤独的根本。只要有参与的动机，不必要求立即获得回报，多学习社会能力，并借此机会让别人认识、了解你。

2. 改正不良性格 具有高傲、冷僻、尖酸、刻薄等性格特征的人往往会让人感到厌烦，经常会被疏远，从而陷入孤独的人际环境中。这种人际环境必然对个人心理造成消极影响，应该加以克服和改正。

3. 培养独处的能力 失意与独处是人生所无法避免的，应培养自己具有慎独的功夫，以期在个人独处时也不致会有太大的孤独、寂寞之苦。

4. 勇于自我袒露 交往是一个互动互酬的过程，当你主动亲近别人、关心别人，别人也会对你坦诚相待，这样才能扩大社交面，增强人际关系融洽。

拓展练习 3-1

从完成“小挑战”做起,增强自信

生活中有些人比较胆小懦弱,缺乏克服困难、解决问题的勇气,甚至有些小事也不敢独自完成。如何让自己变得勇敢而独立呢?我们可以让自己通过完成一些“小挑战”来逐步锻炼自己的勇气和胆量,增强解决问题和克服困难的信心。例如,向陌生的异性问路;向陌生人寻求一张纸或纸巾;请陌生人完成一份调查问卷等。

将每次的“小挑战”经历记录下来,注意记录自己的体验和感受,并分析自己成功或失败的原因。只要不断地尝试,敢于挑战自我,勇于面对挫折,自信心肯定会得到改进和提升。

拓展练习 3-2

提升自信的小窍门

(1) 不论上课或开会,挑选前排的位子坐。

(2) 练习正视别人。

(3) 将走路的速度加快25%。

(4) 练习当众发言。

(5) 咧嘴大笑。

(6) 积极参加各种活动,多展示自己和锻炼自己。

(7) 注意衣着仪表。

(8) 积极地自我暗示,自己给自己打气。

第三节　大学生人际交往的自我调适

我国心理学家丁瓒曾说过:人类的心理适应,最主要的就是人际关系的适应。所以人类的心理病态,主要是由人际关系的失败而来。对于处在学习、成长过程中的大学生来说,良好的人际关系不仅是大学生活的需要,也是将来迈向社会的需要。大量的调查研究显示,大学生在生活和学习中面临着不同程度的人际关系不适应。在这种状态下,他们既无心学习又感到大学生活乏味无聊,更为严重的还导致心理和行为异常。因此,大学生十分需要了解人际交往中各种心理问题的自我调适措施。

一、矫正人际交往中的认知偏差

大学生人际交往过程中,一些常见的社会认知偏差,如首因效应、近因效应、晕轮效应、刻板效应、投射效应等广泛存在,并在一定程度上给交往造成了消极影响。大学生应充分重视社会认知偏差对自身人际交往带来的消极影响,并采取有效应对措施,纠正这些社会认知偏差。

(一) 用联系、发展的观点看待交往对象及其行为

社会认知偏差广泛存在于大学生人际交往活动中,而且形式多种多样,每一种认知偏差产生的情境和条件不同,对大学生人际交往所产生的影响也各不相同。如前所述,首因效应是由学生根据交往对象的最初信息(如相貌、言谈、举止等)而形成的第一印象所产生的;与首因效应不同,近因效应是由最后印象而引起。在这些效应的作用下,学生有可能对交往对象本人及其最新表现做出草率判断,从而得出一种静止的、机械的判断结果和结论。

因此，在大学生人际交往过程中，应把首因效应和近因效应结合起来对人、对事进行感知。首先，要预防两种效应的消极影响，既不能"先入为主"，也不能不看过去，只看现在，而应该用动态的、历史的、发展的眼光看待交往对象与其行为，把对人、对事的每一次感知，都当作认知事物过程中的一个阶段，避免形而上学的片面性。其次，要在一定条件下，发挥两种效应的积极作用，做事要善始善终，俗语说得好，"路遥知马力，日久见人心"。

（二）用全面的观点来观察交往对象及其行为

许多社会认知偏差最显著的特点就是看待人或事不够全面。如晕轮效应，是一种明显的从已知推及未知，由片面看全面的认知现象，往往会歪曲一个人的形象，导致不正确的评价。在它的影响下，大学生在人际交往中往往只抓住了交往对象的个别特征，而忽略其他，习惯于由个别推及一般，由部分推及整体。

大学生在人际交往中应克服晕轮效应带来的负面影响，应多了解对方，防止以点概面，以偏概全，自觉消除这类认知偏差的消极影响，做到公正、合理、全面地评价和对待每一位交往对象及其行为。同时，还应该利用该效应的影响。比如，通过优化自己的言谈举止，培养好的外在形象，充分展示自己的优势等方法，使自己在交往中获得更多的成功。

（三）坚持共性与个性统一的原则，尤其是重视个性的原则

如前所述，社会刻板效应有两种作用，积极作用是使认识他人的过程简单化，有助于对某一个人、某一群人做出概括性的反映，借助某一类人的共性，人们可以推测某一个人可能会有的共性，但刻板效应并不一定合乎实际，即使在同一类人中，每个人除了具有类的共性，还有自己的个性，两者是有差异的。

在社会刻板效应的影响下，大学生往往会根据已有的经验或知识体系对不同的人群分类，再将其交往对象及其行为对号入座，这种只重视共性、忽略个性的交往方式严重影响了大学生的人际交往，因此应坚持共性和个性统一的原则，尤其是重视个性的原则，在认识他人时，要作具体观察，尽量避免"贴标签"、模式化，避免戴着"有色眼镜"去看人。

（四）坚持理智原则，不能感情用事

坚持理智克服非理智心理，就是在大学生人际交往中，克服社会认知偏差对人际交往产生的负面作用。理智是指一个人辨别是非、利害关系和控制自己感情、支配自己行为的能力。而种种社会认知偏差的产生往往跟认知者的非理智判断心理有关。由于大学生身心处于不成熟到成熟的过渡期，感情丰富、易冲动。因此在人际交往过程中，大学生容易感情用事，往往会从个人爱好、喜恶等出发来认知他人，导致出现不同程度的认知偏差。例如，在首因效应影响下，大学生非常看重第一印象在人际交往中的作用。在第一印象中，交往对象的容貌、言谈举止是否良好在一定程度上决定未来交往能否进行；又如在投射作用的影响下，将个人情绪加到别人身上，认为自己喜欢的，别人也肯定喜欢，自己讨厌的，别人也肯定讨厌。这些都是非理智的心理状态及行为表现。大学生一定要克服非理智的心理，理智地对待交往对象及其行为。

（五）克服主观心理因素对社会认知偏差产生的影响

决定社会行为的主要因素是人们对世界的主观知觉，而不是对刺激环境的客观描述。人总是在一定的心理倾向和一定的方法原则下，加工整理外部输入的他人的信息，形成对他人的印象，然后把这个印象加到认知对象身上，认为这就是此人的实际特征。可见，人的认知具有浓厚的主观色彩，因此不可避免地在认知他人时产生认知偏差。主观因素对人际认知主体的影响，尤其是在大学生中作用更大。认识到主观心理因素对他人的作用、规律，就能在人际交往中发挥其积极作用，克服其消极影响，消除由此而产生的一系列人际交往问题，正确地认识他人，正确地看待他人、对待他人，处理好人际关系。

二、遵循人际交往中的原则

卡耐基(D. Carnegie)曾说过：一个人之所以成功，专业知识所起的作用是15%，而交际能力所起的作用占85%。也就是说，交际能力的强弱以及人际关系是否和谐是决定一个人成功与否的重要因素。而要让人际关系真正发挥积极作用，需要掌握必要的人际交往原则，并能将这些原则合理地应用到日常的学习和生活之中。

(一) 诚实守信原则

中国传统文化十分推崇诚信原则,认为诚信可以产生巨大的感召力量。孟子说过:“诚者,天之道也,思诚者,人之道也;至诚而不动者,未之有也;不诚,未有能动者也。”意思是说:天是真实不欺骗人的,做人也应该追求诚信不欺。至诚能感动人,不诚则不能感动人。孔子说:“民无信不立”,荀子也说道:“不诚则不能化万民”。可见先哲们都将诚信看作教育、感化百姓的力量。孔子更是把诚信视为做人的根本,他提出,朋友之间要“言而有信”,还说“人而无信,不知其可也。”意思是说,人如果不讲信用,那他就不知道该怎样立身处世。人是否遵从诚信原则,在人际关系的形成与发展中是至关重要的。

将诚实守信纳入科学范畴进行研究的重要人物之一是心理学家安德森(N. Anderson)。安德森曾经列出555个描写人的个性品质的形容词,让大学生看后指出哪些个性品质是他们最喜欢的。结果表明,大学生评价最高的品质就是真诚,而评价最低的是说谎和虚伪。待人真诚、言而有信的个性品质导致人际吸引,有利于良好人际关系的建立、维系和发展;而自私自利、虚伪狡诈、言而无信的个性品质则阻碍人际吸引,不利于人际关系的建立和融洽。可见诚实守信是建立和协调人际关系的根本要求。

(二) 平等原则

平等就是人们在交往中,不因性别、年龄、民族、职业、文化不同而有高低贵贱之分,一律平等。交往中的平等原则表现为交往各方平等相待、相互尊重、相互爱护,而非自恃清高、以大欺小、恃强凌弱。

现实生活中的每个人,无论性别、年龄、身体条件、职务、贫富和知识储备有何不同,在人格上都是平等的。英国著名作家萧伯纳(G. B. Shaw)在街上认识了一个可爱的小女孩,并开心地跟小女孩聊天。分别时,萧伯纳问孩子:“小姑娘,你知道今天同你玩的是谁吗?”小女孩回答:“不知道。”萧伯纳说:“小姑娘,回家告诉你妈妈,今天同你玩的是英国著名作家萧伯纳!”小女孩听了有点不高兴,回答说:“你回家也告诉你的妈妈,今天同你玩的是可爱的小姑娘玛莎。”听了小女孩的话,萧伯纳内心一震。他为自己不经意间流露出的以名人自居的不平等态度而深感内疚。为此,他专门写了一篇文章反省自己,并提醒世人与他人交往时一定要互相尊重,平等待人。

(三) 尊重原则

尊重被看作是维持人类社会和谐关系和创造公正社会最为重要的因素。在汉语言中,“尊重”一词古语是指将对方视为比自己地位高而必须重视的心态及其言行,现在已逐渐引申为平等相待的心态及其言行。

尊重是对他人存在价值和发展价值的肯定,客观上这也要求他人对自身存在价值和发展价值给予肯定。尊重是一种相互肯定的心理和行为,它要求人们在社会生活中应做到相互尊重,尊重对方的人格、能力、才华、行为习惯和兴趣爱好等。每个人都希望别人尊重自己,都不愿和一个看不起自己、挖苦讥讽、贬损侮辱自己的人相处,更谈不上找这样的人做朋友了。

在大学生的学习和生活中,一方的尊重行为往往会使交往或相处的对方产生喜欢、愉悦、亲近的心理体验,并对此做出相应的尊重行为;而一方不尊重的行为则往往会使对方产生不喜欢、不愉悦、疏远、厌恶等心理倾向,并由此导致对方做出对自己不尊重的行为反应。因此,尊重他人,也就是尊重自己,不尊重他人,也就是不尊重自己。要使交往双方的人际关系得以维持、和谐和发展,必须注重尊重的相互性。

(四) 互惠原则

人际交往是一种双向行为,仅仅单方获利的人际关系是不会得以维持的。因此,在人际交往中要考虑双方共同的价值和利益,满足双方共同的心理需求,让彼此都能从交往中得到实惠。所以在获取的同时,都要有相应程度的给予,这样才能使人际交往得以延续和发展。

“社会交换理论”认为:任何人际关系,其本质上都是交换关系。只有这种人与人之间的精神和物质交换过程达到互惠平衡时,人际关系才能和谐,而且也只有在互惠平衡的条件下,人际关系才能维持。一般情况下,对于得大于失的人际关系,人们倾向于建立和维持;反之,人们则倾向于逃避、疏远或终止。

生活中可以发现,不仅特征相似的人会相互吸引,成为好友,即使彼此之间存在较大差异的人也可以建立起非常亲密的关系。那些在兴趣、性格、专长、观点等方面存在差异的人,当他们的需要和满足途径正好构成互补关系时,会像磁铁的正负极一样,产生强烈的相互吸引关系。这就是人际关系中的“互补定律”。

例如，口若悬河的人和沉默寡言的人成了亲密的朋友；脾气暴虐的人与温顺柔和的人和睦相处；能当机立断者对易优柔寡断的人具有更大的吸引力；大大咧咧的人与谨小慎微的人成了莫逆之交。

每个人都具有“显性”与“隐性”（或称“影子”）两种不同的人格。也就是说，一个很活泼的人实际潜藏着很抑郁的一面，而另一个很安静的人，很可能在另一种陌生环境下，变得躁动不安。因此，当遇见一位身具自己“影子人格”的异性时，我们心中常会有欢喜雀跃的感觉，因为对方彰显出自己所缺乏（或已被压抑）的人格特质。比如，一个沉默的人遇到一个活泼的人，犹如他的“影子人格”受到了阳光的感召，整个人也变得活泼开朗起来。

（五）宽容原则

宽容，就是宽宏大量，不斤斤计较，能包容。在处理人际关系上，宽容是化解矛盾的良方。在非原则问题上，是非难分要谦让，即使有理也要让人三分，决不能得理不让人，处处占上风。交往中不仅要善于理解他人，而且还要尽可能理解他人对我们的不理解，凡事以和为贵。

清朝康熙年间有一名文华殿大学士兼礼部尚书张英，刚直不阿，廉洁清正，他在处理家庭邻里关系上，颇得后人赞扬。有一年他的老家修治府第，因地界不清与邻居发生矛盾，告到当地官府，因两家都是高官望族，县令不敢决断。其家人写信到京城给张英，要他出面干预。张英看罢家书，写了一首诗寄回家中，诗中道：“千里修书只为墙，让他三尺又何妨，长城万里今犹在，不见当年秦始皇。”家人看后，主动让出三尺地界，以示不再相争。邻居深为感动，同样也让出三尺，于是形成一条象征睦邻友好的“六尺巷道”，被后人传为佳话。在无关大原则的情形下，与人宽容，不但可以优化交际环境，而且还能提高交际质量。

（六）适度原则

度就是保持事物的质和量的界限，是事物质和量的辩证统一。人们常说要“胸中有数”“掌握火候”“过犹不及”“适可而止”等，讲的就是事物的度。人际交往中的度即是指保持良好的人际关系所需要把握的广度、深度、尺度以及距离、频率等。

人际交往的空间距离要适度。美国著名的心理学家霍尔（E. T. Hall）做了大量的研究，得出了人们交往的“人际空间”结论，把人们交往的空间距离分为四种。

（1）亲密距离：这种距离是人际交往中最小的距离，即常说的“亲密无间”。近范围在 0～15 厘米之间，彼此可以肌肤相触，耳鬓厮磨；远范围在 15～45 厘米之间，可表现为挽臂执手，或促膝谈心。一般是亲人、好友、情侣和夫妻才会出现这种距离。

（2）个人距离：距离在 45～120 厘米之间，表现为伸手可以握到对方的手，但不易接触到对方身体，彼此虽然认识，但没有特别的关系，这是在进行非正式的个人交谈时最经常保持的距离。

（3）社交距离：距离在 120～360 厘米之间，一般工作场合人们多采用这种距离交谈，或是与没有过多交往的人打招呼可采用此距离，体现出一种社交性或礼节上的较正式关系。

（4）公众距离：距离为 3.6～7.6 米，远范围甚至可超过 7.6 米，一般适用于演讲者与听众、彼此极为生硬的交谈及非正式的场合。

人际交往的广度要适度。既不要过广，过广则容易滥，“滥交无友”，必然分散精力、影响学习；也不要过窄，过窄则容易陷入狭小的人际圈子，形成排他性，疏远了可交的益友，妨碍正常交往。

人际交往的深度也要适度。对交往的对象、层次要慎重斟酌，有的深交，有的浅交，有的拒交，要心中有数，不能混淆。古人云“近朱者赤，近墨者黑”，交友一定要有原则，益友诚可贵，损友不可交。

人际交往的频率要适度。即使是好朋友，交往也不能过从甚密，天天在一起难免也会感到腻烦，唯有保持适当的时间距离，双方才有新鲜感、愉悦感。

人际交往中还要注意把握分寸和尺度，即使是老友或挚友之间也要做到说话有分寸，别说过头话，别提非分要求，力求交往中自己的言谈举止文明规范，合情合理。

三、掌握人际交往中的艺术

交往是一门艺术，需要掌握其中的技巧。迈进大学校园的学生，因刚从紧张、繁重的高中学习生活中走出来，没有时间和机会深入社会，对人际关系的理解和认识不够深刻。而大学生活又恰恰需要交往，需要沟通。如何打开自身人际交往的局面,为自己赢得一个良好和谐的人际关系,是大学生群体普遍要解决的问题。

(一) 科学运用语言艺术

俗话说,“良言一句三冬暖,恶语伤人六月寒”。这句话告诉我们交往时要注意运用语言的艺术。语言艺术运用得好,就能优化人际交往。相反,如果不注意语言艺术,往往在无意间就出口伤人,产生矛盾。

1. 称呼得体　称呼反映出人们之间心理关系的密切程度。恰当得体的称呼,使人能获得一种心理满足,使对方感到亲切,交往便有了良好的心理气氛;称呼不得体,往往会引起对方的不快甚至愤怒,使交往受阻或中断。所以,在交往过程中,要根据对方的年龄、身份、职业等具体情况及交往的场合、双方关系的亲疏远近来决定对方的称呼。对长辈的称呼要尊敬,对同辈的称呼要亲切、友好,对关系密切的人可直呼其名,对不熟悉的要用全称。

2. 说话礼貌

(1) 准确运用语言:表达清楚、生动、准确、有感染力、逻辑性强,少用土语和方言,切忌平平淡淡、滥用辞藻、含含糊糊、干巴枯燥。

(2) 语音、语调、语速要恰当:要根据谈话的内容和场合,采取相应的语音、语调和语速。

(3) 讲笑话要注意对象、场合、分寸:以免笑话讲得不得体,伤害他人的自尊心。

(4) 适度称赞对方:每个人都希望别人赞美自己的优点。如果我们能够发掘对方的优点,进行赞美,他会很乐意与你多交往。但是赞美要适度,要有具体内容,绝不能曲意逢迎。真诚的赞美往往能获得出乎意料的效果。

(5) 避免争论:青年大学生喜欢争论,但争论往往是在互不服输、面红耳赤、不愉快甚至演化成直接的人身攻击或严重的敌意中结束。这对人际关系的影响是显而易见的。因此大学生要尽量避免争论,而要通过讨论、协商的途径解决分歧。

语言艺术运用得好,就能吸引和抓住对方,从内容到形式适应对方的心理需要、知识经验、双方关系及交往场合,使交往关系密切起来。

(二) 恰当使用非语言艺术

非语言艺术一般包括眼神、手势、面部表情、身体动作、位置距离等,甚至衣着服饰等也能传递出特定信息。掌握和运用好这种交往艺术,对大学生人际关系的协调必不可少。

1. 注意识别和运用面部表情　传播学界有一条公式:人类的全部信息＝7%的言语＋38%的声音＋55%的面部表情。“眼睛是心灵的窗户”“眼睛像嘴一样会说话”。有研究认为,人际交往中眼睛对视一般只会停留0.3秒左右。注视时间过短表示对方没有交往动机;而注视时间较长,则意味着引起了兴趣和交往动机。

面部表情是内心情绪的外在表现,它们均能表达人的态度和情感。如眉飞色舞表示内心高兴,怒目圆睁表示愤怒等。交往中还可用人体动作来表达思想。大学生在人际交往中根据谈话的内容和场合,正确运用非语言艺术,巧妙地表达自己的思想感情,有时能起到“此时无声胜有声”的作用。但非语言艺术要运用得恰到好处,不可过于频繁和夸张,以免给人手舞足蹈之感。

2. 注意手势的运用　手势往往是人们交往中使用最多的一种动作,如懊悔时拍脑门、赞扬时竖起大拇指、拒绝时摆手等。通过观察对方反复搓手,我们可以发现其内心的焦虑,那些在胸前交叉双手的人可能正在掩饰内心的虚弱,而不时摸鼻子的人可能因为撒谎而做徒劳掩饰。在交往中,通过观察对方的手势,我们能发现交往中诸多的信息,洞察人的内心。通过手势配合语言的表达,往往有更强的感染力,达到更好的交流效果。

3. 恰当运用空间距离　交往双方距离的远近往往能表明双方的亲近程度和心理距离的远近。根据霍尔的“人际空间”结论,在人际交往中我们应针对不同的交往对象采用不同的空间距离,从而掌握好人际交往中的分寸。

4. 合理利用服饰　在社交场合中,人们非常重视着装,但很多人却不懂得如何搭配服装和选择服装种类,以致因着装不当陷入尴尬境地。人们往往从第一眼看到对方的服饰时,就开始形成对他人的判断。重视社交场合中的着装，是每个人都必须做到的事情，这是一个人社交礼仪的体现，不管以什么身份活动于社会上，必须符合仪容仪表方面的要求，穿着得体合理，给人们留下好的印象。大学生要在服饰的整体性、和谐性的基础上，根据自身的气质特点来突出个性，学会根据时间、地点和交际对象合理选择服饰。

5. 学会倾听　倾听是维持良好人际关系的法宝，大学生应学会有效地倾听。在沟通时，作为听者要少讲多听，不要打断对方的谈话，最好不要插话，要等别人讲完之后再发表自己的见解；要尽量表现出聆听的兴趣，听别人讲话时要正视对方，切忌小动作，以免对方认为你不耐烦；力求在对方的角色上设身处地地考虑问题，对对方表示关心、理解和同情；不要轻易地与对方争论或妄加评论。

心理测验 3-1

人际关系综合诊断量表

【导语】这是一份人际关系行为困扰的诊断量表，共28个问题，每个问题做“是”(打“√”)或“非”(打“×”)两种回答。请你认真完成，然后参看后面的评分标准，对结果做出解释。

【题目】

1. 关于自己的烦恼有口难言。(　　)
2. 和生人见面感觉不自然。(　　)
3. 过分地羡慕和妒忌别人。(　　)
4. 与异性交往太少。(　　)
5. 对连续不断的会谈感到困难。(　　)
6. 在社交场合，感到紧张。(　　)
7. 时常伤害别人。(　　)
8. 与异性来往感觉不自然。(　　)
9. 与一大群朋友在一起，常感到孤寂或失落。(　　)
10. 极易受窘。(　　)
11. 与别人不能和睦相处。(　　)
12. 不知道与异性相处如何适可而止。(　　)
13. 当不熟悉的人对自己倾诉他的生平遭遇以求同情时，自己常感到不自在。(　　)
14. 担心别人对自己有什么坏印象。(　　)
15. 总是尽力使别人赏识自己。(　　)
16. 暗自思慕异性。(　　)
17. 时常避免表达自己的感受。(　　)
18. 对自己的仪表(容貌)缺乏信心。(　　)
19. 讨厌某人或被某人所讨厌。(　　)
20. 瞧不起异性。(　　)
21. 不能专注地倾听。(　　)
22. 自己的烦恼无人可申诉。(　　)
23. 受别人排斥与冷漠。(　　)
24. 被异性瞧不起。(　　)
25. 不能广泛地听取各种意见、看法。(　　)
26. 自己常因受伤害而暗自伤心。(　　)
27. 常被别人谈论、愚弄。(　　)
28. 与异性交往不知如何更好地相处。(　　)

【评分】评分标准：打“√”得1分，打“×”得0分，记录在表3-1中，并计算总分。

表 3-1 人际关系综合诊断量表评分

Ⅰ	题目	1	5	9	13	17	21	25	小计(分)
	分数(分)								
Ⅱ	题目	2	6	10	14	18	22	26	小计(分)
	分数(分)								
Ⅲ	题目	3	7	11	15	19	23	27	小计(分)
	分数(分)								
Ⅳ	题目	4	8	12	16	20	24	28	小计(分)
	分数(分)								
总分(分)									

【结果解释】

1. 从总体上评述你的人际关系

(1) 总分在 0～8 分之间：表明你在与朋友相处上的困扰较少。你善于交谈，性格比较开朗，主动关心别人，你对周围的朋友都比较好，愿意和他们在一起，他们也都喜欢你，你们相处得不错。而且，你能够从与朋友的相处中，得到许多乐趣。你的生活是比较充实而且丰富多彩的，你与异性朋友也相处得很好。总而言之，你不存在或较少存在交友方面的困扰，你善于与朋友相处，人缘很好，获得许多人的好感与赞同。

(2) 总分在 9～14 分之间：表明你与朋友相处存在一定程度的困扰。你的人缘很一般，换言之，你和朋友的关系并不牢固，时好时坏，经常处在一种起伏波动之中。

(3) 总分在 15～28 分之间：表明你在同朋友相处上的行为困扰较严重；分数超过 20 分，则表明你的行为困扰程度很严重，而且在心理上出现较为明显的障碍。你可能不善于交谈，也可能是一个性格孤僻的人，不开朗，或者有明显的自高自大、讨人嫌的行为。

2. 根据在每一横栏上的小计分数，具体指出你与朋友相处中的困扰行为及其可资参考的纠正方法

(1) 评分表中Ⅰ横栏上的小计分数，表示你在交谈方面的行为困扰程度：

1) 得分在 6 分以上：说明你不善于交谈，只有在非常需要的情况下你才同别人交谈。你总难于表达自己的感受，无论是愉快还是烦恼；你不是个很好的倾听者，往往无法专心听别人说话或只对单独的话题感兴趣。

2) 得分在 3～5 分之间：说明你的交谈能力一般。你会诉说自己的感受，但不能讲得条理清晰；你努力使自己成为一个好的倾听者，但还是做得不够。如果你与对方不太熟悉，开始时你往往表现得拘谨与沉默，不大愿意跟对方交谈。但这种局面在你面前一般不会持续很久。经过一段时间的接触与锻炼，你可能会主动与同学搭话，同时这一切来得自然而非造作，此时，表明你的交谈能力已经大为改观，在这方面的困扰也会逐渐消除。

3) 得分在 0～2 分之间：说明你有较高的交谈能力和技巧，善于利用恰当的谈话方式来交流思想感情，因而在与别人建立友情方面，你往往比别人获得更多的成功。这些优势不仅为你的学习和生活创造了良好的心境，而且常常有助于你成为伙伴中的领袖人物。

(2) 评分表中Ⅱ横栏上的小计分数，表示你在交际与交友方面的困扰程度：

1) 得分在 6 分以上：说明你在社交活动与交友方面存在着较大的行为困扰。比如，在正常集体活动与社交场合，你比大多数伙伴更为拘谨；在有陌生人或老师存在的场合，你往往感到更加紧张而扰乱你的思绪；你往往过多地考虑自己的形象而使自己处于越来越被动、越来越孤独的境地。总之，交际与交友方面的严重困扰，使你陷入“感情危机”和孤独困窘的状态。

2）得分在3～5分之间：说明你在被动地寻找被人喜爱的突破口。你不喜欢独自一个人待着，你需要与朋友在一起，但你又不大善于创造条件并积极主动地寻找知心朋友，而且，你心有余悸，生怕在主动行为后的“冷”体验。

3）得分在0～2分之间：说明你对人较为真诚和热情。总之，你的人际关系较和谐，在这些问题上，你不存在较明显持久的行为困扰。

（3）评分表中Ⅲ横栏上的小计分数，表示你在待人接物方面的困扰程度：

1）得分在6分以上：说明你缺乏待人接物的机智与技巧。在实际的人际关系中，你也许常有意无意地伤害别人，或者过分地羡慕别人以致在内心妒忌别人。因此，其他一些同学可能回报给你的是冷漠、排斥，甚至是愚弄。

2）得分在3～5分之间：说明你是个多侧面的人，也许可以算是一个较圆滑的人。对待不同的人，你有不同的态度，而不同的人对你也有不同的评价。你讨厌某人或被某人所讨厌，但你却极喜欢另一个人或被另一个人所喜欢。你的朋友关系某些方面是和谐的、良好的，某些方面却是紧张的、恶劣的。因此，你的情绪很不稳定，内心极不平衡，常常处于矛盾状态中。

3）得分在0～2分之间：说明你较尊重别人，敢于承担责任，对环境的适应性强。你常常以你的真诚、宽容、责任心强等个性获得众人的好感与赞同。

（4）评分表中Ⅳ横栏上的小计分数，表示你跟异性朋友交往的困扰程度：

1）得分在5分以上：说明你在与异性交往的过程中存在较为严重的困扰。也许你存在着过分思慕异性或者对异性持有偏见。这两种态度都有它的片面之处。也许是你不知如何把握好与异性同学交往的分寸而陷入困扰之中。

2）得分在3～4分：说明你与异性同学交往的行为困扰程度一般，有时你可能会觉得与异性交往是一件愉快的事，有时又会认为这种交往似乎是一种负担，你不懂得如何与异性交往最适宜。

3）得分在0～2分：说明你懂得如何正确处理异性朋友之间的关系。对异性同学持公正的态度，能大大方方地、自然而然地与他们交往，并且在交往中，得到了许多从同性朋友那里不能得到的东西，增加了对异性的了解，也丰富了自己的个性。你可能是一个较受欢迎的人，无论是同性还是异性朋友，多数人都较喜欢你和赞赏你。

资料来源：郑日昌.大学生心理健康诊断[M].济南：山东教育出版社，1999：339－341.

【思考题】

（1）试举例解释人际交往的社会交换理论。

（2）试举例阐述如何运用人际交往中的艺术。

（3）想一想影响人际交往的因素有哪些。

（4）谈一谈大学生应如何克服人际交往中可能存在的问题。

（孙　琳　马　珺）

第四章

大学生的健康人格与塑造

本章要点

掌握：大学生不良的人格倾向，大学生健康人格的塑造。

熟悉：人格的发展，大学生人格发展的特点。

了解：人格的内涵。

人格是一个人稳定而统一的心理品质，是个体思想、情感和行为的整体反映。一个人的人格健康与否会影响到他(她)是否有正确的认知、稳定的情绪以及积极的行为。人格的形成和发展受到生物遗传、社会环境以及个人自我调控的影响，所以，每个个体都拥有独一无二的个性色彩。大学生肩负着未来社会发展的重任，他们正处于人格发展日趋成熟的关键时期，人格形成后比较稳定较难改变。因此，在大学阶段塑造大学生的健康人格，避免不良人格倾向的发生，从积极的角度做好心理调适，有助于大学生在当前和今后的发展中具有健康的心理素质、良好的适应能力和健全的人格，从而促进大学生与自然和社会的和谐发展。

第一节　人格概述

人格是一个人带有倾向性的、稳定的整体心理特征与精神面貌，它通过后天的教育、学习和环境的作用逐渐形成，它反映出个体一贯的特点，人格形成后较稳定难改变。人格的形成受生物、社会环境及自我教育等因素的影响，不同理论流派对人格的形成与发展作了不同的解释。

一、人格的内涵和结构

在每天的日常生活中，我们常常会接触到各种各样的人。在多次接触之后，我们会发现他们往往都有自己一贯的行事风格和个人特点，有的人聪明敏捷，有的人愚笨迟钝；有的人热情开朗，有的人稳重冷静；有的人诚实可靠，有的人偷奸耍滑；有的人谦虚谨慎，有的人骄傲自大。正所谓“人心不同，各如其面”，这即是一个人的人格特点。

（一）人格的内涵

1. 人格的概念　人格(personality)一词源于拉丁文“persona”，其本意是指古罗马时期戏剧演员表演时所戴的面具或类似中国戏剧中的脸谱。在舞台上，演员的言行要与其扮演的角色相符，而一个角色就意味着一套行为方式，即角色限定了演员的行为。观众可以从演员的面具或脸谱了解他的角色，又可以根据其角色了解其行为。由此引申，可以认为人格是个人在自己人生舞台上扮演的“角色”，做出的行为表现，它具有个人鲜明的一贯性的特点。

人格是一种十分复杂的心理现象，由于研究者的研究角度不同，对人格的解释也不尽相同，一般情况下将人格定义为：一个人的整个精神面貌，即具有一定倾向性的、稳定的心理特征的总和。

2. 人格的特征

(1) 生物性与社会性：人格是在先天遗传素质的基础上，通过后天的教育、学习和环境的作用逐渐形成。因此，生物性是人格形成和发展的物质基础和前提条件，它影响着人格发展的方向和方式。但人格并非单纯的自然遗传产物，它带有明显的社会烙印，反映出一个人在社会环境中的社会文化特点，体现了一个人的社会化程度和角色行为，受到社会环境、教育及实践活动的深刻影响。

(2) 独特性与共同性：人格的独特性是指由于先天遗传素质和后天环境的不同而形成的人格差异，它反映在人的认知、情感、意志、态度、兴趣、能力、气质、性格、行为等各方面，呈现出个人一贯的特点，人与人之间各不相同。有人勤奋认真，有人懒惰马虎；有人自信，有人自卑；有人温和，有人暴躁等。俗话说："人心不同，各如其面"，即是指人格的独特性。世界上找不到两片完全相同的树叶，也找不到两个人格特征完全相同的人。

除独特性以外，人格还存在共同性。即某一群体、某个民族或某个阶级在相同或相似的自然环境、社会环境和群体环境中形成的具有共同性或一致性的人格心理特点。例如，东西方人具有各自特色的、一致性的人格特点。人格的独特性和共同性构成了复杂的人格特征。

(3) 稳定性与可塑性：人格的稳定性是指由各种心理特征构成的人格结构相对稳定和一致，它使人的心理和行为带有一贯的、长期的特点。因此，在个体生活中那些一贯的行为表现才是人格的体现，偶然的或暂时出现的行为不是个体人格的真正特点。例如，一个人一向待人亲切随和，但在某个环境下突然表现得冲动暴躁，不能以此就认为这个人具有暴躁的人格特征。人格是经历了先天遗传尤其是后天环境的影响之后逐渐形成并稳定下来，较难改变。俗语说："江山易改，禀性难移"，即是指人格的稳定性。

人格具有稳定性，但不代表人格一成不变。个体发展的早期是人格塑造的关键时期，人格具有较大的可塑性。人格逐渐形成后比较稳定，但由于社会环境、教育条件以及个人的主观努力等因素的影响，人格也可以发生某种程度的变化。比如，一个活泼热情的人，由于遭受了某个不幸事件的刺激后变得沉默寡言；一个粗心大意的人，经过有意识的训练而变得比较仔细；一个内敛少语的人，因为长期从事销售工作变得外向健谈。只是这种改变比较缓慢，不能立竿见影。

(4) 整体性：构成人格的各种心理特征不是相互独立的，而是相互交织、相互影响、相互制约而形成的一个复杂的有机整体。各种心理特征根据一定的秩序、规则和内容有机地结合起来，使人的内心世界和外在行为表现出和谐一致，即呈现出健康的人格面貌。否则将出现各种心理冲突，导致人格分裂的病态特征。

(二) 人格的结构

关于人格的结构，主要包括人格倾向性、人格心理特征及自我调节系统三个方面。

1. 人格倾向性　人格倾向性是人格心理结构中最活跃的因素，它决定着人对客观事物的态度、趋向和选择，是行为活动的基本动力，并且主要在后天社会化的过程中形成。人格倾向性主要包括需要、动机、兴趣、理想、信念和世界观等，各个成分相互联系，相互影响。需要是人格倾向性的源泉，动机和兴趣是需要的表现形式，信念和世界观位于人格倾向性的最高层次，决定个体总的思想倾向。

2. 人格心理特征　人格心理特征是指个体经常表现出来的比较稳定的心理特点，它集中反映了一个人心理活动的独特性。人格心理特征主要包括气质和性格。这些特征可以通过心理测验来了解。

(1) 气质

1) 气质的概念：气质(temperament)是不以活动目的和内容为转移的典型、稳定的心理活动的动力特征。气质主要表现在心理活动的动力方面，表现为心理活动的速度、强度、灵活性以及指向性。例如，一个人反应的快慢、情绪的强弱、注意集中时间的长短、心理活动倾向于指向外部世界或内部世界等。气质使心理活动染上个人独特的色彩，即通常所说的一个人的脾气、秉性。

人的气质由先天遗传因素决定，受高级神经活动的制约。例如，孩子刚一出生就可以表现出气质差异，有的婴儿吵闹好动，有的婴儿平稳安静。与性格、能力相比，气质更具有稳定性，但在生活环境和教育的作用下，也可以有一定程度的改变。

2) 气质的类型：关于气质的类型划分，学者们根据不同的观点提出了不同的类型学说，如气质体型说、气质血型说、气质激素说等。其中得到较多认可的是希波克拉底的体液学说以及巴甫洛夫的高级神经活动类型学说。

A. 希波克拉底的体液学说：古希腊著名医生希波克拉底认为，人体内有来自不同器官的四种体液：血液来自心脏，黄胆汁来自肝脏，黑胆汁来自胃部，黏液来自脑部。这四种体液的混合比例决定机体的健康状况和气质特征，并根据某种体液占优势的情况将气质分为四种类型，即多血质、胆汁质、抑郁质和黏液质(表4-1)。虽然以体液来进行气质类型的划分缺乏科学根据，但是它对四种气质类型的描述形象、生动，比较符合日常生活中的某些典型的气质类型，并且在一些科学研究中也能获得某些证实，因而这四种气质类型的名称一直沿用至今。

表4-1 希波克拉底体液学说气质类型及特点

气质类型	气质特点
多血质	活泼、好动、灵活、反应迅速、喜欢交际、注意易转移、兴趣易变化、缺乏持久力
胆汁质	直率、热情、精力旺盛、情绪易冲动、心境变幻剧烈、脾气暴躁
抑郁质	情绪体验深刻、行动缓慢、多愁善感、能察觉他人不易察觉的事情、富有幻想、胆小孤僻
黏液质	安静、稳重、反应缓慢、沉默寡言、情绪不易外露、注意稳定难转移、善于忍耐

B. 巴甫洛夫的高级神经活动类型学说：俄国生理学家巴甫洛夫通过大量的实验研究，认为高等动物大脑皮质神经活动的基本过程是兴奋和抑制过程，它具有强度、平衡性和灵活性三种基本特性。强度是指大脑皮层神经细胞的工作能力或耐力，有强弱之分，兴奋过程的强度表现在忍受强烈刺激物的能力上，抑制过程的强度表现在忍受持续的抑制状态的能力上；平衡性是指兴奋过程与抑制过程的相对力量，两者力量大体相等为平衡，否则为不平衡，不平衡又分兴奋过程或抑制过程占优势；灵活性是指兴奋与抑制过程互相转化的速度，有灵活与不灵活之分。这三种特性的不同组合，就构成了高级神经活动的四种基本类型(兴奋型、活泼型、安静型、抑制型)，而这四种类型恰好能与希波克拉底体液说的四种类型(多血质、胆汁质、抑郁质、黏液质)相吻合(表4-2)。

表4-2 巴甫洛夫高级神经活动类型学说气质类型及特点

神经类型	强度	平衡性	灵活性	气质特点
兴奋型	强	不平衡	不灵活	兴奋过程强于抑制过程，强而不平衡的类型；攻击性强，易兴奋，不易约束，不可抑制
活泼型	强	平衡	灵活	强而平衡，灵活型；热情活泼，反应敏捷
安静型	强	平衡	不灵活	强而平衡，但不灵活；易于形成条件反射，但不容易改造，行动缓慢
抑制型	弱	不平衡	不灵活	兴奋和抑制过程都很弱；胆小畏缩，消极防御反应强

拓展学习4-1

看戏迟到

四个不同气质类型的人去剧院看戏，但是都同时迟到了。胆汁质的人和检票员争吵，企图闯入剧院，他辩解道，剧院的钟快了，他进去看戏不会影响别人，并且打算推开检票员闯入剧场；多血质的人立刻明白，检票员不会放他进入剧场的，但是通过楼厅进场容易，就从楼厅溜到楼上去了；黏液质的人看到检票员不让他进入剧场，就想：第一场不太精彩，我到小卖部等一会儿，幕间休息时再进去；抑郁质的人会想：我运气不好，偶尔看一场戏，就这样倒霉，接着就回家去了。

资料来源：庞小佳，裴菁菁，杨高峰.大学生心理健康教育[M].北京：北京师范大学出版社，2020：81.

拓展学习 4－2

请判断气质类型

张同学不喜欢与人交往，不喜欢抛头露面，心情不好时常常喜欢一个人待着，生活中发生的微不足道的事也让他觉得像天要塌下来一样，久久不能释怀。刘同学大多时候都处于兴奋状态，积极参加学校各种集体活动，学习和生活都力争做到最好，但遇到困难和麻烦时刘同学特别容易急躁，喜欢与人争辩和发脾气。

对照前面的知识，你能判断张同学和刘同学分别属于哪种气质类型吗？自己又是哪种气质类型呢？

3）气质的特点：① 稳定性与可塑性。与性格、能力等其他心理特征相比，气质更具有稳定性，即具有稳定不易改变的特点。但气质在生活环境和教育的影响下，也会发生一定程度的变化。② 无优劣之分。气质本身没有好坏优劣之分，任何一种气质既具有积极的方面又具有消极的方面，气质不决定一个人的价值和成就的高低。例如，胆汁质的人热情爽朗，精力旺盛，但也容易任性冲动、脾气暴躁；抑郁质的人谨慎细心，观察力敏锐，富有想象力，但耐受力不强，缺乏魄力。

4）气质的意义

A. 气质与职业：气质不决定一个人成就的高低，但是某些气质特点为个人从事某项工作提供了有利的条件。当气质与职业性质比较吻合时，工作效率会更高，工作起来得心应手，心情比较愉快，相反则个人会承受更大的压力和挑战、心情郁闷、效率低下。因此，在职业选择时，应考虑个人的气质类型和职业的适宜性。多血质者比较适宜需要有表达力、活动力和组织力的职业，如外交官、销售、律师、新闻记者等；胆汁质者比较适宜军人、演说家、主持人等职业；抑郁质者比较适宜不需要过多与人打交道而需要较强观察力、分析力和耐心细致的职业，如检验员、会计等；黏液质者则比较适宜安静、独处、有条不紊且思辨能力较强的工作，如自然科学研究人员等。

B. 气质与教育：任何气质类型的个体都能发展成为优秀的个体。例如，俄国的普希金、赫尔岑、克雷洛夫和果戈理，他们的气质类型各不相同，分别属于胆汁质、多血质、黏液质和抑郁质，但他们均成了世界闻名的大作家。因此，教育者应因材施教，根据大学生不同的气质类型选择不同的教育方式。同时，个人在自我教育的过程中，应了解自己的气质特点，尽可能扬长避短。如胆汁质者大胆、热情、有勇气，但应培养耐心、自制、坚韧的品质；多血质者表现热情、机智、灵活，但要注意培养做事专一、踏实和勇于克服困难的精神；黏液质者具有踏实、稳重、善忍耐的特点，但要注意积极探索新问题，积极参加集体活动，增加灵活性；抑郁质者细心、观察敏锐，但要注意培养自信心和勇气，多用豁达的眼光看待事物，克服多愁善感，增加情绪的稳定性。

C. 气质与健康：心身医学认为，生理和心理相互联系、相互影响、相互制约。气质中的一些消极情绪体验会对生理健康带来负面影响。情绪不稳定、易伤感、过分性急、冲动等既不利于心理健康，也不利于生理健康，这些可能成为某些心身疾病的诱发易感因素。

心理测试 4－1

气质类型测试

【导语】本量表共有 60 个题目，认为题目与自己的情况“很符合”记 2 分，“比较符合”记 1 分，“介于符合与不符合之间”记 0 分，“较不符合”记 - 1 分，“很不符合”记 - 2 分。

【题目】

1. 做事力求稳妥，一般不做无把握的事。（　分）
2. 遇到可气的事就怒不可遏，想把心里话全说出来才痛快。（　分）
3. 宁可一个人干事，也不愿意很多人在一起。（　分）

4. 到一个新环境很快就能适应。(　分)
5. 厌恶那些强烈的刺激,如尖叫、噪声、危险镜头等。(　分)
6. 和人争吵时,总是先发制人,喜欢挑衅别人。(　分)
7. 喜欢安静的环境。(　分)
8. 善于和人交往。(　分)
9. 羡慕那种善于克制自己感情的人。(　分)
10. 生活有规律,很少违反作息制度。(　分)
11. 在多数情况下情绪是乐观的。(　分)
12. 碰到陌生人觉得拘束。(　分)
13. 遇到令人气愤的事,能很好地自我克制。(　分)
14. 做事总是有旺盛的精力。(　分)
15. 遇到问题总是举棋不定、优柔寡断。(　分)
16. 在人群中从不觉得过分拘束。(　分)
17. 情绪高昂时,觉得干什么都有趣;情绪低落时,又觉得什么都没有意思。(　分)
18. 当注意力集中于一事物时,别的事很难使自己分心。(　分)
19. 理解问题总比别人快。(　分)
20. 碰到危险情景,常有一种极度恐怖感。(　分)
21. 对学习、工作、事业怀有很高的热情。(　分)
22. 能够长时间做枯燥、单调的工作。(　分)
23. 符合兴趣的事情,干起来劲头十足,否则就不想干。(　分)
24. 一点小事就能引起情绪波动。(　分)
25. 讨厌做那种需要耐心、细致的工作。(　分)
26. 与人交往不卑不亢。(　分)
27. 喜欢参加热烈的活动。(　分)
28. 喜爱感情细腻、描写人物内心活动的文学作品。(　分)
29. 工作、学习时间长了,常感到厌倦。(　分)
30. 不喜欢长时间谈论一个问题,愿意实际动手干。(　分)
31. 宁愿侃侃而谈,不愿窃窃私语。(　分)
32. 别人总是说我闷闷不乐。(　分)
33. 理解问题常比别人慢些。(　分)
34. 疲倦时只要短暂地休息就能精神抖擞,重新投入工作。(　分)
35. 心里有话宁愿自己想,不愿说出来。(　分)
36. 认准一个目标就希望尽快实现,不达目的誓不罢休。(　分)
37. 学习、工作同样一段时间后,常比别人更疲倦。(　分)
38. 做事有些莽撞,常常不考虑后果。(　分)
39. 老师讲授新知识时,总希望他讲得慢些,多重复几遍。(　分)
40. 能够很快忘记那些不愉快的事情。(　分)
41. 做作业或完成一件工作总比别人花时间多。(　分)
42. 喜欢运动量大的剧烈体育运动或参加各种文艺活动。(　分)
43. 不能很快地把注意力从一件事情转移到另一件事情上去。(　分)
44. 接受一个任务后,就希望能把它迅速解决。(　分)
45. 认为墨守成规比冒风险强些。(　分)
46. 能够同时注意几件事物。(　分)

47. 当自己烦闷时，别人很难使自己高兴起来。（　分）
48. 爱看情节起伏跌宕、激动人心的小说。（　分）
49. 对工作抱认真严谨、始终一贯的态度。（　分）
50. 和周围人的关系总是相处不好。（　分）
51. 喜欢复习学过的知识，重复做熟练的工作。（　分）
52. 希望做变化大、花样多的事。（　分）
53. 小时候会背的诗歌，自己似乎比别人记得清楚。（　分）
54. 别人说我“出语伤人”，可我并不觉得这样。（　分）
55. 在体育活动中，常因反应慢而落后。（　分）
56. 反应敏捷，头脑机智。（　分）
57. 喜欢有条理而不甚麻烦的工作。（　分）
58. 兴奋的事常使自己失眠。（　分）
59. 老师讲新概念，常常听不懂，但是弄懂后很难忘记。（　分）
60. 假如工作枯燥无味，马上就会情绪低落。（　分）

【评分】计算每种气质类型的得分：

1. 胆汁质　题号：2、6、9、14、17、21、27、31、36、38、42、48、50、54、58。
2. 多血质　题号：4、8、11、16、19、23、25、29、34、40、44、46、52、56、60。
3. 黏液质　题号：1、7、10、13、18、22、26、30、33、39、43、45、49、55、57。
4. 抑郁质　题号：3、5、12、15、20、24、28、32、35、37、41、47、51、53、59。

【结果解释】气质类型的确定：

如果某种气质类型的得分明显高于其他三种，而且均高出 4 分以上，则可确定为该种气质类型。此外，如果该种气质类型得分超过 20 分，则为典型的该种气质类型；如果得分在 10～20 分，则为一般型。

如果两种气质类型的得分接近，差异小于 3 分，并且又明显高于其他两种达 4 分以上，可确定为这两种气质类型的混合型。

如果三种气质类型的得分接近，并且均高于第四种，则可确定为三种气质类型的混合型。

资料来源：张拓基，陈会昌.关于编制气质测验量表及其初步试用的报告[J].山西大学学报(哲社版)，1985，(4)：73 - 77.

（2）性格

1）性格的概念：性格(character)是指个体对现实稳定的态度以及相应的习惯化的行为方式。性格是人格中最重要的心理特征，是人格特征的核心，它反映了个体的本质属性。

性格是在后天环境的影响下个体逐渐形成的对事物一贯的态度和行为方式，一旦形成就比较稳定，但是某一种性格在不同情境中可以以不同形式表现出来。例如，一个人是热情大方的性格，他在课堂上会积极举手发言，与人初次相识比较健谈，劳动中表现出雷厉风行，如若偶尔显得沉默拘谨，不能将沉默拘谨视作他的性格特征。性格是个体与社会环境作用的产物，因而有好坏优劣之分，其中包含了许多社会道德含义。

2）性格的特征：

A. 态度特征：性格的态度特征是指个体在对现实生活各个方面的态度中表现出来的一般特征。它主要包括个体对社会、集体和他人的态度。例如，有人关心社会、关心集体，有人对集体不关心、不热情；有人待人诚恳、坦率，有人待人虚伪、狡诈；有人有同情心、能体贴人，有人对人冷淡、使人不敢亲近。

B. 理智特征：性格的理智特征是指个体在感觉、知觉、记忆、想象和思维等认知活动中所表现出来的性格特征。例如，在观察事物时，有人注意细节，有人注意整体；在解决问题时，有人倾向冒险，有人倾向保守；有人爱独立思考，有人爱照搬别人的结论等。

C. 意志特征：性格的意志特征是指个体在调节和控制自己的心理活动和行为时所表现出来的心理特

征。有人在行为中更多地表现出自觉性、果断性、坚韧性和自制力等良好的性格品质,而有人则更多地表现出盲目性或独断性、优柔寡断或冒失武断、动摇性或执拗性,以及任性或懦弱等不良的性格品质。

D. 情绪特征:性格的情绪特征是指个体在情绪表现方面的心理特征。例如,在情绪的强度上,有人情绪比较强烈,容易受情绪的支配,而有人情绪比较微弱,其活动受情绪影响较小;在情绪的稳定性上,有人情绪稳定,而有人的情绪容易起伏波动;在情绪的持久性上,有人的情绪比较持久,而有人的情绪很容易减弱或消退。

3) 性格的类型:

A. 根据心理活动的倾向分类:瑞士心理学家荣格(C. G. Jung)根据心理活动倾向于指向内部或指向外部,将性格分为内向型和外向型,也称为内倾型和外倾型。

a) 当个体的兴趣和关注点倾向于指向个体内部时,是内向型。他们往往表现为安静,富于想象爱思考,做事谨慎,深思熟虑,喜欢独处,做事稳妥,退缩、孤僻,冷漠害羞,自我欣赏,对社会不感兴趣,交往面窄,不易适应环境的变化。

b) 当个体的兴趣和关注点倾向于指向外部客体和外部世界时,是外向型。他们往往表现为爱交际、活跃、开朗、自信、坦率、随和、勇于进取,对周围一切事物都很感兴趣,容易适应环境变化,但有时轻率,易冲动,容易不加思考地行动。

现实生活中绝对内向型或外向型的个体都是少数,大多数人都是兼有外向型和内向型的中间型。

B. 根据个体的独立性程度分类:美国心理学家威特金(H. A. Witkin)根据人的信息加工方式不同提出了性格场理论,把人的性格分为场独立型和场依存型。场独立型的人往往倾向于更多地利用自身内在的参照标志去进行信息加工。这类人社会敏感性差,不善交际,比较喜欢独立地发现问题和解决问题,不易受外在因素干扰,在活动中易于发挥自己的能力,比较有创造性,但有时喜欢把自己的意志强加于人。场依存型的人往往倾向于更多地利用外部事物作为参照标志去进行信息加工。这类人常处于被动、服从的地位,缺乏主见,受暗示性强,他们往往社会敏感性强,善于交际,但易受外界因素干扰,应变能力较差。这两类性格特征属于一个性格维度连续体的两端,典型场依存型或场独立型的人都是少数,大多数人的性格特征都处于这个连续体上的某一点。

C. 根据个体的价值取向分类:德国心理学家斯普兰格尔(E. Spranger)依据人们认为哪种生活方式最有价值将性格分为六种类型。① 经济型:以经济观点为中心看待事物,注重实效,以追求利益、获得财富为生活目的。② 理论型:以认识客观事物的本质为最大价值,重视科学探索,以追求真理为人生目的,但解决实际问题时常无能为力。③ 审美型:以感受事物的美为人生价值,生活的目的是追求美感和自我满足,对现实生活不大关心。④ 宗教型:以信仰宗教作为人生的最高价值,相信神的存在,坚信生命永存,慈悲为怀,以爱人爱物为目标。⑤ 权力型:以满足自己的权力欲望为生活目的,有强烈的权力意识与权力支配欲,重视权力并努力获得权力。⑥ 社会型:以奉献社会为人生的最高目标,重视社会价值,爱社会,助人为乐,关心他人,乐于从事社会公益事业。

D. 根据个体适合的职业类型分类:美国心理学家霍兰德(J. Holland)根据性格特点和职业发展方向二者的关系将性格分为六种类型。① 现实型:这类人动手能力强,手脚灵活,动作协调,不善言辞,不善交际,重视实际的物质利益。适合从事使用工具或操作性强的工作,通常需要一定的体力,如工程师、木工、电工等。② 研究型:这类人求知欲强,肯动脑,善思考,重分析,好内省,较慎重,知识渊博,有学识,但不愿动手,不善于领导他人。适合从事智力活动、创造性活动或科学研究,如研究人员、计算机编程人员等。③ 艺术型:这类人喜欢文学和艺术,喜欢以各种艺术形式来表现自己,富于想象,感情丰富,具有创造性,但易于冲动。适合从事自由的艺术创造性工作,如作家、音乐家、雕刻家等。④ 社会型:这类人乐于助人,合作能力强,擅长交往,看重社会道德和社会义务,社会责任感强,渴望发挥自己的社会作用。适合从事为他人服务、为他人谋福利或教育他人的工作,如教师、医护人员、保育员等。⑤ 企业型:这类人精力旺盛,自信,富有冒险精神,具有领导才能,喜欢支配他人,喜欢竞争、权力、地位和物质财富。适合从事一些需要组织他人共同完成目标或获得经济效益的工作,如企业家等。⑥ 传统型:这类人易顺从,习惯接受他人的指挥和领导,自制力强,遵守纪律,工作踏实,忠诚可靠,喜欢稳定有序的生活,不喜欢冒险和竞争。适合从事按部就班的工作,如审计人员、打字员、图书管理员等。

3. 自我调节系统 自我调节系统的核心是自我意识。它是指个体对自己作为客体存在的各方面的意识，即了解自己是谁，包括自我认识、自我体验和自我控制，认识自己的生理自我、心理自我和社会自我，清楚自己的现实自我、镜像自我和理想自我。良好的自我调节系统能对人格的各个心理成分进行有效调节和控制，使人格心理各个成分构成一个完整的结构体系。

二、人格的影响因素

人格的形成和发展是由先天遗传因素和后天环境因素共同作用的结果。在人格的培养中，既要看到生物遗传因素的影响，更要注重后天教育和环境的作用，以及个人实践和主观努力的因素。

（一）生物遗传因素

人格的形成与发展有其遗传的生物学基础。遗传对人格的形成有着重要的作用，一般来说，遗传因素主要影响气质类型、智力水平等与生物因素相关的特征，影响人格发展的方向与形成的难易。

（二）社会环境因素

1. 家庭环境因素 家庭是个体出生后接触的第一个社会化的环境，家庭是人生的第一所学校，个体对客观世界的认识往往是从家庭开始。家庭环境对人格的塑造起着重要的作用，尤其是个体在家庭中拥有的独特经验对其人格发展起着更重要的影响作用，父母的言传身教影响着孩子的人格发展，所谓“有其父必有其子”便是这个道理。家庭环境从家庭氛围、教养方式、家庭结构、家庭角色等多方面影响人格的塑造。

（1）家庭氛围：尤其是父母之间的相互关系，会影响到孩子人格的形成。和睦、安宁、愉快的家庭氛围对孩子的人格形成有积极影响，孩子容易形成乐观、积极、易于相处的人格特征；相反，冷漠、猜疑、充满争吵的家庭氛围对孩子的人格形成有消极影响，孩子容易形成胆小、退缩、攻击好斗的人格特征。

（2）教养方式：大多数儿童都在家庭中由父母抚养长大，父母的教养态度和教养方式对个体的人格形成和发展起着重要的影响作用。家庭教养方式大致可以分为三类，分别是权威式教养、民主式教养和放纵式教养。在权威式教养方式中，父母往往会给孩子设立一定的行为目标，制定一定的规则，对孩子的不合理行为会做出适当的限制，喜欢给孩子讲道理，并且父母的支配性和控制性较强，在这种教养方式中成长的孩子，一方面容易形成被动、服从、依赖的人格特点，但另一方面也能更好地遵守社会规则，社会适应性强，善于自我控制和解决问题，更具有社会责任感。在民主式教养方式中，父母往往与孩子保持一种平等的关系，父母尊重孩子，给孩子贴心的帮助，对孩子的需求及时做出反应，给予孩子更大的自主权，在这种教养方式中成长的孩子容易形成活泼、快乐、直爽、自立的人格特征，但有时也会表现得比较自我，在遵守社会规则和履行社会责任上略逊。在放纵式教养方式中，父母往往对孩子是没有要求、没有指导，也没有奖惩，对孩子溺爱，放任自流，在这种教养方式中成长的孩子容易形成任性、幼稚、自私、无礼等人格特征。

（3）家庭结构和家庭角色：相较于生活在三代人家庭中的孩子，生活在两代人家庭中的孩子的独立性、勇敢性、情绪稳定性、行为习惯等方面通常发展得更好；正常双亲家庭的孩子往往比单亲家庭的孩子在乐观、自信、自尊、情绪等方面发展得要好。此外，家中第一个出生的孩子或独生子（女）比中间出生的孩子有更多的优越感，孩子在家庭中越受到重视，越容易发展出自信、独立的人格特点。家中第一个出生的孩子通常要扮演父母替身的角色，因此他们更容易发展出果断、主动、勇敢、乐于分享、富有责任感、具有领导精神的一些人格特征。中间出生的孩子处在长子（女）和最小的孩子之间，没有在家庭中享受过特殊待遇，容易发展出随和的人格特点，能够平衡好各种利益，表现更独立。家中最后出生的孩子往往得到了家庭中父母和兄弟姐妹的爱护，从小受到了最多的关注，人格发展上更为开放，富有创造精神和冒险精神，当然也容易发展出以自我为中心、任性等人格特点。

2. 学校教育因素 学校教育是学校通过教师对学生进行有目的、有计划、有系统的教育影响过程，其中集体氛围，教师的个性、教育态度及师生关系，同伴关系等均会影响到个体人格的形成和发展。

（1）集体氛围：学校和班级是集体环境，集体的特点、要求、评价都会对学生的人格塑造产生教育作用。良好的班风、校风有助于个体形成积极、主动、勇敢、自制、合群、协作等良好的人格特征；相反，不良的班风、校风则容易导致消极、被动、懒惰、自我、无组织、无纪律、不团结、不协作等不良的人格特征。

(2) 教师的个性、教育态度及师生关系：教师的个性特征也会对学生的人格发展产生潜移默化的影响。教师的个性是暴躁或平和，乐观或悲观，勇于探索或墨守成规，意志是坚定或薄弱，兴趣是广泛或狭窄，情绪是稳定或不稳定等都会对学生的人格发展产生积极或消极的影响。教师在教育态度上可分为三种类型，专制型、民主型和放任型。专制型的教育态度表现为教师独揽大权，在班级规划、学习安排、学习指导、对学生的奖惩等方面都是教师说了算。这样的教育容易形成学生情绪紧张、冷漠、攻击性强、自制力差的人格特征。民主型的教育态度表现为教师尊重学生的自尊和人格，重视学生的意见和集体的作用，鼓励和指导学生通过自身努力实现目标。这样的教育有助于学生形成积极、主动、友好、自制力强、富有合作精神、情绪稳定的人格特点。放任型的教育态度则表现为教师不控制学生的行为，不指导学生的学习，对学生不负责任，放任自流。这样的教育容易形成学生散漫、无组织、无纪律、无集体意识、不合作的人格特点。此外，师生关系是存在于学校教育中的重要人际关系之一，教师对学生的期待、鼓励、信任、公正和表扬都有助于良好人格的培养，相反，教师对学生的冷漠、打击、不信任、不公正和过度批评都会对人格培养产生负面影响。

(3) 同伴关系：学校教育中的同伴关系对学生人格的塑造作用也不容忽视。同伴关系是学校中重要的人际关系，同伴关系会直接影响着学生的学习效率和学习积极性，并影响着学生的人格发展。良好的同伴关系帮助学生学会正确的社会价值规范、养成良好的言行习惯和形成积极的人格品质，如接纳、帮助、宽容、关爱等同伴关系；相反，不良的同伴关系则使学生容易形成焦虑、冷漠、攻击、嫉妒等不良的人格特点和错误的社会价值观，如排斥、欺负、争斗、孤立等同伴关系。

3. 社会文化因素　每个个体从一出生就会置身于一定的社会文化环境中，社会文化因素包括政治、经济、宗教、风俗、媒体宣传等因素，它们都会对个体人格的形成产生相应的作用。不同民族文化下的群体会形成一些人格的共同特点，如东方文化下的群体通常具有含蓄、谦逊、关注群体的特点，而西方文化下的群体通常具有开放、进取、关注自我的特点。此外，社会风气和大众传媒对人格塑造的影响作用巨大。良好的社会风气有助于个体形成关爱、礼貌、自尊、自立、诚实守信、富有同情心、具有创造性等积极的人格特点；而不良的社会风气则更易导致冷漠、懒惰、偷奸耍滑、弄虚作假等消极的人格特点。大众传媒是通过报纸、杂志、书籍、电影、电视、广播、互联网等形式向大众传播信息的方式，在传播信息的同时，它还传递了社会的价值标准和行为规范，因此，正面或负面的大众传媒内容将会对人格的发展产生潜移默化的积极或消极作用。例如，影视作品中过多的暴力情节将会导致儿童在当时以及成年后出现更多的攻击行为。

(三) 自我调控因素

除先天遗传因素和后天环境因素对个体人格形成和发展的影响作用外，自我调控在个体人格的塑造中也起到了动力作用。所谓自我调控是个体对自己的心理活动和行为的自我调节和控制，是以自我意识的发展为基础的，以自身为对象的人的高级活动。人区别于动物的本质特征之一是人具有主观能动性，能进行自我教育和自我调控。虽然遗传和环境因素会潜移默化地对人格形成起着影响作用，但个体自身的努力也不容忽视。自我调控是个体人格形成的基础条件之一，外来的影响因素都要通过个体的主观加工产生作用。所以从一定程度上讲，每个人都在自己塑造自己的人格。

三、人格的发展

人格的发展是指个体从出生至老年的整个生命过程中，人格特征的表现随着年龄、环境和社会经验的改变而逐渐变化的过程。关于人格的发展会涉及从婴儿至成人的人格结构和人格动力的变化。不同的心理学理论学派对人格的发展所持的观点存在较大差异，本教材主要介绍目前获得共识并较广泛应用的人格发展理论，即弗洛伊德(S. Freud)的性心理发展理论和皮亚杰(J. Piaget)的认知发展阶段理论。

(一) 性心理发展理论

弗洛伊德认为，人格发展的基本动力是人的本能，尤其是性本能，性本能被称为“力比多”(libido)，力比多投注和转移到身体的某些部位，个体便获得快感和满足，从而影响个体心理的发展。弗洛伊德将个体心理的发展划分为五个阶段。

1. 口唇期(0～1 岁)　“力比多”投注到口腔，通过吸吮、舔舐、哭喊等方式获取营养和口腔快感。这个阶段的婴儿在不饿的时候也喜欢吸吮奶嘴或自己的大拇指等物品。这种方式使婴儿依赖于母亲，加强了母婴关系，从而获得安全感，它是人格发展中信任和自信的重要源泉。如果口唇活动未得到足够满足，这种依赖关系没有很好形成，婴儿就缺少安全感，今后会出现咬指甲、抽烟、贪吃、唠叨和讽刺他人的行为方式。如果这一时期婴儿的口唇活动过度满足，"力比多"则"固着"在这一阶段，不易继续发展，从而表现出过度依赖、嫉妒的特点。

2. 肛门期(1～3 岁) "力比多"投注到身体的排泄区域，幼儿获得满足和兴奋的身体部位在肛门，幼儿通过大便的潴留及排泄获得快感。这个阶段成人开始对孩子进行排便训练，幼儿的行为受到外界的要求和限制，导致他们获得快感的行为受到干涉，将可能与父母发生冲突。幼儿肛门期欲望的满足和在大小便训练过程中所学到的人际关系方式，对未来人格的形成会产生较大影响，如果父母对幼儿的要求过分严格或过分随意，使幼儿满足太少或过分满足，均可导致人格发展的滞留，形成所谓肛门期人格，行为上表现为过度守秩序、过分爱整洁、吝啬、节俭、强迫，或是走向另一极端，表现得过分慷慨大方、随意花销。

3. 性器期(3～6 岁) "力比多"集中在生殖区域。弗洛伊德认为，这个时期儿童性生理的分化导致心理的发展，儿童表现出对生殖器的极大兴趣，并开始爱恋异性父母。男孩十分爱恋自己的母亲而嫉恨自己的父亲，即所谓的"恋母情结"，但是他们又害怕父亲的惩罚，就转而模仿父亲的行为表现，企图以此获得母亲的爱，于是便形成了男性的行为风格；而女孩则恰恰相反，她们眷恋父亲而嫉恨母亲，形成"恋父情结"，但她们又不得不认同母亲，从而获得女性的行为风格。这两个情结对个体以后的道德规范和社会价值观的内化、性别角色的认同方面有重要影响作用，处理不好这些情结可能导致各种性变态或精神失常。

4. 潜伏期(7～11 岁) 弗洛伊德认为，此期是一个相对平静的阶段，在这个时期的儿童更专注于社会情感的发展，他们的性兴趣被其他的兴趣所代替，如知识学习、游戏、文体活动或同伴交往。此外，这个阶段男女之间界限分明，儿童主要与同性别同伴玩耍，并且通过各种活动，形成自信、自强的个性品质，但如若处理不好，也会出现孤僻、内向、自卑的个性弱点。

5. 生殖期(11 岁或 13 岁开始) 儿童前一时期平静下来的冲动与能量重新活跃起来，对性的兴趣剧增。女孩 11 岁、男孩 13 岁以后，躯体逐渐成熟，进入青春期和生育阶段，形成以生殖器为主要来源的性快感区。这一阶段个体对异性产生了浓厚兴趣，喜欢参加两性组成的集体活动，并开始发展两性关系，他们也开始试图摆脱父母的控制，建立自己的生活方式，完成社会化的过程，形成独立的人格。

(二) 认知发展阶段理论

皮亚杰认为认知的发展与道德的发展是平行的，认知的发展是道德发展的必要条件。皮亚杰将儿童和青少年的认知发展划分为四个阶段：感知运动阶段、前运算阶段、具体运算阶段和形式运算阶段。他认为所有的儿童都会依次经历这四个阶段，各个阶段的出现从低到高有一定的次序，阶段可以提前或者推迟，但阶段的先后顺序不变，新的心智能力的出现是每个新阶段到来的标志，而这些新的心智能力使得人们能够以更为复杂的方式来理解世界。

1. 感知运动阶段(0～2 岁) 这个阶段的婴幼儿主要是依靠感知运动去适应外部世界，构筑动作格式，并开始认知到客体永久性(即当客体在眼前消失，婴幼儿依然认为它是存在的)，这些认知图式便形成人格发展的基础。

2. 前运算阶段(2～7 岁) 这个时期的儿童思维的主要特征是思维直接接受知觉到的事物的显著具体特征，不能进行抽象运算思维，不能理解物质守恒，思维缺乏可逆性。以自我为中心，不会站在别人的立场上来观察世界、分析问题，往往只能考虑自己的观点，也不能将自己的观点与别人的观点进行协调。这一时期儿童的道德判断是以他律、绝对规则及对权威的绝对服从为特征。

3. 具体运算阶段(7～12 岁) 这一阶段的儿童出现了逻辑思维，思维具有可逆性，能够理解守恒性。自我中心思想也逐渐消失，开始能站在别人的角度看问题，能利用别人的观点来判断自己解决问题的办法是否正确，开始意识到规则是一种保证共同利益、契约性、自愿接受的行为准则，并表现出合作互惠的精神。

4. 形式运算阶段(12～15 岁) 这个阶段的最大特点是儿童的思维已摆脱具体事物和过程的束缚，把内容和形式区分开来，可以利用语言文字，在头脑中想象和思考，重建事物和过程来解决问题，并能根据各种可能的假设进行推理。这个阶段的儿童不再刻板地按照固定的规则去判断，会考虑到一些具体情况。

第二节 大学生常见的不良人格倾向

大学阶段是个体人格形成和发展的一个特有阶段,表现出人格发展方面的一些独有的特点。但在此阶段由于一些主客观原因,也可能会影响个体人格的健康发展,使个体出现人格缺陷,严重的甚至发生人格障碍,故值得引起重视和防范。

一、大学生人格发展的特点

大学生作为社会中的一个特殊群体,他们接受高等教育,拥有较多的知识和技能,肩负起社会发展的重任,同时他们也处于人格发展和日趋成熟的关键时期,因而具有其自身人格发展的一些特点。

(一) 自我意识日趋成熟

大学生的自我意识得到了较大发展,他们对自己、他人和社会通常能做出正确、全面和客观的评价,既能独立地评价自我,也会参照外在标准做出比较,这使他们的社会道德评价达到了较高的水平。他们较好地接纳自己,独立性、自尊心和自信心都有很大的提升,树立理想自我,并自觉地调控现实自我的动机、行为、情绪去实现理想自我。

(二) 情绪体验较为丰富

大学生正处于从青春期向青年期过渡的时期,生理上完全发育成熟,心理上尤其是情绪的发展还在经历着不断的变化。一方面,大学生的情绪体验丰富而深刻,他们往往表现得活泼、开放、热情、精力旺盛、积极向上、充满朝气与激情,同时情绪体验也敏感、细腻而深刻,并且在情绪的表达上大学生也开始表现得比较内敛和具有掩饰性。另一方面,大学生的情绪带有明显的起伏波动,容易从一个极端走向另一个极端,情绪表现有时会大起大落,大喜大悲。情绪自控能力不足,一旦情绪爆发便难以控制,甚至表现为盲目冲动和走向极端。总之,大学生的情绪发展是在日趋成熟,接近成人,同时还有不成熟的方面尚待不断完善。

(三) 人际关系多元发展

大学生的人际交往范围扩大,由纵向交往向横向交往日益增多,由与本班同学交往向与本院系、本校以及外校的学生乃至社会其他群体的交往发展,不仅包括同性交往,还包括异性交往。人际交往面的扩大,开阔了大学生的视野,也活跃了他们的思维。其次,人际交往的频率也显著提高,大学生活有比较宽裕的课余时间,为大学生增加人际交往的频率提供了机会。再者,大学生人际交往的方式也多种多样,既包括一些传统的人际交往方式,如社团活动、体育活动、娱乐活动或集体活动,同时新兴的网络与电子产品也为大学生人际交往提供更为广阔的途径。此外,大学生人际交往的目的也具有多样性,大学生在选择和谁交朋友时,除了情感因素和志同道合外,也会考虑与自身社会利益相关的诸多因素,表现出情感型交往与功利型交往并重的趋势。

二、评估大学生人格的心理测验方法

评估个体人格的技术和方法有很多,如观察法、会谈法、调查法、心理测验法等,其中最常用的是心理测验法。心理测验法包括问卷法和投射法。问卷法常用的人格测验有明尼苏达多项人格调查表、艾森克人格问卷、卡特尔16项人格因素测验等;投射法常用的人格测验有罗夏测验和主题统觉测验。

(一) 问卷法

1. 明尼苏达多项人格调查表 明尼苏达多项人格调查表(Minnesota Multiphasic Personality Inventory, MMPI)由哈撒韦(S. R. Hathaway)和麦金利(J. C. Makingley)等编制。最初只作为鉴别精神病的辅助量表,后来发展为人格测验量表。该量表自问世以来,应用非常广泛。

MMPI适用于16岁以上、至少有6年受教育经历的被试者。1989年布彻(J. Butcher)等完成了MMPI的修订工作,修订后的MMPI称为MMPI-2。我国学者宋维真等完成了MMPI中文版修订工作,并于此后制定了 MMPI－2 的中国常模。MMPI－2 提供了成人和青少年常模，可用于 13 岁以上青少年和成人。MMPI 既可个别施测，也可做团体测验。

MMPI 共有 566 个自我陈述形式的题目，MMPI－2 有 567 个题目，其中 1～399 题与临床有关。MMPI 题目的内容范围广泛，包括身体各方面的情况、精神状态、家庭、婚姻、宗教、政治、法律、社会等方面的态度和看法。被试者根据自己的实际情况对每个题目回答“是”或“否”，若的确不能判断则不作答。根据被试者的回答进行量化分析。

MMPI 中的 566 个题目分属于 4 个效度量表和 10 个临床量表，具体内容如下。

（1）效度量表：

1）疑问（question，Q）：被试者不能回答的题目数。如超过 30 个，测验结果不可靠。

2）掩饰（lie，L）：测验被试者对该调查的态度。高分提示防御、天真、思想单纯等。

3）效度（validity，V）：测验被试者任意回答的倾向。高分表示任意回答、诈病或存在偏执。

4）校正分（correction，C）：测验被试者过分防御的倾向。高分提示对测验持防卫态度。

（2）临床量表：

1）疑病量表（hypochondriasis，Hs）：测验被试者疑病倾向及对身体健康的不正常关心。高分提示有许多身体上的不适、不愉快、自我中心、敌意、需求、寻求注意等。

2）抑郁量表（depression，D）：测验被试者情绪低落、焦虑问题。高分提示情绪低落、缺乏自信、自杀观念，有轻度焦虑和激动。

3）癔症量表（hysteria，Hy）：测验被试者对心身症状的关注和敏感、自我中心等特点。高分提示以自我为中心，自大、自私，期待更多的注意和爱抚，与人的关系肤浅、幼稚。

4）精神病态性偏倚量表（psychopathic deviation，Pd）：测验被试者的社会行为偏离特点。高分提示脱离一般社会道德规范，无视社会习俗，社会适应差，冲动敌意，攻击性倾向。

5）男子气或女子气量表（masculinity-femininity，Mf）：测验被试者男子女性化、女子男性化倾向。男性高分反映敏感、爱美、被动等女性倾向；女性高分则反映粗鲁、好攻击、自信、缺乏情感、不敏感等男性倾向。

6）妄想量表（paranoia，Pa）：测验被试者是否具有病理性思维。高分提示多疑、过分敏感，甚至有妄想存在，平时思维方式为容易指责别人而很少内疚，有时可表现为强词夺理、敌意、愤怒，甚至侵犯他人。

7）精神衰弱量表（psychasthenia，Pt）：测验被试者精神衰弱、强迫、恐怖或焦虑等神经症特点。高分提示强迫观念、严重焦虑、高度紧张、恐怖等反应。

8）精神分裂症量表（schizophrenia，Se）：测验被试者思维异常和行为古怪等精神分裂症的一些临床特点。高分提示思维古怪，行为退缩，可能存在幻觉妄想，情感不稳。

9）躁狂症量表（mania，Ma）：测验被试者情绪紧张、过度兴奋、夸大、易激惹等轻躁狂症的特点。高分提示联想过多过快、情绪激昂、夸大、易激惹、活动过多、精力过分充沛、乐观、无拘束等特点。

10）社会内向量表（social introversion，Si）：测验被试者社会化倾向。高分提示性格内向、胆小退缩、不善社交活动、过分自我控制等；低分反映外向。

各量表所得结果需换算成 T 分。一般某量表 T 分高于 70 则认为存在所反映的精神病理症状，如抑郁量表（D）≥70 则认为被试存在抑郁症状。但具体分析时应综合各量表 T 分高低情况来做解释。

2. 艾森克人格问卷　艾森克人格问卷（Eysenck Personality Questionnaire，EPQ）由英国的艾森克（H. J. Eysenck）等根据其人格的三个维度理论编制而成。EPQ 儿童问卷适用于 7～15 岁儿童，成人问卷适用于 16 岁以上人群。国外 EPQ 儿童问卷有 97 个条目，成人问卷有 101 个条目。我国龚耀先修订的 EPQ 中文版中，成人和儿童问卷均为 88 个条目；陈仲庚修订的 EPQ 中文版成人问卷有 85 个条目。

EPQ 由三个人格维度和一个效度尺度量表组成，具体内容如下。

（1）神经质（neuroticism，N）：测验被试者情绪稳定性。高分提示易焦虑、抑郁和较强烈的情绪反应倾向等特征。

（2）内-外向（introversion-extroversion，E）：测验被试者内向和外向人格特征。高分提示个性外向，具有好交际、热情、冲动等特征，低分则反映个性内向，具有好静、稳重、不善言谈等特征。

(3) 精神质(psychoticism, P): 测验一些与精神病理有关的人格特征。高分提示可能具有孤独、缺乏同情心、不关心他人、难以适应外部环境、好攻击、与别人不友好等特征;也可能具有极其与众不同的人格特征。

(4) 测谎(lie, L): 测验朴实、遵从社会习俗及道德规范等特征。在国外,高分提示掩饰、隐瞒,但在我国高分的意义仍未十分明了。

EPQ结果采用标准分T分表示,根据各维度T分高低判断人格倾向和特征。还将N维度和E维度组合,进一步分出外向稳定(多血质)、外向不稳定(胆汁质)、内向稳定(黏液质)、内向不稳定(抑郁质)四种人格特征,各型之间还有移行型。EPQ为自陈量表,施测方便,有时也可以作团体测验,是我国临床应用最为广泛的人格测验。但其条目较少,反映的信息量也相对较少,故反映的人格特征类型有限。

3. 卡特尔16项人格因素测验 16项人格因素测验(16 Personality Factor Questionnaire, 16PF)为卡特尔(R. B. Cattell)根据人格特质学说,采用因素分析法编制而成。他认为16个根源特质是构成人格的内在基础因素,测量这些特质即可知道个体的人格特征。16PF用来测量以下特质: 乐群性、聪慧性、稳定性、恃强性、兴奋性、有恒性、敢为性、敏感性、怀疑性、幻想性、世故性、忧虑性、激进性、独立性、自律性和紧张性。

16PF有A、B、C、D、E五种复本。A、B为全本,各有187个题目;C、D为缩减本,各有105个题目。前四种复本适用于16岁以上并有小学以上文化程度者;E为128个题目,专为阅读水平低的人而设计。16PF主要用于确定和测量正常人的基本人格特征,并进一步评估某些次级人格因素。我国已有相关的16PF中文修订版及全国常模,目前使用较多的是1970年刘永和与梅吉瑞合作修订的版本。

A、B、C、D四种复本均有三种答案可供选择: A. 是的;B. 介于A与C之间;C. 不是的。凡答案与记分标准相符记2分,相反记0分,中间记1分;E复本有两种答案可供选择。16PF结果采用标准分(Z分)。通常认为低于4分为低分(1～3分),高于7分为高分(8～10分)。高、低分结果均有相应的人格特征说明。

(二) 投射法

1. 罗夏测验 罗夏测验(Rorschach test)也称罗夏墨迹测验,是现代心理测验中最主要的投射测验,也是研究人格的一种重要方法。所谓投射测验,通常是指观察个体对一些模糊或者无结构材料所作出的反应,通过被试者的想象而将其心理活动从内心深处暴露或投射出来的一种测验,从而使检查者得以了解被试者的人格特征和心理冲突。罗夏(H. Rorschach)设计和出版该测验,目的是临床诊断,对精神分裂症与其他精神病做出鉴别,也用于研究感知觉和想象能力,之后被作为人格测验在临床上得到广泛应用。我国学者龚耀先完成了该测验的修订工作,现已有我国正常人的常模。

罗夏测验材料由10张结构模棱两可的墨迹图组成,其中5张全为黑色,2张是黑色和灰色图外加了红色墨迹,另3张全为彩色。测试时将10张图片按顺序一张一张地交给被试者,要他说出在图中看到了什么,不限时间,尽可能多地说出来,也不限制回答数目,一直到没有回答时再换另一张,每张均如此进行,这一阶段称联想阶段;看完10张图后,再从头对每一回答询问一遍,问被试者看到是整图还是图中的哪一部分,问为什么说这些部位像他所说的内容,并将所指部位和回答的原因均记录下来,这一阶段称询问阶段。然后进行结果分析和评分。

虽然罗夏测验结果主要反映了个体的人格特征,但也可得出对临床诊断和治疗有意义的精神病理指标,主要有抑郁指数、精神分裂症指数、自杀指数、应付缺陷指数及强迫方式指数等,这些病理指数虽都是经验性的,但在临床上很有作用。罗夏测验在临床上是一个很有价值的测验,但其记分和解释方法复杂,经验性成分多,主试者需要长期的训练和经验才能逐渐正确掌握。

2. 主题统觉测验 主题统觉测验(thematic apperception test, TAT)是由默里(H. Murray)创立。主试者向被试者呈现模糊情景的图片,要求被试者根据这张图片讲述一个故事,包括情景中的人在干什么、想什么、故事是怎么开始和结束的。主试者评价故事的结构和内容,评价被试者描述的个体行为,试图发现被试者关心的问题、动机和人格特点。例如,主试者可以根据被试者是否关心人们有没有按照他们的意愿快乐地生活和故事是否以有条理的方式来讲述而评价一个人的公正性。主题统觉测验还经常用来揭示个体在支配需要上的个体差异,诸如权力、领导和成就动机。经过几十年的研究,证明主题统觉测验是测验个体成就需要的有效工具。

三、大学生不良的人格倾向

案例 4 - 1

乐观与悲观

有一对兄弟，老大叫鲍勃，老二叫山姆。鲍勃积极乐观，而山姆消极悲观。他们的父亲对两个孩子做了一个试验，他让山姆待在一间装满玩具的房间里，而让鲍勃待在一间堆满牛粪的屋子里。

过了一会儿，父亲去山姆的房间查看，发现性格悲观的山姆正在玩具堆旁哭个不停，就问他为什么，山姆说："爸爸你给我拿了这么多玩具，我不知道该从哪一个开始玩，呜呜呜。"

父亲之后又去鲍勃的房间查看，他发现鲍勃正在非常开心地用一根枝条翻着牛粪，当他看到爸爸来了，就兴奋地问："爸爸，你快告诉我，你把玩具收藏在哪堆牛粪下面了？"

资料来源：李菁华.大学生心理健康教育[M].西安：西安交通大学出版社，2014：146.

案例 4 - 2

你会喜欢谁

李某和何某是同班同学，两人成绩都不错，但二人的行事风格却非常不同。李某是班里的学习委员，对待班里的同学趾高气扬，不顾及同学的感受，也不主动帮助同学，经常摆出一副官架子；何某是班里的班长，对待工作任劳任怨，待人热情诚恳，总是替他人着想，还主动帮助有困难的同学。如果你是他们的同学，你会喜欢谁呢？

大学生在人格发展的过程中由于主客观原因，可能会影响到人格的健康发展，出现人格缺陷。人格缺陷是一种介于正常人格与人格障碍之间的人格状态，是一种人格发展的不良倾向，这些不良的人格倾向不仅不利于健康人格的塑造，而且会影响大学生的人际关系和学习效率，甚至导致人格障碍的发生。不良的人格倾向主要表现为以下八种类型。

（一）偏执型人格倾向

偏执型人格倾向的个体以猜疑和偏执为主要特点。他们往往表现为过度敏感，对批评、拒绝甚至对建议都极度敏感；多疑，心胸狭隘，无端猜疑身边的朋友或同伴，将别人的中性或友好行为误解为对自己的敌意或轻视；易有嫉妒心理，怀疑恋人或伴侣的忠诚；自以为是，自命不凡，对自己作过高的估计，倾向于把失败和责任归咎于他人；容易产生偏执观念，难以用事实或说理改变其想法，经常怀疑别人要伤害、欺骗或利用自己，过分警惕和带有敌意，易与他人发生争辩或对抗，固执地追求不合理的利益或权利。这种个体通常人际关系不好，难以与他人融洽相处。

案例 4 - 3

偏执型的黄某

黄某，性格敏感，多疑，心胸狭窄，自我评价高，情绪不稳定。该生学习成绩一般，组织能力一般。在日常学习和生活中喜欢责备他人，常常把同学或老师的中性甚至是友好的语言看作敌视或蔑视的含义，常与同学或老师发生摩擦或冲突，与同寝室的同学都吵过架。评奖学金时因资格未达到评比条件而落选，于是耿耿于怀，认为是同学们和老师故意压制他。一次期末考试前，黄某的一本复习资料丢失，他便认为是同学们联合起来整他，想让他考试不及格，再次评不上奖学金，故与寝室同学发生激烈的争吵，后要求辅导员老师给他调换寝室。老师和同学们向他耐心解释，但他根本听不进去，执意认为老师和同学们是在联合起来整他。多次寻求学校心理咨询，但并无任何效果。

(二) 分裂型人格倾向

分裂型人格倾向的个体以孤僻、冷漠为主要特点。他们往往表现出观念和行为的古怪;性格孤僻、被动、退缩,沉默寡言,不爱交往,除工作或生活中必须接触的人以外,基本不与他人主动交往,与家庭和社会成员疏远,缺乏亲密关系和友情;对人态度冷淡,缺乏热情,对他人表达关心、体贴的能力有限;不关心别人对自己的评价,缺乏进取心,对表扬或批评几乎无动于衷;社会适应能力差,行为怪异,过分沉溺于幻想和内省;及至成年,对恋爱、婚姻和性缺乏兴趣。

(三) 强迫型人格倾向

强迫型人格倾向的个体以内心的不安全感、过分谨小慎微、严格要求与完美主义为主要特点。他们往往因为内心深处缺乏安全感、自信心不足而表现为优柔寡断,过分谨慎,难以作出决定;反复检查核对,唯恐有疏忽或差错,过度关注细节,以致忽视全局;做事循规蹈矩,按部就班,不容改变,不合情理地要求别人严格按其方式行事;凡事追求尽善尽美和完整精确,过于认真,因对学习或工作成效过分投入,社会交往较少;表达温情的能力不足,有时会给他人带来不便。

案例 4-4

强迫型的陈某

陈某,男,某大学二年级学生。他的生活过于有规律,显得模式化,几乎每天早上七点起床,七点半出门,到食堂吃早餐,八点到教室,中午固定午休 40 分钟,下午两点半到教室,五点半离开,晚上七点到教室,十点离开。每次到教室,喜欢坐在固定的座位上上课或自习。如果有外在的突发情况打乱了作息规律,会感觉很生气。陈某看似每天花了较多时间在学习上,但学习效率不高,学习效果不好。他每次到教室,首先要将书包整理一遍,然后再整理书本,保持书本平顺没有皱褶,然后检查每支笔是否墨水充足、光滑好用,检查水杯里的水是否足够。上课做笔记一丝不苟,要先在草稿纸上写下然后再誊抄,如果写错会感觉很沮丧,并且整个重新誊抄一遍。很少参加集体活动,因过于苛刻与同学之间缺乏交流,没有交往很深的朋友。

(四) 冲动型人格倾向

冲动型人格倾向是以情绪不稳定,伴明显行为冲动为主要特点。他们往往因为情绪爆发导致攻击性言语和行为,易激惹,与他人容易发生争执和冲突,有突发的愤怒情绪并伴有不能自控的冲动行为;对事物缺乏计划和预见能力,做事虎头蛇尾,对于需要长时间才能完成的事情难以坚持;容易产生人际关系紧张和不稳定。

(五) 表演型人格倾向

表演型人格倾向以夸张言行吸引他人注意或过分感情用事为主要特征。他们往往表现为夸张的言语动作和表情,十分关注自己的外表,举止上甚至带有不恰当的挑逗性;喜欢凑热闹,爱出风头,经常需要别人注意,过分参加各种社交活动;情绪外露,喜怒哀乐皆形于色,表情丰富但矫揉造作;情感体验肤浅,情感反应强烈容易改变,常常感情用事,爱发脾气;暗示性高,易受他人和环境影响。

案例 4-5

表演型人格倾向的罗某

罗某,女,某大学三年级学生。她非常在意自己的外形,每天花较多的时间在穿衣打扮上,并且花较多的钱在购置衣物上,穿衣风格也力求标新立异、与他人不同。她在公众面前尽量表现自己,用夸张的行为来吸引他人注意,只要有发言的机会,不管是否适合,她都要发言,甚至故意和他人意见相左或说些大胆的内容来吸引众人注意,十处打锣九处有她,言辞渲染性、鼓动性和表演性极强。遇到个人利益受损或挫折困难时,反应过于强烈,异常愤怒或悲伤。

（六）焦虑型人格倾向

焦虑型人格倾向以总是感到紧张、提心吊胆、不安全、自卑为主要特点。他们往往因为自卑而强烈渴望他人给予热情和接纳，过分担心被人批评或拒绝；习惯性地夸大生活中的潜在危险，从而回避参加某些活动；认为自己没有吸引力或不如别人，因害怕被批评或遭到排斥而缺乏与他人联系和建立人际关系的勇气，渴望人际交往但力不从心。

（七）依赖型人格倾向

依赖型人格倾向以缺乏独立性、过度依赖他人、顺从为主要特点。他们往往表现出将自己的需求附属于所依赖的人，过分顺从他人意志，甚至不愿向所依赖的人提出合理的要求；即使有较好的能力，也难以独立地作出决定或决策，将自己生活中大多数重要事情推给他人来决定；独处时总感到不舒服或无助，害怕孤立无援；对批评敏感，需要关心，过分依赖于人际关系。

（八）反社会型人格倾向

反社会型人格倾向以行为不符合社会规范为主要特点。他们往往缺乏责任感，无视社会规范、准则和义务；行为无计划性或有冲动性，受偶然动机驱使，易激惹，微小刺激便可引起冲动甚至攻击行为；缺乏爱的能力，对他人漠不关心，冷酷无情，对亲人缺乏爱和责任心；不能从经历包括惩罚中取得经验教训，对自己的错误行为缺少悔意和内疚感；不能与他人维持长久的关系，难以维持长久的学习或工作，社会适应不良。

第三节　大学生健康人格的塑造

大学阶段是人格塑造的重要阶段之一，理解何为健康人格、如何塑造健康人格对大学生而言具有重要意义，它不仅有助于促进自身人格的完善，也能帮助个体保持心理的健康状态。

一、健康人格的内涵

健康人格，是一种高于正常人格的心理状态，它不仅是人格的整体性、独立性和稳定性的统一，更是人格的生理、心理、社会、道德和审美等的完美统一、平衡和协调，是人充分发展所能达到的一种境界。具体而言，健康人格包括以下内涵。

（一）正确的自我意识

当个体具有正确的自我意识，才能对自己进行全面、客观和准确的评价，对自己的优点缺点做到全方位的接纳，既不自视清高，妄自尊大，也不自轻自贱，妄自菲薄，懂得自身存在的价值、自尊、自信，能有效地调节自身行为并与环境保持和谐，不断促进自身的进步和完善。

（二）积极的生活态度

生活态度是指人们通过实践形成的对人生问题的一种稳定的心理倾向和基本意愿。拥有积极生活态度的个体常常能从积极的方面去看待生活，对未来充满信心和希望，对自己的学习、工作和生活抱有浓厚的兴趣，能很好地施展自己的才智，感到生活有目标，人生有意义，内心体验到愉快与幸福，遇到困难和挫折，能够不畏艰难，充满勇气，克服困难，奋力拼搏，并在其中收获满足感与成就感。

（三）良好的社会适应

社会适应能力是个体为了在社会中能更好地生存而进行的在生理上、心理上和行为上的各种适应性改变，从而与环境达到和谐状态的一种能力。具有良好社会适应能力的个体往往能保持乐观的生活态度，对生活充满信心，从积极的角度去观察和评价自己、他人和社会，并与他人和社会保持密切良好的接触，思想和行为能跟上时代发展的节奏，能很好地适应环境的变化。大学生的社会适应能力具体包括学习适应能力、社会工作适应能力、社会交往适应能力以及社会生活适应能力。

（四）和谐的人际关系

对于大学生而言，人际关系主要包括亲属关系、朋友关系、同学关系、师生关系等。每个个体受个人成长经历、知识背景、思想观念、外界环境等因素的影响会形成不同的人际交往风格，但总的来说人际关系的状况能在很大程度上体现个体人格健康的程度。人格健康的个体往往在与人交往时能充分地尊重他人、信任他人和理解他人，对于人与人之间的差异能保持接纳与欣赏的态度，乐于与人交往和沟通，增进彼此的了解，在人际交往中能较好地控制自己的言行和情绪。这样自然容易营造良好和谐的人际关系，从而有助于个体保持良好的情绪，促进高效学习和工作，获得更多的社会支持，体验到更多的满足感和愉悦感。

（五）良好的情绪调控

情绪是指伴随着认知和意识等心理活动而产生的对外界事物的态度体验，而情绪调控是个体管理和改变自己情绪的过程。情绪调控的能力反映了个体人格成熟的程度。具有健康人格的个体一般情绪调控能力较强，能经常保持乐观、积极、快乐的情绪状态，富有幽默感，当出现消极情绪时能使用健康的方式，如倾诉、阅读、听音乐、运动、旅行等方式宣泄和升华，减少消极情绪的负面影响，帮助情绪尽快恢复到良好的状态。

（六）高雅的审美情趣

审美情趣是个体在审美活动中表现出来的一种偏好，它体现为个体的审美选择和评价。具有健康人格的个体往往具有健康和高尚的审美态度、审美标准和审美情趣，具备良好的审美修养和审美素质，能够明辨是非、善恶、美丑，对美好事物有积极的追求，避免各种低级趣味。

（七）远大的奋斗目标

奋斗目标是个体追求的方向和理想。拥有健康人格的个体一般拥有良好的人生观、世界观和价值观，对金钱、权力、爱情、荣誉、真理等有恰当的衡量，树立人生奋斗的目标，明确自己的追求和愿望，奋力拼搏，努力一步一个脚印地逐步实现短期目标，最终向着长远目标的方向靠拢，并在此过程中实现自我的不断完善与进步。

（八）强烈的社会责任

社会责任感是在一个特定的社会里，个体在内心里对其他人的伦理关怀和义务。人格健康的个体不仅关心自身的良性发展，还关心社会和他人的发展与进步，他们通常拥有强烈的社会责任感，具有良好的道德观念，正直诚实，尊老爱幼，谦虚谨慎，具有集体主义精神，愿意为社会的进步与发展做出奉献与牺牲。

拓展学习 4-3

健康人格的标准

关于健康人格的标准，不同的心理学家对此从不同角度做了不同的诠释。

奥尔波特(G. W. Allport)，美国著名心理学家，现代个性心理学创始人之一。奥尔波特认为具有健康人格的人是“成熟的人”，这样的人具有六个方面的特点：① 自我扩展的能力；② 与他人热情交往的能力；③ 有安全感和自我认同感；④ 具有现实性知觉；⑤ 具有自我客观化的表现；⑥ 有一致的人生哲学。

资料来源：王伟.人格心理学[M].北京：人民卫生出版社，2010：95-96.

美国著名社会心理学家马斯洛(A. H. Maslow)提出了融合精神分析心理学和行为主义心理学的人本主义心理学。他认为具有健康人格的人是“自我实现的人”。“自我实现的人”通常具有下面这些特征：① 比普通人更能准确充分地知觉现实；② 对自己、他人及大自然表现出较大的宽容，承认任何事物都有其两面性；③ 自发性、单纯性和自然性；④ 有流露自己真实感情的倾向；⑤ 对工作、事业以问题为中心，而不是以自我为中心；⑥ 具有较高的超然于世的品质和独处的需要；⑦ 有较强的自主性和独立于环境和文化的倾向性；⑧ 具有永不衰退的欣赏力；⑨ 周期性的神秘和高峰体验；⑩ 喜欢和所有人打成一片，但仅和为数不多的人产生深厚的个人友谊；⑪ 具有民主性；⑫ 具有强烈的审美感；⑬ 有十分完善的毫无恶意的幽默感；⑭ 具有创造性；⑮ 抵制适应社会现存文化，因为他们受内心世界指导；⑯ 在一些社会习惯上他们反对常规。

美国心理学家罗杰斯(C. R. Rogers),人本主义心理学的主要代表人物之一。罗杰斯提出:具有健康人格的人应该是“功能完善的人”,他们具有以下五个具体特征:① 经验的开放,他们不需要防御机制,所有经验都是被准确地符号化而成为意识;② 协调的自我,他们的自我结构与经验协调一致,并且具有灵活性,以便同化新的经验;③ 机体估价过程,他们以自己的实现倾向作为估价经验的参考体系,不在乎世人的价值条件;④ 无条件的积极自我看待,他们对自己的经验和行为都给予积极肯定,他们不觉得有什么见不得人的内在冲动;⑤ 与同伴和睦相处,他们乐于给他人以无条件积极看待,同情他人,为他人所喜爱。

资料来源:郑雪.人格心理学[M].广州:暨南大学出版社,2016:223-240.

人本主义哲学家和精神分析心理学家弗罗姆(E. Fromm)提出具有健康人格的人是“创造性的人”。人与动物的重要区别之一在于除了生理需要,人还有各种各样的心理需要,而具有健康人格的人将以创造性的、生产性的方式来满足自己的心理需要。

资料来源:郭永玉.人格心理学[M].北京:高等教育出版社,2011:107-110.

弗兰克(V. E. Frankl),奥地利人,意义治疗与存在主义分析的创始人。弗兰克认为具有健康人格的人是“超越自我的人”,他们往往能够很好地认识自己、认识人生,挖掘出内心向上的欲望和潜能,以一种积极的、创造性的态度对待生活。他们在选择自己行动的方向上是自由的,自己负责处理自己的生活,不受自己之外的力量支配,缔造适合自己的有意义的生活,有意识地控制自己的生活,能够表现出创造的、体验的态度,超越了对自我的关心。

资料来源:郭强.维克多·弗兰克的生命意义观及对社会主义核心价值观建设的启示[J].北京教育学院学报(社会科学版),2018,32(3):41-46.

二、塑造健康人格

健康的人格有助于大学生更好地认识自我,充分地适应社会环境,顺利地开展人际交往,更好地实现自我价值。大学阶段是人格塑造的关键时期,大学生应该有意识地使用科学的方法促进自身人格的完善和保持心理的健康状态。本教材从积极心理学的角度阐释健康人格的塑造和培养。

(一) 积极认知

认知发展是个体情感、道德、人际交往、社会行为等领域发展的基础和前提。个体要塑造自身的健康人格,必须学会积极认知。

首先,要有正确的自我评价。正确认识、了解、评估自己,并能自我承认和接受这种评价,是自我认可的原则。这需要具体做到:既不夸大自我,也不贬低自己,实事求是、客观地自我评价和自我定义。个体要承认自己的能力和才干,同时发现自己的不利条件和限制因素。当个体能清楚地认识自己时,才能更好地朝着明确的方向去实现自我。

其次,要有积极的主体意识。积极的主体意识,主要表现为能以积极的态度认识自我的存在并接受和尊重自己,对自己的能力和潜力有信心,同时还能认可自我的特殊性,肯定自我价值,达到自我实现。积极的自我观念为我们正确对待生活提供了极大的有利条件,它是形成伟大人格力量的基础。

再次,要有乐观的精神。乐观的人在压力环境下也能很好地解决问题和自我恢复,积极应对并在适当的时候积极寻求社会支持。生活中彻底击败自我的不是事件本身,而是我们对于事件的认知和信念。因此,习得性乐观强调用合理正确的观念去解释生活事件,从而提高适应性反应。要养成习得性乐观需要个体改变对生活事件的解释风格,采取一种弹性乐观的态度去面对事物,这种态度能让个体分辨所有情况的正面效应以及所产生的负面后果,弹性乐观可以给个体更多的选择空间。

(二) 积极体验

积极体验是指个体满意地回忆过去、幸福和从容不迫地感受现在并对未来充满希望的一种心理状态。

积极体验主要有两种：感官愉悦和心理享受。感官愉悦是指个体在保持生理或心理上的自我平衡时产生的积极体验，如饥、渴、性等满足时产生的体验，这是一种满足机体自身张力的积极体验；心理享受是个体打破自己固有的某种自我平衡时所产生的积极体验，即个体所做的超越了自身的原有状态后所带来的一种体验，例如，运动员超越自己而创造了新的纪录，表演艺术家在舞台上呈现了前所未有的表演，学生解决了某个百思不解的难题等。

与感官愉悦相比，心理享受的积极体验常与个体的创造和创新相关联，因而更具社会价值和个人意义，也更有利于个人成长和幸福感产生。但在生活中，如果有机会对感官愉悦和心理享受做出选择，大多数人会选择感官愉悦，比如，大多数人宁可选择看电视而不是去读一本有用的书。因此，积极心理学在积极人格的发展研究中指出，不能忽视个体的感官愉悦，感官愉悦在很大程度上能促进个体心理享受类积极体验的获得。所以，对个体而言，培养专注力、品位能力，做生活中的有心人，是培养积极体验的重要途径。例如，个体可以专注地去阅读一封信件、一张贺卡；与人分享自己的体验；为某次活动或经历留下纪念照片或纪念品，用来在未来的日子里与人回忆和交流；自我祝贺或自我奖励；完全沉浸在快乐中而不去想其他事情。

(三) 积极适应

健康人格的培养还需要个体积极地去适应生活和周围的环境，这可以在以下方面做出努力。

1. 增强心理弹性　个体在面临压力和逆境时，能很好地应对不利处境，在这一过程中所表现出来的能力即是心理弹性。一个人的心理弹性，主要受三方面因素影响：个体因素，包括智力水平、社交能力、自信心、高度的自尊以及坚定的信念等；家庭因素，生活在家庭关系和睦、社会地位良好、与亲戚联系紧密的家庭中，个体的心理弹性通常更好；环境因素，经常参与各种社交活动，有固定的朋友圈子和支持力量的人，内心也会更强大。心理弹性并非一成不变，就像身体素质可以通过加强锻炼、合理作息等方法增强一样，人的心理弹性也能够通过自身的努力变得更加坚韧。经历挫折、适当“吃点苦”，体验一些困难，有助于个体认清自己的能力，学会为人处世的技巧，这会让个体更加懂得珍惜生活，再次遇到困难时不会手忙脚乱。家人朋友经常在一起也有利于个体增强心理弹性，用心享受与家人欢聚的时光，经常与朋友们一起分享生活、讨论时事，有益于拓展思维、理性看待问题。此外，学习一些社交技巧，在遇到难题时主动寻求帮助，增强自己的能量。

2. 积极应对　积极应对在认知上表现为从有利方面看待压力，回忆和吸取过去的经验，考虑多种变通方法等；行动上表现为积极行动，做有利于事态发展的事情。积极应对能减缓压力对人所造成的不良影响，将压力带来的损失减到更少。个体可以学习积极应对压力的技能与技巧，使自己形成更积极地应对压力的行为模式。个体可以采用一些放松的训练来排解不良情绪，如深呼吸、听音乐、伸懒腰等；也可以自我宣泄，如通过倾诉、运动、旅游、哭泣、唱歌、写日志等方式把情绪合理表达出来；另外，通过读书报、看影视、玩棋牌、养宠物以及逛街、聚会等活动也能较好地转移关注点，摆脱烦恼；如果痛苦和烦恼远远超出了自我调适的能力范围，可以到学校或专门的心理机构寻求帮助。

3. 积极发掘自我潜能　积极心理学认为，个体生来具有获得幸福的本能和不断成长的潜力，每个人都有潜在能力去实现自己的目标和心愿。人能改变心态，从而改变自己的一生。积极的人格并非天赋，不是与生俱来的，它需要在日常生活中积累和培养。因此，个体要带着积极的心态，利用自身资源，挖掘自身潜力，健康生活，健康成长。发掘自身潜能，个体可以进行积极的心理暗示，如在心里对自己说：“我一定行！”“我能做到！”“我很棒！”“我是一个坚强的人！”经常给自己积极暗示，提高自己的信心和勇气，帮助自己发掘潜能。还可以采取目标假定法，即在心中想象出一个比自己更好的“自我”形象，这有利于激励自己的斗志，释放自己的潜能。也可以采取实践法，从小事做起，培养有利于激发潜能的习惯。

案例 4-6

特别的面试

某跨国公司组织招聘面试，多名大学生前往应试。在等候面试的房间里，参加的面试者都在做最后的准备。然而，面试其实已经开始。在等候房间前方的地板上，散落了两三个喝剩的饮料瓶以及几张草稿纸，垃圾桶就在旁边。来面试的绝大多数学生只顾自己埋头准备，根本无暇顾及那些垃圾，或者即便看见了也当没有看见。唯独来面试的学生刘某，弯腰捡起了那几个饮料瓶和废纸，并把它们丢进了垃圾桶。这一举动被面试官看在了眼里。最后刘某从众多优秀的竞争者中获胜，被该公司录用。刘某并不是来面试的学生中成绩最优异和能力最强的，但该公司认为知识和能力都可以通过继续学习得以提高，而拥有关注细节、服务大家、集体意识的良好性格才最难能可贵。

【思考题】

(1) 试阐述人格的特征。

(2) 试举例阐述人格发展的影响因素。

(3) 思考一下，大学生应如何塑造健康人格。

(马　珺)

第五章

大学生的情绪及管理

本章要点

掌握：情绪的概念及构成；情绪的功能；情绪健康的标准；情绪管理的概念。

熟悉：大学生情绪的特点；大学生常见的情绪困扰；情绪管理的原则；情绪管理的策略。

了解：积极情绪和消极情绪的概念；影响大学生情绪的主要因素。

情绪是个体心理状态的窗口。大学生情绪起伏波动较大，且容易被情绪所左右，陷入持续的不良情绪中。然而，持续不良的情绪状态会影响大学生的学习、人际交往和校园生活，危害身心健康，甚至导致心理障碍。因此，引导大学生正确认识情绪及其规律，提升情绪管理能力，养成良好的情绪表达习惯，对其适应大学生活，促进心理健康有着重要意义。

第一节　情绪概述

人非草木，孰能无情。大学生在学习、生活和社会实践中，必然伴随着各种情绪，有时舒适愉快，有时孤独焦虑，有时纠结抓狂，体验着情绪的多样性和复杂性。

一、情绪的概念及构成

（一）情绪的概念

情绪(emotion)是指个体对客观事物是否满足自身需要而产生的主观态度体验。也就是说情绪是人脑对客观事物与主体需求之间关系的反应，是以个体需要为中介的一种心理活动。理解情绪概念需要把握以下三个关键点。

首先，情绪是个体的一种主观体验，是客观事物与需要之间关系的一种心理反应过程。个体不同，主观体验可能不同。比如，同样的春雨，在杜甫的眼中是“好雨知时节，当春乃发生”，感到“喜”；在陈与义看来，却是“孤莺啼永昼，细雨湿高城”，感到“惊”。

其次，客观事物是产生情绪的本源。离开客观事物，情绪就变成了无源之水、无本之木。客观事物包括自然界、人类社会和个体自己，如衣食住行依赖的物品、人际交往中的关系等都可以成为产生情绪的本源。事物不同、境遇差异，产生不同的情绪反应。如看到老虎或小猫，个体心理感受明显不同；即使都是老虎，在森林里或在动物园里见到老虎，个体的情绪反应是完全不同的。

第三，需要是产生情绪的基础和关键。需要不同，欲求期待不同，即使同样的客观事物，个体的态度体验也会不同。如心理健康课程，对渴求成长、提升素质的同学来说，会觉得课程“有趣”，容易产生满意、愉快、高兴的积极情绪；对无听课欲求却被要求"不旷课"的同学来说，难免会觉得课程"没意思"，产生"无聊""无趣""厌烦"的消极情绪。因此，需要是产生情绪的动力"发条"。

（二）情绪的构成

情绪由主观体验、生理唤醒和外部行为等三个部分构成。

1. 认知层面上的主观体验　主观体验是个体对不同情绪状态的自我感受。每种情绪有不同的主观体验，它们构成了情绪的心理内容。情绪这种主观感受，只有个人内心才能真正感受到或意识到。如我知道"我很高兴"、我意识到"我很伤心"、我感受到"我很内疚"等。

2. 生理层面上的生理唤醒　生理唤醒是情绪产生的生理反应，涉及神经系统、循环系统、内分泌系统等一系列的生理活动过程，是一种生理的激活水平。不同情绪的生理反应模式是不一样的，如满意、愉快时心跳节律正常；恐惧或暴怒时，心跳加速、血压升高、呼吸频率增加；痛苦时血管容积缩小等。

3. 表达层面上的外部行为　外部行为是情绪的外部表现，通常称之为表情，包括面部表情、身段表情和言语表情。① 面部表情：通过眼部肌肉、颜面肌肉和口部肌肉的变化来表现各种情绪状态。如喜悦时眉头舒展，双目含笑，嘴角上提；悲伤时双眉紧锁，两眼呆滞，嘴角下垂；愤怒时双眉倒竖，怒目圆睁，嘴角外撇甚至咬牙切齿。② 身段表情：通过身体姿态和动作变化来表现情绪状态。如喜悦时手舞足蹈，悲痛时顿足捶胸，愤怒时双拳紧握，恐惧时手足僵硬，这些躯体和手、足的动作特征，可以真切地流露出一个人的内在情感。③ 言语表情：通过言语的声调、节奏、速度和音色方面来表现一定的情绪状态。如用音调低、语速缓慢、语音高低差别小、声音断续来表达悲哀；用音调高、速度快、语音差别大、声音抑扬顿挫表示喜悦。相同的说话内容，因不同的言语表情，表达出不同的情绪状态。

主观体验、生理唤醒和外部行为作为情绪的三个构成要素，在评定情绪时缺一不可，只有三者同时活动、同时存在，才能构成一个完整的情绪体验过程。

二、情绪的分类

（一）基本情绪和复合情绪

从生物进化的角度，情绪可以分为基本情绪和复合情绪。

1. 基本情绪　基本情绪（basic emotion）是先天预成、不学而能的，是人和动物共有的情绪。喜、怒、哀、惧是人的基本情绪。喜，即喜悦，是人在追求目标达成时所产生的满足感和舒畅感。怒，即愤怒，往往是由于干扰造成当事人的愿望不能得到满足时所产生的情绪体验，尤其是有不合理的或者充满恶意的因素存在时，愤怒就会骤然上升。哀，即悲哀，常常是由于失去心爱的对象或者愿望破灭、理想不能实现时候所产生的体验，悲哀的程度取决于对象、愿望、理想的重要性和价值。惧，指恐惧和惧怕，是企图摆脱、逃避某种危险情境时所产生的体验，引起恐惧的重要原因是缺乏处理可怕情景的能力和手段。基本情绪具有跨文化的一致性。

2. 复合情绪　复合情绪（complex emotion）是在后天社会化过程中逐渐形成的，包含多种情绪成分。如在做错事之后，会有一种内疚感，它包含了对自己的羞愧、悔恨、自罪等内在体验；在别人超越自己时产生的嫉妒情绪包含着羡慕、挫败、不公正感、屈辱和憎恨。人们更多的主观体验表现为复合情绪。

（二）积极情绪和消极情绪

根据情绪的性质和作用，情绪可以分为积极情绪和消极情绪。

1. 积极情绪　积极情绪（positive emotion）即正性情绪或具有正效价的情绪。关于积极情绪的内涵目前还没有一个统一的说法。戴维森（R. Davidson）认为积极情绪是与接近行为相伴随而产生的情绪；拉森（R. J. Larsen）认为积极情绪就是一种具有正向价值的情绪；而弗雷德里克森（B. Fredrickson）认为积极情绪是对个人有意义的事情的独特即时反应，是一种暂时的愉悦；我国学者孟昭兰提出积极情绪是与某种需要的满足相联系，通常伴随愉悦的主观体验，并能提高人的积极性和活动能力；卢家楣则认为积极情绪是与社会利益相符，有利于个性发展的情绪。可见，对于积极情绪内涵的界定有的是从价值功能的角度来定义的，如个体需要得到满足而产生的情绪；有的则是从发生机制上来定义的，即能激发个体产生接近性行为或行为倾向的情绪。

至于积极情绪的外延,因内涵未形成共识,故迄今尚无定论。弗瑞德(N. H. Frijda)认为愉快、兴趣、期望、惊奇四种情绪为积极情绪;拉扎勒斯(R. S. Lazarus)认为积极情绪包括愉快、自豪、希望、爱;而弗雷德里克森认为积极情绪包括快乐、兴趣、满足感、爱、自豪和感恩。可见,积极情绪是一个涵盖广泛的概念,从基本的满足感到高激活的快乐都可归入积极情绪的范畴。

2. 消极情绪　消极情绪(negative emotion)即负性情绪或具有负效价的情绪,是指不愉快或不快乐甚至是引发痛苦、愤怒的情绪,是个体由外因或内因的负性影响而产生的,如工作、学习或生活中遭受挫折;受到了他人的挖苦或讽刺等。消极情绪包括忧愁、悲伤、愤怒、紧张、焦虑、痛苦、恐惧、憎恨等。消极情绪虽容易让人本能地产生排斥、逃避倾向,但消极情绪未必均是不良情绪。适度的消极情绪有时是有益的,如在适度焦虑情绪下,大脑和神经系统的紧张度增加,思考能力亢进,反应速度加快。过于强烈的和持久的消极情绪才是不良的负面情绪,对人的健康和社会适应有害。

(三) 心境、激情和应激

根据情绪的强度和持续时间的不同,情绪可以分为心境、激情和应激。

1. 心境　心境(mood)是一种比较微弱、平稳而持久的情绪状态,具有渲染性和弥漫性特点。当处在某种心境下,个体会以同样的情绪体验看待周围的一切,如人在伤感时,会见花落泪,见月伤怀。心境持续的时间可以是几个小时、几周或几个月,甚至一年以上。人们平时的情绪状态就是心境,有人平静,有人略带忧伤。

2. 激情　激情(passion)是一种强烈的、短暂的、爆发式的情绪体验。具有明显和突出的原因和指向性。例如,一场比赛后,或欣喜若狂,或垂头丧气。激情具有强烈的冲动性和爆发性,其作用时间短,因时过境迁而弱化。但是在激情之时,往往"意识狭窄",容易失去理智,甚至做出不顾一切的鲁莽行为。因此,在激情前,要注意控制自己的情绪,以避免"乐极生悲"或冲动性行为。

3. 应激　应激(stress)是某些出乎意料的紧急情况或危险情境所引发的适应性反应。如路遇歹徒,整个身心充分调动起来,迅速做出选择,采取有效行动,其体验就是应激。应激往往有两种极端表现:一种是惊慌失措、目瞪口呆;另一种是急中生智,力量剧增。在应激状态下,往往能够做出平时难以做到的事情,使人转危为安,如娇小柔弱的女子勇斗歹徒等。应激需要耗费大量精力,长时间持续,容易产生心理创伤,导致心理疾病。

三、情绪的功能

(一) 适应功能

情绪是生物进化的产物,是个体生存、发展和适应环境的重要手段,当生理唤醒、感受状态及相应的行为模式出现后,就具备了情绪的适应性,使机体处于适宜的活动状态。如当处在危险的情景时,恐惧的情绪反应会促使人尽快脱离险境;当工作或学习中承担的负荷超过自己的承受能力时,疲倦的情绪使人不得不放弃一些工作,获得休息;面对伤害时,愤怒的情绪会促使人奋起反抗,自我保护。

(二) 动机功能

情绪是动机系统的一个基本成分,能够激发和维持个体的行为,并影响行为的效率。如愉快、平稳而持久的积极情绪能使人的大脑及整个神经系统处于良好的活动状态,它可以驱动人从事活动,并放大和增强其作用,从而更有力地激发有机体的行动,发挥潜能,提高人的活动效率。不良的心境、强烈的激情和应激状态下,情绪也可能阻碍人的行为。

(三) 组织功能

情绪可能有积极作用,也可能有其消极作用。适度的情绪状态对人具有积极作用,不当的情绪对人的认知活动具有消极瓦解作用。例如,考试前的焦虑,如果适度产生合理的紧张,可促使个体积极地思考和解决问题;但是超过一定的限度,则对考试产生消极影响。

(四) 信息传递功能

情绪具有传递信息,沟通思想的作用。例如,恋人之间的一个眼神、一个微笑就可以互表爱意;知己之间的一个动作、一个表情就会让对方心领神会;考场上监考老师严肃的表情让想投机取巧者望而却步。情绪还可以相互传播和感染。当一个人兴高采烈时，他身边的人也容易感受到快乐，当一个人沮丧、愤怒时，也会将这种情绪迁移到他人身上。

四、情绪健康的标准

（一）一致性

一致性是指情绪反应与刺激保持一致。每种情绪的发生、发展都与相应的刺激有关。该喜则喜，该怒则怒。这种一致性还表现在反应的程度与刺激的强度上，强刺激引起强的情绪反应，过强过弱的情绪反应，都是不健康的表现。

（二）情境性

情绪在产生时可能比较强烈，但随着时间的推移会逐渐减弱、消失。若已脱离产生某种情绪的情境，相应的情绪仍然反复出现或发生情绪“固着”，则是情绪不健康的表现。

（三）相对稳定性

健康的情绪还要有一定的稳定性。具有健康情绪的人，情绪很少大起大落或喜怒无常，能承受欢乐与忧愁的考验，生活得自然愉悦。这样的人豁达而镇定，兴趣专注，比普通成人更少焦虑惧怕，痛苦和问题要少一些，更有情趣，能享受到更多的幸福和欢乐。相反，如果情绪反应波动太大，变幻莫测，如无明显原因的忽喜忽悲，则是情绪不健康的表现。

（四）可控性

具有健康情绪的人通常具有较高的情绪自我调节能力，能够把消极情绪转化为积极情绪，保持良好心态，充满热情地工作、学习和生活。这也是健康情绪的重要体现。

第二节　大学生情绪特点及情绪困扰

大学阶段是个体情绪从“疾风怒涛”逐步走向相对稳定、相对成熟的过渡时期，这一时期的情绪呈现出以下特点。

一、大学生情绪的特点

（一）稳定性与波动性并存

随着大学生知识结构的不断完善，对各种生活现象的认识更加全面成熟，情绪体验较高中阶段更加稳定。但与成人相比，各种价值体系还未完全定型，对现实世界的认知常常带有理想主义色彩，在遭遇一些生活事件或者尚不理解的社会现象时，容易表现出强烈而起伏的情绪特点。情绪很容易从一个极端走向另一个极端，前一秒可能因为某一件事情非常开心，下一秒就会因为突然想到另一件不好事情而变得非常伤心。高兴时忘乎所以，消沉时心灰意冷。

（二）冲动性与理智性并存

大学生的情绪体验非常强烈，能够敏锐地体验到各种情绪，并且非常容易冲动。这表明大学生的情绪体验非常丰富，但是自我对情绪的控制力尚不足。因为大学生不够冷静，不能客观地分析问题，也不能很好地约束自己，所以才会导致这些问题的出现。随着大学生自我意识不断发展与成熟，理智感逐渐增强，对自己的情绪有了一定的控制能力，能够逐渐对强烈的情绪反应进行适当的调适。

（三）丰富性与压抑性并存

大学生的情绪领域不断拓展，情绪内容日趋复杂，能够敏锐地体验到各种情绪，如对新鲜事物充满好奇；对友谊与爱情执着追求；对学业和未来充满期待等。但大学生对自尊的强烈需求，加之具有自我认知评价的不稳定性和主观体验易受外界影响的特点，在面对学习成绩不理想、同学关系紧张、恋爱失败时，容易感觉情绪无从宣泄，备感压抑。

（四）独特性与普遍性并存

大学生情绪体验的内容和性质存在年龄差异。低年级时，可能为进入大学而自豪，也会为相对平庸感到失望和自卑；中年级时，适应能力增强，专业思想趋于稳定，人际交往逐渐增多，社会责任感、义务感、荣誉感、美感进一步发展，情绪和情感较为平稳；高年级时，社会责任感明显增强，社会性情感日趋丰富，更加关心自己的前途和命运，紧迫感和忧虑感明显增加，其情绪呈现出矛盾性和复杂性。同时，由于不同个体之间的需求不同，对同样的事物，个体的情绪体验存在明显的差异。

（五）外显性与内隐性并存

大学生的情绪体验与外部表现往往是一致的。他们对外界刺激反应迅速敏感，常常可以立刻在脸上表现出自己的喜、怒、哀、惧。然而随着自我意识的成熟，自制力的逐渐增强和知识经验的增加，大学生内心有时又存在一定的隐蔽性，不愿意让别人了解自己的真正情绪，努力地抑制自己的真实情感，表现出内隐、含蓄的特点。这种内隐性的提高是大学生调控和防御的结果，也是社会适应能力不断提高的结果。

二、影响大学生情绪的主要因素

（一）情境

大学生的情绪不会无缘无故地产生，必然有其发生的情境。比如，因为友谊破裂引起悲伤，失去亲人引起痛苦，看到社会不公平的事情引发愤怒，目标没达成引发沮丧，要公开演讲引发紧张等。同样，面对成功的学业、良好的人际关系、优美的环境、和煦的阳光，产生愉悦等积极情绪；面对人际冲突、学业压力、生活挫折、枯燥环境、恶劣气候等产生烦躁和抑郁。“躺平”和“内卷”是竞争和资源有限情境下的情绪反应。引起情绪的情境可能是外在环境和事件，也可能是自身因素，如身高、胖瘦有可能成为大学生焦虑的重要因素；青春期的躁动，其中一个重要因素就是身体的急剧变化。

（二）需要

情绪产生与变化的背后，反映着个体的需要。例如，别人称赞，满足了自尊和成就需要，产生荣誉和喜悦感；受到他人冷落时，被接纳的需要没有得到满足，产生失落和孤独感。大学学习和生活的过程，也是追求和满足自身各种需要的过程，如完成学业、培养兴趣、提升能力、发展自我、追求爱情，还有娱乐、健康等。这些需要是多层次的，有些是眼前的需要，有些是长远的需要，需要之间甚至可能发生矛盾。因此，能否实现和满足这些需要，必然引起相应的情绪反应，呈现出大学生情绪的复杂性。

（三）认知

认知和信念是情绪产生的决定性因素，尤其价值观、人生观和世界观的影响作用。红军长征时代，心中有“中华之崛起”的理想和志向，虽历经艰难险阻，遭受饥寒交迫，也只是“谈笑间”，伴随着“五岭逶迤腾细浪，乌蒙磅礴走泥丸”的气势和豪迈。“网络＋”社会成长的一代，出现的“茫然”“纠结”和“抑郁”情绪，很多源于处在多元化的世界里，碎片化影响，内心缺少稳定的认知和价值观；价值观偏颇、信念虚无、经验不足或个体期待与现实落差等，带来不合理认知判断，导致消极情绪的体验。

（四）人格

人格包括气质和性格。气质是情绪产生的动力倾向。具有不同气质的个体，情绪活动的特点和控制情绪的能力有明显差异。如胆汁质型的人，情绪反应外倾，容易情绪波动，对刺激反应强烈，抑制能力差，容易暴躁，容易做出冲动行为，消极情绪持续时间不长，精力旺盛，不易消沉；抑郁质型的人，情绪内倾，且容易波动，性格比较脆弱，多疑敏感，耐挫力差，容易在遭遇挫折时产生抑郁情绪，并且持续较长。同样，性格类型不同，情绪特点也不同，乐观派者常常处于积极心境，欢乐愉悦，在行为中精神饱满，心情舒畅，情绪稳定，充满动力；悲观派者常常处于消极心境，抑郁低沉，在行动中容易敏感多疑，多愁善感，心绪烦乱。因此，大学生要善于认识自己人格，结合人格特点来认识、接纳和调整情绪。

三、情绪对大学生的影响

情绪本身没有好坏之分，但情绪的不同状态发挥着不同的动机和组织作用，影响着大学生的学业、身心健康，乃至个性成长。

（一）对学业方面的影响

对大学生来说，情绪状态对其学业有着举足轻重的作用。不少大学生都有这样的体会，当自己的情绪积极乐观时，学习效率倍增，而当自己情绪低落、郁闷、无聊或烦躁时，学习往往都是一团糟。一个人没有良好的情绪状态，即使再聪明，他的能力也是不能全面发挥；相反，良好情绪状态，则是一个人最大限度地发挥自己能力的基础和前提。

（二）对身心健康的影响

良好的情绪状态不仅有助于大学生的学业，而且也有益于大学生的身心健康。现代社会中严重威胁人类健康的疾病，如高血压、冠心病、癌症等与人们长期处于不良的情绪状态密切相关。大学生中常见的偏头痛、失眠、消化性疾病等，大都是因为情绪状态没能得到很好的调整而引发。大学生中的抑郁症、恐惧症、强迫症等心理疾病和心理障碍，也大都与不良情绪密切相关。因此，保持良好的情绪状态，是促进心理健康的重要措施。

（三）对个性成长的影响

情绪不仅对大学生身心健康至关重要，而且对大学生的人际关系和人格的形成发展具有同样的重要作用。精神分析理论和心理社会发展阶段理论都强调情绪对人格形成和发展的核心作用。良好的情绪有助于增加学习兴趣，提高学习效率，促进潜能开发，并有助于人的自信心建立。积极健康情绪是大学生核心素养的重要内容。

拓展学习 5-1

提高积极情绪，降低消极情绪就能“幸福”？

答案是否定的。《实验心理学杂志》2014 年发表的一篇简报，报道了包括耶鲁大学和哈佛商学院在内的四个国家六所大学所做的单一情绪与“情绪多样性”情况下人们心理状态的调查研究。他们调查了 35 000 名法国人，发现情绪多样性和抑郁呈负相关，即情绪种类越多，抑郁程度越低。不同组合的多维情绪都符合这个结果：包括积极情绪组合（其中包括很多不同种的积极情绪），消极情绪组合（包括很多不同种类的消极情绪）和综合情绪（积极情绪和消极情绪的混合）。事实上，与仅仅拥有较多积极情绪的人相比，情绪多样性高的人更不容易抑郁。

即是说，只有一种情绪体验其实并不是一件好事，我们可以寻找和接纳不同种类的情绪体验——甚至包括消极情绪，这样可能更有益于我们心理和生理健康。

当然，这并不是表示消极情绪是完全无害的。不加控制的消极情绪、长期停留在消极情绪之中、不断去思考消极情绪的情境等，会让人们陷入“病理性反刍”的漩涡，病理性反刍是指在令人不快的事情发生后，一个人反复而被动地沉溺于思考事件产生的原因、现状以及可能导致的后果，并长期困在这种情绪中，而不主动地寻找解决方法。当你陷入这种消极思维漩涡中，你对事情的感觉和对自己的感觉可能会愈加恶化，对心理和身体健康产生一系列有害的影响。

资料来源：Quoidbach J，Gruber J，Mikolajczak，M，et al. Brief report：Emodiversity and the emotional ecosystem[J]. Journal of Experimental Psychology，2014，143(6)：2057-2066.

四、大学生常见的情绪困扰

情绪困扰（emotional distress），是指个体在与环境的交互作用中出现的不协调、不匹配的不良情绪，如情绪反应过度、情绪反应不足、负性情绪泛化或持续、情绪不能接受或情绪难以控制等。情绪困扰不等同于负性情绪，情绪困扰只是不良的负性情绪。

（一）愤怒

愤怒（anger）是个体在达到目标的过程中遇到阻碍，或受到挫折时所产生的不满和怨恨情绪，往往伴随有攻击行为。在大多数情况下，当愤怒时，也是他内心感到无助和软弱的时候。愤怒往往是为了让自己增强力量,也是为了掩藏这种外在力量背后的脆弱感。愤怒发生时,心跳加快,血液重新分配,细支气管扩张,肝糖原分解,肾上腺分泌活动增强,出现脸红脖子粗,有一种强大的内驱力。

大学生的愤怒情绪经常会因为人际冲突或行为受挫而被激发。当他们面对活动受阻、行为受限,利益受损,想法被否定、被轻视、被挑衅,没有得到尊重,自尊心受到伤害时,或者受到外界事物的干扰严重影响到学习、休息、工作和生活时,都容易引起愤怒情绪。

大学生容易愤怒与他们具有强烈的自尊心有关,也与他们部分不正确的自我认知和自我评价有关。如有大学生总感觉别人看不起自己,以为别人总是在说自己的坏话,从而产生愤怒情绪。

愤怒是大学生的常见情绪,但若愤怒反应过度,自己对愤怒情绪不加控制和管理,做事不计后果,就是一种不良的负性情绪,有可能出现伤人毁物,甚至违法犯罪的行为,对社会造成严重的不良后果。同样,若愤怒的情绪不能通过合理正当的途径得以宣泄,长时间持续存在,也是一种不良的负性情绪,严重时则可能引发自身组织器官的机能障碍,甚至发生病理性改变。因此,大学生应该学习对愤怒情绪的管理方法,及时调节和控制自己的愤怒情绪。

(二) 焦虑

焦虑(anxiety)是一种缺乏明显客观原因的内心不安或无根据的恐惧,是预期即将面临不良处境或有某种威胁出现,从而产生的紧张、害怕、担忧、焦急混合交织的情绪体验。焦虑情绪本身并非一种情绪困扰。适度焦虑有益于个人潜能开发,没有焦虑或焦虑不足,容易导致注意力涣散,学习效率下降(图 5-1)。

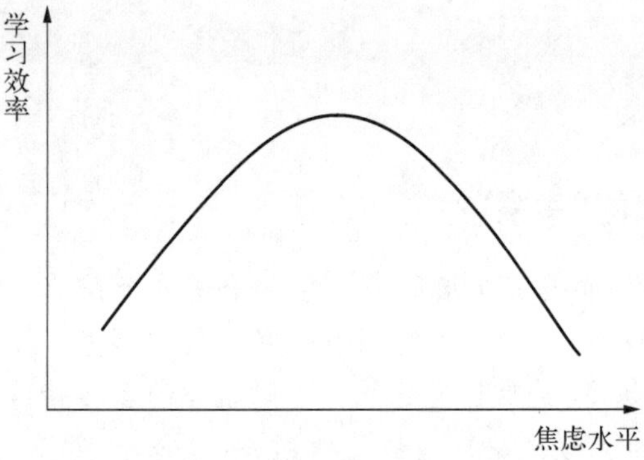

图 5-1 焦虑水平与学习效率的关系

大学生的焦虑主要表现在学习、择业就业和人际交往方面。引发大学生焦虑情绪的原因多来自社会、学校和个人。例如,生活节奏加快,竞争激烈,信息膨胀,多元价值的传播,心理和行为受到冲击,容易产生困惑、迷茫、紧张和无所适从;面对竞争、繁重的学习任务,感到紧张、担忧、焦急;有些大学生人格中表现出谨小慎微、优柔寡断、依赖性强、害怕困难等特征,也容易产生焦虑。

当大学生过度焦虑,常常表现为持续性紧张、担忧和不安全感,或小动作增多、坐卧不宁、激动哭泣、运动性不安等发作性惊恐状态,伴有口干、胸闷、心悸、出冷汗、双手震颤、厌食、便秘等自主神经功能失调。这种情绪困扰,容易引起注意力分散、学习效率降低,人际回避。

过度焦虑会有不合理思维存在,正是不合理思维引发了精神的持续紧张和身体的不正常反应。可以说,不合理思维是过度焦虑的本质。因此,克服过度焦虑的方法很多,可以采用处理情绪的放松训练,也可以运用改变不合理认知的认知行为技术等。

(三) 恐惧

恐惧(fear)是企图摆脱、逃避某种危险情景时产生的情绪体验。引起恐惧的重要原因是缺乏处理可怕情景的能力或缺少对付危险的手段。当一个人不知道用什么办法击退威胁,或者发现自己企图逃脱的路径被堵塞,会被一种不可抗拒的力量包围,恐惧就产生了。

适度恐惧能让人重视可能发生的状况,在意外袭来时不至于手忙脚乱;适度恐惧能使个体精神适度紧张,集中注意力,提高做事效率。但过度恐惧,则可能让体内的正能量锐减,遇到困难时,畏首畏尾,逃避、拖延;且随着危险程度的不断增加,可发展为难以控制的惊慌状态,严重时可能会出现激动不安,思维和行为失去控制,甚至休克等。

大学生常见的恐惧有未来恐惧和社交恐惧。前者主要是大学生对自己前途和事业的担心,其关键来源于未知,害怕希望在不确定性中失败,没有希望就没有恐惧,没有恐惧也就没有希望。后者表现在人际交往中,一些人会不自觉地感觉到紧张,不敢在公开场合大声说话、发表自己见解,害怕与异性交往,在与异性交往中手足无措、语无伦次,有的甚至发展到害怕见人的地步。

恐惧产生的原因很多,有生物遗传的因素,如黑暗恐惧和死亡恐惧,但更多是后天获得的,如害怕某种动物、害怕接触到某种物品、害怕听到某种声音等，都与童年时期某段不愉快的记忆有关，曾经的挫折或不良经历是产生恐惧的重要因素。还有就是主观价值判断上，如对很在意东西丧失的担忧。由于个人的人格、经验不同，相同的危险情景可能引起不同的反应，如胆小、孤僻、敏感的个体更容易体验到恐惧。

（四）抑郁

抑郁，也称抑郁情绪（depressed mood），是以情绪低落、兴趣缺乏等情感活动减退为主要特征的一种状态，个体常常感到悲观失望、自卑自责，自我评价偏低；精力不足，注意力难以集中，思维迟钝，食欲减退，整日忧心忡忡，话语减少，兴趣缺乏。

大学生受社会、家庭的影响一般对自己的期望值较高。当理想自我和现实生活发生强烈冲突时，当他们无法达到预期目标或没有得到别人的充分肯定时，就容易产生挫折感、自卑感和抑郁情绪。表现为对生活、学习失去兴趣，无法体验到快乐，行为活动水平下降，回避社会交往。在遭受诸如亲人亡故、家境贫困、突发重病等重大不幸事件或灾难，或长期努力没有得到合理回报，也容易导致抑郁情绪的发生。此外，性格内向、敏感多疑、依赖性强、易悲观的大学生较其他人格特征的同学更易陷入抑郁情绪之中。

（五）冷漠

冷漠（apathy）是指对外界刺激缺乏相应的情感反应，对亲友冷淡，对周围事物缺乏好奇，面部表情呆板，内心体验缺乏；对人或事物不感兴趣，无责任感，不关心人，没有同情心。大学生中无欲求、无关心、无气力的“三无学生”就是冷漠的表现。他们对生活无热情和兴趣，对学习置若罔闻，无精打采，得过且过，应付了事，对成绩的好坏持无所谓的态度；对周围的同学毫不关心，对他人的不幸遭遇无动于衷；对集体活动视而不见；经常独来独往，十分孤僻。

冷漠看似“佛系”，实则是受挫后对环境和现实自我逃避的退缩性心理反应。虽是个体一种心理防御机制，但对身心危害极大。冷漠往往是压抑内心愤怒情绪的一种表现，表面漠不关心，内心却备受煎熬，有强烈的压抑感，由于没有宣泄途径，巨大的心理能量无法释放，心理平衡便会破坏，进而容易产生各种身心疾病。

（六）嫉妒

嫉妒（envy）是指自己的才能、名誉、地位或境遇等被他人超越时所产生的一种复杂的情绪体验，由羡慕、挫败、不公平感、屈辱、憎恨五种情绪组成。嫉妒属于人的本性，是一种普遍的人类情绪，在合理范围内可被视为正常反应，一定程度上还可以激励嫉妒者的好胜心、激发其自身的潜能；但超过了合理限度的嫉妒，则是一种较为严重的不良情绪状态，甚至激发出“人性的恶”，当事人为了维护自身利益不择手段，攻击报复对手，从而严重影响人际关系。

嫉妒有明显的指向性。嫉妒对象常常是身边人，如同学朋友等社交圈中的人。曾经彼此相似的两个人，在现实中被对方超越而心生嫉妒。嫉妒来源于资源争夺，常常认为“这个东西本来应该属于我但是我却没有得到，而这个东西恰恰被我身边的，我认为不如我的人，得到了”。本质上，嫉妒者主观上感受到了一种不公平感。嫉妒的强度，取决于所感知到的威胁程度。

嫉妒具有发泄性。嫉妒之所以具有发泄性特征，有一个关键因素，就是嫉妒者本人生活的不顺。有的人在长期遭遇生活的不顺遂时，将不顺归咎于某些社会规则的不公平，把对现状的不满投射到他人身上，转而憎恨他人。

就内心感受来讲，嫉妒首先发动的是羡慕，再由攀比到失望，从而产生对自己的不满，感到自卑和自我受伤，感到不公，产生由羞愧到屈辱的心理挫折感，最后由不服和不满发展到怨恨、憎恨甚至攻击报复行为。个体不同，构成嫉妒的各种情绪成分所占比例和强度也可能不同，如有人的嫉妒其实大部分是羡慕，而有人的嫉妒大部分是挫败，另一些人的嫉妒则大部分是憎恨。

大学生中的嫉妒情绪也是普遍存在的，相似的智力，相当的基础，相似的发展轨迹，但可能面临在同一个盘子里抢蛋糕的时候，彼此之间容易产生“内卷”，形成竞争，进而产生嫉妒心理。嫉妒适度，能够激发人奋起直追，不合理的嫉妒则容易造成隔阂与敌对，产生打击报复，严重影响大学生之间的人际交往，危害身心健康。

第三节 大学生的情绪管理

大学生不仅是丰富情绪的体验者,更是情绪的管理者,需要学会觉察情绪,表达情绪和调整情绪,提升自己的情感层次和境界。

一、情绪管理的概念

情绪管理(emotion management)是指个体对情绪发生、体验与表达施加影响的过程,是个体遵循情绪规律调整外在行为表达以及内在情绪感受的行动。包括个体对自己情绪、他人情绪的认识和调节,以及合理处理自己与他人、自己与他物的情绪表达能力。例如,对自己成功的适度喜悦,对别人受伤的感同身受,在人际交往中游刃有余的情感交流等。

情绪管理包括对消极情绪的调整和对积极情绪的培养,因此,情绪管理的目标分为初级目标和终极目标。初级目标就是转变个体被情绪尤其是不良情绪困扰的状态,让自己成为情绪的主人,能够控制自己的情绪,并且和自己的情绪和谐相处,不会被自己的情绪所淹没或控制,也能够认识他人的情绪,建立良好的人际关系。当然,情绪管理不是要消除所有的忧伤和不快乐,不是让人获得一种空洞的满足和快乐,而是要让人更好地与自己的情绪和平共处,让情绪表达恰当、宣泄适度、控制合理。情绪管理的终极目标是寻找内心快乐的源泉,能自我激励,拥有积极的情绪,不受外在的人、事、物的影响,能随时随地适度调整让自己处于自在、安详、快乐的心境中。

二、情绪管理的原则

(一) 主体接纳性原则

管理情绪,需要充分发挥情绪当事人的主体性,尤其是在面对负性情绪时,应该无条件地接纳自己,接纳自己的情绪,而不是采取责备、逃避或者试图遗忘等方式。无论是责备自己还是责备别人,都会因责备而强化负性情绪体验;通过睡觉、上网、喝酒等方式逃避,也只能是暂时避免痛苦,而问题仍然存在并未能得到解决;同样,试图遗忘也只是压抑了情绪,负性情绪不会消失,并且可能日积月累形成巨大的负性能量而造成更大的伤害。因此,对于负性情绪的管理不应采取责备、逃避、遗忘的方式,而是直面它,坦然接纳它的存在,并深入思考为什么会有这样的情绪体验,是内心的哪一点被触动了,以便能更好地面对它。与控制情绪相比,情绪失控时所暴露出来的自我的真正需求,才是应该看重的。

(二) 能量转化性原则

要实现平静心境,在情绪管理中需要正确理解情绪的本质,情绪后果虽然有积极和消极之分,但是情绪本身没有对错,情绪是个体自己的内心期待和需要满足程度的主观体验。因此,通过情绪可以反思情绪背后的意义(表 5-1),并采取运动、舞蹈、唱歌、倾诉等合理方式将情绪所产生的心理能量释放出来,也可以通过改变、学习、成长等升华方式推动情绪能量的转化。当情绪到来之时,在内心给自己一个积极的暗示:情绪能量是自我改变的生命力,情绪是信使,它在提醒我改变、学习和成长。

表 5-1 情绪背后的意义

情绪	背后的意义
愤怒	受到了严重侵犯,准备对一个不能接受的情况做出反应
恐惧	避开危险,摆脱威胁
悲伤	从失去之中学会更珍惜尚拥有的
焦虑	需要额外的能力保证成功
内疚	应该做而没有做的事情,做了不应该做的事情
感恩	不应该得到而得到了

（三）个体差异性原则

刺激情境相同，认知评价不同，个人信念和观念不同，体验的情绪感受就可能不同。因此，在情绪管理的方法或技能的选择中，要考虑个体认知和信念。比如，对认知水平较高的个体，认知调整就可以有效管理情绪；对认知水平较低的个体，行为强化也许才是行之有效的情绪管理方法。又比如，对愤怒和羞愧，解决问题可能是最好的情绪调节方法；对于悲伤，寻求支持是最好的情绪调节策略；而对于创伤感，远离创伤源是最好的情绪调节方法等。情绪管理策略没有必然的好与坏，在这种情境中是好的，在另一种情境中则可能是不好的，所以必须结合情境和个体差异，使用不同的策略。

三、情绪管理的策略

（一）情绪觉察策略

情绪觉察是对情绪的自我觉知，是个体情绪管理的基础。通常情况下，个体无法有效地管理情绪，在很大程度上是因为没有在情绪出现的时候及时觉察。

1. 正念训练　正念训练(mindfulness training)是一种有意识地觉察内部心理体验的方法。目前运用较为广泛的正念训练，有呼吸训练、正念冥想、身体扫描、认知训练等，可以有效觉察情绪的变化。以下是正念冥想练习的简单步骤：① 找一个房间，甚至在训练场都可以，关掉手机，确保几分钟之内不会被打扰；② 设置 5 分钟闹铃，这样就可以放心冥想，不用担心时间问题；③ 找到一个足以坐 5 分钟都会感觉舒适且不会动的姿势；④ 刚坐下时，脑子可能乱得像一锅粥，不要紧，把注意力集中到你的呼吸上。刚开始练习时，可以数自己呼吸的次数，每一次呼吸，从 1 数到 9，再数回来；⑤ 正念冥想练习的关键是要在一段时间内集中注意力于呼吸上，如果练习时注意力从呼吸跑开了，不要批评指责自己，关注呼吸过程中出现其他念头是很正常的，这时只需观察一下它，看看它是什么，在哪里，再把注意力重新集中到呼吸上就可以了。

正念训练强调对所有情绪的接纳，包括痛苦的感觉。正念训练可以帮助个体从对抗消极情绪的努力中解脱出来。通过日常的正念练习，个体可以更加自在和宽容地对待自己和他人的情绪。

2. 情绪聚焦技术　情绪聚焦疗法(emotion-focused therapy)是通过情绪觉察体验促进个体对原生情绪和原生情绪中具有适应性的部分的觉察技术。该技术主张人只有感受到和接纳了自己痛苦的情绪体验，才有可能去消除和改变这些负性情绪。通过自己的自下而上的情绪觉察以及对情绪进行描述性表达的语义加工过程，对自己情绪体验赋予意义，有助于产生更具适应性的新的情绪体验。通过心理咨询师等专业人士帮助，情绪唤起后用语言来描述和解释自己的感觉，使原本被压抑和未觉察的情绪体验进入意识层面，进而觉察、理解和接受自己的情绪体验。

情绪日记是一种较为有效的自我情绪聚焦技术。通过“及时记录”自己的情绪，不仅为情绪找到安全的发泄口，而且更加清楚地了解自己的情绪，了解自己的恐惧和欲望。其要点包括：记下时间、地点、人物，发生了什么事，感受到了什么情绪。记录感受的时候，要避免使用模糊的字眼，如“我很难过”就很模糊，而应该具体地去描述，这种难过是惆怅、舍不得、遗憾，还是觉得被背叛、被抛弃，尽量具体地来记录自己的感受。不用把每一次情绪经历都记下来，而是只记录重大的情绪经历。

（二）情绪调控策略

情绪调控是情绪管理的关键，是对自己情绪及其行为进行调节和控制的过程。情绪调控的目的是在于让自己过得好一些，也让自己更有能力去面对现实和未来，而不是暂时逃避，日后却更加痛苦。情绪调控策略很多，主要介绍如下几种。

1. 认知重评策略　相同的情境可以产生不同的情绪反应，起决定作用的因素是认知信念。因此，加强情绪管理，重在塑造正确的认知信念，用合理认知替代不合理认知，消除不合理信念。常用的认知重评策略有不合理理念辩论术、积极自我暗示术和空椅子技术。

(1) 不合理理念辩论术：情绪 ABC 理论认为，引起人们情绪困扰的并不是外界发生的事件，而是人们对事件的态度、看法、评价等内容。因此，要改善情绪困扰首先应该改变认知，通过改变认知进而改变情绪。消除不合理的信念，关键是要用一个新的信念替代原有的信念。具体步骤为：首先列出可能引起不良情绪的事件；然后找出其中不合理的观念，如“绝对化”“过分概括化”“糟糕透顶”“灾难化”；接着对不合理观念进行辩论、驳斥和抨击,并寻求合理的信念替代;最后建立合理信念基础上的情绪的转变。

(2) 积极自我暗示术:自我暗示是个体通过语言、形象、现象等方式对自己施加影响的心理过程。自我暗示分为积极的自我暗示和消极的自我暗示。积极的自我暗示是在不知不觉中对自己的情绪、心理及生理状态产生积极的影响,从而使个体发挥主观能动性,最终战胜挫折,适应环境。著名的"皮格马利翁效应"或期待效应,就是积极自我暗示的表现。消极的自我暗示则弱化自身的动力,强化自身的弱点,唤醒个体内心深处的自卑、怯懦、嫉妒等消极情绪。

(3) 空椅子技术:面对观念和情感冲突,空椅子技术是一种很好的转变方法。该方法通过转换角色和对话练习,变换视角,促进个体全面觉察发生在自己周围的事情和情境,分析体验自己和他人的感受,帮助自我朝着统整、坦诚迈进。具体操作法是:运用两张椅子,首先坐在其中的一张椅子上,扮演一方,与对方座椅上的对象进行对话;然后再换坐到另一张椅子上,扮演另一方,进行辩解和陈述;第三,重新更换回原来的那张椅子上,继续辩解和陈述,依次这样多次扮演转换角色,实现自我两方角色的持续对话。

通过这种方法,可以充分体验冲突,并且通过两方角色的对话,使内在的对立与冲突理念和情绪获得释放和较高层次的整合,即学习去接纳这种对立的存在,而不是要去消除某些客观存在的事实,从而心态更加平和。

2. **转移调节策略** 有意识地将注意从当前对象转至其他对象,从而使情绪得到调节的一种先行关注策略。例如,当遇到不愉快的事物时,转移注意对象,如做剧烈运动、与朋友散步、听音乐或做些其他自己感兴趣的事情,都可以很好地调节不愉快的情绪。常见有做事转移、锻炼转移和环境转移等。

(1) 做事转移:当觉察到自己的情绪不佳时,可以选择自己喜欢的事情来做,或者做一些能让自己专心投入的事情来分散注意,将不愉快的心情暂时忘记。感觉是随行为而动的,当事情做完时,可能发现原来造成心情不好的原因已经消失了,情绪也就变好了。

(2) 锻炼转移;当心情低落、沮丧、精神不振时,可以选择去运动,宣泄内心情绪能量,加速身体的新陈代谢,促进身体快乐激素的分泌。布卢门撒尔(J. Blumenthal)研究证实了运动治疗抑郁症的效果。他召集 156 名 50 岁以上抑郁症的男子参与分组实验,其中一组患者只服用抗抑郁药物,另一组患者只是运动,每周运动三次,每次 45 分钟。为期 4 个月的治疗后,惊讶地发现这 2 种治疗方法的效果竟然是相似的,也就是说运动与药物对抑郁症的疗效是相似的。

(3) 环境转移:当感觉到自己情绪不好时,也可以单纯地转移环境来达到调整自己的情绪。例如,去海边散步、郊外骑车、登山望远、去差异化非常大的地方旅游。

拓展学习 5-2

简单快捷的情绪稳定小技巧——心理着陆技术

心理着陆技术主要用于自己陷于不良情绪时,把注意力从过度的内在思考、负面的想法和感受等状态中转回到关注当下所处的外部世界上来,建立身体及现实的连接,从而快速缓解情绪。这是一种简便有效的情绪稳定化技术。其关键步骤:

(1) 开始前,可先选择一样物品放在身旁,可以是一个茶杯、一块手表、一个本子等,但不要选择任何可能伤害到自己的物品。选好物品后,找一个舒服的地方坐下,关掉手机,睁开眼睛深呼吸 3 次,让身心放松下来,并觉察此刻的感受,如感受到沮丧、焦虑、烦躁等,就再感受一下糟糕的程度,并通过 0~10 分来评估,把自己拉到一个旁观者的角度,从而将自己从情绪中抽离出来。

(2) 当这些步骤完成后,再将注意力转移到双脚,感受双脚坚实地踏在地上,随后摸一下沙发或者椅子,告诉自己它是坚硬的还是柔软的,是冷的还是暖的。接下来慢慢握紧拳头,再慢慢放松,把手掌压在一起,肘部向外尽可能压紧,然后放松手掌,转动颈椎几次,重复多次体会转动时候的感觉。

(3) 这些做完后,可以将注意力转移到自己选的物品上,仔细观察眼前的物品,看它表面是什么样子,是光滑的还是粗糙的,轻轻触碰物品,再将物品拿到手上去触摸,捏一捏是什么感觉,仔细地去感受它的所有细节，就好像这是你从未见过的一样新奇的物品，也可以闻一闻，看有没有特别味道，接着保持舒适的呼吸，用触觉嗅觉去感受物品。在这个过程中，不用着急，应尽量观察感受物品的全部，当把自己拉回现实后，眨眨眼睛，活动活动身体，带着轻松状态体会和感受现实生活中的美好事物。这样，便完成了一套完整的心理着陆技术。

资料来源：World Health Organization. Doing what matters in times of stress：an illustrated guide [EB/OL]. https://www.who.int/europe/publications/i/item/9789240003910[2020-04-27].

3. 放松训练技术　放松训练是指使有机体从紧张状态松弛下来的一种练习过程。其基本假设是通过放松练习，使身心放松，从而改变生理反应，主观体验也会随着改变。放松有两层意思，一是肌肉松弛，二是消除紧张。放松训练的直接目的是使肌肉放松，最终目的是使整个机体活动水平降低，达到心理上的松弛，从而使机体保持内环境平衡与稳定。放松训练的方法很多，如肌肉放松训练、深呼吸放松训练及想象放松训练等。

（1）肌肉放松训练：选择一个安静且不受干扰的地方，躺着或者坐着，闭上双眼，减少意识活动，把注意力从一块肌肉转移到另一块肌肉，自然而然地放松，体会肌肉紧张再松弛的感觉。训练者每天要练习1～2次，每次20分钟，每块肌肉收缩5～8秒，然后放松20～30秒。

（2）深呼吸放松训练：采用腹式呼吸，慢、缓和深。首先用鼻子慢慢地吸气，并进入腹部的丹田，然后缓慢地呼气，呼气时全身放松，体会腹部的上下起伏，注意力集中在呼吸时气息可以通过的身体部位上。训练者每天要练习1～2次，每次5～10分钟，1～2周后可以将练习时间延长到20分钟。

（3）想象放松训练：首先将自己沉浸在某种情景中，在情景中体验放松的感觉。想象放松的关键在想象的情景必须是生动和真实的，训练者在这一情景中可以分辨出声音、气味、色彩、图像等。如果一个人能在想象中逐渐消除紧张、焦虑的情绪，他就能在日常生活中应对同样的问题。

4. 互动促进策略　个体的情绪不仅在身心上有互动性，个体与他人之间也有互动性，一方发生改变对另一方也会产生影响。因此，身心互动法和人际互动法都是情绪调整的有效策略。

（1）身心互动法：众所周知，人的情绪会呈现在表情上，不过现在科学研究发现，人的情绪也会随着表情尤其是脸上的神情而变，如果你的脸上表现悲伤，你的内心就会有如此感受。因此，当心情不好时，不妨给自己一个美美的装扮，同时透过幽默和笑来改善自己。不过，笑的时候要注意，虚伪地笑太短促，只用了嘴角而没有用眼睛，不能产生快乐的感觉，因此笑必须认真才行，也就说，要从浅笑、逐渐扩大成为热情、露齿和放声大笑。通过大笑调整了肌肉的步调，进而实现情绪的改变。

（2）人际互动法：人际互动提供社会支持，找人谈一谈，具有缓和、抚慰、稳定情绪的作用，有助于交流思想、沟通情感，增强自己战胜不良情绪的信心和勇气，能更理智地去对待不良情绪。通过人际互动让倾诉者有了对象，释放了内心能量，找到了资源和支持力量，积累了经验，转换了思维模式，可能找到了新的策略和办法。交友、寻求心理咨询、请教老师和权威人物都是重要的人际互动方式。班级活动、社团活动和其他有益的社会团队活动都是人际互动的重要载体。

（三）积极情绪训练策略

积极情绪是指事件满足了个体的需要，个体产生了愉悦的主观体验。积极情绪可以提升个体的幸福感、缓解焦虑抑郁症状、促进个体的社会适应。通过积极情绪训练，可以培养个体对事物积极正性的认知偏向，发展个人优势，减少消极情绪，最终具备习得性乐观，从而增进心理健康。

1. 学习和阅读法　学习和阅读法是注重提高积极情绪策略的一种方法。个体通过心理学专业教师系统讲授、小组互动分享阅读或者个人自由选择阅读等方式，学习或阅读有关情绪、积极心理学、人生哲学、人物传记等资料，获得情绪规律和积极情绪原理以及积极情绪调节的方法，“体验”其他生命样本，获取个体生命无法触及的丰富性，从而帮助认识和接受世界的复杂性，训练和提升“非整合”能力，即忍受认知、情绪的复杂性的能力；个体在学习和阅读中，通过学思践悟，分享与互动，增强积极情绪的主动性和积极性，并在生活中验证和修改，实现积极情绪的习得。如哈佛大学泰勒·本-沙哈尔（Tal Ben-Shahar）开设的《幸福课》公开课风靡全世界,正是课程本身的学习性和阅读性,使广大学习爱好者从中受益匪浅。

2. 行动转化法　行动转化法基于通过愉悦的、专注的或有意义的生活方式和行动,达到增强个体持续快乐的目的。该方法注重从积极情绪视角去行动。方法之一是注重“此时此地”“为所当为”,如尽可能确保充足睡眠,增强身体锻炼,积极参与到做善事中去等,但改变需要渐进,正如良好习惯的养成,始于点滴,长于循环重复。方法之二是通过记录、反思和总结,记录下每一天带有积极情绪的事件和缘由,让自己处在积极情绪中,抵消消极情绪的作用。以记录美好的事为例,可以每天记录自己所经历和体验到的快乐、满意、希望和自豪的事。记录时从三个方面进行:一是发生了什么事;二是事情为什么会发生,为什么会让我感觉到愉悦的情绪体验;三是给这一事件评分,如果满分是 10 分,那么根据自身的情绪愉悦程度,给这一事件打一个分数(1～10 分)。每天的记录不少于三件,记录时,强调用自己的全身心去感受这件事带来的愉悦感,而不是“流水账式”的白描。还有一种是通过“离开舒适区,进入学习区”的突发式行动改变,去挑战或者拥抱变化。这种行动的关键是找到最适度的不适感。这种行动刚开始可能会让自己有压力或焦虑,但是在“学习区”收获成长和成就,体验到意义,就能够增强积极情绪。

3. 积极情绪档案袋法　积极情绪档案袋法认为积极情绪相比消极情绪更加脆弱。为抵御消极情绪的侵蚀,可以借助档案袋里的内容调动积极情绪的聚集效应,实现积极情绪的良性循环作用的方法。用档案袋将代表情绪的象征物或符号(包含照片、信件、名言,或者带有深刻个人意义的物品)集中在一起,并且依据情绪类型分开装袋。档案袋存放的形式可以多种多样,可以放在文件盒中,也可以建立一个网页或者相册。不管哪种形式,档案袋的内在机制不变,就是促进积极情绪的产生。积极情绪档案袋是生活中的文献,要不断地发展和更新。

创建和使用积极情绪档案袋有 10 个策略供做参考:① 保持真诚。积极情绪是由衷的,而不是强迫的;② 拓展积极情绪档案袋的深度,如收纳多种物品;③ 制作多个档案,不要依赖某一个特定的积极情绪;④ 让档案袋随着时间的推移而不断发展,不断地对它们进行添加;⑤ 始终把档案袋放在手边;⑥ 当感到被一种恶性循环拖累时,拿出你的档案袋;⑦ 带着觉知力和开放的心态来对待自己的档案袋;⑧ 保持一种轻松的、心理上的接触,不要特意分析它;⑨ 当一个情绪档案袋失去功效的时候,换另一个;⑩ 问自己:“为了培养这种感觉,我现在可以怎么做?”

【思考题】

(1) 结合日常生活,想想情绪有哪些作用。你认为情绪健康有哪些特点。

(2) 结合身边同学实际,谈谈大学生常见的情绪困扰有哪些。

(3) 回顾过往的经历,想想你常用的情绪管理策略有哪些。

(赵海钧)

第六章

大学生的学习心理与创新

本章要点

掌握：大学生常见的学习心理问题及调适。
熟悉：大学阶段学习的特点，大学阶段学习方式的转变。
了解：大学生创造力与创新思维的培养。

学习是贯穿人一生的重要主题，学习也是大学生在校期间的首要任务，其思维方式、精神状态和行为习惯等特点都会在学习活动中有所反映。而学会学习则是学生个人发展和教育发展的根本宗旨。大学生只有了解学习心理的发展规律及其影响因素，扎实掌握学习的基本知识和有效的学习方法，才能不断地提高学习效率，取得优异的成绩，成为具有创新精神和实践能力的高素质人才。

第一节 大学阶段学习活动概述

广义上讲，学习是人及动物在生活过程中获得个体行为经验的过程。狭义上讲，学习是人在社会实践活动中，以语言为中介，经思维活动而自觉、积极、主动地掌握人类历史的社会经验以积累个体经验的过程。人的学习不仅能以直接的形式获得个体经验，而且还能以语言为媒介，间接地掌握人类社会历史经验。大学阶段的学习，既有理论认识过程也有技能实践过程。

一、大学阶段学习的特点

大学生活虽然丰富多彩，但还是围绕着学习而展开的，学习依然是大学生活最重要的内容之一。以下主要从学习过程、学习方式、学习内容、学习目的四个方面讨论大学阶段学习的特点。

（一）学习过程的自主性

自主性就是大学生独立自主地学习，在大学学习过程中的各阶段，自觉地确定学习目标，决定个人发展方向，制定学习计划，采取有效措施加以实施。其目的是在教师的指导下，努力提高自己独立获取知识的能力，训练独立思考问题的能力，进行独立发展尝试，为将来迎接挑战、独立胜任工作奠定基础。

学习过程的自主性主要表现在自觉性和能动性两个方面。第一，大学生的学习虽然有教学计划、有老师讲课，但是课前的预习和课后的消化、巩固、实践等各个环节主要靠学生独立完成，这就需要大学生有很强的学习自觉性。第二，除必修课外，大学里还开设了很多选修课，大学生可以根据自己的需要、兴趣等有选择性地听课学习。而大学生自主分配的时间较多，社团活动也很多，这就需要学生充分发挥主观能动性，统筹规划，合理安排自己的学习内容，选择适宜的学习方式，以便在有限的时间内获得较高的学习效益。

(二)学习方式的多样性

进入大学后，学习不仅仅是课本上的理论知识，学校还为学生开设了大量的选修课，以及各类社团活动、创新创业实验、讲座、社会实践活动等，为每个人的学习和发展提供了丰富的资源和平台。以什么样的学习方式才可以更好地处理书本知识与课外知识、专业学习与能力培养等诸方面的关系，是大学学习中的重要议题。每个学生可以根据自己的实际需求和偏好等，选择适合自己的学习方式。例如，喜欢参加活动的同学，可以根据个人爱好和特长选择各类社团活动；喜欢科研的同学可以在学有余力的情况下申请参加专业创新研究课题；职业规划明确或希望将来自主创业的同学可以选择创业实验、比赛或社会实践活动等。

(三)学习内容的专业性

大学教育的任务是为社会培养各类高级专业人才。绝大多数大学生毕业后都要在社会各个实践领域从事与自己专业相关的职业活动。因此，大学生的学习活动实际上是一种专业性非常强的活动。

专业性不仅体现在大学的学科体系、课程结构、教学内容、教学实践和学习方式方法上，而且还体现在培养大学生的知识结构、智力结构、能力结构和心理品质结构“四大结构系统”中。

强调大学生学习的专业性，要处理好三个关系：一是专业性与基础性的关系。大学的课程设置包括基础课、专业基础课、专业理论课、专业技能和毕业设计(或毕业论文)。基础性包括前两者，它是由科学的、基本的、系统的知识组成，包括基础知识、基本概念、基本原理和基本方法等。没有系统扎实的基础性，便谈不上专业性。二是专业性与多元性的关系。教育体制改革正在促进大学生在学习选择上的意向性，学有余力的大学生，可以选修其他专业，获得第二学士学位；有的大学生还把专业作为基础工具，毕业后转行涉入其他领域，实现从单一专业向多元专业转化，从单学位向多学位的转化。三是专业性与综合性的关系。现代科学技术发展的一个重要表现就是专业种类愈分愈细，但从事任何一项专业所需的知识技能的综合性、渗透性又很强，这就要求大学生在打好基础，学好专业的同时，需要注重边缘学科、交叉学科的学习，注重综合能力的培养。事实证明，成果往往出自边缘学科、交叉学科、学科前沿、空白领域以及综合学科等方面。

(四)学习目的的探索性

大学生学习目的的探索性，既包括学习和接受前人总结出来的已有知识和经验，继承前人先进的科学文化遗产和技术，还包括探索人类已发现但未解决的问题以及未知领域。一方面，大学教学的重要任务之一就是把科学研究最新成果引入教学内容之中，并且组织、引导学生间接或直接参与研究，引导学生接触最新的学术研究动态，培养学生的探索精神和创新能力。另一方面，大学生正处在求学、质疑、发现的阶段，他们的思维已具有对客观事物的批判意识，对奇特的新现象具有强烈的求知欲和探索冲动。随着知识的“客观性”“真理性”被解构，知识的“不确定性”“理解性”“生成性”被揭示出来，人们不断对传统知识进行新的审视、修正或抛弃。大学生们已意识到知识的增长具有非线性特征，是批判性的，其发展方向是无限多样的；知识是开放的、整合的、变革的，没有固定的或不可逾越的框架与结构。任何真理性认识都不可能仅依靠权威或制度而得以证实，也不可能通过强制的方式使人接受或服从。因此，大学生的学习必然从接受性、被动性学习转为探索性、创造性学习。

二、影响学习活动的要素

学习活动不是孤立的，也不是封闭的，而是个体不断与外界环境交互作用的过程。除学习者自身的智商及心理健康状态外，学习活动主要受学习动机、对学习材料的感知、对学习内容的理解、所获信息的巩固、所学知识的应用五大要素影响。这些要素相互联系、相互促进。

(一)学习动机

动机是一切活动的原动力。学习动机是指推动学习的内部动力，这种动力既来自学习者的内在兴趣，也来自外界环境带来的压力需求。对学习产生最主要影响的是学习者的内驱力。人表现出积极的学习行为也是因为学习动机的驱动，每一个成功的学习都伴有学习动机的驱动。具体到个人的学习动机是多种多样的，每个人都可能有自己独特的学习动机。与此同时，每个人的学习动机也可能不是单一的，他可能同时拥有多种不同的学习动机，共同推动了学习行为。

从动机的来源远近和所起的作用影响来看，学习动机可以分为两类。

1. 间接性的远景性的学习动机 这类动机与社会意义相联系，是社会要求在学生学习上的反映。比如，把个人学习与国家的振兴发展等作为自己的远景动机，这类动机一旦形成，就具有较强的稳定性和持久性，不易被生活中的偶然因素所改变，能在较长时间内起作用。

2. 直接性的近景性学习动机 这类动机与学习活动直接相关，是对学习的直接兴趣，或由对学习活动的直接结果的追求所引起，如希望考试取得好成绩、希望保研、希望家人开心等。这类动机比较具体，且具有实际效能，但作用较为短暂，且不稳定，容易随情境的变化而改变。

上述两种动机是相互联系且互为补充的，两者的有机结合，才能成为推动学习者努力学习的巨大动力。

（二）学习材料的感知

感知是一切认知活动的开始。学习者与所要认识的事物直接接触，调动各种感官去观察事物、听取讲解、阅读材料并进行操作，从而获得信息，掌握感性知识，这就是对学习材料的感知。学生在对学习材料感知的基础上，进行理解和加工。

观察力在学习材料的感知过程中起着重要的作用。一个具有良好观察力的人，能够善于发现容易被别人忽略的细微而有价值的事实，或能敏锐地发现事物隐蔽的重要特征。平时我们要养成良好的观察习惯，学习观察方法，观察过程中注意多思多想，在纷繁复杂的现象中，抓住事物的主要特点，从转瞬即逝的现象中，发现重要的线索。

（三）学习内容的理解

学习内容的理解是学生运用头脑中已有的知识、经验去认识事物间的联系和关系，直到掌握事物的本质特点和规律的思维过程。学生对学习内容的理解受原有知识掌握的牢固性、系统性的影响，同时学习者的理解力又直接影响着学习效果。

（四）所获信息的巩固

学习过程中所获信息的巩固是在感知和理解的基础上对信息进行储存，即通常所说的记忆。记忆是一个复杂的心理过程，我们感知过的事物、思考过的问题、学习过的知识、体验过的情感、练习过的动作、经历过的事物等，都会通过记忆在头脑中留下不同程度的印象，其中有一部分能在头脑中保持相当长的时间，并且能在一定条件下得到恢复。根据信息论的观点，人的大脑在储存信息过程中具有选择性，个人觉得有用的信息能牢固地储存在大脑中，而感觉无用的信息则会被遗忘。知识具有严格的系统性，旧的知识是学习新知识的基础，记忆力强可以提高学习效率。

（五）所学知识的应用

应用就是用已掌握的知识来解决问题，并由此形成相应的技能和能力。对知识的应用既是学习过程中的重要环节，能够促进、加深大学生对知识的理解和巩固，又是发展智力、培养能力的重要手段，是检验大学生掌握知识程度的途径。大学生知识应用的主要形式有完成作业练习、课堂练习、毕业设计（论文）、科研活动和社会服务等。

影响大学生知识应用的基本因素主要有：① 对知识的理解和掌握水平。对知识理解得全面、深刻、准确、牢固，应用起来就会得心应手。② 思维品质和独立性、创造性水平。学生分析、综合、概括、推理等技能的熟练程度，以及思维品质，联想、想象的水平是影响知识应用的重要因素之一。学生独立分析能力强，就能从复杂的任务情境中分析出完成任务的条件、概括任务特点，掌握完成任务的关键。③ 任务性质。应用知识的成效与任务性质密切相关。一般规律是：简单任务比复杂多步骤的任务容易；单一的任务比综合的任务容易。

三、大学阶段学习方式的转变

（一）从他人导向型学习向自我导向型学习转变

他人导向型学习是指学习上主动学习的意识不强，依赖老师、父母等的引导和督促等被动学习状态。学习过程中他人导向型一旦离开他人的督促，会陷入迷茫、无所事事的状态。自我导向型学习，即学习主体自觉、能动、有目的、有计划地学习，在这一学习过程中，学习主体会结合个人实际情况制定个性化的学习目标、学习方法，甚至有创造性的方法和成果等。大学生自我导向型学习主要表现为课外学习时间的自主安排、学习内容的自主掌握、选修课程的自主选择、学习方法的自主调整。

(二) 从知识型学习向智力-能力型学习转变

知识型学习是指一种重知识、轻能力,重理论、轻实践的传统学习方式。智力-能力型学习既强调学习者能力的提高和智力的开发,又重视学习者的职业适应能力与职业发展能力的提高,它满足了现代社会能力本位人才观对学习所提出的要求,即重视学习者的综合素质和能力。大学生要在了解和掌握本专业知识的同时,广泛涉猎各学科的知识领域,增长自己的见识,提升实践能力,实现“一专多能”,以更好地适应社会对人才的需求。

(三) 从封闭型学习向开放型学习转变

封闭型学习指的是一系列“以课堂为中心、以课本为中心、以教师为中心”的学习方式的总称。开放型学习则是与之相对的一种面向社会、面向生活、多层次全方位开放的学习。大学生的培养以就业为导向,大学生的学习必然是开放性的,不仅仅学习书本的理论知识,还要适应社会需求。这种开放性学习内容丰富、形式多样,既有常规的课堂听讲、课堂讨论等,还包括参加社团活动、实习、创新创业实验、社会调查、科研活动等;既有传统的线下培训和活动,也可以通过线上来实现学习的目的,如网课、自媒体公众号视频、论文等。

(四) 从传承型学习向创造型学习转变

传承型学习表现为重视学习在继承人类文化成果、传递生活经验方面的独特作用,却忽视了学习者在学习过程中的探索、发现和创造,即忽视了创造性的培养。创造型学习是从适应与发展两大任务出发,既强调继承与适应,又强调创造与发展。大学阶段的学习是作为社会人的准备,学习知识的根本目的在于应用。因此,大学的学习更强调独立思考,不仅要学习前人的知识经验,更要结合时代特点和热点,创造性地学习和探索新的解决问题的办法。

(五) 从学会型学习向会学型学习转变

学会型学习指的是一种“教什么学什么,学什么会什么”的学习,它用“学懂”“学会”来回答“学得如何”的问题,往往突出了知识的学习,而忽视了学习者对方法的掌握,学会型学习学生的成绩往往依赖于授课教师的授课水平及管理严格程度,学习者较为被动。会学型学习不仅包括“学懂”“学会”,还用“懂学”“会学”等,它是回答“如何学”的问题。古人云“授人以鱼不如授人以渔”,说的就是要教授他人学会学习,注重培养学习者独立学习的能力和方法。大学阶段的学习,不仅仅是理论知识的简单掌握,更要善于学习各种知识,并将其内化为自己的知识和能力。因此,学习者会不会学习就显得尤为重要。

四、心理健康与学习活动的关系

学习是大学生最重要的任务,而学习又是非常复杂的心理现象。一方面大学生的心理健康状况、心理发展水平对大学生的学习活动产生直接作用,另一方面大学生的学习活动也对其心理健康有很大的影响,二者相互影响、相互制约。

(一) 心理健康状况对学习活动的影响

1. 健康的情绪　情绪是影响人类行为的一个重要因素,特别是对学生的思维活动和学习效率的影响尤为突出。积极的、健康的情绪能强化人的学习活动,有助于提高人的认识力和创造力,调动人的智力活动的积极性,使人获得一种新的学习动力;而消极的、不良的情绪则会消解人的学习动力与信心,抑制人的感知、记忆、思维和想象等认知机能,阻碍智力发展和学习效率提升。

2. 健康的意志　良好的意志力是引导和促进学生学习、成长的一种内驱力,对学生智力和能力的发展起着关键的作用。因为人们在学习过程中总会遇到许许多多的困难,要克服这些困难,就必须有坚强的意志。否则学生会缺乏学习的动力。美国心理学家特曼(L. M. Terman)及其合作者对800名智力超群的被测试者进行长期追踪研究得出以下结论:智力和成绩并不完全相关,对比成绩排名前20%和后20%的被测试者发现,他们之间最显著的差异就是意志品质的悬殊。成绩最大组的意志品质,如坚持、自信、恒心、百折不挠等方面明显地优于成绩最小的那一组。

3. 和谐的人际关系　和谐的人际关系有助于促进大学生的心理健康,促进大学生积极稳定的情绪体验,而积极稳定的情绪有助于他们开展正常的学习活动,提高其学习效率。如果大学生能够保持良好的人际关系，便会感到被人接纳、尊重、理解，以及体会到自身存在的价值，促进情绪愉快和稳定，并容易形成高尚的情感，如集体荣誉感等，从而以积极的心态投入到学习活动之中，努力取得好的成绩；而相斥、疏远、冲突等不健康的人际关系，则容易给学生造成心理压力，产生焦虑、易怒、敏感等不良的情绪体验，进而干扰学习活动，影响学习效果。

（二）学习活动对心理健康的影响

1. 学习活动能够促进个人与环境的积极适应　心理健康的人能保持对环境的积极适应，而学习便是实现个人与环境积极适应的基本途径和手段。个人通过学习活动能够获得关于自然、社会和个人的科学知识，掌握改造自然、改造社会的技能，从而为积极地适应自然和社会做好准备。

2. 学习活动能够调节情绪，增强自我效能感　学习活动能够调节大学生的情绪和情感，并能够给人带来身心上的愉悦和满足。努力学习、善于学习，并获得学业成就会增加个体的自我价值感和自我效能感，进而产生愉悦情绪，有助于心理健康。

3. 不恰当的学习活动会对心理健康产生消极影响　学习的内容不健康会给人生观和价值观还不成熟的大学生带来不利的影响；学习负担过重容易导致过强的学习压力，造成长期的过度紧张状态，影响身心健康；学习目标过高或学习方法不适合个人风格，会导致学习难度过大，学习的自我价值感和自我效能感低，诱发自卑心理。

第二节　大学生常见的学习心理问题及调适

现代教学理论认为，学习是人和动物共有的社会现象，但不同的是，人类的学习在获得直接经验与间接经验的过程中，是主动地、自觉地、积极地认识世界的过程，在改造世界中会发挥更大的作用。作为学生学习的一个特别层面，大学生的学习具有独特性，这些独特性在一定程度上容易导致他们在学习过程中产生某些不适应的反应。加之某些外部不良因素的影响，从而表现出“学习心理问题”，即影响大学生正常学习行为和学习效能的心理状态或心理因素。大学生在学习中常见的心理问题主要有：学习动力缺乏、学习动机过强、考试焦虑、学习疲劳、专业兴趣不足等。

一、学习动力缺乏及其调适

（一）学习动力缺乏的表现

学习动力缺乏是指学习上没有动力，缺少学习愿望，无知识需求，更谈不上学习兴趣，也就是有些学生常说的“学习没劲”。学习动力缺乏主要表现为学习上得过且过，缺少抱负和期望；没有压力和紧迫感，没有学习计划，混一天算一天；学习被动，缺少积极思考和主动解决难题的愿望。具体表现如下：

（1）课堂上无精打采、随意迟到旷课、频繁请假，不能集中精力学习，经常打瞌睡、玩手机。

（2）课后无所事事，不认真复习，不完成作业，作业能拖则拖，最好不做，对考试成绩好坏抱无所谓态度，沉迷于闲逛、睡觉、上网或谈恋爱。

（3）厌倦学习、逃避学习，把大量时间和精力用于个人消费或社会兼职，而在学业上投入不足，仅满足于及格，能毕业取得学位就行。

（二）学习动力缺乏的影响因素

一个人的精神面貌、意志力、自制力、理想与信念的形成以及学习习惯的养成，不仅受社会、学校、家庭的影响，也与个人世界观和责任感有关。造成大学生学习动力缺乏的原因是多方面的，归纳起来，主要有以下几个方面。

1. 社会方面　当前需要在全社会范围内进一步营造尊重知识、尊重人才的良好氛围；适应市场经济要求的新的劳动用人制度尚待进一步健全；大学生就业机制还有完善空间；就业不公平的现象在一定程度上依然存在。

2. *学校方面*　学校的校园环境、教学设备、课程设置、教学计划以及教学质量等都会对学生的学习动机产生影响。例如,学校软硬件设施更新不及时,跟不上时代最新发展,或者教学内容陈旧、教学方法单一等情况,会在一定程度上影响大学生的学习热情。

3. *家庭方面*　家庭环境的主观因素对学生学习动机的影响较大,其中尤以家长的教育期望和教育方式最为突出。家长的期望值过高未必能增强学生的学习动力,但家长的期望值过低以及对子女的学习疏于关注和监督,往往会削弱学生的学习动力。此外,有的家长给子女选择专业时不考虑子女的兴趣或是否适合学习,也是导致学生学习动力缺乏的原因。

4. *个人方面*

(1) 社会责任感不强,缺乏使命感和紧迫感。应试教育的后遗症之一就是学生从小长期被加压,紧绷的弦在接到大学录取通知书的那一刻彻底放松了,高强度压力下的骤然松懈导致学习动力不足。

(2) 价值观念不合理,自我意识不健全,缺乏自我效能感。受社会严峻的就业形势和大学学习氛围等因素影响,大学生没有自豪感反而滋生自卑感,对前途迷茫,缺乏进取心和奋斗目标,自暴自弃,从而失去学习的愿望和主动性。

(3) 对学习的意义认识不足,学习方法不当、学习毅力不强,对所学专业不感兴趣等。部分学生因没考取理想的学校或专业,情绪低落,意志消沉,失去了学习兴趣和动力。

(三) 学习动力缺乏的调适

尽管造成大学生学习动力缺乏的原因不尽相同,但总的来说,可以从以下几个方面入手。

(1) 增强社会责任感,树立合理的价值观念,加强自身修养,增强家庭责任感和社会使命感。

(2) 提高对学习意义的认识,端正学习态度,努力培养求知欲望和专业兴趣。

(3) 设置适当的学习目标,使学习有明确的努力方向,制订切实可行的学习计划,以便科学合理地利用时间和分配精力。

(4) 加强自制力训练,努力抵御外部干扰,增强学习的自觉性和主动性。

(5) 运用“自我强化法”对自己的学习计划实施情况进行自我监督,自我奖惩,培养学习的成就感。

二、学习动机过强及其调适

学习动机可以直接激励学生进行学习活动,它对学习的作用表现为三个方面。第一,决定学习的方向,它使学习朝向一定的目标;第二,决定学习的进程,学生在学习过程中是否勤奋认真、持之以恒取决于学习动机;第三,影响学习的结果。一般说来,学习动机强烈的学生,其学习成绩也较好,但这并不意味着学习动机越强,学习效果就越好。

学习动机过强,是大学生中较为普遍的学习心理问题,具体表现为求胜心切,急于超越别人,只能成功,不能接受失败,注重奖惩及他人对自己的评价。无论是内部的期望过高,还是外部的奖惩诱因过强,都会使学生专注于自己的愿望或外部的奖惩,而不是专注于学习,从而妨碍了学习。

美国认知心理学家和教育家布鲁纳(J. S. Bruner)关于学习者学习动机水平的实验表明,学习者的学习状态会影响其获取知识和组织运用信息的情况,当动机水平处于最佳时,会对学习者的学习行为产生较好的效果。过高的动机水平并不利于学习效果的提高,而中等程度的动机唤起水平,对学习具有最佳效果。动机强度与学习效率之间呈倒U形曲线。

(一) 学习动机过强的表现

1. *过分在乎评价*　学习动机过强的学生往往受到表面动机的驱使,渴望外在的奖励与肯定,过分看重他人的评价。他们没有一个稳定的自体感,仅仅依靠外在的反馈和评价。当他们学业成功时,会体验到良好的自我感,尤其是被权威人物肯定时,他们会感觉到自己充满活力,并充满着天才般的创造力。这类学生总是以这样的方式维持自尊,因而他们的自尊也总是岌岌可危。

2. *过度的自我期待*　对自己能力认识不足,估计过高,抱负和期望远远超出自己的实际能力,这样的学生缺乏对自我能力及外界环境的客观认识,会对自己有非常高的期待,为自己设置过高的目标,而这一目标几乎不可能实现,或当下实现的条件不足,他们会为了实现这一目标竭尽全力,而且不允许自己有一点点的弱小感、缺陷感。成就动机过强，不但不能专注于学习，还会因为心理压力过大导致学习失败。

3. 容易产生挫折感 渴望学业优秀的学生由于对自己有过高的期待，总是容易受挫。当他们感觉自己不被认可时，会产生持续的低落感、无能感、无助感，因为他们很难具备自我抚慰的能力，也没有能力去处理自己的困难状态。这类学生很难唤起过去的成功经验，从而导致对自己评价降低。更糟糕的情况是，小小的失败不只是打破了他们的完美感，还有让他们自我崩解的感觉。作为一种防御，他们也可能会将弱点分裂出去并加以否认，用一种自我的自我影像来抵抗无助感和脆弱感。

（二）学习动机过强的影响因素

1. 社会文化的鼓励与强化 霍妮(K. D. Horney)认为，一切神经质人格本质上均来源于社会文化对个人施加的影响。同一时代很多人都面临的问题，是由于我们时代和文化中的种种困境而造就。我国的本土文化是以儒家文化为主流发展而来。儒家文化对于人格的划分大致有三类：圣人、君子、小人，而圣人是理想的、完美的人格状态。古代知识分子都希望“以圣传世”，即使终究不能成为圣人，也希望能成为君子，通过饱读诗书来实现“修齐治平”。君子是一种大我，家庭、国家、社会都在自我之中。而自我的感受性、个体性是不能表达和呈现的，否则，就会沦为主流文化所不齿的“小人”，而君子便成了知识分子理想人格的追求。这种追求导致人对自己的期望太高，而现实中人往往无法满足社会和他人的期待。重视权威，追求外在的好评取代了对道德圆满的追求。这样的社会背景无疑鼓励孩子发展出“虚假的我”，强调理性，让其外在表现过分符合社会的期待，为了得到好评不惜限制自己的兴趣、喜好及感受性。

2. 父母教养方式的过分奖励与惩罚 在传统“严父慈母”的家庭文化建构中，父亲会承担规训的功能，而这种功能被母亲所支持和强化。尽管殴打和训斥不必然和规训连在一起，但在传统文化中，不打儿童是不负责任和无能的表现。当孩子失败时，迎接孩子的不是拥抱和抚慰，而是恶语相向、拳脚相加；反之，当孩子成功时，父母便是笑脸相迎，满足孩子各种物质和精神的需求。这种过高的外部动机的满足会有削弱内部动机的作用，使学生忽视学习本身带给他们的满足感。

3. 功利心较重 过分看重学习成绩所带来的外在评价和奖励，不是因为兴趣或热爱而学习，而是将学习作为达到个人功利目的的一种手段。一开始学习热情会非常高，如果得到满足有可能会加快学习，甚至会产生假想敌，担心对方超过自己，导致对自己的学习期望过高。

（三）学习动机过强的调适

由于造成学习动机过强的原因主要来自大学生自身，因此，要消除这种心理问题主要靠大学生的自我调适，具体可从以下几方面入手。

1. 客观评价自己的实力及自己在团体中的水平，确立适当的学习目标 学习动机过强的学生都有潜在的适应不良的信念，只有放弃这些僵化的信念，发展一种替代的，更具弹性和现实性的标准或假设，才可能释放而非压制自己。僵化的信念包括：“我必须总是成功”“我必须每件事情都尽善尽美”“我必须让所有人都满意我”等，而更具适应性的信念是：强调学习、成长和接纳而非评判、拒绝和放弃，如“高标准虽然很好，但无论如何我都愿意接纳自己”“我希望优秀，但这并不总是可能的，我对自己已经取得的成绩感到满意”“我喜欢做得很好，但我也愿意从错误中学习，并可以因为自己确实完成的事情而表扬自己，而不是拿自己与不切实际的标准比较”。

2. 调整心态，关注学习过程 学习过程中，学会专注于当下过程而不是强求于结果。很多学生都有这样的体会，有些事情，尽管他们失败，但在过程中有一种参与感、充实感。把学习变成一种享受，激发自己主动探究的欲望，调动自己对知识的热情和诉求。学会问自己，当下的学习有什么感受和启发？这段经历里什么是有趣的？如果失败，不要把这个分数看作是衡量自己价值的最后一次，而是增强对这门课程的好奇心，把它看成是一个挑战，不要过分关注学习结果，被避免失败的动机所强化。

3. 区分进步和完美 当个体对自己有一个高标准和不切实际的期待时，会导致一种失败感和无用感。如果是试图考察进步而非试图完美时，个体可能更有控制感，并更感到有希望。因为自己进步激励自己而非等待完美。任何一次学习，都应该关注自己学到什么，如果失败，就需要看看自己从失败中又收获了什么，这个挫败如何激励自己在未来取得进步。在这个练习中，可能有人会觉得只有自责才会激励自己更勤奋学习，他们坚信对自己过于仁慈会让自己懈怠。需要澄清的是，这个练习的聚焦点在于感觉挫败后如何解决问题而非自责。同时,并非自责、懊恼及无能感在激励他们,这些情绪只会让他们有一个糟糕的感觉,对他们的学习没有任何助益。

培养更多的兴趣爱好,尝试有展示兴趣爱好的机会,如加入有类似爱好的社团,和志同道合的伙伴一起交流,在更多渠道中找到自我价值观、体验幸福感。

三、考试焦虑过度及其调适

考试是学习过程的组成部分,它既是对学习效果的一种检验,同时也是对学生心理素质的一种考验。几乎所有学生面临考试都会紧张,只是程度不同而已。需要指出的是,考前紧张不等于就是考试焦虑过度,考试前适当的紧张和焦虑对于复习和考试不仅没有坏处反而有好处,它可以使学生保持注意力的集中和学习的警觉性,还能调动身体的能量,使学生以充沛的精力投入考试。可见适当的紧张是必要的,要避免的是过度紧张。不少学生平时学习成绩不错,但每到考试尤其是重要考试时则过分紧张、担忧,信心不足,导致发挥失常,成绩落后,久之可能形成对考试的恐慌,也就是考试焦虑过度。

(一)大学生考试焦虑过度的表现

考试焦虑表现在认知、情绪和行为三个方面。

1. *认知方面* 考试焦虑者注意的焦点不是如何解题,而是过分关注考试结果,思维总是指向考试失败。这种认知上的担忧和负向思维模式使考生在记忆力、注意力方面受到妨碍,难以正常地进行考前复习和答题。不仅如此,考试焦虑者还经常纠缠于过去考试的紧张经历,担心再次因紧张而考不好,结果更加紧张,造成恶性循环。

2. *情绪方面* 主要表现出一些应激反应,如紧张恐惧,心烦意乱,无精打采,喜怒无常等;这些不良情绪又引发了一系列的生理反应,如考试前失眠、肠胃不适、发热、尿频、头痛等;考试中心跳加速、呼吸急促、出虚汗、严重时全身颤抖,四肢发软,甚至昏倒,也就是晕场。

3. *行为方面* 考试焦虑者也有一些不良表现,如拖延、退缩和逃避。

总之,过度的考试焦虑不仅妨碍考试,影响学习,也损害身心健康。

(二)大学生考试焦虑过度的影响因素

从根本上说,考试焦虑取决于大学生对考试的态度和对自己能力的评价。具体而言,有以下几方面的原因。

1. *担心考得不好,别人会降低对自己的评价* 很多学生都非常在意别人的目光,在意别人对自己的看法,害怕自己如果一旦考不好,别人就会嘲笑自己,对自己的能力产生怀疑,那么自己从此在别人面前就抬不起头,而且也没法向父母和老师交代,这些都是无法忍受的。持这种想法的学生往往成绩一贯很好,也正因为成绩一直不错,所以不能容忍自己一丝一毫的失误,不能想象自己多年树立起来的形象毁于一旦,背负着这样的包袱,心理压力自然也越来越大,每次考试都如履薄冰,焦虑也就自然而然产生了。

2. *担心考得不好,自我评价会降低* 有一些学生对自己的要求过高,一旦达不到目标,就会自我贬低,丧失进一步奋斗的勇气。他们还往往比较自卑、悲观,不能正确、客观地评价自己,同时还非常在意一些外在评价标准,如考试分数或名次。在重大考试来临之前或考试期间,他们往往会莫名其妙地自我怀疑,对自己信心不足,总是担心别人会比自己强得多,担心自己会考不好。这类学生的成绩一般来说不够稳定,甚至不够好,或者除了学习在其他方面一无是处,因而总希望借考试成绩来吸引别人的目光,增强自己的信心。但偏偏他们的自信心总是显得不够,底气总是显得不足。

3. *担心自己未来的前途* 持这种想法的学生总习惯性地把考试与未来的工作、前途联系在一起,显得患得患失。他们往往认为成绩在就业时是非常关键的因素,"一般来说,考试成绩好的人将来必定能找个好工作""如果在校园里成绩好,在社会上也必然能取得令人羡慕的地位""如果这次考不好,我的未来就完了"……如此一想,他们自然心烦意乱,战战兢兢,无法完全集中精力于考试本身。

4. *担心对考试的准备不足* 一些大学生平时不够努力,不认真听课,也不复习,甚至经常逃课,快到考试时则慌了神,找来别人的笔记临时抱佛脚。一般来说,他们对自己的要求并不太高,只要能过关就行,但由于准备仓促、时间不充分,所以无法不担心自己可能会"挂科"。而这样的担心又会妨碍他们考前的准备,并在考试期间干扰他们的答题。另外，有些学生虽然平时很努力，复习时也很认真，但总是对自己不够放心，总担心复习得不够全面，还应该再多充实一些知识。这样追求完美，精益求精，也会导致焦虑的产生。

（三）大学生考试焦虑过度的调适

(1) 端正对考试的态度，明确考试只是一种手段，考试成绩不能全面反映一个人的知识水平和学习能力，更不能决定一个人的个人形象。多一些积极的自我暗示和自我指导，特别要避免消极的自我暗示，如“我要是在如此重要的考试中失败，就会没有价值，会被人看不起”。

(2) 客观分析以往失败的原因，不因一次失败就自我否定。同时正确看待亲友的期待，明确自己的长处和不足，扬长补短，确立力所能及的分数目标，不盲目攀比。

(3) 平时认真学习，考前全面复习，注意掌握一些应试技巧，对考试不抱侥幸心理，做到有备而来。同时注意锻炼身体，劳逸结合，加强营养，保证有充沛的精力和清醒的头脑参加考试。

(4) 改变对考试焦虑的态度，既不漠视它，更不夸大它的危害。其实焦虑本身并不可怕，可怕的是认为紧张焦虑必然妨碍学习，急于排除紧张，结果越怕自己紧张反而越紧张。实践证明，真正难处理的是“对考试焦虑的焦虑”，即不是担心考试本身，而是害怕出现焦虑反应。因此，面对自己的焦虑状态，较好的做法是接受它，不再对它产生恐惧。

(5) 较为严重的考试焦虑症状可寻求心理老师的帮助，在心理老师指导下通过渐进式肌肉放松训练、“系统脱敏”训练、深呼吸等放松方法，调节焦虑情绪，轻松面对考试。

四、学习疲劳及其调适

学习过程包含着体力和脑力劳动的消耗，这一过程必然表现出身体和心理上的紧张与疲惫的交替状态。一般来讲，学习疲劳是指高强度或长时间持续学习导致个体在生理和心理方面产生倦怠感，致使学习效率下降，甚至厌倦学习、无法学习的状态。

（一）学习疲劳的表现

从属性上看，学习疲劳可表现为生理疲劳和心理疲劳。生理上的学习疲劳主要是由于身体能量消耗所引起，常常表现为眼睛发疼发胀、腰酸背痛、肌肉痉挛、感觉迟钝等。心理上的学习疲劳是长时间过度紧张或长期从事单调的工作而导致的身心紊乱，并伴有厌倦情绪和疲乏感，主要表现为思维迟钝、反应缓慢、注意力涣散、情绪烦躁、焦虑不安、忧郁、易怒等。在学习疲劳中，生理疲劳和心理疲劳相伴产生、相互影响。

（二）学习疲劳的影响因素

影响学习疲劳的主要因素有：① 学习时间过长，不注意科学用脑和劳逸结合；② 学习压力过大，造成大脑神经持续处于高度紧张状态；③ 注意力高度集中，用脑过度；④ 学习的内容单调乏味，缺乏学习的兴趣和有效的学习方法；⑤ 睡眠不足、睡眠质量不佳；⑥ 在异常的气温、湿度、噪声或光线不足等外界环境下学习。

（三）学习疲劳的调适

1. 环境优化策略　良好的学习环境可以使人心情舒畅，进而保持良好的学习状态。因此，大学生在学习时应尽可能选择良好的学习环境：① 尽量在光线柔和的环境下学习，不要在光线过强或过弱的地方学习，避免出现视觉疲劳；② 尽量选择在安静、不被打扰的地方学习；③ 尽量在空气清新的地方学习，避免长期在密闭的空气污浊的场所学习，导致大脑缺氧状态，影响学习效率。

2. 学会科学用脑　科学用脑，保持大脑的清醒状态，是缓解学习疲劳的有效方法。人的大脑两半球具有不同的功能：左半球与逻辑思维有关，负责智力活动的计算、语言、逻辑、书写等活动；右半球与形象思维有关，负责想象、视觉、音乐、韵律、幻想等活动。如果一个人长时间地用一侧大脑半球，就容易产生疲劳。因此，应根据大脑两半球的不同分工科学用脑，在学习时要根据不同的学习内容，合理安排用脑时间，避免用脑过度。

3. 培养学习兴趣　兴趣是最好的老师。如果学习兴趣浓厚，学习时心情愉快，即使长时间的学习也不容易产生疲劳感。反之，如果没有学习兴趣，则很快进入疲劳状态。可见，在无法调整学习内容的情况下，尝试培养对学习内容的兴趣，有利于避免学习疲劳的产生。

4. 遵循自身的生物节律,注意劳逸结合　人体的各种活动功能会随着时间的推移做规律性的运动。因此,大学生的学习和休息时间安排应顺应自身的生物节律,不过分苛求自己的学习时间,感觉累了就及时休息,保证高质量的睡眠,适当运动,合理安排好学习和休息的时间,确保高效、可持续的学习和工作。

五、专业兴趣不足及其调适

大学生是国家专业人才和科技创新的主要储备力量,专业兴趣对大学生的成长和专业学习至关重要。如果缺乏专业兴趣,会觉得学习枯燥乏味,导致学习效率低下;反之,则可以提高学习积极性,提升学习效果,并能获得积极的情绪体验。专业兴趣对大学生的专业承诺、学习动机、学习成绩和专业坚持都有重要的促进作用。

(一) 专业兴趣不足的表现

专业兴趣不足主要表现为不明白专业学习的意义,对本专业的学习不感兴趣,对本专业的就业前景等持比较悲观的态度,将来不喜欢也不打算从事与本专业相关的工作。在大一新生中,有一些同学因为对自己所学专业不感兴趣,导致他们入学以后思想苦闷,感到学习索然无味,学习投入不足。

(二) 专业兴趣不足的影响因素

影响专业兴趣不足的因素主要有以下几个方面。对未来目标不明确、专业选择与个人兴趣匹配度偏低、学习投入和社会支持系统不足是限制大学生专业兴趣水平的重要因素。

1. 大学生对自己定位不准确,对未来目标不明确　缺乏专业学习兴趣,很大程度上取决于大学生对自己没有一个整体的认知和准确的自我定位。对于很多大学新生来说,入学前对报考的专业并不了解,对自己适合什么专业也不清楚。进入大学后,发现所学专业与自己想象的不一样,导致专业学习兴趣降低。

2. 专业选择与个人兴趣不匹配　有些学生受成绩、家庭、专业调剂等因素的影响,没有进入符合个人意愿的专业领域学习,对专业认同不高,从而产生厌学情绪。潘颖秋等研究显示,专业选择对大学生的专业兴趣水平有着显著的影响,大学生所学专业与其入学时的专业选择意愿匹配度越高,其专业兴趣水平也越高。

3. 社会支持系统不足　社会支持是激发和巩固情境性兴趣,促进个人兴趣形成的重要外在因素。亲密的同伴和教师则是大学生校内社会支持系统的重要来源。良好的同伴及师生关系对大学生内在学习兴趣或自主学习动机水平有着显著的积极影响。潘颖秋等研究显示教师的情感支持,对大一大二大学生的专业兴趣影响有限,但对大三同学的专业兴趣有积极的促进作用。高校师生关系相对宽松,需要学生更加积极主动地寻求教师支持。因此,如果同伴关系较差、班级或专业学风较差、教师的教学方法对学生缺乏吸引力以及师生关系不是很融洽,都有可能造成大学生专业兴趣不足。

4. 学业投入不足　进入大学后,学生如果不懂得管理自己的时间,将时间过多地投入到参加社团活动、社会实践、交友、无所事事、打游戏等,都会导致专业学习投入不足,专业学习兴趣降低。

(三) 专业兴趣不足的调适

1. 探索个人专业兴趣,坚定专业目标　了解专业的发展史和未来发展方向,积极探索、仔细分析自己的专业兴趣、特长及现实情况,寻找当前专业兴趣选择的平衡点,明确专业方向,坚定专业目标,才能坚持深入的专业学习和研究,提高专业学习兴趣。

2. 尝试改变态度,争取良好的学习氛围和更多的社会支持　人生会面临许多自己意想不到的东西,无论专业学习还是同伴交往,当我们不能改变客观条件时,那就学着改变自己的心态,因为态度决定一切。进入大学后专业已基本固定,当“选你所爱”未实现时,不妨改变态度,试试“爱你所选”。

3. 加大专业学习投入　个体对自己熟悉和理解的事物容易产生兴趣。把专业学习与社会发展需要结合起来,充分了解所学专业的社会意义和学术价值,增加专业学习时间,逐步熟悉和理解自己的专业,探索专业领域里自己感兴趣的方向,随之培养对专业的兴趣。

4. 培养学习兴趣　在学习过程中不仅要调动理性的心理元素(思维和记忆等),还要充分调动感性心理元素(兴趣、热情、感知觉、想象等)的参与。通过自身努力,兴趣能够被培养和激发。学以致用,在实践中检验自己的学习成果,是培养学习兴趣的有效途径。在实际活动中,如果用学习到的知识解决了实际问题,能使自己体验到学习的价值和趣味。此外，对自己的学习效果进行总结和评价不仅可以把握自己的学习状况，还能增强学习的自我效能感，激发专业学习的兴趣。

第三节 大学生创造力与创新思维的培养

创造力是一种运用已知信息重新组合新系统的统摄与联结的能力，包含着认知方面和个性方面的心理因素，是在丰富的知识经验的基础上综合认知、情感、意志过程的各种特性和个性特征达到最高水平的表现。创新是人类文明进步的动力，是社会经济发展的源泉，是时代前进的主旋律。从历史的角度看待创新，人类发展的历史就是一部创新史，创新的数量、质量和速度影响着人类发展进步的幅度和速度。长期以来，我国高等教育教学过程中，重课堂讲授，轻实践教学；重知识的传授，轻能力的培养；重注入式教学，轻启发式教学等教学模式都忽视了大学生创造力、创新思维的培养。

一、大学生创造力的培养

创造力是创新人才的核心能力。要想更富有创造力，就需要认识创造力，知道富有创造力的人具有哪些特征，掌握创造力产生的机理，了解自己的创造力水平，知道如何开发和提高自己的创造力。

（一）创造力的概念及特征

1. 创造力的概念　创造力，是人类特有的一种综合性本领。创造力是指产生新思想，发现和创造新事物的能力。它是成功地完成某种创造性活动所必需的心理品质。它是知识、智力、能力及优良的个性品质等复杂的多个因素综合优化构成的。一个人是否具有创造力，是一流人才和三流人才的分水岭。如创造新概念、新理论，更新技术，发明新设备、新方法，创作新作品都是创造力的表现。创造力是一系列连续的、复杂的、高水平的心理活动。它要求人的全部体力和智力的高度紧张，以及创造性思维保持在最高水平上进行整个心理过程。

创造力与一般能力的区别在于它的新颖性和独创性。它的主要成分是发散思维，即无定向、无约束地由已知探索未知的思维方式。按照美国心理学家吉尔福德(J. P. Guilford)的看法，当发散思维表现为外部行为时，就代表了个人的创造能力。可以说，创造力就是用自己的方法创造新的、别人不知道的东西。

理解创造力这一概念要把握以下几点。

(1) 创造力是一种有别于智力的能力，创造力测验的内容是智力测验内容上没有的，是智力测验测不出来的能力。

(2) 创造力指在各种创造性活动中的能力，既有科学创造活动，又有技术创造和艺术创造活动，还有其他方面的创造活动。

(3) 新颖性、独特性是指前所未有、与众不同，这是创造力的根本特性。

(4) 创造产品(包括物质的和精神的)有社会或个人价值。

2. 创造力的构成因素

(1) 知识：包括吸收知识的能力、记忆知识的能力和理解知识的能力。吸收知识、巩固知识、掌握专业技术和实际操作技术、积累实践经验、扩大知识面、运用知识分析问题，是创造力的基础。任何创造都离不开知识，丰富的知识储备有利于更多更好地提出创造性设想，对设想进行科学分析、鉴别与简化、调整、修正；并有利于创造方案的实施与检验；而且有利于克服自卑心理，增强自信心，这都是创造力的重要内容。

(2) 智能：智能是智力和多种能力的综合，既包括敏锐、独特的观察力，高度集中的注意力，高效持久的记忆力和灵活自如的操作力，也包括创造性思维能力，还包括掌握和运用创造原理、技巧和方法的能力等。这是构成创造力的重要部分。

(3) 优良素质：包括意志、情操等方面的内容。它是在一个人生理素质的基础上，在一定的社会历史条件下，通过社会实践活动形成和发展起来的，是创造活动中所表现出来的创造素质。优良素质对创造极为重要，是构成创造力的又一重要部分。

优良的个性品质如永不满足的进取心、强烈的求知欲、坚韧顽强的意志、积极主动的独立思考精神等是发挥创造力的重要条件和保证。总之，知识、智能和优良个性品质是创造力构成的基本要素，它们相互作用、相互影响，决定创造力的水平。

3. 创造力的特征

(1) 变通性：即能够随机应变，举一反三，不易受功能固着等心理定式的干扰，因此能产生超常的构想，提出新观念。

(2) 流畅性：反应既快又多，能够在较短的时间内表达出较多的观念。

(3) 独特性：对事物具有不寻常的独特见解。聚合思维在创造能力结构中同样具有重要作用。所谓聚合思维是指利用已有定论的原理、定律、方法，解决问题时有方向、有范围、有程序的思维方式。发散思维与聚合思维二者是统一的、相辅相成的。人们在进行创造性活动时，既需要发散思维，也需要聚合思维。任何成功的创造性都是这两种思维整合的结果。创造力与一般能力有一定的关系，研究表明，智力是创造能力发展的基本条件，智力水平过低者，不可能有很高的创造力。

4. 创造性人格　创造力与人格特征也有密切关系。心理学家很早就开始研究各个领域中对于创造力的发展和创造任务的完成起决定作用的人格特征，结果发现各种创造性人才身上有着一些共同的特征，心理学把这些共性称之为创造性人格。

(1) 吉尔福德(J. G. Guilford)等对创造性个体的人格作了深入的研究，总结出以下特点：① 有高度的自觉性和独立性，不肯雷同；② 有旺盛的求知欲；③ 有强烈的好奇心，对事物的机理有深究的动机；④ 知识面广，善于观察；⑤ 工作中讲求条理性、准确性和严格性；⑥ 有丰富的想象力、敏锐的直觉，喜好抽象思维，对智力活动与游戏有广泛的兴趣；⑦ 有丰富的幽默感，表现出卓越的文艺天赋；⑧ 意志品质出众，能排除外界干扰，长时间地专注于某个感兴趣的问题之中。

(2) 索里(J. M. Sawrey)和特尔福德(C. W. Telford)的研究发现，高创造力的人具有如下人格特点：① 观念的灵活性，即思想开放；② 个人的独立性，即不受习俗的限制和约束；③ 性别角色的相反化，即高创造力的男性具有女性化的气质，高创造力的女性具有男性化的气质；④ 对暧昧不明事物的容忍，即可以接受不甚明确和复杂的东西；⑤ 对错误的容忍，即不怕犯错误且容忍自己和他人犯错误。

总之，创造性人格多种多样，但自信心、进取心、毅力、独立性、冒险、开放的思维方式是其核心品质。

(二) 大学生创造力不足的表现及原因

1. 大学生创造力不足的表现

(1) 创造愿望不强烈：创造性源于创造愿望，没有创造愿望也就没有创造的激情和动力，内心深处没想到要创新点什么，也就不会长时间地思考解决问题的方法，创造的灵感也无从谈起。当代大学生中相当一部分同学对创新不够重视，无强烈的创造愿望。这些同学要么为就业做准备，不得不去参加五花八门的培训班和实习，以得到尽量多的证书和工作经验；要么为考研做准备，整天游离于教室和图书馆；要么视大学为放浪形骸的天堂，吃喝玩乐，荒废宝贵的大学时光。因此根本无法静下心来思考自己感兴趣的问题，更不可能考虑怎样进行创造发明。

(2) 创造信心不足：很多大学生害怕与人竞争，对自己信心不足，更有甚者逃避群体、自我否定，使自己更加自卑和缺乏信心。既然认为自己不如别人，他们做起事情来就缺乏积极性，并怀疑自己的能力。这种想法在很大程度上约束了他们的想象力，在思考问题时无法做到“异想天开”，在行动上就畏首畏尾、小心谨慎，不主动接受挑战，更不会别出心裁，这样就失去了许多尝试创新并成功的机会，创造理想的实现也就无从谈起。自卑心理还抑制了欲望，没有强烈的成功欲望，就不会有克服困难、奋力进取的坚强意志，因而这部分学生为人处世喜欢随大流，长时间便造成了自身消极，缺乏创造激情，潜在的创造力也就难以激发出来。

(3) 创造意志力不强：许多大学生意志不够坚定，与他们对事业成功的过程缺乏理解也不无关系。爱因斯坦生前多次讲过他的思维能力只是中等，他所做的工作成就完全是长时间专心致志的结果。而我们许多大学生在未行动时就考虑会不会白付出了辛苦，这种想法更使他们意志不够坚定，做事不够主动和果断，不能将计划、想法付诸实践，或做事有头无尾，从而使创造力的发挥受到抑制。

(4) 创造性思维欠缺：大部分大学生习惯于一种正向的思维定式，而不喜欢从反方向、多角度地思考问题，他们大都在乎的是问题的解决，而不在乎解决问题的方法。对于知识，大部分学生习惯于只注意接受正、误分明的概念。比如，他们会准确无误地掌握课本中的概念，而不喜欢接纳任何模棱两可的概念和事物，更舍不得花时间对其进行分析。总之，对事物的态度缺乏灵活性，这使他们的思维更加呆板僵化。这种创造性思维欠缺显然抑制了许多新颖想法的产生。

2. 大学生创造力不足的原因

(1) 传统教育方式对大学生的个性重视不足：尽管我们提倡素质教育、发展个性，但实际上难以付诸实践。部分大学教师依然执行着简便的大众化教育方式，即“课堂教学＋课本”，课堂上只向全班学生传授课本知识，所谓的“满堂灌”，而把学生的个体需求置之度外。现行的这种传统的教育方式不利于调动大学生学习的主动性、积极性和创造性，也使大学生在创新行为上得不到引导和鼓励，这在一定程度上直接阻碍了大学生的创造力发展。

(2) 针对大学生创新的激励措施不够：文化课成绩至上的教育指导思想几乎使大部分学生失去了参与创新竞争的动机和条件。创新活动的开展需要有必要的激励措施和制度支持。奖励制度便是激励学生进行创新活动的重要方法之一。很多学生尽管文化课成绩略为逊色，但是有自己的特长，也常常是这些学生标新立异，搞出小发明、小创造，或提出奇怪的想法。但他们的创新没有得到应有的重视和认可，因此这些学生的创造性就很有可能由于没有得到鼓励而渐渐消退。

(3) 缺少培养大学生创造力的时间和条件：当代大学生面临严峻的就业压力。为了能够找到一份满意的工作，他们往往要付出大量的个人时间。另外，虽然每个人对创造性思考的环境要求不尽一致，但是有一个条件必须具备，就是现实的环境要能够使之静心思考，并能使之长时间地保持注意力和思维的兴奋状态。由于现实环境的一些制约无法满足这一条件，学生创造性的新思路难以发挥。除此之外，经济条件、引导资源、转化体制等方面存在的限制也影响了学生创新能力的培养。

(三) 大学生创造力的培养方法

1. *探源索隐*　大学生在学习中，要学会从事物的联系中思考，追溯偶然发现的起因，在掌握知识的同时，思考导致前人发现与发明定律、定理和公式的思路；从事物内部或事物间的联系中，探索创新的思维方式，激发自己的创造力，提出解决问题的办法。

2. *辨异求同*　要善于比较，从比较中打开思路。不谋求唯一正确的答案，要“逼迫”自己通过不同的思路达到同一目标。从比较中发现新问题、新情况，发现老问题的不同解决办法，发现已知情况的新变化，使自己的创造欲在执着的追求中受到激发，培养自己创造性地解决问题的习惯。

3. *智力激励法*　“智力激励法”是在世界上得到普遍推广的一种创造技法。它是以专题讨论会的形式，通过充分扩散思维的过程，进行信息催化，激发大量的创造设想，形成综合创造力。运用该法，讨论的主题必须明确，旨在克服通常讨论会中的自我评价系统和相互评价系统对萌发创新思路的抑制作用，达到集思广益，激发创造的目的。“智力激励法”能促使信息催化，产生连锁反应，形成综合的创造力。讨论会上自由发表的意见，对每一个与会者都是一种信息刺激。若能理解并将其纳入自己的认识结构里，新信息与旧信息或其他信息融合，就会产生一些新观念。或者在新信息的刺激下，通过联想作用激活另一个有价值的新观念的萌发。集思广益是搞发明创造必不可少的条件，在自由发言的条件下，可以收集众多的信息和观念。

4. *六三五默写式激励法*　此法是德国人在吸收“智力激励法”的优点后发明的一种方法。各参加者不妨碍他人，自己也不用发声。参加者 6 人，每人必须在前面卡片上写出 3 个构想，并在 5 分钟内完成。方法与程序：开始进行该法之前，由出题者提示问题，如有疑问要澄清。5 分钟一到，每名参加者须把卡片交给右邻者，每 5 分钟传递一次，一共 6 次，30 分钟一个循环，可得 108 个构想，完成后将每个构想剪下，分类并设计贴在海报纸上，展示报告。

5. *六六讨论法*　这是一种以智力激励为基础、适用于大团体讨论的方式。将大团体分为 6 人一组的小组，进行 6 分钟小组讨论，再回到大团体中分享成果，最后进行评估。方法与程序：决定一个主题；推行一位主席，一位计时员；每人轮流发言1分钟，所有成员要注意倾听其发言，1分钟不到不能停止发言，1分钟到要立即停止发言；推派一位发言代表；回到大团体分享成果。

6. 趋势外推　事物发展的过去、现在和未来有着内在联系，因此可以根据过去和现在的信息，在学习中研究影响事物发展的基本因素、限制条件，推测未来发展的趋势，从而制订适当的对策。这种学习方法若和科研与学术研讨会结合起来进行，其学习效果会更为明显，将有利于推动大学生参加科学研究活动和创造实践。现代的世界是信息的世界，信息闭塞将一事无成，搞科学与学术研究也不会有所突破。

7. 类比模拟　在学习中，要善于从自然界或者已有成果中，寻找与创造对象相类似的东西，加以模拟，创造出新的东西来。从个体成长过程看，模仿是创造的先导，但我们追求的是在模仿中进行创新，如仿生学就不单单是模仿。大学生在学习中，要培养自己动脑动手的能力，从类比模拟中求创造。类比的方法很多，常用的有拟人类比法、直接类比法、象征类比法、因果类比法、对称类比法、综合类比法等。

8. 检查表技术　这是从一个与问题有关的列表上寻找解决问题线索的方法，用以训练周密的思维。可以先将问题列成一张分析表，然后写出表中每一项所需要解决的要点，然后逐一考虑每一要点可供改变的方向。也可以使用"可能解答表"方法，用智力激励提出各种可能的问题解决办法，将这些方案列表进行考虑。

9. 分合法　分合法是戈登(W. Gordon)提出的一套团体问题解决方案。他将创造过程分为两种心理操作，一是使熟悉的事物变得新奇，这叫由合而分；二是使新奇的事物变得熟悉，这叫由分而合。由合而分的过程是让学生用新颖而有创意的观点重新了解熟悉的事物以产生学习的兴趣；由分而合是让学生在熟悉陌生事物的过程中增进对新奇事物的理解。戈登提出了4种类推的方法：① 狂想类推：找出不同寻常的解决问题的办法；② 直接类推：将两种不同的事物彼此类推，以便触类旁通，举一反三；③ 拟人类推：将事物进行人性化的类推；④ 符号类推：是运用符号象征化的类推。

10. 属性列举法　此法由克劳福德(R. Crawford)提出，他让学生列举所研究物品的各种属性，然后提出改进属性的方法，使该物品产生新用途。属性列举法具体可分为特性列举法、缺点列举法、希望列举法。

11. 形态分析法　由兹维基(F. Zwicky)和艾伦(Allen)提出，以结构分析为基础，再对问题进行系统分析和综合，将可以产生更多的新观念。实施时分四步进行：① 广泛叙述问题；② 列举出有关这个问题的独立要素；③ 列举出每一独立要素的可变元素；④ 使这些元素相互结合，形成很多新观念。形态分析法的基本原则有七点：① 任何一种概念都不完全；② 知识无限；③ 任何领域都在寻求整体的知识；④ 要彻底解决一种问题，应从所有已知要素的所有可能的结合关系中去寻找；⑤ 各事物之间有一种一般的关系存在；⑥ 综合法应先依赖分析法；⑦ 先寻求各种价值的形态构造而后才寻求所需的观念或答案。

二、大学生创新思维的培养

"创新是引领发展的第一动力。必须把创新摆在国家发展全局的核心位置，不断推进理论创新、制度创新、科技创新、文化创新等各方面创新，让创新贯穿党和国家一切工作，让创新在全社会蔚然成风。"对于当代大学生来说，就必须拥有创新思维。

(一) 创新思维的内涵及特征

1. 创新思维的内涵

(1) 创新：创新是指以现有的思维模式为基础，以有别于常规或常人思路的见解为导向，利用现有的知识和物质，在特定的环境中，本着理想化需要或社会需求而改进或创造新的事物、方法、元素、路径、环境，并能获得一定有益效果的行为。

(2) 思维：思维是人们探索客观事物属性、内在联系和内部规律性的有意识活动过程，是客观事物属性、内在联系和内部规律性的反映。换言之，思维是人脑的机能，是主体人对于客体对象的概括性和间接性反应，是主体联系客体的中介和手段，是主体加工处理客体的方法和工具。

(3) 创新思维：创新思维是指主体在一定的知识、经验和实践基础上，伴随着思维方式的变革提出新的理论、观点和想法的思维过程。

2. 创新思维的常见形式

(1) 逆向思维：逆向思维是指对现有事物或理论相反方向的一种创新思维方式，它是创新思维中最主要、最基本的方式。在事物发展及其学问问题上，古人曾有“于无疑处有疑，方为进矣”“有疑则进，无疑不进”，以及“大疑大进，小疑小进”的名言教诲。也就是说，没有“问题”的生活，便平淡无趣，溅不起浪花。一个人不会发现问题和解决问题，他的生活乃至事业必定是一团糟。

运用逆向思维，可以从三点把握。

1）面对新的问题，可以将平时思考问题的思路反过来，用常识看来是对立的，似乎根本不可能的办法去思考问题。“油水不合”，即使在今天仍被人们当作常识。油水真的不相合吗？在印刷业，人们从相反的方向进行思考。经过试验发现，常规搅拌，油水确实不合，而采用超声波技术进行油水混合，再适量加点活性剂，问题就解决了。

2）面对长期解决不了的问题或长久困扰的难题，不要沿着前辈或自己已经形成的固有思路去思考问题，使我们的思路越来越窄。而应该“迷途知返”，即从现有的思路上返回来，从与它相反的方向寻找解决问题的办法。日本有一个叫中田的人，他想发明一种圆珠笔，并试图解决圆珠笔中最令人头痛的漏油问题。冥思苦想了好久，就是找不到解决的办法。后来，他反回来想，圆珠笔漏油，一般发生在写了两万字之后。那么，造一种写了两万字就用完了的圆珠笔，问题就解决了呀。新式圆珠笔问世之后，果然很受人们的欢迎。

3）面对那些久久解决不了的特殊问题，可以采取“以毒攻毒”的办法，即不是从彼一问题中来寻找解决此一问题的办法，而是相反，就从此一问题本身来寻找解决它的办法。免疫理论的创立和付诸实践，就是这种思考方法的结果。当时，面对给千百万人的生命造成严重威胁的瘟疫，许多科学家都在寻找一个能防治瘟疫的药物，而巴斯德（L. Pasteur）却沿着和大家相反的方向去思考，给人或动物注射少量的菌苗，增强其免疫力而达到防疫的效果，最终巴斯德获得了成功。

逆向思维是一种科学复杂的思考方法。因此，在运用它时，一定要对所思考的对象有全面、深入、细致的了解，依据具体情况具体分析的原则。决不能犯简单化的毛病，简单化只能产生谬误，它同需要严密科学的创新思维是没有缘分的。

（2）发散思维：又称辐射思维、放射思维、扩散思维或求异思维，是指大脑在思维时呈现的一种扩散状态的思维模式，它表现为思维视野广阔，思维呈现出多维发散状。如“一题多解”“一事多写”“一物多用”等方式，培养发散思维能力。不少心理学家认为，发散思维是创造性思维的最主要的特点，是测定创造力的主要标志之一。

发散思维作为一种创新思维方法，不仅是在科学研究和科技发明中所运用的一种重要的思维方式，也是经济社会发展和企业经营中所运用的一种重要的思维方式。

（3）联想思维：联想思维是在原先并不相关的事物之间，搭建起一座连接的桥梁，将表面看来互不相关的事物联系起来，从而达到创新思维的境地。这种联想思维，可以使我们扩展思路，升华认识，把握规律。

1）接近联想：即由一事物容易联想到在时间上或空间上相接近的另一事物。例如，由“阳春三月”容易想到“桃花”，由“天安门”容易想到“人民大会堂”。一些重大发明，可以说就是联想思维的结果。例如，鲁班从山上可以割破人皮肤的野草中受到启发，发明了锯子；人们从鸟和蜻蜓的飞行中受到启发，发明了飞机；从鱼儿可以在水中有升有浮中受到启发，发明了潜水艇等。

2）对比联想：即由一事物联想到和它具有相反特点的另一事物。例如，由朋友想到敌人，由水想到火，由战争想到和平等。

3）相似联想：即由一事物想到另一个与它在性质上接近或相似的事物。例如，由大海想到海浪、鱼群、轮船、海底电缆、资源开发和利用等。

4）关系联想：即由事物所具有的各种关系而形成的联想思维。我国古代曾用贝壳作为交易的媒介物。《说文解字》中讲，“至秦废贝行钱”。汉字中以“贝”字为偏旁的多与财富、商业等有关。

（4）纵向思维（也称纵深思维或纵深思考）：任何事物的发展以及与其他事物的联系，总是呈现纵向态势和横向态势。纵向态势即纵向思维，同横向思维一样，都是认识事物发展以及与其他事物相联系的重要创新思维方式。

纵向思维，通俗地讲，就是按照既定目标、方向，在现有基础上，向纵深领域深化、挖掘的一种创新思维方式。纵向思维的创新思维方法,不仅对我们搞好重大发明有帮助、有意义,而且对我们加强品德修养,塑好人格形象也起着不可低估的影响和作用。

(5)灵感思维:是指在事物的接触及思考中,因受到某种启发而产生的灵发性创新思维方式。同顿感思维一样,是在科学研究和文学艺术创作中经常出现和运用的一种创新思维方式,也是在经济社会发展中,工作事业中经常出现和运用的一种创新思维方式。

由于这种创新思维方式具有转瞬即逝的偶发性,所以,要善于抓住这种稍纵即逝的灵感思维,对此进行深入思考和研究,以促使新生事物的应运而生或疑难问题的解决。

3. 创新思维的特征　创新思维以新颖的思路或独特的方式来解决问题,从而产生创新性成果。创新过程中的思维活动,一方面具有一般思维活动(解决问题)的特点,但又不同于一般的解决问题。因为它不只是依靠现成的表象或有条件的描述,而是要在现有资料的基础上进行想象,加以构思,才能解决前人所未解决的问题。创新思维具有以下特征:① 独立性,与他人不同,独具卓识,敢于质疑,力破陈规,善于打破固有框架;② 联动性,具有"由此思彼"的能力,表现为纵向联动(发现一种现象后立即深究其因)、逆向联动(发现一种现象后立即想到它的反面)、横向联动(发现一种现象后能联想到与之相关和相似的事物);③ 多向性,善于从不同角度思考问题,在一个问题面前,能尽量提出多重设想和方案,以扩大选择余地;④ 跨越性,从思维的过程来说,表现为常常省略思维步骤,加大思维前进的跨度;⑤ 综合性,善于选取前人智慧宝库中的精华,通过巧妙结合,形成新的成果。

(二)大学生创新思维发展的影响因素

长期以来,由于受传统教育思想的影响,人们普遍把高校看成仅仅是传授知识的场所,在教育过程中体现为:重视知识的传授,忽视知识的应用;重视知识的容量,忽视创造的能量;重视知识的多少,忽视知识的创新。由此养成了学生只习惯于接受,而不习惯于思考和论证的学习方式,影响了学生的思维活动,压抑了学生的创新精神。妨碍大学生创新思维发展的因素有以下几个方面。

1. 在培养目标上　由于过去学生过早地进入专业学习,使知识面局限于一个很窄的领域。过窄的专业教育导致学生学科视野和学术思想不够开阔,使创新思维的培养没有坚实的知识基础;人们普遍习惯于用较多精力去培养"学究"式的尖子和"优秀学生",使得这些学生往往只是按常规走路,按书本行事,死背教条,照搬照套,缺乏非逻辑思维直觉、联想和想象,因此很难产生创新思维。

2. 在课程设置上　教学内容陈旧,没有跟上科学技术发展的速度,特别是缺乏培养学生创新思维的课程;教学内容脱离实际,没有针对学生的思维现状和要求来科学地设置相关课程。

3. 在教学方式上　教学方式单一,盛行以"教师、教材、课堂"为中心的教学模式,学生在教学中扮演的是配合教师完成教案的角色,是知识的"存储器";教师照本宣科,学生死记硬背,相互讨论的机会不多,发言的机会更少,致使创新思维得不到培养。

4. 在教学评价上　教学评价单一,只重视学生知识的评价,而忽视学生思维的评价,只重视结果的评价,而忽视过程的评价,致使学生的想象力、多端性思维能力得不到有效培养;只重视笔试,知识简单再现的题目多,运用学科理论分析问题与解决问题的题目少,且很少运用口试及动手操作的考试形式,导致学生只满足于知识的简单再现,很难激发他们的创新欲望。

(三)大学生创新思维的培养途径

1. 培养和锻炼自主意识和独立能力　大学生应充分运用各种学习机会,除规定的必修课程外,独立自主地进行课外学习和从事各种创新性活动,根据自己的特征合理安排学习重点和学习时间,在学习过程中培养和锻炼自主意识和独立能力。根据自己的兴趣、爱好以及特长,积极参加各种有益的课内外活动,在社会实践活动和人际交往中,逐渐形成良好的个性品质和自主精神。在课堂学习中主动参与和思考,不断培养自己发现问题、分析问题和解决问题的能力,促进思维方式由被动变为主动。对于实践性较强的专业课程,在实际操作或现场观摩学习过程中,对常规的一些操作规程、步骤、方法、手段等大胆提出设想和改进的建议,并将自己的建议、设想在实践中加以试验,使自己的个性化特征和自主意识得到充分的发挥。

2. 强化探索精神,培养创新理念　强化探索精神是培养大学生创新思维的重要环节。大学教学过程的一切条件、环境和手段都与大学生创新思维的培养和发展直接相关,因此课堂教学是大学教育的主阵地,大学生在课堂学习过程中，应做到不局限于课程内容学习，主动拓宽学习内容，丰富每一门课程的理论和实践，了解学科的最新成果和学术动态。课堂上针对老师提出的问题，大胆设想、积极思考、从多角度或多方面探索解决问题的有效方法和手段，不仅要知道“是什么”，还应思考“还可以是什么”和“还应该是什么”，以及“为什么”等。同时，也要善于针对所学知识自设问题并思考解决办法，锻炼独立思维能力。除必修课学习外，还可通过自修和选修课程的学习，为思维的充分开发创造环境和条件。

3. 突破习惯思维定式，培养哲学思维　哲学思维的特点是宏观性、全面性、联系性、系统性及变通性。培养哲学思维是培养大学生创新思维的根本方向，也是突破思维定式束缚的有效武器。学习过程中需要冲破书本定势、权威定势、习惯定势、从众定势等传统的思维定式的束缚；在思维活动中注意克服单一的思维方式，突破求同性、确定性、聚合性、形象性、逻辑性的思维定式，努力养成求同性与求异性相结合、确定性与不确定性相结合、聚合性与发散性相结合、形象性与抽象性相结合以及逻辑性与非逻辑性相结合的思维习惯。打破条条框框的限制，学会用联系的观点、全面的观点、系统的观点、开放的观点、发展的观点以及矛盾的观点看问题。

4. 培养创新理念，克服隐性自我评价　隐性自我评价往往不知不觉中瞬间完成，不易被他人甚至难以被自己所察觉，这与人们常见的显性客观评价如论文著述的评审及科技成果的鉴定等活动不同。尽管隐性自我评价通常情况下对于人的思维活动是不可或缺的，但若过于强烈则对人的创新思维相当有害，有可能扼杀创新的念头。要培养创新思维，必须对创新有正确的认识，对自己充满信心，不要轻易对自己的新观点做出负面评价。克服隐性自我评价是培养创新思维的主观条件。因此，大学生应正确对待隐性自我评价。避免隐性自我评价的最好办法就是尽量远离或推迟评价过程。当心中有了某种新的想法，应当任其滋长、蔓延、发展、壮大，而不要过早干涉。只要我们对隐性自我评价保持高度警惕，对隐性自我评价的危害有清醒的认识，并有意地防止和克服，就能够为创新思维的发展扫清障碍。

【思考题】

(1) 大学生的学习特点是什么？

(2) 影响学习活动的因素有哪些？

(3) 心理健康与学习活动的关系是什么？

(4) 大学生常见的学习心理问题有哪些？如何调适？

（赵　民　张春霞）

第七章

大学生的恋爱心理

本章要点

掌握：如何提高爱的能力。

熟悉：爱情的心理学视角、大学生恋爱的心理特点、大学生恋爱中的心理困扰。

了解：爱情的生理基础、爱情的类型理论。

爱情是人类永恒的主题，人们都向往拥有真挚且长久的爱情。无数的文学家和诗人讴歌爱情。有人说："爱情是生活中的诗歌和太阳。"有人说："爱就是笼罩在晨雾中的一颗星。"还有人说："人生是花，而爱是花蜜。"不难看出，爱情是非常美妙的情感体验。真正的爱情能够鼓舞人，唤醒内心沉睡着的力量和潜藏着的才能，使人心的憧憬升华到至善之境。大学生群体在生理上已成熟，心理上也萌生了恋爱意识，这就使追求爱情成为大学校园永恒的话题。然而恋爱问题恰恰也是大学生最感困扰的问题之一，如果恋爱问题处理不当，很有可能会严重影响到大学生的学业发展、社会交往甚至人格形成。因此，了解爱情的实质和特点，理解恋爱中的困惑，提高爱的能力，对大学生具有重要的意义。

第一节　爱情的心理学视角

爱情是世界上最美妙的心理情感体验，但在现代社会中却接受着时代文化的挑战：剩男剩女、单身主义、网络爱情等。如何应对挑战收获幸福的爱情，是人们需要解决的问题。要解决爱情的问题就需要学习理解与爱情有关的知识。由此可见，爱情是生活中的一种气候，一种需要终身学习、发现和不断前进的活动。通过心理学的视角对爱情进行理解，将有助于全方位认识爱情，解决爱情中的问题。

一、爱情的内涵和特征

（一）爱情的内涵

爱情是人际吸引的强烈形式和最高形式，有广义和狭义之分。

广义的爱情是指存在于各种亲近关系中的爱，意味着人际关系中的接近、悦纳、共存的需要，深刻的同情，亲密的感情，包括亲情，友情甚至对物品的喜爱。

狭义的爱情是指心理成熟到一定程度的异性个体之间的强烈的人际吸引。男女之间基于一定的社会关系和共同的生活理想，在各自内心中形成的对对方最真挚的倾慕，并渴望对方成为自己终身伴侣的最强烈的感情，是两颗心灵相互向往、吸引、达到精神升华的产物，是一种高尚的精神生活。我们提到"爱情"多指狭义的爱情。

（二）爱情的特征

1. 自主性与相互性　爱情的自主性是指爱情双方在一定的历史条件和社会关系下形成的对于爱情关系的创造能力和主宰能力。它主要包括以下几个方面的含义：一是指爱情关系是人类自主性发展的产物，是人们随着社会发展和人类进化自主创造的结果；二是指爱情关系是存在于恋人之间的一种能自我调控的理智情感关系。个体发育到一定阶段所产生的对亲密关系的向往和追求，这是人类繁衍后代及延续种族的本能。但爱情并不是简单地依靠这种自然属性存在的，人们会根据社会的发展及要求积极主动地对亲密关系进行调节；三是指爱情是一种自愿自由的情感关系，是个体自我选择和实践的结果，不能由外力强制支配。

同时，爱情又具有相互性，即爱情关系不是任何一方独自决定的，而是爱情双方在互爱的前提下自主自愿形成的情感关系。双方都具有选择爱的权利，都有爱与被爱的权利，只有爱与被爱达成一致时才能称为爱情。此外，爱情的相互性还体现在恋爱双方在生活中的相互支持、感情上的相互依存。

2. 专一性与排他性　爱情的专一性是指在爱情关系中爱情主体对对方的忠诚及唯一的认可性，这种专一性需要个体通过道德准则进行自我约束而实现。

爱情的排他性则是爱情专一性的衍生特性，是指在爱情关系中是排斥第三方介入的，恋人之间一旦形成爱情的亲密关系，就不允许有第三者的插入。但是爱情的排他性并不是排斥伴侣的一切社会交往，正常的男女交往不属于排他性的范畴，也不应受到排他性的制约。

3. 持久性与阶段性　爱情的持久性是指爱情关系所蕴含的感情因素及责任因素不是短暂，如昙花一现似的，而是长久存在的，不仅仅存在于双方恋爱时期，并且存在于婚后的家庭生活中。事实上，爱情的持久性表现在爱情发生、发展及升华的各个阶段中，因此爱情不只具有持久性，也具有阶段性。爱情的发展不是一蹴而就的，恋爱中双方会经历不同的阶段，并且在不同的阶段会有不同的心理及行为表现。

4. 社会性与道德性　爱情的社会性是指爱情是一定社会历史的产物。爱情的社会性，首先表现为爱情的社会责任性。在两个人相爱并走入婚姻殿堂的过程中，双方要逐渐承担许多社会责任，如关心照顾对方、养育培养下一代、关怀赡养老人等。爱情虽是私事，但在其中包含着深刻的社会责任；其次表现为爱情的历史性。爱情虽然由来已久，但不是一成不变，而是随着历史及社会的发展不断深化及变革，并且受到当时社会发展的制约。原始社会、封建社会、现代社会的爱情观是有所差别的，这也正是爱情社会性的体现。

爱情的道德性通常被理解为爱情是恋人间的一种特殊的道德关系。在爱情关系产生及发展的过程中，始终受到一定道德标准的约束，并且人们常用一定的道德标准来评价自己或他人的爱情。在评价一段爱情是否合理，是否高尚时，人们往往不会依据法律标准，而会根据对于道德的认识、社会道德准绳、舆论力量进行评价。

二、爱情产生的生理心理基础

（一）爱情的生理基础

1. 多巴胺　丘脑是人脑的情爱中心，其含有被称为“丘比特之箭”的多种神经递质，包括多巴胺。当恋爱双方一见钟情或经过多次了解产生爱慕之情时，丘脑中的多巴胺就源源不断地分泌。于是，人们就有了爱的感觉。多巴胺增加，在行为上的表现是精力增加，睡眠或者食物的需要降低，注意力集中，使恋爱中的个体能够在恋爱关系的细节中寻找到快乐。

2. 苯乙胺　苯乙胺是一种生物碱与单胺类神经递质。苯乙胺的注入会提升多巴胺的水平，使人完全沉醉在爱情的幸福之中，就会出现“情人眼里出西施”，认为恋人是完美无缺的，对对方身上的缺点视若无睹。初坠入爱河的人体内会迅速产生大量的苯乙胺。经测定，此时血液中苯乙胺的含量比平时高出 2～5 倍。在苯乙胺的作用下，恋人的眼神中会流露出热烈的爱意，可以像诗人一样出口成章。人体不但会自动合成、释放苯乙胺，而且不少食品中也有极丰富的苯乙胺。例如，巧克力或含巧克力的食品，尤其是可可含量较多的黑巧克力。科学家认为，如果能在日常生活中适当从食物中摄取苯乙胺，爱情的保质期会变得更长久。

3. 内啡肽　内啡肽是脑下垂体分泌的激素，是天然的镇痛剂。在轰轰烈烈的一见钟情之后，恋爱中的激情会消退，需要另外一种爱情物质来填补激情。内啡肽可以降低焦虑感，让人体会到一种安逸而温暖、亲密而平静的感觉。虽然这并不能让人激动和兴奋，但这种感觉同样能使人成瘾。一般来说，一段爱情存在的时间越长久则越牢固，其重要原因就在于恋爱双方已经习惯了内啡肽所带来的宁静。让爱情历久常新的关键就在于激情消退之前,分泌出足够多的内啡肽。

4. 催产素　催产素是一种哺乳动物激素。它不是女性的专利,男女都会分泌。当进入稳定的恋爱关系后,恋爱双方体内都会分泌大量的催产素,使彼此感到安全和满足,进而使双方依恋关系增强。当一个人的催产素水平升高时,对完全陌生的人也会变得更慷慨,更有爱心。因此催产素被称为"道德分子"。拥抱恋人不仅可以增加感情,还对身体有益。因为拥抱恋人可以释放催产素进入血管,从而降低血压、减少压力和焦虑。

(二) 爱情的心理效应

1. 首因效应　也称"第一印象"效应,是一见钟情的心理基础。人们第一次与某物或某人相接触时会留下深刻印象。第一印象作用很强,持续的时间也长。第一次交往中给对方留下的印象,在对方的头脑中形成并占据主导地位。在恋爱中,双方的初次相会有时会关系到全局,第一次的印象决定着两个人是否还会有将来。

2. 近因效应　也称为"新颖效应"。在长久的恋爱关系中,对方最近的表现是影响双方对恋爱关系判断的心理基础。与首因效应相反,近因效应是指在多种刺激依次出现的时候,印象的形成主要取决于后来出现的刺激。即交往过程中,人们对他人最近最新的认识占了主体地位,掩盖了以往形成的对他人的评价。

3. 罗密欧与朱丽叶效应　经典名剧"罗密欧与朱丽叶"中两个年轻人相爱,但由于双方家族有世仇,他们的爱情遭到了极力阻碍。但压迫并没有使他们分手,反而使他们爱得更深,直到殉情。所谓"罗密欧与朱丽叶效应",就是当出现干扰爱情关系的外在力量时,恋爱双方的情感反而会加强,恋爱关系也因此更加牢固。

4. 鸡尾酒会效应　是指大脑对外界刺激的一种筛选功能,对于与自己有关的信息会迅速反应,也会自动忽略与自己无关的信息。就好像是在嘈杂的鸡尾酒会上,别人谈什么自己都不会去在意,但当别人喊自己名字的时候,会马上做出反应。日常生活中,事不关己,高高挂起,但一旦跟自己有关,马上专注起来。爱情中同样如此,别人的爱情离自己很远,自己爱情中的酸甜苦辣只有自己才能深刻体会。

5. 马赫带效应　是一种视觉对比的现象。人们在明暗变化的边界,常常在亮区看到一条更亮的光带,而在暗区看到一条更暗的线条。马赫带效应产生是由于神经网络对视觉刺激和环境的加工具有整体性。在爱情中也是这样,在有对比的情况下,对方的优点可能会被无限放大,缺点也可能被无限放大;而在没有对比的情况下,优点可能会被忽视,缺点也可能会被忽视。只有把恋爱的对象放到现实环境中才能更加真实客观地认识对方。

6. 吊桥效应　是指当一个人通过吊桥的时候,会因为吊桥的摇晃不由自主地心跳加快。如果这个时候,碰巧遇见一名异性,可能会误将心跳加快理解为对方使自己心动,滋生出爱情的情愫。故而可以看出心动不一定是真爱。吊桥效应在生活中其实很常见。有的时候,男女一起去游乐园坐过山车,更容易碰撞出爱情的火花,使感情更为亲密。

7. 契可尼效应　指人对已经完成和有结果的事情容易忘记,却对因为某些原因最终没有完成的或没有达到预期目标的事记忆犹新。这种效应让许多人对"初恋"念念不忘,使自己后来的感情难以渐入佳境。初恋之所以刻骨铭心,正是源于初恋的未完成性。

三、爱情的理论

(一) 爱情的类型理论

心理学家通过分析文献资料、进行访谈调查等各种形式,研究了现代男女的爱情关系,根据对爱情所持的态度,将爱情分为六种类型:浪漫型、游戏型、朋友型、占有型、现实型及奉献型。这六种爱情类型并不相互排斥,在一定时期或者情况下会以某种类型为主。

1. 浪漫型　其特征是将爱情理想化,强调外在美,追求内心与肉体融合为一的境界。例如,一见钟情的男女双方,初次见面就有了强烈心动,不过这种激情来得快去得也快。

2. 游戏型　其特征是将爱情视为获得异性青睐的游戏,未投入真实的情感,重视的是过程而非结果,频繁更换恋爱对象,并视之为家常便饭。例如,花花公子,玩世不恭。

3. 朋友型　其特征是在逐步了解中将友情发展成为爱情,循序渐进。这类爱情中,温暖多于热情,信任多于忌妒,是平淡深厚、细水长流的爱情。例如,青梅竹马,日久生情。

4. *占有型*　其特征是把恋人间的情感当作物品一样严格控制、强烈占有。这种爱情常表现为不尊重、不信任及以自我为中心，猜疑成分比较多。例如，占有欲强，“你是我一个人的，不准看其他人一眼”。

5. *现实型*　其特征是认为爱情关系本质上是一种“公平交换”，伴侣是理智分析和逻辑判断后为自己找到匹配的对象，激情的成分很少。例如，在爱情中过分强调“门当户对”。

6. *奉献型*　其特征是将爱情看作一种责任，信奉爱情，甘愿为恋人付出，不求回报，含有利他主义倾向。例如，在爱情中过分强调“只要你过得比我好”。

（二）爱情的阶段理论

目前心理学界普遍认为，成熟美满的爱情必须经过四个阶段：共存期、反依赖期、独立期及共生期。

1. *共存期*　这个阶段爱情中的两人相互吸引，感情急速升温，处于热恋的状态，盼望时刻都在一起，不愿意分开。两人之间到了着迷的境界，如蜜里调油一般。

2. *反依赖期*　这个阶段恋人之间的激情已经慢慢趋于平淡，没有了共存期的新鲜感，对恋人的依恋与好奇减退，希望能腾出空间处理私事。如果恋人不能够设身处地为对方考虑，就会使对方产生一种失落感，进而引发矛盾。

3. *独立期*　这个阶段是反依赖期的延续。反依赖期是矛盾的潜伏期，如果反依赖期问题没有解决好，独立期就变为了矛盾的突发期，甚至导致爱情的终结。独立期的主要问题是恋爱一方希望有更多个人的时间和空间，而另一方就会猜测恋人为什么会热情衰减，导致双方的误会和矛盾。冷静成熟对待彼此，意识到激情已经过去，生活却仍然继续，需要花费更多的时间与精力去了解和信任对方，这是能顺利度过独立期的关键。

4. *共生期*　这个阶段爱情双方的相处模式已经相对固定，更加了解对方的需要和行为习惯，可以分享平淡的生活，可以通过理解及妥协等方法理智地化解爱情中的矛盾。这个阶段的爱情已经上升为亲情，觉得对方是可依托终身的人，是值得白头偕老的对象。

（三）爱情的成分理论

当人们享受着自己的爱情时，是否会思考自己的爱情是否完美，是否又少了点什么？当人们评论着别人的爱情时，是否会思考不同恋人之间的爱情是否一样？要回答这些问题就要从爱情的成分说起，不同类型的爱情其成分有所差异。美国心理学家斯滕伯格（R. Sternberg）在爱情三角理论中提出爱情含有三种成分：亲密（intimacy）、激情（passion）和承诺（commitment）。

1. *亲密*　爱情的情感成分。它是一种使两心相联系的情感体验，是指两人情投意合、相知、相惜、心灵结合的情感，表现为亲近、接纳、沟通、支持、鼓励等心灵默契，能够给恋人带来一种温暖的体验。

2. *激情*　爱情的动机成分。它是一种强烈渴望与对方结合的需求和冲动。表现为强烈思念、亲吻、愉悦、拥抱、性欲、爱抚、外表吸引力等，能够给恋人带来一种激动的体验。

3. *承诺*　爱情的认知成分。它是一种恋人们维持长久情爱关系的原动力，是个体做出投身于一段感情的决定和对感情维持所做的努力，是一种理性与责任的选择。表现为忠诚和患难与共，并以婚姻形式付诸现实。

以上三种成分平衡分配才能组成完美爱情，即两人之间必须在情感上、生理上及认知上相互满足和肯定，爱情才是丰满的。然而在现实中，完美爱情并不多见，而且爱情丰富多彩千变万化正是因为三种成分之间不平衡分布和不同组合所引起的。根据爱情三种成分的不同组合，可将爱情分为喜欢式爱情、迷恋式爱情、空洞式爱情、浪漫式爱情、伴侣式爱情、愚蠢式爱情及完美式爱情七种类型。① 喜欢式爱情：只有亲密，缺乏激情和承诺。这种状态更类似于亲密的朋友和亲人之间的感情。② 迷恋式爱情：只有激情，缺乏亲密和承诺。如初恋，总是充满了激情，却少了心灵默契与成熟稳重，是一种受到本能影响的青涩爱情。③ 空洞式爱情：只有承诺，缺乏亲密和激情。如包办的婚恋，看上去般配美满，却缺少必要的内容。④ 浪漫式爱情：有亲密和激情，缺少承诺。这种爱情崇尚过程，不在乎结果。⑤ 伴侣式爱情：有亲密和承诺，缺乏激情。如结婚多年的夫妻已经从恋人变为了亲人。⑥ 愚蠢式爱情：只有激情和承诺，没有亲密。如闪婚，很多情况下看到个体狂热的激情和不切实际的保证。⑦ 完美式爱情：亲密、激情和承诺三者平衡存在，在这一类型爱情中能看到爱真实美好的一面。

第二节　大学生的恋爱心理

大学校园历来都是新思想、新文化的沃土。大学生在文化观念方面的创新性，在生活环境和文化氛围方面的特殊性，使大学生恋爱心理具有明显的特点。大学生恋爱存在普遍性，大学恋爱丰富的特点，不是单一因素引起的。影响大学生获得爱情的因素主要有生理、心理及环境三个因素。影响每个大学生获得爱情的因素是不同的，加之大学生的情感相对丰富而脆弱，因此在恋爱过程中会出现一些误区和困扰。对大学生恋爱的心理特点及获得爱情的影响因素的深入了解，有助于大学生避免恋爱的误区或解决恋爱的困扰。

一、大学生恋爱的心理特点

(一) 积极性

大学生接受了系统的教育，在恋爱心理方面有其积极的特性。在择偶标准方面大学生较为积极与理性。诚实可靠、富有感情、受过良好教育、身体健康是大学生在选择恋人时考虑的前几个因素。大学生普遍认为，外表和财富，在爱情赛跑开始时会获得一路领先的优势，而智力和品德，则是在爱情开始后才会发生作用的因素。在恋爱目的方面大学生较为积极与坦然。丰富业余生活、建立情感支持、寻找人生伴侣是大学生恋爱的几个主要目的。大学生认为这些恋爱目的能够让自己增强责任感和责任意识，学会如何与他人特别是与异性相处。

(二) 浪漫性

在恋爱中制造浪漫可以增进双方的感情，浪漫是爱情里很重要的一个元素。由于大学生的爱情在自由多元的生活背景和文化环境中萌芽，所以其恋爱生活很少完全与现实婚姻相联系。对家庭背景、经济条件及未来发展等现实问题考虑相对较少，使得大学生的恋爱充满了浓郁的自由浪漫气息。许多大学生在恋爱过程中更多是看重恋人的气质、能力、兴趣和理想是否与自己匹配，谈论的话题大多是人生、学习、娱乐等精神层面的话题。花前月下、诗情画意、节日的鲜花、生日的惊喜、特别的礼物成为营造浪漫爱情的重要元素。

(三) 自主性

人格独立自主与学术自由是大学的核心。大学生活是大学生从“学生”走向“社会人”的途径。大学生在这个过程中懂得生活，发展独立自主的能力。因而大学生在恋爱问题上以自身意愿为中心，不受传统习俗的局限。2019 年研究者许加明的调查显示，多数大学生选择自由结识恋爱对象。大学生认为只有通过开放自由的方式，才能使爱情更加纯美、令人向往。大学生以共同的人生理想和生活态度，以相互认同的性格、志趣和爱好来自由选择自己的恋爱伴侣。自由恋爱和自主爱情，表现出大学生主体的价值实现和人格自尊的完善成熟。但有个别大学生在恋爱问题上，个性突出，易冲动。在确定恋爱关系前，不征求父母的意见，甚至在确定恋爱关系后，也对家人隐瞒，这也表现出大学生群体恋爱心理不成熟的一面。

(四) 盲目性

不少学生走进大学后，学习和生活上获得更多的自主权，但相对宽松的环境却让他们失去方向感，导致很多大学生盲目恋爱。这种恋爱的盲目性表现在以下三个方面。首先是从众。有的大学生恋爱不是寻觅知音，而纯粹是从众的结果。看到别人成双成对，心里难以平衡，于是随大流也追求异性，由此在心理比较时产生满足感和优越感。其次是爱情至上。有的同学把恋爱放在大学生活的第一位，把爱和被爱视为人生的全部，不会处理学业和恋爱的关系，整天忙于花前月下，卿卿我我。这种恋爱会产生很多消极影响，有的分散精力、浪费时间、成绩下降，有的只有“二人”世界，脱离集体，影响了正常的人际交往。最后是功利性。随着社会的发展，当代大学生功利性、权利性的色彩明显增多，将自己的将来寄托在对方身上，将爱情视为获得成功人生的唯一途径，忽视了爱情的精神实质。

(五) 冲动性

大学生活是由学校走向社会的过渡阶段，大多数学生年纪较轻，完整成熟的人生观、恋爱观、婚姻观没有形成，部分大学生并不明确自己到底需要什么样的“另一半”。其身心都处于发展阶段，情爱发展易冲动，表现在以下三个方面：一是恋爱关系确定冲动，对自己的感情决定不慎重，一有好感就猛烈追求确定恋爱关系，恋爱一旦开始，感情升温快，形影不离。二是恋爱情感表达冲动，大学生的恋爱观是在多种文化冲撞下形成，观念日益开放，有的学生把恋爱当作一种感情体验及时行乐，借此寻求刺激，发生越轨行为。大学生的学业和未来发展轨迹尚未完全确定，这种越轨行为实质是只强调爱的权利，而否认了爱的责任，可能会对恋爱双方的感情、学业和未来的生活产生负面的影响。三是恋爱关系结束冲动，对感情缺乏审慎思考，恋情升温快，降温也快。有的大学生恋人一出现分歧摩擦就吵闹分手，凭借一时情绪草率决定，主张“不在乎天长地久，只在乎曾经拥有”；有的冲动分手后又悔恨不已，花费大量时间和精力挽回。

（六）不成熟性

大学阶段个体存在心理上的成人感与现实的半成熟现状的矛盾，这种矛盾实际是大学生心理还未发展成熟造成的。这种不成熟在大学恋爱方面也有体现。一是因大学生恋爱年龄低龄而表现出不成熟。大学恋爱人群过去多是大学高年级学生，是在所谓“学业爱情双丰收”的时期才恋爱，而现在很多大学低年级的学生学业未发展，却视恋爱大过天，更有的学生刚进大学校门就走进了恋爱圈，有“年龄小、胆子大、速度快”的特点。这种大学恋爱低龄的情况可能对学业的发展产生负面影响。二是大学生恋爱处理方法不成熟。大学生中“有情人”者虽多，但“成眷属”者少，很多大学生经历过失恋。一些大学生不仅不能采取宽容的态度，尊重对方的选择，甚至采用冷漠或者报复的方式来影响和伤害对方，造成双方的伤害，令人痛心惋惜；一些大学生为了摆脱感情危机，将精力马上投入到下一段恋爱中，对新的恋爱对象来说也是不负责任和不成熟的举动；还有的大学生把精力投入到网络游戏和漫画小说中，企图用虚幻的世界将自己与现实隔绝，从而获得情感的治愈，严重影响自己大学生涯的发展。

案例 7-1

学霸情侣，爱情与学习两不误

武汉大学一对学霸情侣在毕业前同时被数所国内外知名大学录取，最终两人选了同一所名校就读。他们是武汉大学经济管理学院金融工程专业应届本科毕业生小饶和小袁。他们被同学和师弟师妹们羡慕地称为“神仙眷侣”。

“觉得他们两个人非常合拍，互相监督，生活学习很有规律。”“两人只要没课就相约图书馆。在周末和期末考试周的时候，如果想找他们俩，去图书馆保准没错。真心很羡慕他们，一起努力、一起奋斗、一起向前。”“他们没有因为爱情耽误学业，反而为共同的未来一起奋斗，正能量十足。”这些都是身边同学对两人的评价。武汉大学经管学院官网也专门刊文，以“优秀毕业生风采”之名赞扬两人是“互勉互励共前行，且学且思铸成功”。

小饶和小袁都觉得彼此是对方进步的原动力。小袁在分享英语学习的经历时说：“找个同伴进行口语互练、作文互改很必要。我和小饶就是这样互帮互助。”小饶在参加国外某大学入学面试时，预约的是凌晨两点半，但一直等到凌晨五点半才参加面试。他回忆时说：“小袁一直在我旁边陪伴我、支持我、鼓励我，让我的紧张情绪得到了缓解。”

资料来源：李佳.武汉大学“学霸”情侣同事考取同一美国名校[EB/OL].http://politics.people.com.cn/n/2014/0614/c1001-25148200.html[2014-06-14].

二、大学生恋爱的影响因素

（一）生理因素

1. 性冲动　满足性冲动是促使大学生恋爱活动的重要诱因。性意识发展由模糊到清晰，同时性冲动也由弥散性向集中性变化，推动大学生选定特定的恋爱对象。出于性冲动的驱使，个体开始脱离群体化进行两性活动，而单独约会就形成了恋爱。性冲动是青春期身心发展的结果，是正常的生理心理现象，但是，这并不意味着可以随心所欲地满足自己的性冲动。

2. 性别因素　性别因素使大学生恋爱活动出现差异。在恋爱初期，男生一般要比女生主动些，在遇到自己心仪对象时，便主动寻找交往的机会。而女生就会显得被动，她们更喜欢男生主动。此外，由于男生较注重女方的外貌长相等外表特点，所以比女生更易于一见钟情。而女生则较注重男方的内心世界。在恋爱形式方面，男生需要信任、赞美及鼓励组成的爱情，更多选择与认可仰慕自己的女生恋爱；女生需要关心、体贴及忠诚组成的爱情，更多选择包容关心自己的男生作为恋爱对象。

（二）心理因素

1. 依恋类型　依恋是婴儿和其照顾者(一般为母亲)之间存在的特殊的感情关系，有安全依恋型、无依恋型及反抗依恋型。安全依恋型的孩子能够独立面对世界，同时表现出对母亲的亲密。无依恋型的孩子对于母亲没有特别的感情甚至是忽视母亲，接受陌生人的安慰与母亲的安慰没有差别。反抗依恋型的孩子对于母亲的照顾和接触既向往又反抗，愤怒攻击情绪较多。不同依恋类型对于孩子长大后人际关系的态度有影响，包括恋爱关系。安全依恋型的大学生能自在体验恋爱中的亲密感和依赖感；无依恋型的大学生不喜欢恋爱中的亲密感和依赖感；反抗依恋型的大学生则经常感觉恋爱关系中的亲密和安慰不够，表现出较强的占有以弥补情感缺乏，从而要求过多。相对而言，安全依恋型对于大学生恋爱关系的确立及恋情的发展具有积极作用。

2. 智商和情商　智商是反映个体认识、理解客观事物并运用知识、经验等解决问题的能力；情商反映个体了解自身情绪、管理情绪及处理人际关系的能力。有调查显示智商和情商是大学生选择恋爱对象的重要衡量指标。大学生一般青睐三种对象，学习能力较强的同学、学生干部或有特长的同学。学习能力较强的同学其知识运用一般相对较强，其智商一般较高；学生干部的团队协调能力及处理人际关系的能力较好，其情商一般较高；有特长的同学在某个领域的知识经验比较丰富，其智商也处于较高的水平。所以总体而言，这三类同学在大学阶段较受欢迎。此外，对自己和他人情绪处理较好的大学生的恋爱会更轻松顺利，他们能够承认自身情绪的问题，能发现自身情绪的积极面，并且能妥善温和地缓解恋爱双方的冲突。

3. 性格和爱好　性格通过人对事物的倾向性态度、意志、活动、言语等方面表现出来。性格的特点对大学生恋爱有一定影响。具有勇敢、正直、大度、乐于助人、热情、体贴、幽默等性格特点的男生在恋爱交往中更受欢迎；具有温柔、宽容、开朗、热情、活泼、大方等性格特点的女生在恋爱中更受青睐。性格的相似性容易使恋爱双方相互吸引，产生亲密感，更加欣赏自己，获得安全感和归属感。爱好是个体具有浓厚兴趣并积极参加的活动。共同爱好可以增进大学生恋人之间的依恋。有共同爱好、能共同参与娱乐活动的伴侣会更幸福。共同的爱好也会给一段感情带来新鲜感，有助于避免无聊和自满。

（三）环境因素

1. 家庭环境　有相似家庭环境的学生往往在价值观形成方面很相似，相似的价值观会使大学生们相互吸引，相互关注，形成发展成情侣的可能。因为价值观差异过大往往会导致两个人不理解彼此的想法和感受，所以走到一起的机会会降低。例如，在家长专制型家庭中长大的学生认为学习能力是未来发展的基础，在学业上要求较高；在自由民主型家庭中长大的学生独立性较强，自我意识清晰，常通过发展兴趣爱好来充实自我，对学业的重视程度相对低一些。对学业态度的差异可能会导致两种类型的大学生在恋爱上的步调不一致。此外，家庭环境中的地域因素也影响大学生恋爱。对于很大一部分学生来说，大学生活意味着远离家乡和家人，而同乡之间有亲切的关怀、熟悉的乡音及相同的风俗，可以引起共鸣，因此来自同一地区的大学生更有可能发展成情侣。

2. 文化环境　爱是人类永恒的主旋律，爱情则是文化不变的主题。超越生死的爱情电影，风花雪月的言情小说，缠绵悱恻的爱情歌曲，体验恋爱感觉的广告，流行文化中任何关于爱的旋律都会潜移默化地影响大学生的恋爱行为。例如，一些外国电视剧在电视媒体上掀起了阵阵浪潮，受到大学生的极大欢迎。剧中所宣扬的爱情是纯净而美好，爱并不与身份地位、家庭背景相关，恋爱双方的交往具有强烈责任感，并且坚定而专一，这是一种积极爱情观。这促进大学生心中对纯洁美好爱情的向往和认知。但是同时部分外国电视剧是一种以经营为目的的文化，对于视觉刺激和冲击力有较高要求，剧中人物造型时尚，花费巨资打造，会一定程度上引导大学生在选择恋爱对象时更多地注重其外表而忽略其心灵与思想。

3. 校园环境　大学生恋爱的普遍性导致单身大学生盲目投入恋情。对于大多数大学生来说，大学生活意味着远离父母、朋友，只身来到陌生的环境，独自开始新的生活。宿舍是同学们的家，班级是同学们的归属。大学生容易受宿舍好友和班级同伴的影响，同伴好友得到了属于自己的爱情，但每到休息的时候，看到成双成对的同学们，而自己还是孤身一人时，难免产生失落感。另外，在大学中流行类似“大学期间不谈恋爱，大学生活就不完整”的观点，恋爱与否似乎是衡量大学生活是否成功的重要标准。部分大学生对自我缺乏充分的肯定，需要他人的赞同，有人爱似乎是自身价值的某种证明，因此他们走入了恋爱的阵营。这种恋爱动机不明，对大学学业的发展和爱情的发展没有促进作用。但同时校园的教育环境引导同学们更正确合理恋爱，对大学生恋爱有积极作用。目前国内很多大学开设了恋爱课程，并针对学生的情感困扰，会给予必要的心理指导。

三、大学生恋爱中常见的心理误区

（一）游戏心理

部分大学生在进入大学后，没有了高中时的学习压力，缺乏明确的奋斗目标，把寻求乐趣作为其主要的生活目标，以填补精神上的空虚。因此，他们把精力全部投入到谈情说爱中，但是并不把感情、道德责任放在第一位，频繁更换恋爱对象，并以此为乐。

（二）占有心理

恋人之间应该相互尊重、信任、爱慕和给予，应该真诚、平等地相处。但部分大学生由于内心安全感不足，在恋爱中有较强占有心理，总要求对方围着自己转、对自己言听计从，却很少考虑对方的需要、兴趣、处境和心理承受度，甚至还以对方的俯首帖耳为骄傲的资本，长此以往，恋爱关系难以和谐发展。

（三）从众心理

社会心理学研究表明，人在群体中容易出现从众。大学生的价值观本就未发展完全，容易受环境影响，有的大学生本来没有谈恋爱的想法，但是受到身边环境中同学恋爱的影响。其谈恋爱的愿望和行为就会被激发起来，随意草率投入到爱情中，更有甚者可能产生“没人追求或没有恋爱等于没价值”等不合理的价值观与爱情观。

（四）焦虑心理

部分大学生在恋爱中容易产生焦虑心理，表现为总是敏感多疑，患得患失，喜欢试探感情。他们会在自己心里设计框架，恋人只能谨小慎微地在这个框架内行动，一旦触碰边界，就会引起他们内心的惊涛波澜。同时这部分大学生面对亲密关系呈现出的焦虑主要是源于对“被爱”的不自信，他们不相信对方的爱是长久而稳定的。

四、大学生恋爱中的常见心理困扰

（一）选择困扰

爱情是有阶段性的。大学生恋爱要经历向往、朦胧、磨合以及成熟或瓦解几个时期。每个时期恋情发展到关键时刻都会面临选择和决定。选择困扰是大学生恋爱的常见困扰。

1. 爱或不爱的选择困扰　部分大学生没有正确的恋爱观和动机，在选择恋爱还是不恋爱方面出现困扰。因为看到许多同学都在谈恋爱，产生了自己是否应该谈恋爱的思考。思考的结果是并没有青睐的对象，但又想通过恋爱排解孤独寂寞，这时出现了爱或不爱的选择困扰。这种困扰多出现在大学恋爱向往阶段。大学生在恋爱时要确立正确的动机，理性思考，选择合适的对象。

2. 表白或沉默的选择困扰　一些大学生对他人产生了好感，但不知道对方是否也中意自己，想表白又怕遭到拒绝，想沉默又担心丧失机会，左右为难。这种困惑多出现在大学生恋爱的朦胧阶段。出现这种困扰主要是由于大学生仔细观察的能力不够，对情感辨别能力不强，性格相对内向。

3. 接受或拒绝的选择困扰　这种困扰多出现在大学恋爱朦胧阶段和磨合阶段。在朦胧阶段，收到别人表白，但不知应该接受还是拒绝。其主要原因是大学生对于自己恋爱理想对象的特点还不完全清楚，或是缺乏判断追求者各方面情况的能力。在磨合阶段,也会出现接受或拒绝的选择困扰。主要是在恋爱中发现对方既有优点又有缺点,出现又爱又厌的心理,难以取舍。

4. 朋友或仇人的选择困扰　这种困扰多出现在大学恋爱瓦解阶段。有成功的恋爱也有分手的感情。有的恋人能够在和平分手后回归到同学、朋友的关系,这种情况大多是恋爱双方在恋爱期间相对融洽,能够理性地处理感情的消退。但有些情侣却不然,分手后不但不能退回到同学、朋友关系,甚至连陌生人都算不上,相互指责、敌对怨恨。有的大学生自尊强,认为恋爱分手意味着失败,恋人与自己分手使自己失败难堪,所以怨恨前任恋人;有的大学生认为不成功的恋情意味着恋人浪费了自己的时间、金钱及精力,所以非常不满。

(二) 单恋的困扰

单恋是指一方对另一方以一厢情愿的倾慕与热爱为特点的爱情形式,是一场"落花有意,流水无情"的纠葛。大学生单恋有的属于感情误会,是"爱情错觉"的产物。"爱情错觉"是指因受对方言谈举止模糊,或自身的各种主观体验的影响而错误地单方面主动产生好感,自以为某个异性对自己青睐而产生的爱意绵绵的主观感受。

单恋一般分为羞怯型、执着型及幻想型三种。羞怯型单恋的人会默默地、强烈地爱着一个对象,但由于害羞,或是恐惧表白失败,不敢向对方吐露真情,只能将感情藏在心中,因而陷入无边的自我苦恼与纠结中。执着型单恋的人多是对心仪的对象表达了爱意,遭到了拒绝,但对其热烈的爱情并不因此消减,甚至多次反复表白,但屡次失败。幻想型单恋的人多与所爱的对象距离很远,差异很大,可望而不可即,却无法抑制心中的爱情,日思夜想。

单恋并不少见,很多人都饱尝过单恋别人或被他人单恋的苦涩或尴尬。情窦初开的大学生在与异性的交往中,发现有倾慕之人,会产生情愫,却又羞于表白,于是形成单恋的情况,这很正常。短暂的单恋不算是心理障碍。但是,当这种心理时间过长而自己又不能摆脱,影响自己身心健康时,这种单恋就具有了病态的性质。长时间的单恋会给大学生活带来困扰,需要重视。从心理学角度考察,大学生单恋由性格、信念及认知三方面的原因导致。首先,内向、爱幻想是单恋形成的性格因素。部分性格内向的人相对封闭,处理不好人际关系,包括与异性的关系。他们在幻想世界里得到爱情,这种爱情往往是单方面隐蔽的。其次,"我爱你与你无关"是单恋形成的信念因素。部分处于单恋中的个体认为爱是不求回报,爱是奉献,爱是不顾一切,这样的爱情才是真正的爱情,所以他们不顾对方的反应执着付出。最后,辨别偏差是单恋形成的认知因素。人的认知是客观事物在人脑中的反应。这种反应有时受到主观因素干扰,可能出现偏差。单恋者对倾慕对象一往情深,希望得到对方青睐的动机十分强烈。在这种心理支配下,常常会把对方的言行举止按照主观需要来理解,造成对对方言行辨别的偏差。例如,对方一个眼神、一丝微笑或者一句话语,在局外人看来再平常不过,但在当事人看来却是爱的信号,从而陷入单恋而不能自拔。

(三) 多角恋爱的困扰

真正的爱情是两个人之间的感情,具有强烈的排他性与专一性。恋爱双方要受到道德的约束,以共同承担社会责任和义务为己任。但是在大学生恋爱过程中爱情的排他性却受到各方面因素的影响,给大学生恋人带来困扰,最常见的是多角恋爱带来的感情纠葛。多角恋爱是指一个人同时与多个对象发展恋爱关系。有的大学生甚至以"普遍培养,重点选择"的观念来恋爱,这是一种不道德的行为,更是对爱情纯洁性与专一性的亵渎。

从心理学的角度分析,多角恋爱的产生主要是由于难以取舍和竞争心理。有的大学生在与恋人相处一段时间有了一定感情后,在生活中遇到了另一个人,其风度和魅力比恋人更有吸引力。这时他可能经过挣扎面临"鱼和熊掌不能兼得"的情况,难以取舍,举棋不定最后发展三角恋爱。此外,多角恋爱也可能因为竞争心理而产生。恋爱过程是为了取得对方的爱。只有在自我展示和自我表现过程中发挥出色才能获得对方好感,因此把爱情比作竞争也不为过。有的同学可能为了证明自身的优秀而选择与其他人同时站在一条起跑线上追求一个对象,形成多角恋爱的局面。

(四) 失恋的困扰

从心理学的角度分析,失恋可分为两种情况。一种是指,在热恋期时,恋爱一方由于某种原因,觉得对方已经丧失了在自己心中爱的位置，主动中断与对方的恋情，而对方的感情难以平复的状态。另一种是指恋爱中的个体由于某种不可抗拒的因素的作用，被迫结束恋爱关系，感情难以平复的状态。让爱情有一个美满的结局是大多数人的愿望。可是现实生活中的恋爱并不总是以美满幸福的结局告终的。初恋成功的比率较低，更多的人是经过一次或多次失恋痛苦经历后，才寻觅到感情的归宿。因此，失恋是爱情中的正常现象。但是大学生的感情承受力和成熟度相对较低，这导致失恋成为大学生恋爱中最常见的困扰。大学生失恋的原因是多种多样的，主要有心理因素和环境因素两种。

1. 心理因素

(1) 个性不合，观点分歧：这是导致大学生失恋现象的普遍原因。大学生恋爱相对激情成分较多，两人互生好感，很快确定恋爱关系。但是随着交往的深入，会发现恋爱双方个性不合，在交往中彼此思想和情感容易出现分歧，容易相互抱怨和争吵，结果很难相处下去，只好分手。这时如果恋爱一方提出分手，另一方仍有留恋，则会出现痛苦的失恋。

(2) 见异思迁，移情别恋：由于恋爱一方缺乏应有的恋爱道德，不尊重恋人情感；或者恋爱一方并非真正把恋人作为“心上人”，当发现有更符合自己理想恋爱对象的个体时，便主动终止现有恋爱，而把爱转移到其他对象身上，使另一方承受失恋的痛苦。

(3) 恋爱动机不纯：有的大学生把恋爱当作儿戏，“不求天长地久，只求曾经拥有”，为了弥补内心空虚而恋爱。还有少数大学生恋爱是出于功利的目的，为追求物质上的享受，或将恋爱作为将来事业的跳板。这些有错误恋爱动机的学生容易轻率开始一段恋爱，失恋也是必然的。

2. 环境因素

(1) 家庭的压力：尽管大学生恋爱自主水平较高，但是家庭对他们恋爱的选择也起着重要作用。大学生在恋爱中，通常会把恋爱对象介绍给父母，或者父母从其他途径得知子女恋爱的情况，这时父母常常会根据自己的意愿对子女的恋爱进行肯定或否定。在遭到一方或双方父母否定后，如果恋爱双方缺乏信心和勇气，迫于父母的威严，可能会选择分手。

(2) 社会的压力：社会往往对恋爱有着一种不成文的评价标准。人们常常以之评价恋爱对象，以此给予肯定或者否定的判断，对恋情形成支持或者反对的社会舆论。例如，一个长相漂亮的女生和一个各方面都非常普通的男生恋爱、一个研究生学历的人和一个大专学历的人恋爱，人们都会认为不般配。各种世俗的眼光就会给恋爱双方带来巨大的压力。如果恋爱双方不能承受住这种压力，分手就是结局。

(3) 环境条件的压力：大学生就业存在压力，有时会出现恋爱双方毕业不能在一起工作或深造的情况。双方距离遥远，毕业就意味着劳燕分飞。此外，大学生一般都没有经济基础，有的尚需承担家庭负担或其他责任，故而不得不选择忍痛割爱，与恋人分手。

综上所述，失恋是一种爱情丧失的综合表现形式。每个人爱情丧失的原因不一定相同，但在引起的结果方面却存在一定的相似性。对大学生群体而言在失恋后大致会出现以下消极心理与行为，需要给予重视。① 悲伤抑郁。悲伤、抑郁是失恋大学生最明显和最常见的心理状态。一些大学生失恋后悲伤抑郁，把痛苦埋在心底，充满了虚无感、失意感和失落感，表现出焦虑、沮丧、痛苦、颓废、冷漠、孤僻，严重者可导致精神障碍。其症状强度与失恋者对恋爱的感情投入成正比，爱得越深伤得越深。② 自卑心理。大学生的自信与他人的评价以及自我评价相关。失恋使有的大学生对自己的人际吸引力产生极大的怀疑。有的学生因为失恋觉得没有面子，特别在异性面前失去了自信。有些大学生会因为失恋而觉得是自己不够好才会被对方抛弃。这些表现反映出失恋大学生的自卑心理。③ 淡化心理。淡化心理是指在失恋之后，因恋爱受到挫折而一蹶不振，对未来的爱情甚至婚姻都失去信心，漠不关心。有的大学生甚至在失恋后患上恋爱恐惧症，逃避爱情和追求者，甚至有看破红尘的念头。④ 破坏心理。有些刚失恋大学生暂时无法接受失恋的现实，容易丧失理智，发生破坏行为。这种破坏行为具有很强的针对性，部分失恋者对恋爱另一方或者所谓第三者进行报复；也有部分可能会出现自我伤害；有的失恋学生无端迁怒与自己毫不相干的人或物；甚至有的失恋学生快速进入下一段恋情，草率决定，情况严重时会影响新的恋爱对象的情感发展。

第三节　提高大学生爱的能力

爱能够让人焕然一新，重获新生。爱也能够让人一蹶不振，沮丧失落。大学生群体具有浪漫主义情怀，希望拥有完美的爱情，但是想有爱情并不等于拥有了爱情，拥有了爱情也不等于就会幸福快乐。具有良好的爱的能力是获得美好爱情的基础。大学生要提高爱的能力需要从树立健康恋爱观、培养爱的能力及化解爱的冲突和面对失恋的能力方面进行学习。

一、树立健康的恋爱观

(一) 倡导志同道合的爱情

大学生恋爱是一件美好的事情，在选择恋人时应该以志同道合为前提，在思想道德、信仰和追求等方面大体一致。应把心灵美好、高尚情操作为择偶的第一标准。恋爱双方从相互认识开始，到双方之间恋爱关系的确定，很大程度上都受到双方价值观的影响。在恋爱中双方都应拥有正确的价值观，明确恋爱并非一时兴起，而是一种责任。大学生应把恋爱和生活有机结合起来，树立正确的恋爱观，为以后更好的生活积攒更多的知识。

(二) 摆正爱情与学业的关系

爱情是美好的，是人生中重要的一部分，但它并不是人生的全部。首先，人生需要爱情，但也并不能忽略学业。要对大学恋爱有正确的认识，摆正恋爱与学业的关系，使爱情和学业和谐共存，健康的恋爱能促进人更好地成长。其次，大学生应该把学业放在首位，明白学业是未来事业的基础，不能把宝贵的时间都用于恋爱，否则爱情之花难以长久。只有把爱情、学业和发展相结合，个体才能迸发旺盛的生命力，人生才会收获真正的幸福。

(三) 爱是给予、尊重和责任

(1) 爱是给予：爱需要两个人为对方着想，更需要为对方付出。所谓赠人玫瑰手有余香，大学生恋爱中要乐于给予奉献。

(2) 爱是尊重：每个人都有着独立的人格和精神世界，在恋爱过程中既不能完全依附对方，也不能完全占有对方，应彼此留有各自的空间。

(3) 爱是责任：爱情是一种许诺了对方，就应该遵守承诺，对他人负责的感情。真正的爱情不是无拘无束的，需要责任与担当。没有责任与担当的爱如同一盘沙，不用风吹，自然消散。大学生如果选择了爱情，那就是选择了责任，就应该勇敢地承担。

二、培养爱的能力

(一) 鉴别爱的能力

1. 鉴别需求与爱情　个体在性发育成熟时，便开始被异性所吸引，开始有寻求爱情的需要。这是人生理上的自然需求。但生活中，一些大学生容易将这种因生理需求而产生的相互吸引等同于爱情。爱情是生理和心理方面相对成熟的两个人，在“性吸引”的基础上，产生的具有浪漫色彩的一种高级情感。没有爱情的支撑，只有需求的满足，不会有忠诚幸福的爱情关系。此外大学生活中，种种原因，如离开父母来到新的环境、对学习没有兴趣或不适应等，常会使大学生陷入孤独寂寞。一些大学生会不自觉地希望寻求知己，试图以“爱情”来抚慰自己，消愁解闷，寻求寄托，即所谓“寂寞期的恋爱”。这种恋爱的情感本质上只是满足了个体寻求归属感的需求。

2. 鉴别好感与爱情　好感颇像爱情，可能是很强烈的，但好感不是爱情。一些大学生容易将这种两人之间相互的好感等同于爱情。好感往往是由对对方某方面欣赏而产生的。好感是爱情的萌芽，但和爱情有很大的区别。好感比较容易产生，而且可能会对多个对象同时产生好感，好感是很容易改变和转移的。而爱情是“弱水三千，只取一瓢饮”，这是一种比较强烈的感情，带有强烈的目的性和排他性。

3. 鉴别友谊与爱情 友谊与爱情存在相当大的重叠。寻找朋友和恋人很多时候最初都是寻找和自己相似的人。恋人和朋友的理想特征往往是相同的：热情、和善、坦率、包容、尊重、信任和理解。但友谊与爱情存在以下区别。首先，爱情带来的感受，比友谊要强烈很多。“每一次当爱在靠近”，你都会感到心跳加速。其次，爱情是“世界上，没他（她）不行”。恋人之间的关系就像空气，是自然而必需的。最后，友谊的本质，是一个人对另一个人的信任；而爱情的本质，是一个人为另一个人奉献与牺牲。

4. 鉴别虚荣与爱情 虚荣心理是一些人试图以追求名誉、荣耀等表面的光彩，来满足自尊需要的心理。爱情中，有一个令人羡慕的恋人，似乎满足了这种需要。有些人对于面子和虚荣过分看重，连恋爱都要秀给别人看，把爱情当作一种非赢不可的比赛。其实真正的爱情是不需要比较的，真正拥有爱情的人没必要在别人面前惺惺作态，真正的爱情永远出自真心。虚荣的情感只是短暂地炫耀，真正的爱情才是细水长流的幸福。

（二）表达爱的能力

1. 培养勇气与自信 勇气与自信是尚未恋爱的大学生表达爱的基础，但往往很多大学生因为害羞或害怕失败在表达爱时缺乏勇气和自信，导致错失恋情。其实，正在经历恋爱的人都是带着自己的缺点在表达爱，同时也接受爱。在大学阶段遇到有好感的人实属不易，大学生可以通过培养勇气与自信来提高表达爱的能力。

大学生应在提高自身能力的基础上获得勇气与自信。首先，大学生要重视学业。学业情况是衡量一个大学生的重要标准。相对良好的学习成绩有利于使大学生保持自信。其次，大学生要发展自身特长。在某个方面能力的优越性有助于人保持自信和社会交往勇气。再次，为人坦诚，不要不懂装懂。对不懂的东西坦白地承认，这不仅不会损害你的形象，还会给人以诚实可信的感觉。对别人的魅力和取得的成就要勇于承认，并致以钦佩和赞赏，是自信强大的表现。最后，适度注意仪表。注意整理着装，使自己的外表处于较好状态。

2. 表达适度恰当 大学象牙塔里的懵懂恋情，从以前羞涩的“同桌的你”，到近几年开放的“非诚勿扰”，大学爱情到底需要含蓄还是高调？大学生对爱情有美好的期待，但在现实生活中对小说式的爱情大多不太认同。多数大学生认为，轰动的表白方式只是一时的绚烂，花费了钱财，浪费了精力，能勇敢地说出心意是好事，但是一方高调的行为会给另一方带来巨大的压力，甚至带来类似胁迫绑架之感。所以大学生活中过于高调、夸张、炫耀的表白形式常遭到冷遇。

表白其实只是爱情马拉松的第一步。许多大学生往往会理智地对待一段无法预测结局的爱情。为了保证不干扰到未来的爱情之路，往往会选择将阶段性的爱情保密。追求爱情的表白方应多采用踏实、低调和真诚的方式，不要因为追求浮华而给对方造成很大的心理压力。

（三）接受爱的能力

1. 接受恋人的全部 金无足赤，人无完人。最好的一面和最差的一面一起构成了一个有血有肉的人。最差的一面一旦消失，最好的一面也将不复存在，人都是有两面性的。在大学恋爱中，积极上进的男友，可能不够温柔细腻；小鸟依人的女友，也可能不够独立果断。恋人之间更应彼此包容，彼此理解，如果只接受对方的优点，不接受缺点，相处起来也会觉得十分疲惫。

2. 打开恋爱的心理屏障 一些大学生不能接受他人的爱情，他们怀疑对方的恋爱动机。有的大学生不接受爱情，认为需要他人的爱意味着懦弱和依赖，爱情表现过分甜蜜，令人畏惧或使人难堪，对于别人的追求毫无感动，情感冷漠。这可能是你的一种自我保护机制，防止自己在恋爱中受到伤害，从而选择与爱情绝缘。

要提高接受爱的能力，就要在感情面前打开心结。首先，认识自我。在拒绝爱情时，可以问问自己原因，到底是因为对对方没有好感还是害怕恋爱受到挫折。其次，完善自我。从能力、性格、言谈举止及鉴别力方面完善自我，只有自身具有力量而且足够强大，才可以相对从容地面对恋爱挫折。最后，信任对方。躲在自我保护的屏障后，好像很安全，不会被别人伤害。但失去了认识自我和完善自我的机会，也失去了建立亲密关系的可能。因为戴着面具，是无法与别人真心、坦诚交往的。在建立恋爱关系的过程中，应基于对对方的认识，了解其品行及修养再稳妥决定恋情发展。在这样的恋爱中，两颗心是可以完全地走到一起的。

（四）拒绝爱的能力

1. 果断理智拒绝自己所不希望得到的爱情 在不适合自己的爱情来临时，一定要勇敢地说“不”，优柔寡断或屈于对方的穷追不舍而接受是极其有害的。因为爱情关系到两个人一生的幸福,容不得半点勉强和将就,所谓“强扭的瓜不甜”。错爱将造成终生遗憾。如果想要拒绝,一定要坚决。

2. 掌握适当的拒绝方式　每个人都有爱和被爱的权利,有接受爱和拒绝爱的权利。要尊重每一份真挚的感情。尊重真挚的感情是对他人的尊重,也是对自己的尊重,要学会用充满关切、尊重、机智的方式来维护他人和自己的尊严。在表达自己想法时,语言要婉转。对方是冒着被伤自尊的风险向你表白,即便你不喜欢,也要微笑拒绝。切不可冷嘲热讽,伤害向你表白的人,可以尝试在肯定对方的前提下,阐述拒绝的原因和理由。

3. 体会对方心理,坚守对方秘密　表白者被拒绝后,心理都会产生不平衡感和失落感,这是很正常的。所以,在拒绝对方时要多给对方留一些空间,在维护尊严上做一些必要的让步。比如,谈到拒绝的原因时,可以把主要原因归给自己,减轻对方的压力。同时,尽量对表白被拒事件保密,避免给表白者带来二次伤害从而造成心理阴影。

(五) 发展爱的能力

1. 提高情商　相爱容易相处难。恋爱初期两个人你侬我侬,能够为对方付出一切,甘愿为爱奋不顾身,可是一旦进入恋爱发展阶段,感情可能止步不前甚至凋零。恋爱中的大学生都渴望经营好恋爱关系,但最后的事实却是,努力付出了许多,最后却并没有得到称心如意的结果。这种情况源于大学生在恋爱交往中的情商有待提高。刚开始相爱时,是把自己关于爱的幻想,投射到对方身上,而没有看到对方的真实存在,很容易产生爱的共鸣。而相处的时候,是与真实的对方相处,双方拿出各自的标准衡量对方,产生分歧。在日常生活中,大学生可以训练行为举止,提高情商,以增进发展爱的能力。

首先,理解恋人。倾听是理解的基础。当恋人想和你说话的时候,你应该积极地去听,注意力集中地听。理解其想表达的意思,领会其所关心和担心的事情,或是其真正喜欢的东西。其次,适度的赞美和惊喜。赞美的话语可以令人欣喜,增进恋爱双方的感情。但是这种赞美是真实客观的。如果对方有一些缺点,也需要委婉提出,使恋人有所改进和提高。在生日和节日之外的一个意外的礼物可以带给接收者发自内心的快乐。礼物不需要花费太多。例如,一块巧克力、一束小鲜花,或是对方喜欢的一本书等。最后,适度包容对方。有些恋爱中的个体以为在彼此的亲密关系中,你就是我,我就是你,没有清晰的边界。实际上,每个人都是独立的个体,人与人之间是存在差异的。真正的爱情,应该是两个人在一起,懂得包容对方的差异性,和而不同,允许对方与自己的观点、个性、感受等方面存在差异。当然真正的包容是有原则的并且是恋爱双方共同的。

2. 提高恋爱责任感　两情若是久长时,又岂在朝朝暮暮。真正对你好的人,往往是日日相伴的人。你可能会怪他没有浪漫和情怀,但在一天天的日子里,却能感觉到他对你无所不在的关心。和风细雨的呵护,细水长流的经营是爱的最佳方式。满意度高的长久情感关系的必需条件是双方具有责任感。提高大学生的恋爱责任感需从以下方面入手。

首先,树立正确的恋爱目的。恋爱不仅是满足自身的需要,而是能够让自己和恋人都能获得幸福。因此,在恋爱过程中言谈举止要文雅,彼此间要学会控制情绪,行事要理智。对待性与恋爱时,要谨慎处理,保护自己同时也是保护对方,对恋爱双方负责。其次,督促恋人共同进步。在恋爱期间,恋人真诚理解,相互鼓励。爱情可以增强学习和能力提升的热情,个人素养的发展也可以给爱情增添调味剂。因恋爱影响个人进步和发展,这对于双方来说都是不负责任的。最后,面对困难,共同进退。真爱是同甘共苦、嘘寒问暖、全心全意、共同分享,真爱也是风雨同舟的责任在肩、患难与共的彼此付出。这样的责任感和品质才是对爱的完美表达和诠释。

三、化解爱的冲突和面对失恋的能力

(一) 化解爱的冲突

一个人独自相处都会为某些事烦恼,更何况两个有着不同经历、不同背景、不同想法的大学生在一起相处就更有可能矛盾重重,双方因许多不一致的地方而发生冲突。恋爱不是感情的保险箱,情侣之间也会由于需要面对许多压力而发生冲突。长久而成功的恋爱告诉我们,影响两个人亲密关系的,不是冲突和压力本身,而是双方处理冲突和压力的方式。因此,大学生恋人要重视恋爱过程中化解冲突的能力。

1. 就事论事,并由自己拿出可操作的化解方案　如果因为恋人迟到,或者路上看了别的异性同学一眼而

生气，那么你们应该只讨论这件事情。有些大学生容易将问题扩大化，认为对方改不掉这个缺点就是不爱自己，就是人品极差。于是将几天前或者几个月前的旧事再数落一遍。最后对方产生逆反心理，冲突升级，双方不欢而散。

就事论事很重要，应该明确地让对方知道，我是因为你这一次的行为生气了，并且自己提出可操作的方案。所谓“可操作”是指简单一次就可以做到的，例如，如果你的解决方案是以后一定不能和除我以外的异性说话，这就是不可操作的。这时不妨把解决方案改成买一个小礼品、吃一顿好吃的，然后既往不咎。毕竟恋人们解决冲突是为了感情更好地发展，而不是相互仇恨甚至决裂。

2. *尽量避免摸不着头脑的冷战* 恋人吵架不怕吵得天翻地覆，就怕对方不理睬。冷战是伤害恋人间感情的利器。两个人在一起，吵吵闹闹是常见的，只要不触及双方的底线，一般还是有挽回的余地的。而在处理恋爱关系时，最忌讳的就是冷战。其实，冷战就是不想沟通，放弃沟通。

如果发生冷战，女生应该注意以下细节处理。首先，冷静并找出问题的根源。冷战原因如果是小事，女生要把问题先想清楚了，并且理解冷战不是因为对方不喜欢你，而是男生喜欢冷静下来处理问题。所以，女生此时的冷静非常重要。其次，转移注意力。冷战期间，可以找好友倾诉聊天，逛街看电影或是吃美食来转移注意力。女生大多敏感，会去想恋人是不是不爱我了、恋人是不是要和我分手了，这些都是多余的，转移注意力十分重要。最后，寻求沟通。当你冷静几天之后，如果恋人还没有找你，而你已知道自己也有错，就应着手沟通。沟通的过程中要保持一种不卑不亢的态度，不要因为对方的冷漠失去信心，从而低声下气，也不要因为对方的理直气壮而怒气冲冲，而是将两个人的问题进行坦率沟通。

在打破冷战僵局时男生应更主动。首先，控制时间。男生要站在女生的角度思考。处于冷战时期的恋人，女生更为难受，因为女生一般更敏感。所以，尽量不要让女生长时间处于负面情绪中，冷战的时间不能太长。其次，主动道歉。通过道歉和自我检讨来缓和关系，男生通常可以做主动的一方，会让对方觉得你宽容有气度从而更加依赖你。放下自己的身段，给对方一个真挚的道歉，发出一个和解的信号，会加固彼此之间的感情。最后，沟通时要柔和。好脾气是人格成熟、充满自信的表现。如果女生来找你打破冷战僵局，态度千万不能生硬，适当地柔和下来，有助于双方以一种更加理性的方式来解决问题，避免触碰到彼此的棱角。如果女生先找你，说明她还是在乎这段感情，若是遭遇到你的冷眼相持，会感到很受伤。

3. *情绪激动时可以冷静地走开* 很多恋人想通过吵架的方式分出对错，可是分出对错只会将矛盾复杂化，甚至会揪出过去的陈年旧事，结局无论是谁对谁错，过程都一样伤人。即使对方错了向你道歉，你也不会好受。要知道，吵架时造成的伤害，很久都无法弥补，所以，气头上如能保持冷静和理性，可让彼此变得更成熟。

冲突发生后，最好先心理换位，先设身处地从对方所处的位置和情境去思考和处理，体察对方的潜在动机，不要“以自我为中心”简单地看待问题，要清醒理智地思考及相互理解。例如，一番唇枪舌剑开始，自己也发现自己的话语无伦次了。这个时候应该坚定地说，不好意思，我要冷静一下，过几天再来找你。用独处的时间和空间让自己把问题想清楚，但由于这是一次不愉快的分开，所以分开前一定要冷静地承诺，以免让事态严重。

（二）面对失恋

对很多大学生而言，爱情已经融入了生活。两个人在恋爱中所经历的一点一滴都如梦境一般美好。所有的酸甜苦辣都会在日后变成美好的回忆。但爱情之路不一定畅通无阻，双方可能在冲突出现后顺利解决，感情加深，也有可能分歧过大，终止了恋爱关系。由于过程的美好，所以很多人在失恋时难以放下。对于象牙塔里很少经受打击的大学生们来说，失恋更是一道难过的坎。大学生在失恋后应从以下几个方面应对，从而提高面对失恋的能力。

1. *失恋后要及时调节负性情绪* 人是情感动物，有感性的一面。失恋后，会体验到抑郁、焦虑、悔恨、怨恨、愤怒、自责等负性情绪，这些负性情绪会导致心理压力。长期的心理压力会使人的身心健康受影响。因此，大学生在经历分手时要及时调节负性情绪。

首先，眼泪宣泄。在心情低落时哭一场，可以使情绪平静。眼泪能把有机体在应激反应过程中产生的毒素排出体外。其次，运动缓解。适度的体育运动有助于释放负性情绪带来的负能量。再次，扬长避短思维。当自己失恋以后，多想自己得意的事情，如自己人际关系不错。此外，理智用一些积极的言语和格言来积极地暗示自己,如“天涯何处无芳草”“一扇幸福之门对你关闭的同时,另一扇幸福之窗却在你面前打开了。”最后,可以向信任的师长或好友倾诉自己的烦恼,也可以通过写日记或书信倾诉。如果感觉自己的负性情绪无法排解,还可以找心理咨询师进行心理咨询,释放痛苦和烦恼,寻得心理安慰和寄托,达到平衡心态及净化心灵的效果。

2. 情境转移　失恋后之所以难以摆脱恋情的困扰,一定程度上是由于生活中的方方面面都与昔日的恋人有着千丝万缕的联系,难免触景生情。另外其他同学、朋友的甜蜜恋情也造成心理比较,从而产生失落。

当失恋以后,暂时离开曾经熟悉的环境,尽量置身于一个相对愉快的环境中去。如多交一些朋友,多参加一些集体活动,例如,下棋、跳舞或者户外散心等,这样有助于心情的开阔。另一方面是由于失恋后有一种空虚感,暂时难以适应,可以用志愿者工作或学习的方法来充实自己,不让自己有胡思乱想的时间。给自己刻意安排一些工作量偏大,又不太精细且危险性小的工作,以此达到忘却痛苦和烦恼的目的。

3. 用自我升华面对失恋　自我升华是指失恋者理智地把感情、精力投入到能充分实现自身价值的事业中和对生活的热爱中去,从而使失恋的挫折在更高的境界中得到补偿,获得更大更多的收益。

首先,失恋大学生应理解积极的态度可以使自我得到更新和升华,从而全身心地投入到学习中去。许多精英名人都曾饱受过失恋的痛苦,通过自我升华创造出了辉煌的成就,他们用奋斗的办法更新自我,积极转移化解失恋的痛苦。其次,要尽快付诸行动,把失恋升华为一种奋发向上的动力,切不可因为失恋而一蹶不振,认为生活失去了意义。要知道,恋爱是生活的重要组成部分,但不是生活的全部,要正确地看待爱情,摆正爱情的位置,处理好爱情与学习、爱情与人生的关系。最后,要提升思想境界。不要失去追求爱情的信心,不要否定自己,要在失恋的困境中学习自我雕琢、自我控制及自我完善。在适当调整后,你会发现自己变得更加可爱而优秀。放眼未来,一切依然很美。

案例 7-2

积极面对失恋

大学女生红和交往了两年的男朋友因为一些原因而分手。刚分手的那段时间,红很沮丧,每天魂不守舍,无精打采,做什么事情都提不起兴趣,也不愿意去参加社交活动,变得沉默寡言。恋爱时虽然和男友也会有矛盾,但是总还是觉得欢乐的时光更多。与恋爱时相比,红感到失恋后心理有些失衡,每天都被负性情绪所包围。此外,红在恋爱关系中属于比较依赖的一方,突然的分手让她手足无措,不知道该如何面对失恋的问题。红感到自己生活和学习的节奏完全被打乱了。

然而,红并没有让自己太久沉浸于失恋的痛苦之中,她鼓励自己慢慢走出失恋。首先,她通过与朋友谈心来释放自己的情绪,同时寻求学校心理咨询老师的帮助,调整低落的状态,让自己学会接受现实,正确地看待恋爱与失恋。其次,红在空闲时间积极参加各种社团活动、体育锻炼和专业实践,丰富了学业与生活,通过升华的心理机制理智地把失恋的负性情绪释放出来,投入到有意义的生活和学习中,降低了失恋带给自己的负面影响。在这个过程中,红通过培养兴趣爱好,调整生活和学习节奏,变得不再做什么事都依赖别人。失恋让红更加清楚了自己的努力方向,想要通过自己的努力考研提升自己的价值。为了实现这个目标,她把自己的精力都放在学业上,化伤心为动力,最后考研成功,成长为更加优秀的自己。

【思考题】

(1) 爱情由哪些成分构成?

(2) 大学生恋爱具有怎样的心理特点?

(3) 大学生如何提高爱的能力?

(肖　宵)

第八章

大学生网络心理

本章要点

掌握： 互联网对大学生心理的影响、网络成瘾的概念、健康网络心理与行为的培养。
熟悉： 大学生的网络心理需求、网络成瘾的判断标准。
了解： 互联网的特点、大学生常见网络心理问题。

互联网技术的诞生及其在全球范围内的普及和运用，催生出一个迥异于现实世界的虚拟空间，正在不断地改变着人们的学习、工作和生活方式，影响着社会的发展进程。大学生生活在信息时代，享受着互联网技术发展给生活带来的便利和高效，也感受到互联网的一些负性影响。因此，正确认识互联网世界，了解大学生在使用互联网过程中的心理特点，学会利用互联网提高学习与生活质量，屏蔽互联网的消极信息和不利影响，对维护大学生心理健康具有重要的意义。

第一节　网络世界与大学生心理需求

互联网(internet)是世界范围的计算机网络。它使用传输控制协议/互联网协议(transmission control protocol/internet protocol，TCP/IP)提供多种类型的网络服务，并且对于拥有公用 IP 地址的任何用户都是开放的。在这个网络上全世界的计算机与计算机之间可以互相交换信息和共享信息。通常使用的万维网(world wide web，WWW)只是互联网所提供的服务之一。中国互联网科技发展迅速，计算机网络、移动网络的普及使人们可通过任何一台连接网络的终端设备，如计算机、电视、平板电脑和手机，全面了解最新最热门的信息。

一、互联网的特点

(一) 开放性与全球性

互联网具有开放性。互联网构成了一个庞大而高效的全球性信息网络系统，它通过先进的技术手段，实现了将全球范围内的计算机、移动电话、电视等多种通信工具无缝连接，形成了一个能够进行大规模、快速数据交换的网络体系。这一系统的开放性体现在用户能够不受限制地接入互联网，享受随时随地在线的便捷，打破了传统意义上的地理界限。只要遵守互联网协议规定，任何人都有权在任何时刻、任何地点接入这个全球信息网络，实现信息的自由流通和资源的共享。而且，互联网的开放性为广大用户提供了广阔的创作空间和自由表达的机会。在互联网上人们可以自由地分享观点、发布作品、传播知识和碰撞创意。信息的传递和流通得到了极大的促进，而这种流通的自由度也是互联网开放性的重要体现。需要注意的是，虽然互联网提倡开放和自由,但这并不意味着互联网上的行为完全没有约束。

互联网具有全球性。互联网基于分布式网络架构,采用统一的域名解析系统、统一的超文本传输协议(hypertext transfer protocol, HTTP)脚本语言等核心技术,共同支撑起了全世界最先进的技术平台,融合资讯、通信、服务、教育和商务多种社会功能,全面介入个人的社会生活。互联网构建了一个无国界的自由王国,通过网络能在全球范围内实现信息的自由传递。互联网可给人们带来世界各地海量的信息资讯,增大人们接触不同背景人群的机会。互联网将人与人之间的距离前所未有拉近,使世界真正变成了"地球村"。每个人都是"地球村"的村民,在世界范围内"鸡犬声相闻",相隔万里的人们不再"老死不相往来"。当前在全球范围内广为互联的网络,已渗透到人类生产生活的方方面面,互联网空间成为整个人类共同的活动空间。

(二)广容性与丰富性

互联网的广容性是指互联网具有几乎无限的信息承载能力。传统的信息传播纸质媒介,如报纸、纸质书等,受到纸张、印刷、批次等限制,不得不对信息进行筛选和剔除,只有少量信息在小范围内传播;电台等有声媒介也囿于频道、节目安排档期和播放时间的限制而只能传递较少的信息。而网络信息量采用先进的数字化的记录、传输和处理方式,将所有声音、文字、图像等转化为数字化的形式,高密度存储,且可以分散存储在与网络相连的各个节点的客户服务器上。互联网的广容性给我们的生活带来了诸多便利。网页实质上就是出版物,当把信息提供到网页上,它就被认为是在网页上出版了,可以接受来自全世界互联网用户的访问。网页出版物几乎具有印刷出版物所有的功能,同时还有成本低、可以反复编辑和修改、传播速度快、容量巨大等优势。无论是阅览新闻还是开展科学研究,都可以在任意时间、利用多样化的联网电子设备,如台式电脑、平板电脑、智能手机、智能电视等搜寻到相关的资料。

互联网的丰富性体现在两方面。一是内容的丰富性。互联网的内容囊括中外,纵贯古今。天文、地理、诗词、书画,只要愿意搜集,比比皆是;旅游、医学、百科、问答、经验等,只要愿意提问,答案即可揭晓。如大学生需要完成下次课堂的展示作业,就可以在专业网站上搜集相关的知识内容,下载喜欢的 PPT 模板或素材,制作完成展示作业。二是互动形式的丰富性。互联网从一开始就是为人类的交流服务的,它不是把电脑连接起来,而是把使用电脑的人连接起来了。互联网用户可以自行浏览互联网内容,还可以与共同连入互联网的用户进行互动。电子邮件、社交软件、视频通话等可使两个相距千里甚至不同国度的人自由交谈。通过互联网还可以协作办公,可以多人同时对同一份电子文档进行编辑,可以召开国际会议,也可以开展远程医疗等服务。

(三)虚拟性与平等性

互联网的虚拟性是指互联网构建了一个非物质的、以数字信息为基础的交流空间。在这个空间里,信息以文本、图像、音频等电子数据的形式存在和传播。互联网的虚拟性有效地跨越了现实世界中人们的身体特征、社会地位以及地理位置等因素所造成的差异和隔阂。互联网世界建立的是一个非真实性的、与实物有明确映射关联的世界。利用互联网进行视频通话,人们可以看到对方的面孔进行交流,看到的面孔是真实面孔映射出来的图像,不是真实世界中的面对面,而是达到的类似效果。利用互联网平台购物,人们在互联网商城浏览网页选择商品,这些互联网商城在真实世界中并不存在,而是真实的卖家或商户通过上传图片文字等信息建构自己的虚拟店铺,供应的商品也是由真实物件的文字描述、图片介绍或视频等信息所呈现。而且互联网虽然储存了大量的信息,但是除了必需的计算机基础设备之外不占用任何现实世界的空间,通过对真实世界的映射转化成可传播的电子格式,构建起一个可以无限扩大的虚拟世界。

互联网的平等性体现在网络参与资格上的平等、身份地位的平等和话语权的平等。互联网向全世界开放,人们使用终端设备接入互联网,都可以利用所有公开的资源。所有的互联网用户都成为这个虚拟世界无差别的一员,不带有任何身份的色彩。人人都可以在互联网上发出自己的声音,人们可以在法律允许范围内在互联网上畅所欲言或发布、传播信息。互联网提供这样一个平台和媒介,让任何人都可以通过这个渠道获取自己感兴趣的资源、展示自己的生活、合理地表达意见,以及建立更广泛的人际关系。

(四)隐匿性与去抑制性

互联网的隐匿性表现为个人身份的隐藏和难以识别。各大社交网站和论坛,均允许用户使用昵称或者化名,个人的头像也可用任何图片呈现。关于互联网用户的个人信息,普通网民是不知道、不清楚和不易判断真假的。互联网为人们提供了一个可以尽情展示自我的平台，同时也存在着一些安全隐患。如曾有大学生把求职简历曝光在互联网上，有公司找到他并进行相应的互联网招聘，结果当到单位实际报到时才发现是传销组织。正是因为互联网的隐匿性，使得互联网用户的背景十分复杂且较难分辨。随着互联网管理能力不断增强，在互联网上发言实行实名制，实名制虽然不会在互联网大众群体中呈现，但是若有故意造谣、危害社会安全的言论发表，则可以根据一定的规则来锁定危险的目标人物。大学生们应该提高警惕，在利用互联网资源的同时保护好个人安全。

互联网具有去抑制性。在了解去抑制性之前先了解一下抑制性。抑制性，是指一种受自我意识影响，对自我行为所产生的社会影响的关注和对公众看法的担心，从而使个体行为受到一定的约束。去抑制性，就是缺乏自我意识影响，对自我行为所产生社会影响的关注和对公众看法的担心减弱了，从而减少了对个体行为的约束。去抑制性也就是公共意识的减弱，降低对他人看法的关注，从而放开了对自己行为的控制。因互联网环境的隐匿性，人人均可自由使用网络，以及使用互联网在时间和空间上具有随意性和流动性，会使个体在互联网中表现出与现实中不一样的行为。这种改变可能表现为两种：一是利用互联网表现不良的行为，如辱骂他人或网络欺凌，在实际生活中看起来温文尔雅的暖男或淑女，在互联网中却可能表现出肆意攻击或诋毁别人的行为；二是利用互联网分享自己真实的生活和感受，如写博客（公开的日记）给陌生人看，或在互联网社区分享自己独特的经历。这些行为表现在实际生活中，以真实身份可能是做不到的。

二、大学生的网络心理需求

（一）探寻外部世界

作为主体的人，要去认识作为客体的外部世界，需要一个良好的渠道。在当前信息时代，互联网就好比一本偌大的百科全书，在其中可以饱览古今中外。互联网就像是延伸了的感官，让大学生不仅可以看到周边的世界，也可以看到千里以外甚至另一个半球上发生的事情。互联网具有敏锐的“触角”，它可以带给大学生最新鲜的新闻和资讯。上网已经成为大学生探寻外部世界、沟通外部世界的最基本方式，它突破时间、空间这样的制约和限制，可以满足大学生特定的认知需求。上网也几乎成了大学生探寻外部世界的生活习惯之一。互联网可以说是大学生拓展书本上的知识，了解外部世界、探索外部世界的最便捷、最快速、最适宜的工具。

（二）拓展与维护人际关系

人都有社会交往的需求，根据埃里克森心理发展阶段理论，处于成年早期阶段的大学生主要任务是建立亲密的关系，解决亲密和孤独这一对心理冲突，从而获得爱的满足。大学生需要与同伴交往，不断发展出自我概念“我是谁”，同时建立良好的人际关系。很多大学生是离开自己家乡在异地求学，希望能够与亲人、与上大学之前的好友保持联系；也希望在大学校园里结识新的同学、新的伙伴、新的挚友。大学生希望利用互联网不断维护现实生活中的人际关系，不受地理空间和时间的限制，获得情感支持。大学生也希望拓展现实生活中的人际交往，通过互联网便捷高效地进行信息沟通和情感交流。有的大学生遭遇挫折，而在现实生活中感觉无人可倾诉，希望通过互联网转移注意力缓解人际焦虑。在一定程度上，互联网部分满足了人际交往的需求。

（三）成就与自我实现

根据马斯洛的需要层次理论，人的需要包括生理需要、安全需要、归属和爱的需要、尊重的需要、自我实现的需要。大学生的基本需要往往都能得到一定满足，作为有志向有理想的青年，会继续追求满足成就和自我实现的需要。大学生需要在大学校园里进一步发展、不断挖掘自身潜能、为实现自己的理想而努力。大学生可以利用互联网这一信息时代的利器，拥有更广阔的平台，使用最有力的技术支撑，达到自我实现。一方面，大学生需要互联网提供的平台和便捷的服务，自觉主动学习，以自我发展为导向，不断提高自身知识和能力水平，为职业发展铺路。另一方面，大学生需要通过互联网进行社会参与，以独特的视角，运用自己专业所学策划有创意的活动为社会发展贡献力量。当大学生的专业能力和社会责任得到充分肯定，自我价值得以体现，日后就可能发挥更大的潜能。

(四)娱乐及宣泄压力

大学生在日常生活中会体验到各种各样的压力,如学业压力、就业压力、情感压力等都可能成为压力源,随之会产生迷茫、恐慌、烦躁和苦恼等负向情绪。如果心理压力得不到及时有效的宣泄与化解,就可能导致适应困难或其他心理问题的出现。大学生需要互联网来丰富生活,通过网络娱乐休闲来放松心情。网络娱乐形式多样,网络音乐、网络聊天、网络视频、网络文学和网络游戏等可以满足不同个体的需求。无论是通过网络聊天讨论近况或同兴趣相似的网友一起交流,都可以给大学生带来心情的愉悦和心理的满足。网络娱乐只需一台电脑或一部手机,就可以随时随地享受放松和休闲。海量的互联网资源、个体差异化的选择性和触手可及的便捷性吸引着大学生上网"冲浪",达到娱乐和宣泄压力的目的。

三、互联网对大学生心理的影响

(一)互联网对大学生心理的积极影响

1. 弥补了传统教学的局限,极大地扩展了知识来源的空间　互联网促使教学发生重大变革,弥补了传统教学的不少局限。传统教学会遇到教学师资力量不均衡,教学场所固定,学生往返路程花费时间多,学习时间有限,教学模式比较单一等问题。而且传统教学对教学班学生的人数、年龄、知识储备等具有较为严格的要求。当互联网应用到教学中,教师建设好线上课程,大学生可以在线观看或回放,还可通过线上组成虚拟班级,同教师线上互动以及与同学线上讨论。线上课程突破传统的大学"围墙"限制,大学生可以感受到线上课程形式上更丰富、学习上更自主、时间上更弹性、内容上更定制、方式上更灵活。随着互联网教育的发展,线上课程资源也日益丰富,极大地扩展了大学生知识来源的空间。大学生可以在互联网上搜集专业的课程资源,如国家职业教育智慧教育平台、国家高等教育智慧教育平台等,都汇聚了国内外最好的大学、最好的老师、最好的课程,大学生可以从全国乃至全世界的这些"金师""金课""金课堂"中获取知识。

2. 扩大了人际交往的途径,有助于建立新型的人际关系　互联网的普及和应用改变了人类传统的沟通和交流方式。在互联网技术普及之前,人际交往主要基于亲缘、地缘、业缘与偶遇这四种方式。传统的个人社会网络往往局限在一个很小的社交圈子内,圈子内的成员互动较为频繁,相似程度和重叠程度较大,而与其他社会网络的交流相对较少。互联网技术极大地改变了这一现状,扩大了人际交往的途径。各种社交媒体的出现使网络社交从未像今天这样繁荣过。每一个用户都可以分享日志、照片、视频和音乐等,在这里可以在正式认识好友之前就了解到他人的部分信息。在面对面的互动中,互联网的普及使得人们更容易发现和探讨共同感兴趣的话题。对于大学生而言,他们可以通过互联网基于共同的爱好和兴趣点进行自主的交流和讨论。此外,大学生也能够通过互联网与他们所关注领域的专家直接接触和建立联系。在一些问答型知识经验社区中,提问者会因感激或反馈回答者而建立追随或互相关注等新型人际关系。

3. 提供了丰富的信息环境,有利于激发大学生的创新思维　通过互联网即时获取和分享海量知识和信息,从根本上打破了传统的知识专享和信息垄断。当获得的知识和信息越多,感受到未知的范围越广,此时想象的空间就越大,想象的空间越大,带给大学生们思维方式变革的冲击力就越强。同时,互联网作为一项新技术、新成果的最大贡献就是激发创新思维。在信息时代,语言、文字的传播凭借互联网实现了新的飞跃,思想、表达及其对话也在互联网时代产生了新的范式,情感表达、知识普及、思想沟通、文明交流等,都有了全新的面貌。在这些欣欣向荣、不断更新、信息极其丰富的环境下,非常有利于大学生活跃思维、博采观点、激发智慧和创新思想。

(二)互联网对大学生心理的消极影响

1. 现实社会中人际交往能力下降　互联网能够扩大人际交往的范围,摆脱时间地点局限拉近与远方或陌生朋友之间的距离,但是它又拉大了近处熟悉的人们之间的距离,形成孤独和隔离。人们常常调侃"世界最遥远的距离是,我在你身边,而你却在玩手机"。另外,虽然互联网上社会群体是现实社会群体的延伸,但是又不同于现实社会群体。在互联网上,个体社会角色不确定、社会关系松散且群体意识和归属感较为淡薄,在这个虚拟世界里,性别、年龄、种族可以是流动性的,也可以具有多重身份,这样的虚拟身份是不适应现实世界的。当人们长期沉迷于虚拟世界,容易逐渐忽视现实生活中的人际互动和面对面沟通,并逐渐缺乏在现实社会中进行人际交往的意愿。在网络社交中,人们可以通过虚拟身份和开放式平台畅所欲言,不受身份和权威的限制，也可以随意取关、拉黑某个不想再联系的对象。长期接触和使用这种简单随意的交际方式，在现实社会复杂的人际互动中会受挫，照搬套用是行不通的，可能导致人际交往能力下降。

2. *使用不当易致学业"受困"* 大学生过度使用互联网有可能导致大学生的学业"受困"，原因主要有以下三个方面。首先，过度使用互联网，对爆炸式的信息若不加选择地摄取、缺乏整合，这种信息严重超载易导致认知加工困难。其次，过度使用互联网，会挤压专业学习的时间。大学生若将大量时间用于网络聊天、网络游戏等娱乐功能，用于学业的时间自然减少。第三，互联网上知识信息零碎散落，若以这样的形式进行专业学习，易导致大学生思维缺乏整体性、逻辑性和导致碎片化。其实，互联网资源可作学校教育的适当补充，专业学习的主要途径还是学校教育。因为学校教育的开展是有计划、有组织、有步骤的，培养计划和课程设置是具有科学性和系统性的，是经过专家论证和实践检验的，是任何其他零散的网络资源无法替代的。

3. *可能危害身心健康* 沉迷互联网会影响大学生的心理健康，导致多种网络心理问题，如网络孤独、网络成瘾等；还会导致大学生出现人格异化。由于大学生在网络互动中会对自己形成崭新的认知，互联网环境中身份的虚拟特征和可随意变换的特点，给真实自我蒙上了一层神秘的面纱。人与人之间的交往脱离了生理自我呈现出的声音、语气、形体、样貌，通过选择"人物设定"，借助字符、动态图、表情包输出自我意识。通过碎片化的自我展示和互联网技术加工，这些碎片化的自我拼凑不出完整的自己，而且同真实自我存在较大差异，容易影响大学生的人格整体性、完整性和稳定性。若存在严重的心理冲突，甚至会导致人格分裂。沉迷互联网不仅影响大学生的心理健康，也会对身体健康产生消极影响。2020 年 6 月 5 日国家卫生健康委员会在北京同仁医院发布了《中国眼健康白皮书》，显示我国儿童青少年近视总体发生率为 53.6%，大学生近视总体发生率超 90%。除了遗传因素等先天条件外，频繁使用移动设备也加剧了近视问题。严重的网络成瘾甚至会引发猝死。曾有青年通宵玩网络游戏，由于长时间久坐未起身活动，加之天气比较炎热，未能及时补充水分，形成了下肢静脉血栓，继而引发肺栓塞，引起心脏和呼吸衰竭。

4. *可能诱发道德弱化甚至犯罪行为* 互联网的虚拟性弱化了传统道德的约束力，互联网上的交往不同于现实社会，现实社会是一个熟人或者半熟人社会，道德对个人的约束作用比较明显，人们都会比较自觉地遵守既有的道德规范。而在互联网中个体不需要真实身份，这种隐匿性就容易让人失去道德应有的约束力。在互联网中人们更容易产生面具心理、宣泄心理等，更容易降低个人的自律意识。人们在互联网中可以自由交流、沟通、发布信息等，大量资源和信息得以共享，同时谣言、非法获取他人信息、侵犯他人隐私等不道德的事情也可能发生。有的人对网络社会存在认识误区，认为既然网络社会是虚拟的，因此放纵自己的行为是不会被发现的；或者对互联网技术过分崇拜，出现与现实社会截然相反的道德评价标准，即网络道德异化。从某种意义来说，互联网中的黑客就如同现实社会中的盗贼，他们往往利用自己的黑客技术，在未经他人允许的情况下，入侵他人电脑、盗取他人信息，甚至侵犯他人的财产。但是在对待黑客与盗贼的问题上，人们却持不同的态度。对于现实生活中的盗贼，人们零容忍，不予接受；而对于黑客，却持较为宽容的态度，甚至盲目地崇拜。这也就纵容了不道德的网络行为甚至是犯罪行为。

第二节 大学生常见网络心理问题

目前，网络已逐渐成为大学生活的重要组成部分。然而由于大学生的心理成熟程度通常落后于生理成熟程度，认识能力落后于活动能力，自我控制能力有待提高，对信息的辨别判断能力不足，消极的网络信息往往容易对大学生心理产生不良影响，从而引发各种心理问题。常见的大学生网络心理问题主要有以下几类。

一、网络恐惧

网络恐惧(internet fear)是指具有不同程度的对网络使用过程以及网络使用结果的恐惧心理。网络恐惧作为一种情绪体验，对网络或网络情境会产生焦虑和害怕，并伴有回避行为。网络恐惧的症状表现有轻重程度之分。轻者不敢上网,不愿参与网络互动;重者身倦乏力,心惊胆战,自汗气短,虚怯易恐,夜不能寐。网络恐惧的原因可能有以下几个方面:一是尚未或者较少接触网络,担心不会使用或在网络里迷失而恐惧;二是担心个人隐私被曝光,影响正常的学习工作和生活;三是害怕网络暴力,恐惧社交平台上对自己的不良评价与攻击等。

二、网络孤独

孤独是与他人疏远或社会隔离的主观感觉和体验,是一种令人不愉快的负性情绪体验。在孤独心态下人们往往会感到寂寞和孤单,仿佛与外界隔绝,缺乏与他人的联系和互动,长期的孤独感可能会引发郁闷和沮丧,使人感到生活中缺乏乐趣和动力。网络孤独(internet loneliness)是一种个体主动与他人疏远、与社会隔离,由于在现实面对面的社交中感到焦虑和恐惧,与他人建立情感联系的需求得不到满足,从而希望通过网络来得以实现。有时候人们会体验到孤独感,但与此同时,对于建立亲密的人际关系又感到畏惧,担心这种关系会限制自己的自由。而网络科技和社交软件恰好给人营造了一种错误的感觉,在网络中,人们似乎可以随时获得陪伴和支持,而无须投入大量的时间和真正的情感,也不必付出努力去维护这些关系。但是由于网络本身的虚拟性和网络社交关系的松散性,人们在网络世界中仍然无法获得充分的理解、尊重、共情,难以形成深入的情感互动和人文关怀,所以试图在网络上建构亲密关系、试图把情感需求完全寄托于网络虚拟交往、试图以“陌生人社会”替代“熟悉人社会”的这部分人的情感需求并未能得到满足,仍然存在精神落寞、空虚无助的孤独感。

三、网络迷失

网络迷失(lost in internet)是指在使用网络过程中或在网络环境影响下,出现弄不清自我发展方向、偏离了正确的人生方向、放弃了应有的追求或出现越轨行为。网络迷失常见类型有自我迷失、道德迷失、网络表达迷失、价值观迷失。自我迷失是指个体在网络环境影响下出现的现实身份角色迷失、自我认同迷失、自我主体性迷失而导致的自我认知迷茫状态或解构状态,主观能动性、自律性降低,甚至出现人格障碍等问题。比如,网络使用者能够感受到虚拟与现实的双重人生体验,有时候可能会无法辨别自我的虚拟与现实的状态,导致现实身份角色迷失。再比如,有个体在社交媒体上频繁地进行聊天与转发,不是为了与朋友沟通与交流,而是为了获得评论、赞美、博关注,以此体现自我价值,导致自我认同迷失。还有的个体为建构广泛的网络关系圈,全面进行自我包装,虚与委蛇式地呈现“完美”自我,这种片段的、零星的自我,其实是一种对自我的分裂和舍弃,是对完整自我的解构。道德迷失是指在网络环境具有欺骗性和有违道德的信息内容影响下出现道德认知混乱、道德情感淡漠、道德意志与自控力不足,难以抵御网络诱惑而出现道德失范行为。如在网络交往中掩盖个人性别、背景、年龄、学历等,通过社交软件进行欺骗性的交往;自毁性地获取不良信息;传播非法信息,对社会国家造成不利影响。网络表达迷失则是指在网络环境匿名性影响下现实利益诉求在网络空间的盲从性表达、随意性表达的现象。如在网络上直截了当的情绪发泄、偏激的语言甚至谩骂。价值观迷失是指在网络环境影响下背离正确的价值观和中国传统文化的精神内核,如盲目崇尚享乐、拜金和消费主义价值观。

四、网络成瘾

在大学生网络心理问题中,影响最大、范围最广、后果最严重的是网络成瘾。目前,有关网络成瘾的归属问题,学术界尚存有争议,有的学者建议将其归入精神疾病范畴,但以华中师范大学陶宏开教授为代表的学者则认为网络成瘾属于心理学与教育学的范畴。

(一)网络成瘾的概念

1995 年,美国精神病学家戈德堡(I. Goldberg)提出网络成瘾(internet addiction, IA)的名词,警告人们注意这是一种与网络过度使用相关的、新的心理障碍,并把它命名为“网络成瘾障碍”(internet addiction disorder, IAD)。他认为网络成瘾障碍是个体由于过度使用网络而产生明显的社会、心理损害的一种现象。这个名词的提出是对过度使用网络这一现象的首次描述,并认为它可能是一种新出现的心理障碍类型,随后引起了社会学、心理学和精神医学专业人员的广泛关注,对其是否归属于心理障碍存在争议。

1996 年，美国匹兹堡大学心理学家金伯利·杨（Kimberly Young）在美国心理学大会上发表了题为《网络成瘾：一种新型临床疾病的出现》（*Internet Addiction: The Emergence of a New Clinical Disorder*）的学术论文，他作为最早系统研究的学者，开始关注过度使用互联网导致上瘾的现象，这些互联网用户对网络上瘾的方式与那些对毒品或酒精上瘾的方式大致相同，是一种不正常的、病理性的使用，并导致了学业、社交和工作障碍。金伯利·杨认为"网络成瘾"可以被定义为个体在无外界成瘾物质影响下，难以对自己的上网行为进行控制，并由沉迷网络而导致个体生理和心理社会功能损伤的状态。

2008 年，北京军区总医院成瘾医学科陶然课题组通过研究对网络成瘾进行如下定义。网络成瘾是指个体反复过度使用网络导致的一种精神行为障碍，表现为对网络的再度使用产生强烈的欲望，停止或减少网络使用时出现戒断反应，同时可伴有精神及躯体症状。此定义将网络成瘾视作精神行为障碍，其描述内容更便于临床诊断和治疗。

2018 年，国家卫生健康委员会发布《中国青少年健康教育核心信息及释义（2018 版）》，就肥胖、近视、网络成瘾等青少年主要健康问题和影响因素进行了梳理和总结，作为青少年健康教育材料。其中提到"网络成瘾是指在无成瘾物质作用下对互联网使用冲动的失控行为，表现为过度使用互联网后导致明显的学业、职业和社会功能损伤"。这个释义将网络成瘾视为一种行为偏差，而不是某种障碍或疾病，更趋向于重视过度使用网络所导致的后果，即个体社会功能的损害。

综上所述，国内外学者从不同角度给予网络成瘾的定义不完全相同，尚未形成共识，但这些定义都包含了两个共同的特征：① 缺乏对自身的有效控制而产生的过度网络使用行为；② 因为过度网络使用而带来的社会功能损伤。

（二）网络成瘾的表现

根据陶然课题组的研究结果，总结出网络成瘾的表现包括网络过度使用、网络成瘾的特征性表现、与网络成瘾相关的其他精神障碍三方面。网络过度使用是指个体使用网络的频率和时间均已超出正常的限度，使用网络的目的不是为了学习和工作，网络生活占据大部分业余时间，导致个人生活与网络生活失衡。网络成瘾的特征性表现为个体对网络的使用存在极大的渴求，不论在学习、工作或日常生活中都常常在脑海中回想着与网络相关的情境，并期待下一次上网；个体能够通过上网体会到强烈的愉悦和满足感，并为此不断增加上网时间和投入，但逐渐失去了自控能力；当突然减少或停止上网时，个体会出现烦躁、易激惹、注意力不集中、睡眠障碍等戒断反应；有的伴发躯体症状，较为普遍的躯体症状包括食欲减退、胃肠功能障碍、营养不良、睡眠节律紊乱以及疲乏无力、心慌胸闷等自主神经功能紊乱，以及视疲劳、偏头疼、肩颈疼痛等。此外，因过度沉溺网络，可能会导致个体检验现实功能受损，表现为自信心膨胀、自我评价过高等高涨情绪，也可能出现恐惧、害怕、抑郁等情绪，严重的会出现短暂的现实解体或妄想。与网络成瘾相关的其他精神障碍可能会表现出固化了的网瘾期间的不良行为模式、品行障碍问题、人格障碍、心境障碍等。

（三）网络成瘾的判断标准

1996 年，美国匹兹堡大学心理学家金伯利·杨参照 1994 年美国精神病学会制定的《精神障碍诊断与统计手册》（第 4 版）[*Diagnostic and Statistical Manual of Mental Disorders* (*Fourth Edition*)，DSM－Ⅳ]病理性赌博的诊断标准提出了筛查网络成瘾的 8 条标准（拓展学习 8－1）。回答"是"有 5 个或更多的标准被归类为网络成瘾。这个标准项目较少，具有简单易操作的特点，多被网络成瘾的研究者使用，但这个标准的信度与效度指标不明确。

拓展学习 8－1

金伯利·杨的网络成瘾筛查标准

（1）你是否会沉迷于网络（想以前的在线活动或期待下一个在线活动）？

（2）你是否觉得需要用越来越多的时间上网来获得满足感？

（3）你是否曾多次试图控制、减少或停止使用网络，但都没有成功？

(4) 当你试图减少或停止使用网络时,你是否感到焦躁不安、喜怒无常、抑郁或易怒?

(5) 你上网的时间比预期的长吗?

(6) 你是否因为上网而危及或冒险失去重要的人际关系、工作、教育或职业机会?

(7) 你是否曾向家人、治疗师或其他人撒谎以隐瞒自己使用网络的程度?

(8) 你用网络来逃避问题或缓解焦虑情绪(如无助、内疚、焦虑、抑郁)吗?

资料来源:刘勤学.瘾以为戒:网络成瘾背后的心理学[M].北京:中国纺织出版社,2022:197-198.

2008年,北京军区总医院陶然课题组提出网络成瘾诊断标准:

(1) 对网络的使用有强烈的渴求或冲动感。

(2) 减少或停止上网时会出现周身不适、烦躁、易激惹、注意力不集中、睡眠障碍等戒断反应;上述戒断反应可通过其他类似的电子媒介(如电视、掌上游戏机等)来缓解。

(3) 下列5项至少符合1项:① 为达到满足感而不断增加使用网络的时间和投入的程度;② 使用网络的开始、结束及持续时间难以控制,经多次努力后均未成功;③ 固执地使用网络而不顾其明显的危害性后果,即使知道网络使用的危害仍难以停止;④ 因使用网络而减少放弃了其他兴趣、娱乐或社交活动;⑤ 将使用网络作为一种逃避问题或缓解不良情绪的途径。

(4) 病程标准:确定平均每天非工作学习目的连续上网≥6小时,同时符合症状标准≥3个月。

(5) 严重程度标准:日常生活和社会功能受损(如社交、学习或工作能力方面)。

这是我国首个网络成瘾临床诊断标准,研究的样本量较大、地域分布广,该诊断标准评定者间一致性高、可操作性强。

(四) 网络成瘾的类型

网络成瘾者通常最初使用网络是为了释放压力、减少焦虑和沮丧以及逃避现实问题。但是当他们在网络活动中体验到了更多的兴奋和刺激,就往往希望借用这样的体验来改善情绪和继续逃避精神压力。一旦网络成瘾者在上网前或上网后有负面情绪时,就倾向于再去使用网络改善自己情绪,长此以往上网就成了逃避现实的一种自然而然的方式,甚至出现上网行为失控和社会功能的损害。网络成瘾者通常以一种网络活动为主,也可能有两种或两种以上的网络活动,根据使用网络的主要目的和内容,可将网络成瘾分为以下六种类型。

1. 网络色情成瘾　频繁使用网络色情信息所形成的着迷状态,表现为频繁、过度或强迫性地使用,对自己的行为控制困难,即使已经产生了不良的人际困境、学习成绩下降、财务损失和心理健康问题,依然有通过使用网络色情信息来获得愉悦感或逃避负性情绪的渴求。它是慢性的、充满欲望的,出现需要增加使用时间才能获得愉悦感的耐受性。对网络色情从接触到成瘾是一个分阶段逐渐形成的过程,过度使用是成瘾的关键特征。如果花大量时间频繁光顾色情网站,但在主动停止或腻烦后就不再继续,则不是成瘾。除了频繁的网络色情活动之外,成瘾还存在戒断反应,伴随着负性情绪和不良后果。网络色情成瘾更深远的影响是造成成瘾者性意识、性道德的扭曲,进而滋生各种犯罪行为。

2. 网络人际关系成瘾　个体过度依赖网络进行社会交往,过度使用聊天室、网络论坛等网络交际功能,对网络社交功能的使用强度和频率已经超出了满足正常心理需求的水平,由于长期沉溺于网上建立、发展和维持亲密关系,而忽略了现实中人际关系的维持和发展,损害了个体心理和社会功能。网络人际关系成瘾不仅会损害个体现实中的人际关系,也会给个体的身体健康、学业表现和社会适应等方面带来极大危害。

3. 网络游戏成瘾　个体不能控制地、过度地或强迫性地玩网络游戏而造成生理、心理及社会功能受损。个体对玩游戏的频率、强度和时长、开始和结束时间以及游戏情景等严重缺乏自控;玩游戏的优先级会排在其他生活兴趣和日常作息之上;过度玩网络游戏产生了负面影响后,仍旧会持续甚至加大玩游戏的力度,才能获得与原先相似程度的愉悦感。网络游戏成瘾对青少年身心发展产生严重的消极影响如出现厌学情绪、学业成绩下降、人际关系困扰、抑郁情绪增加,甚至产生自杀意念或自杀行为。网络游戏的界面色彩都很鲜明强烈,会大量消耗眼睛里的维生素A和视力蛋白,电磁波辐射、影像跳动、眼睛距屏幕过近、时间过长等,都会使眼睛过度紧张疲劳、视力急剧下降。

4. 网络信息收集成瘾　强迫性地从网上收集无关紧要的或者不迫切需要的信息，并储存堆积和传递这些信息。每天花大量时间上网浏览信息或下载信息，利用网络信息内容的广泛性、传递形式的多样性以及获取途径的便捷性对信息不加限制地获取、囤积和传递。成瘾者对于浏览信息有着极强的心理需要，不停地重复收集信息的行为。一旦被迫中止，就会产生痛苦、焦虑的情绪，甚至出现躯体症状。

5. 网络赌博成瘾　长期频繁通过网络赌博或在线赌博，多次尝试停止赌博，出现与物质成瘾相同的戒断症状，产生耐受性，即持续使用网络赌博后，需要通过不断增加网络赌博的时间或加大赌注投入才能满足心理需求。网络赌博成瘾轻度患者出现耐受性增加、戒断症状、曾尝试通过自我克制来戒除但以失败而告终、专注网络赌博等表现，严重成瘾者除此之外，还常常表现出以赌博缓解负性情绪、因赌博而债台高筑等情况。

6. 网络购物成瘾　通过网络进行的过度的、强迫的、有问题的购物行为倾向，会导致个体出现经济、社会和情感等方面的一系列问题，而且购物成瘾者在承受这些不良问题后果时依然无法控制过度的网络购物行为。通常表现出三个特点，通过网络买了不需要的物品，明知道不需要但控制不了购买行为，即使意识到超出购买能力也依然要购买。

（五）网络成瘾的理论解释

1. 心理因素的相关研究　强化理论认为个体行为的结果反馈会影响行为再次出现的可能性。强化是行为的结果使该行为得到维持和加强，以致在未来类似情境中重复出现的可能性提高。强化分为正强化和负强化两种，正强化是当个体做出某种行为时予以奖励；负强化则指当个体做出某一行为时，就从环境中撤去某种刺激物，使个体执行行为后可以避免某种痛苦。网络成瘾的一个显著特点就是个体对网络活动失去控制或强迫性使用，往往从偶尔娱乐使用开始，逐渐演变为成瘾障碍。网络成瘾的形成可能经历了三个典型的阶段：愉悦-戒断-渴求。在此过程中正强化与负强化机制可能均起到了重要的作用。上网行为可直接或间接作用于中脑腹侧被盖区，提高多巴胺神经元的兴奋性，从而激活奖赏环路产生超越常态的愉悦感，在成瘾行为与兴奋体验之间建立起深刻的联结，起到强大的正强化作用。反复使用网络后，个体需要不断加大使用时间和强度才能达到最初的愉悦体验，即出现耐受现象。若此阶段停止使用网络则会引起个体焦虑、恶心、震颤、痉挛疼痛等症状，即戒断反应，迫使个体欲重新使用网络以消除令人不适的戒断症状，这就是负强化作用的机制。对现实社会中负性情绪的逃避也可能是个体网络成瘾的原因。可见，在正强化和负强化的作用下，个体的奖赏系统逐渐被网络刺激所劫持，不断渴求更多的网络使用行为。

网络成瘾与人格缺陷可能存在一定的关联性。通过考察网络成瘾者的人格特点，发现网络成瘾者常常存在人格缺陷，如内向孤僻、神经质、精神质、敏感警觉、低奖赏依赖和高新奇探寻等特征。冲动性也是影响个体网络成瘾的人格因素之一，主要表现为任性、不能律己、易冲动、缺乏控制。网络成瘾与低自尊可能也存在密切关联，研究表明网络成瘾者自尊水平比非网络成瘾者的自尊水平低，表明低自尊可能是网络成瘾的一个重要影响因子。

2. 社会环境因素的相关研究　社会环境因素在网络成瘾中可能起着重要作用，主要为家庭环境因素和学校环境因素。家庭环境因素中，网络成瘾者多受到父母的体罚，这可能导致青少年感受到较高的心理压力，进而选择通过网络来缓解心理压力。网络成瘾者在家中也可能受到父母的忽视，以及亲子关系的疏离，使得其情感需求和归属感在现实环境中无法得到满足，转而去网络中寻求满足，导致网络成瘾的发生。学校环境因素中，网络成瘾者往往在学校获得朋友社会支持较少，而且同伴也多有不良的网络使用行为。

有研究表明，网络成瘾的大学生比非网络成瘾的大学生在主观社会支持、对社会支持的利用度以及现实社会支持上都更低。社会支持有利于心理调节、增强自我效能感、提高应对负性事件的能力。当个体遭遇了压力性事件时，社会支持起到缓冲压力、保护个体免遭压力破坏的作用。然而，在现实生活中缺少社会支持的个体遭遇压力时，可能会转向网络虚拟世界寻找社会支持来满足心理需求。

有一些研究探究了大学生网络成瘾与疏离感之间的关系。疏离感是指各种原因导致个体与周围的人、社会、自然之间关系疏远，使个体意识到自己和周围环境产生了距离感，从而产生不可控制感、无能为力感、孤独感、空虚感等消极情感。这种疏离感越强，越容易发生网络成瘾。值得注意的是，大一新生由于刚从原来的生活环境转换到大学校园，新的陌生的环境可能会增强个体的疏离感。若此时能够获得较好的社会支持,就能降低网络成瘾的发生率。另外,有的大学生对自己感到陌生、觉得与自己有距离,这是自我疏离感的表现。有自我疏离感的大学生很可能通过网络平台宣泄自己的情绪,获取他人的认可和接纳。一旦需要得到满足,这部分大学生则更可能对网络形成心理和生理的依赖,从而造成网络成瘾。

3. 生理因素的相关研究　研究者们通常采用脑成像技术在不进行任何实验任务的静息态和进行实验任务的条件下对网络成瘾者和健康被试进行对比研究,发现网络成瘾者的大脑结构和功能在奖赏回路、执行控制和决策系统三个方面确实存在一些异常或损害。奖赏回路方面,在静息态时,网瘾者的尾状核、壳核、眶额皮层、腹侧纹状体以及伏隔核等脑区的活性反应较低;在奖赏刺激态时,表现出奖赏敏感性的增强和惩罚敏感性的减弱。执行控制方面,在静息态时,与之相关脑区(如前扣带回、脑岛等)的白质完整性受损、功能连通性降低;在使用非网络实验任务诱发大脑活动时,后扣带回、前额皮层等脑区的激活水平异常造成执行控制功能的下降;而在使用网络相关实验任务诱发大脑活动时,背外侧前额叶的激活水平增强而使得网瘾者将注意维持在网络信息加工上。决策系统方面,相关脑区(如额上回、脑岛、前扣带回及眶额皮层等)的皮质变薄,致使网瘾者在决策加工时表现出高冲动性和高冒险倾向。

第三节　大学生健康网络心理与行为的培养

网络是现代社会人们必备的工具。因此,对于大学生而言,应学会科学使用网络,建立良好的自我与网络之间的关系,培养健康的网络心理和行为,为未来的职业和人生发展保驾护航。

一、培养正确的网络认知

网络是把双刃剑,对人们生活的影响有利有弊,这完全取决于我们如何看待它,如何使用它。正如“水能载舟,亦能覆舟”,只有培养正确的网络认知,才能趋利避害。

(一) 正确看待网络的工具性功能

网络进入大规模应用时期以来,几乎对所有人和大多行业都形成了巨大冲击和挑战。但是,也正是网络改变了人们的生活方式,不少行业也重新焕发生机。如网约车服务、智慧医疗……可以说,网络已经是现代科技革命的时代标志,它是促使人类生活更加美好的重要工具。

大学生应当重视网络。了解网络特点,熟悉网络新兴技术,能清晰认识网络给生产生活带来的变革。对网络漠不关心、一无所知、反感抵触的态度是不可取的。另外,大学生还应当培养利用网络的思维。积极主动去思考如何利用这一工具服务于学习和生活,并力争为科技进步和社会发展贡献力量。

大学生还必须明白,无论网络未来多么发达,作用多么神奇,网络只是工具、只是载体、只是环境,网络所提供的一切产品和服务,都要遵循社会文化的规范,也要受到伦理道德和法律的约束。

(二) 警惕网络可能带来的认知偏差

在使用网络的过程中,会由于自身或情境的原因使得知觉结果出现失真。大学生在使用网络过程中要警惕这些认知偏差,以免影响对真实世界的正确感知。

1. 消极偏差　消极偏差(negativity bias)又称负面偏差,是指人们对接触到的内容中的负面信息有更大的敏感性。在网络世界中,由于媒体传播力度之强和范围之广,人们的注意力会更多地集中在网络内容的负面信息而非正面信息上。如“坏事传千里”。这令人们容易产生错误的印象,相信这些负面事件比实际情况更常见。

2. 第三人效应　第三人效应(the third-person effect, TPE)又称第三人效果,是指个体倾向认为大众媒体信息对自己比对他人的影响小,认为他人更容易受到影响。这是由于人们倾向于认为自己对负面信息更有抵抗能力,自己的个性更能抵抗负面信息,或者当人们对一件事的结果进行评价时,对于成功的部分,会归因于内部因素的影响,对于不成功的部分,往往会找各种外部的理由。

3. 真相错觉效应　真相错觉效应(illusion of truth effect)又被称重复成真效应,是指重复出现接触到的信息，会让人信以为真。比如“三人成虎”讲的就是同样的道理，说的人多了，就能让人们把谣言当作事实。在网络世界中，经常会因有这样的片面信息重复出现导致错误地认为是真实发生的。通常说“谣言止于智者”，但是网络信息不断推送热搜的设置，因为真相错觉效应的影响，多次重复阅读后可能令人误信谣言，这就需要辨别信息的真伪，从而识破谣言。

案例 8－1

识破网络谣言“七万硕士送外卖”

有段时间，一篇题为“七万硕士送外卖！”的自媒体文章和一段“硕士求职不成，转行做外卖员”的视频在各大平台热传，很多网友被“带偏节奏”，以为高学历找不到工作，学历贬值、读书无用等。

为何会有“七万硕士送外卖”之说？原来是 2019 年两个外卖平台的调查报告的数据显示，2019 年暑期共计 9 896 名全国各地大学生选择做兼职骑手，有 1% 是研究生及以上学历。但是这 1% 不是从全部骑手中统计出来，仅是大学生兼职骑手中的研究生比例。这些大学生兼职做骑手，最主要的动因是体验生活、超越自我和赚生活费。另一份报告结果与之相似。因此，面对网络信息不要一股脑全盘接受，要有甄别有选择地理性对待，追根溯源识破谣言。

二、培养成熟的心理品质

成熟的心理品质可以促进人们更好地适应现实生活，抵御网络中的不良诱惑。美国心理学家哈维格斯特(R. J. Havighurst)系统地研究了人格发展系统，列举了十项发展任务，对于大学生来说，可以视为培养成熟心理品质的标准。

1. *在日常生活中能与同龄人建立和谐的人际关系，包括同性和异性朋友* 成熟的人能够考虑他人的需要和感受，不成熟的人往往只在乎自己，他们不喜欢妥协，也不想考虑别人的想法，总想按自己的方式做事。成熟的人能够与同性和异性同龄人建立合适的友谊，并和谐相处。

2. *在行为上能够扮演适当的性别角色* 性别角色是男性或女性在社会文化、历史、生活经验等方面的综合影响下，基于个体身体特征和性心理所扮演的社会角色。成熟的人能够自然地展现性别的魅力、人格魅力，尊重性别平等。

3. *接纳自己的身体和容貌* 不过分炫耀自己的优点，也不过分掩饰自己的缺点。成熟的人知道外表不能决定自身的价值，并能够和镜子里的自己和平相处，尊重和善待自己的身体和外貌，而不是过分喜欢、淡漠、矛盾等态度。

4. *情绪表达逐渐成熟独立* 凡事不过度依赖父母或其他人的保护。情感成熟是情绪控制和表达都在适当的和较高的水平。而情绪不成熟，就是一种不受约束或不适当地表达情绪的倾向。比如，成熟的人说话和情绪表达不轻率，考虑自己的言语会对别人产生什么影响。

5. *有经济独立的信心* 经济独立指个体有自己的工作或其他收入来源，在经济上完全可以自给自足，不需要靠别人的帮助。成熟的人基于当前的个人努力，对未来的职业能力有信心，对自己的消费支出有所控制。

6. *能够选择适合自己能力和兴趣的职业，且发奋努力* 成熟的人能够对自己的兴趣、爱好、能力、特点等进行综合分析，根据自己的职业倾向，发展合理的职业奋斗目标，结合时代的特点，并为实现这一目标而做出行之有效的努力。

7. *认真考虑选择婚姻对象，并准备成家过独立的家庭生活* 成熟的人了解爱情的本质，包含情感、认知和行为的成分，了解爱情的类型和发展阶段特点。成熟的爱情应该是创造一个情感环境，能够让恋人在恋情的发展中共同成长。这种爱的观点与浪漫主义中“坠入爱河”的观点有所不同，这只是指爱情的情感方面，虽然婚姻和爱情需要情感联结，但是要让爱情变得更成熟，还需要爱的能力和在承诺中履行爱的责任。“五官决定是否在一起,三观决定能不能走下去",互相吸引是一方面,但是世界观、人生观和价值观的契合是成熟的人择偶的关键。组建家庭的过程中要扮演好作为家庭成员的多种角色,并承担相应的责任。

8. 在知识、观念等方面都能达到一个现代公民的标准　公民是以社会和国家中的一个成员身份而存在,具有法定的权利和义务。心理品质成熟的人应该具有独立的人格,明确自身的权利与义务,知法懂法守法,能够践行社会主义核心价值观。

9. 乐于参与社会活动,能对自己行为负责　心理品质成熟的人乐于参与正能量的、积极向上、公益或奉献型的活动,如做志愿者、社工等,帮助社会、社区或邻居。

10. 在个人的行为导向上,能建立起自己的价值道德标准　价值观是指一个人对事物价值的判断和偏好。价值观能够影响我们的思维方式和行为方向。成熟的人能建立起正确的价值观和道德标准,并融入日常行为和实际工作中。

拓展学习 8-2

名人的自知之明

汉高祖刘邦是非常有智慧的人。他曾说过这样一句震撼人心的话,可以说是对他自己准确的认识。《史记·高祖本纪》记载,汉高祖刘邦曾说过"夫运筹策帷帐之中,决胜于千里之外,吾不如子房。镇国家,抚百姓,给馈饟,不绝粮道,吾不如萧何。连百万之军,战必胜,攻必取,吾不如韩信。此三者,皆人杰也,吾能用之,此吾所以取天下也。"这是他在即位的庆功宴上的一番话,意思是要说运筹帷幄之中,决胜千里之外,我不如张良。要说镇守国家,安抚百姓,运送军粮,我不如萧何。要论统领百万大军,战必胜,攻必克,我不如韩信。这三个人都是人中豪杰,而我却能任用他们,这才是我取得天下的根本原因。汉高祖刘邦知道自己的能力是有限的,他的智慧在于知人善任,任人唯贤,全靠大家的帮助才能赢取天下。汉高祖刘邦的智慧就体现在这种自知之明上。

资料来源:代寒冰.论司马迁《史记》中进步的思想观[J].今古文创,2024(26):85-87.

爱因斯坦在20世纪50年代曾被邀请担任以色列总统,但他拒绝了。他说,"我整个一生都在同物质打交道,因而既缺乏天生的才智、也缺乏经验来处理行政事务以及公正地对待别人的能力。所以,本人不适合这样的高官重任。"爱因斯坦客观认识自己,放弃总统职位,投入精力到科学研究中,最终获得了举世闻名的成就。

资料来源:安利.爱因斯坦不为人知的另一面[J].百科知识,2019(14):26-27.

美国作家、演说家马克·吐温曾经做过商人,他做过打字机生意,办过出版公司,可结果亏损了30万美元,不仅赔光了稿费,还欠了一屁股债。在他妻子的帮助和支持下,他认识到自己没有经商的本事,却有文学的天赋。他鼓起勇气、振作精神重走文学创作的道路。随后马克·吐温很快摆脱了失败的痛苦,成为一代文学巨匠。这正是由于马克·吐温准确认识自己,收拾心情重新投入文坛,才能成为大文豪。

资料来源:薛玉凤.马克·吐温的暴富情结——从《马克·吐温自传》中的"田纳西地产"说起[J].现代传记研究,2019(2):166-178.

三、培养客观准确的自我认识能力

认识自我是人类从古至今一个永恒的话题。老子曾说"知人者智,自知者明",说明能够了解他人是有智慧的,能够了解自己的人是明智的。谚语有云,"人贵有自知之明。"可见,认识自己是一件非常可贵的事情,曾有人问古希腊哲学家泰勒斯:"什么是最困难的事?"泰勒斯回答:"认识你自己。"同样也反映了真正做到认识自己、了解自己是一件难能可贵的事情。人心如秤,对自己评价的秤轻了,就容易自卑;秤重了容易自高自大;只有不偏不倚,秤准了,才能实事求是地认识自我,发挥自己的能力和价值,才能做到自知之明。要培养客观准确的自我认识能力，可以从培养清晰的自我概念、稳定的高自尊，和提升自我效能感入手。

（一）培养清晰的自我概念

自我概念清晰是指一个人自我概念的各个方面界定明确、内在一致，以及相对稳定。如果自我概念不清晰，个体将难以处理与自我相关的信息，也无法运用这些信息来指导自己的行为，更容易受到外界无关因素的影响而妨碍自我控制。有科学研究还发现，自我概念不清晰会降低自我连续性，也就是说过去、现在和未来自我之间的连续感降低，同时也损害了个体关注远期（过去和未来）自我需求的能力，从而降低自我控制。而自我概念越清晰，就越能够制定明确的生活目标，并依此管理自己及自己的日常生活，能够促进心理幸福感等积极情绪，增强个体应对冲突的能力。

培养清晰的自我概念，首先要建立在过去、现在和未来自我之间良好的同一性。当进入大学后要意识到自己的身份发生了转变，从一名需要老师和家长监督和管理的高中生，已经成长为一名逐渐独立自主的大学生。可以尝试着询问自己曾经是什么样的人，现在是什么样的人，自己想成为什么样的人，看自己对这些问题的答案是否清晰和明确。如果答案是清晰和明确的，这就表明过去、现在和未来自我在心理上有较好的衔接和连续性，就容易明确自己努力的目标和方向；反之，如果答案是模糊的，就可能存在自我的迷茫状态。

培养清晰的自我概念，还可以通过全方面地了解自我的内容，而后对这些内容做出明确的判断和评价。最简单的方法是尝试回答“二十个我”自我描述的测试。完成测试就是写下或讲出二十次以“我”开头的句子，在“我”字后面接上关于自己的描述，可以描述自己是谁，有怎样的兴趣爱好等。然后对回答的内容可从自我意识的不同纬度和层次进行分析和判断。例如可以分析自己写出的自我内容主要集中在生理自我、心理自我还是社会自我，关注点是在过去、现在、还是未来等，从而进一步地深入了解自己。

常做正念训练也可以帮助培养清晰准确的自我概念。一方面，正念强调有意识地集中注意力，帮助个体觉察和感知更多来自内部和外部的线索和信息，并从中获得与自我相关的内容。另一方面，正念要求个体对所感知的信息进行非批判性的对自己身心状态的观察和体验，调整对自我的理解，从而能够有效避免对自我认知的偏差。

（二）培养稳定的高自尊

自尊就是对自己有足够的尊重和认可。自尊通常反映的是我们怎么看待自己，怎样评价自己以及由此而产生的对自己的积极或消极情感。有的人对自己非常满意，愿意接受自己的一切，很喜欢自己；而有的人总希望自己成为另外一个人，即使在外人看来很优秀和可爱，却依然怀疑自己，甚至讨厌自己。其中存在差异的原因就是自尊。当个体积极地看待自己，自我感觉良好，能高效地解决现实生活中遇到的各种困难和问题。当个体对自己的评价消极，内心会感到痛苦无助，影响学习、生活和工作。

稳定的高自尊不依赖于具体成就的获得，也不需要持续的验证，它具有跨时间和跨情境的稳定性，是真正的高自尊。有条件的和不稳定的高自尊会依赖个人的成就和他人的评价而变化，也会随时间和情境的变化而发生波动。自尊形成和发展在很大程度上依赖于个体早期的成长经历以及后来补偿性的行为经验。个体在婴幼儿期通过与父母建立安全的依恋关系，获得足够的安全感，从而奠定自尊的心理基础。如果父母在孩子童年时对他们要求过高，而一旦孩子没有达到他们的要求，父母采用诸如拒绝、忽略和惩罚等方式让孩子感到挫折，那么孩子长大后就会形成不安全的依恋和较低的自尊，这样的自尊也会由于对外部负面评价的过度敏感而稳定性不足。

心理学家詹姆斯（W. James）曾提出一个自尊的著名公式“自尊＝成功/抱负”。根据自尊公式，成功是分子，抱负是分母，在抱负恒定时，获得的成功越大，自尊就越强；在成功一定时，如果个体抱负过高，自尊水平将降低。自尊是一种主观体验，可以通过适度调整自己的抱负水平来提升自尊。

心理学家安德烈（C. André）提出自尊包括自爱、自我评价和自信三个成分，因此提升自尊可从这三个方面入手。

首先，给予自己无条件的关爱。个体自爱可以是完全无条件的，并无条件地接纳自我。无论个体表现是否达到预期或要求，内心深处都认为是值得被爱与被尊重的。自爱在很大程度上取决于儿童时期家庭给予的爱和情感的滋养，主要源于父母无条件的、一如既往的爱。如果在儿时没有得到充足的无条件的爱，对自己的爱就会有条件，若自己没有达到条件要求，就会对自己缺乏关爱。自爱是自尊的基石。当遇到困难和挫折时可以对错误或失败感到失望,并通过实践加以修正和改善,但不要因为事件的消极结果对自身感到失望,不需要通过实现一定的目标来证明自己是值得被爱的。

其次,保持准确的自我评价。也就是我们能够准确评估自己的优势和不足。认识到能力是多方面的,一个自认为不擅长学习的人也可以在运动中表现得更好;一个自认为讲话能力不足的人可以发展良好的书写或绘画技巧。所以,在日常生活中要尽力发现自己的优点,并且放大自己的优点。

最后,提升自信。自信是指相信自己,是对自己的肯定。这种自我肯定来源于个体在幼儿和青少年时期获得来自他人的情感支持,往往是与个人的行为表现、学业成绩等联系在一起的,多去寻找这样的情感支持会有助于产生自信。自信也可以通过对自己感到薄弱的某项知识或技能进行反复练习,达到熟练程度而逐渐增强。

(三)提升自我效能感

美国心理学家班杜拉(A. Bandura),在1977年首次提出自我效能感的概念。关于行为的动力因素,班杜拉认为个体的行为动力不仅来自对过去类似行为结果的强化,更来自对未来行为结果的主观预测,尤其是对自己是否有能力达到某种结果的预期。在研究中发现,不论是成年人还是儿童,如果相信自己有能力做成自己想做的事情,会建构积极的、清晰的心理意象,想象自己成功的样子,就会努力行动起来,从实际上也很可能获得成功。根据班杜拉的观点,自我效能感来源于个人的成败经验、他人的替代经验、指导者的言语劝说和个人的情绪体验等方面,据此提出了培养自我效能感的四种方法。

1. *不断积累自己成功的经验* 每个人不可能一下子就做成许多大事,但一定做成了很多小事。把这些小事积累起来,就可以发现成功。给自己记成长日记,可以作为一件重要的事情。可以记录自己之前能认识多少单词,现在已掌握多少单词,自己起初弹钢琴的水平多么糟糕,现在是多么优秀。还可以把"每天读书1小时"这种听起来过高的目标设置为"每天读书10分钟"这种比较容易实现的小目标,这样每次完成这个小目标时就会有一次成功的经历。慢慢地,循序渐进地再去实现更高的目标,这样整个人也会越来越有自我效能感。这种不断积累的成功经验是很重要的,是最具影响力的产生自我效能感的信息。而且当个体通过具体的成功经验形成特殊的自我效能感后,通过向邻近领域的迁移,会渐渐发展出跨领域的、概括性较强的一般自我效能感。人们常说"失败是成功之母",从自我效能感视角来讲,说"成功是成功之母"更为合适。

2. *榜样的作用* 榜样的力量是无穷的,通过与可类比的他人作比较,或通过可类比他人的榜样示范而获得的效能经验,也能激励个体产生自我效能感。可类比的他人指与自己年龄相似、能力相当、水平相近的其他人。"他行我也行",他人的成功传递着积极的效能信息,帮助自己建立成功的效能感。

3. *言语劝说* 通过他人特别是对自己特别重要的人的鼓励、期望、信任等手段来获得效能信息。同时这些信息要建立在直接或间接经验的事实基础上,才能有助于提升自我效能感。

4. *有健康的身心状态* 吃得香、睡得好、有适量的运动来锻炼身体,轻松舒适的心情和强健的体魄,有助于提升自我效能感。而来自情绪和生理状态的负面信息,如过度的紧张和焦虑,容易降低人们对自我效能的判断。

四、培养良好的沟通技巧

《中国青年报》、中国社会科学院和社交平台"探探"在2020年联合发起了一项调研,就当下年轻人的社交情况展开分析。调研针对"探探"平台18至35岁的用户发放问卷,共回收有效问卷超4 000份,其中有40.2%的人表示自己存在着不同程度的"社恐",其中52.7%的人认为自己缺乏社交技巧,另有55.6%的人对自身条件不够自信。心理学和医学概念中的"社交恐惧症"和当下社会上流行的"社恐"有本质的不同,前者需要经过严密的临床诊断,后者更多的是指当下大多数年轻人的一种生存状态,而不是病理性的。但是这种生存状态导致的孤独感会使年轻人更多投入到虚拟的网络世界中。

社会交往是人的基本需要,通过社会交往能满足归属感与爱的心理需要。年轻人常说的"社恐"是对现实生活中社会交往的逃避状态。这往往是缺乏沟通技巧才导致"社恐"心理的产生,回避人际交往,选择隐匿到虚拟的网络世界中。

(一)学会倾听,传递友善

在人际交往中,沟通不只是会说,而是先要学会听,并且是一心一意地听,让对方能感受到你是在认真地、有参与地听。在听的过程中，还可以用表情或简短的语言表示你对讲话者有持续的关注，你在理解着对方所描述的事情或所表达的情感。

在倾听中，可以通过专注的体态反映给对方你在关注着对方以及谈论着的话题。“眼睛是心灵的窗口”，目光的接触是必要的，因为目光也传递着信息和情感。在沟通中，要尽量让对方从你的眼中感受到你的温暖、信任和理解，感受到你是一个温柔和友好的人。因此，要调整好内心的情感和心理状态，让自己在整个沟通中都是亲切的、自然的、善解人意的。只有这样，对方才愿意和你建立情感、吐露心声，反过来也会对你更为关注。

可以通过简短的语言表达你在认真倾听。比如，你希望对方继续讲下去，可以用某些词语“嗯”“哦”“好”“接着说”等。也可以重复对方的最后一句话或对方话语中的关键词语，来表达对谈话感兴趣，这样也有利于营造融洽的沟通氛围。

（二）学会提问，表达关心

倾听是沟通的一部分，一问一答才能形成沟通。在提问中才能表达出你对对方或谈论话题的关心与理解，而提问也需要掌握一些技巧，这样才能使交谈更加顺畅和愉快，有助于彼此间感情的建立。

在提问时要注意提问的方式，因为不同的提问方式会带来不同的回答方式和谈话效果。封闭式的提问通常以“是不是”“要不要”“有没有”“对不对”开头，对方的回答通常只需要“是”或“否”“有”或“没有”这样简短的语句。这样的提问方式较为简单和封闭，可以用来明确一些具体的问题，但是不利于话题的进一步展开。而开放式提问通常是以“什么”“怎样”“为什么”等形式发问，这样的提问可以让对方更多地敞开心扉、随意自然地讲出更多内容，有利于交谈的持续进行。如果自己不善言谈，在交流的过程中就可以多进行开放式提问，把更多的话语权交给对方，自己做善于倾听的一方，也可以促使交谈顺利进行。同时还可以经常借助一些提问式的短语“这样啊？”“还有吗？”“然后呢？”适当配合使用点头、注视等表情动作给予回应，鼓励对方继续说下去，愉快的沟通就建立起来了。

（三）学会反应技巧，加强理解

“合意友来情不厌，知心人至话投机”，但如何同他人成为合意友和知心人呢？就要学习沟通中的反应技巧，加强理解。而有的时候“说者无意，听者有心”说出去的话与对方理解的意思不同，容易引起误会。

在沟通中为了表达你的理解，可以对谈话的内容进行一些回应。也就是说，把自己理解的对方所要表达的想法和内容，经过整理和总结，再用自己的话反馈给对方。比如，当同学向你倾诉：“我这次期末考试准备得很晚，书本上还有好些知识点感觉掌握得不牢固，特别担心明天的考试会考不好。”如果你听到这样的话语，为表示对他的理解，可以他的话进行思考和反应，对他说：“你觉得你期末考试准备不充分，还有一些内容没有复习好，是这样吗？”这样的内容反应，可以避免双方因理解不一致导致出现误会，也可以让对方感受到被准确理解。

在沟通中为了更深入地表达你的理解和共情，可以对谈话对方的情感做适当的反应。也就是说，可以把自己感受到对方语言、动作、神态等包含的情绪或情感，用语言表达出来传递你的感同身受。比如，同样的一个例子，当同学向你倾诉：“我这次期末考试准备得很晚，书本上还有好些知识点感觉掌握得不牢固，特别担心明天的考试会考不好。”如果你感受到了他的情绪，也希望他知道你理解他，你可以说：“对于这次期末考试，我感受到你非常担心。”有时你可以单独对谈话的内容进行反应，有时也可以只反应情感，当然也可以把你接收到的谈话内容和所包含的情感一起反馈给对方，不用刻意分开。

五、培养有效的压力管理能力

拓展学习 8－3

高压下石墨能变金刚石

闪闪发光的金刚石与平平常常的石墨有着天壤之别，石墨是铅笔芯的主要原料，金刚石因其有硬度大、耐高温的特点可用来做钻探机钻头，而且金刚石对光有优异的折射作用可以做装饰品。然而化学家的研究结论却令人惊异：金刚石与石墨一样，他们的组成成分都是碳原子，而且，石墨竟然能变成金刚石。石墨在5万～6万大气压[即(5～6)×10^3 MPa]及1 000～2 000℃高温下，再用金属铁、钴、镍等做催化剂，可使石墨转变成金刚石粉末。随着压力的升高，石墨直接转化成金刚石的成分增加，直至13万大气压和3 000℃左右时石墨可以直接转化成金刚石而无须借助金属的作用。可见，在高压、高温和转化时间等元素存在的条件下，石墨变成金刚石的机理主要随压力发生变化。

压力可以使自然界的物质发生神奇的转化，生动地体现了压力就是催化剂，高压之下，物质可增加密度，人可以提升高度。

资料来源：马服辉，石佑敏，姜伯晨，等.石墨转化纳米金刚石相变分子动力学模拟研究[J].激光技术，2023，47(6)：860-865.

拓展学习 8-4

圣命不可违，成就“驴画家”

据说宋徽宗是一位喜欢书画而且有很深造诣的皇帝，有一天他问随从：“天下何人画驴最好？”随从回答不出，退下后就赶紧找寻画驴出名者姓甚名谁，焦急中得知一名叫朱子明的画家有“驴画家”之称，即召朱子明进宫画驴。朱子明得知被召进宫是为皇上画驴时，浑身吓出一身冷汗，原来他根本不会画驴，他本是画山水的画家，因为有同行戏弄而给他起个“驴画家”的绰号，并非是因为擅长画驴才得的“驴画家”。但是圣命不可违，情急之下的朱子明苦练画驴技术，先后画了数百幅有关驴的画，最后竟然阴差阳错地得到了皇上的赏识，真正成了天下第一画驴之人。朱子明被逼画驴迅速成才，莫大的压力下朱子明没有退缩，苦练技艺终成大师。

压力管理的诀窍就是：变压力为动力。

资料来源：佟晨绪.蓄势的智慧[J].科教文汇(下旬刊)，2017(24)：3.

生活当中的压力是无处不在的，没有人能例外。每个人在生活中都要承受不同的压力，学业、职业、生活琐事等。当生活中的事情按部就班，按计划发展时，我们觉得一切都在自己的掌控之中；当生活中出现问题时，我们就会焦虑和不安。尤其是心理韧性较弱的人，更容易出现情绪问题。因此，我们需要对自己的压力进行有效管理，来保障身心健康。美国心理学会提供了10条建议，可以帮助人们更好地面对生活和管理压力，大学生们可以学着做起来。

1. 善待自己　有些人比其他人更擅长处理不确定性，所以如果你对不可预测性的容忍度比朋友低，不要责怪自己。尝试着提醒自己，缓解压力可能需要时间，同时对自己要有耐心。

2. 回顾过去的成功　很有可能你已经克服了过去学习和生活中的压力事件，而且你也成功地挺过来了！通过过去的成功经历给自己信心。回想一下你在那次活动中做了什么有帮助的事情，可以用相似的经验来处理当前的问题，以及这次你想做些和还能做些什么不同的事情。

3. 开发新的技能　当生活相对平静的时候，尝试着去做一些你舒适区以外的事情。从勇敢面对学业或人际中的困难到尝试一项新运动或新的兴趣爱好。新鲜的感受和新技能的获得可以帮助你培养信心和成就感，这些在生活偏离轨道时可能会派上用场。

4. 限制接触新闻　当我们对某件事感到压力时，很难把注意力转移开。但强迫性地查看新闻只会让你感到紧张。尽量限制你的“签到”，避免在一天中易受影响的时间看新闻，如睡前。

5. 避免纠结无法控制之事　当不确定性袭来时，许多人会立即想象最糟糕的情况。改掉反复思考负面事件的习惯。

6. 接受自己的建议　问问你自己，“如果一个朋友来找我倾诉这个烦恼，我该怎么告诉她？”从外部想象你的处境通常可以提供新视角和新鲜的想法。

7. 自我保健　不要让压力破坏你的健康生活，如可通过瑜伽、冥想等释放压力。

8. 向信任的人寻求支持　许多人在紧张或担心的时候会把自己孤立起来。社会支持是很重要的，要学会向家人和朋友寻求支持。

9. 控制所能控制的　把注意力集中在你能控制的事情上，如做好简单的每周饮食计划或在重要事件发生的前一天晚上整理好衣服。

10. 寻求专业的帮助　如果你在管理压力和应对不确定性方面有困难，请寻求专业的帮助。心理咨询师是帮助人们健康应对压力的专家，必要时可以寻求专业的支持和帮助。

【思考题】

(1) 互联网有哪些特点?

(2) 大学生的网络心理需求有哪些?

(3) 网络对大学生的心理有怎样的影响?

(4) 什么是网络成瘾? 网络成瘾有哪些类型?

(杨晶晶)

第九章

大学生挫折心理

本章要点

掌握：挫折的定义及挫折的三要素；常见的动机冲突；心理防御机制的概念；挫折耐受能力的影响因素。

熟悉：挫折产生的客观外部因素和主观内部因素；挫折相关理论；常见的心理防御机制。

了解：挫折的分类；提升挫折耐受能力的方法；大学生心理挫折的效应。

古人云，"人生不如意事十常八九"。所以，失望、失落、失败乃人生常态。尤其是当下，社会高速发展、新兴事物层出不穷、竞争日趋激烈、人际关系愈发复杂，大学生正面临着严峻的考验。因此，对于当今的大学生而言，不但要有迎接成功的心理准备，更要具备面对挫折的勇气和积极应对挫折的技巧。事实上，在生活中遭遇的种种挫折犹如加在受挫者身上的"泥沙"，只要锲而不舍地将它们抖落掉，它们就可能变成一块块"垫脚石"，即使是掉落到最深的井里，它们也能助你安然地脱困。

第一节　挫折的概述

挫折是客观环境和主观因素相互作用的产物，存在于人们的日常生活之中。人的一生中会遭遇怎样的挫折，在何时会遭遇挫折，这些都难以预料。在不同的发展阶段，遭遇的挫折各有不同，甚至在同一个阶段也有可能同时遭遇相互交叉渗透的几类挫折。

一、挫折的定义

在《辞海》中"挫折"一词是指挫败、阻挠、失意的意思。在心理学研究中挫折(frustration)是指个体的动机化行为受到阻碍，因而无法达到预期目标时所产生的沮丧和失意的心理现象。

狭义的挫折，指有目的的活动受到阻碍时产生的消极情绪反应；广义的挫折泛指一切能够引起人们精神紧张，造成疲劳过度和心理变化的刺激性生活事件。因此挫折既包括阻碍动机化行为的情景，又包括动机化行为受阻后引发的情绪状态。

需要是个体在生活中感到欠缺而力求获得满足的一种内心状态，是个体自身或外部条件的要求在脑中的反映。动机是一个人发动、维持或抑制某个活动，使该活动朝着一定目标进行的内部动因或动力。需要和动机是两个紧密相连的概念，如果说需要是个体活动的基本动力和源泉，那么动机就是需要的具体表现和个体进行活动的直接原因。动机是在需要的基础上产生的。由动机驱使的行为，称为动机化行为。如果动机化行为在接近目标的过程中遇到干扰或阻碍，致使目标不能达成，即受到挫折。

拓展学习 9－1

马斯洛需要层次理论

美国社会心理学家亚伯拉罕·马斯洛(Abraham H. Maslow)把人的需要分成由低到高五个层次，即生理需要、安全需要、归属与爱的需要、尊重的需要、自我实现的需要。五种需要一级比一级高，低一级的需要得到满足才能产生更高一级的需要。

(1) 生理需要：是人们最原始、最基本的需要，如对食物、水、空气等的需要，只有这些维持生存所必需的基本需要得到满足后，其他的需要才能成为新的激励因素。

(2) 安全需要：指个体追求自身安全、避免伤害和各种威胁的需要。

(3) 归属与爱的需要：指个体与他人建立情感联结，以及隶属于某一群体的需要，并在群体中享有地位的需要。爱和归属的需要包括给他人的爱和接受他人的爱。

(4) 尊重的需要：指自尊和受到他人尊重的需要。尊重需要得到满足，能使人对自己充满信心，对社会满腔热情，体验到自己活着的用处价值。

(5) 自我实现的需要：指完整而丰满的人性的实现及个人潜能或特性的实现。

资料来源：赵平.组织行为学[M].北京：北京理工大学出版社，2021：111－112.

二、挫折的产生

(一) 挫折的三要素

挫折一般由挫折情境、挫折认知和挫折反应三个要素组成。

1. 挫折情境　指对人们的有动机、有目的的活动造成的内外障碍或干扰的各种因素。构成挫折情境的可能是人，也可能是各种自然、社会环境。情境可能是客观现实存在的，也可能是当事人想象的虚拟的。挫折情境是挫折产生的条件，但这个条件是否构成挫折取决于个体对此情境的认识和评价。

2. 挫折认知　指对挫折情境的知觉、认识和评价。挫折认知是产生挫折的关键性因素，因为挫折认知代表了挫折情境被觉察的水平，对挫折情境的觉察和判断往往会影响挫折反应的性质及程度。如果个体能够对挫折情境进行正确认知，那么即使是严重的挫折情境，也不会引起强烈的反应；反之，如果对挫折情境认知不正确，那么即使是轻度的挫折情境，也会引发个体强烈的挫折反应。

3. 挫折反应　指由于目标得不到实现而产生的情绪反应及相应的行为表现。常见的有愤怒、攻击、焦虑、紧张等。

(二) 挫折产生的条件

挫折是个体在实现目标的道路上遇到阻碍而产生的，但遇到阻碍并不必然造成挫折，这同动机、目标与阻碍之间的具体关系有关。人的动机导向目标时，受到干扰或阻碍，通常会遇到以下几种情况：一是当个体在遇到阻碍后，通过调整心态或改变行为，可以克服阻碍达成目标；二是目标受阻后，个体发现当前的障碍无法克服，则通过调整目标，从而改变行为的方向，达成新的替代性目标；三是由于主观因素和客观条件影响很大，动机性行为完全受阻，个体无法达到目标。

行为在受到阻碍后，动机强度可能降低，若行为连续受到阻碍，则个体可能取消这种行为。如果原有动机强度较高，当行为受到阻碍而达不到目标时，动机会通过选择另一目标谋求满足，或者改变为由高目标向低目标转移，降低原来的欲求水平。对于不同的人来说，需要和动机的强度、对实现目标的评价标准、对自我的预期及挫折的归因等都不尽相同，个体是否产生挫折，取决于当事人对挫折情境及对自己的动机、目标与结果之间关系的知觉、认识和评价。一般来说，挫折的产生要有以下三个条件：① 个人所期望的目标是重要的、强烈的。这是动机性行为发生的必要条件。② 个人认为这种目标有可能达成。这是动机性行为指向和接近目标的重要因素。③ 在目标实现过程中存在难以克服的障碍。事实上，若无此条件，目标就会实现，挫折就不存在。

(三) 挫折产生的原因

挫折的产生是个体与环境交互作用的结果。大学生的需要、动机是一种主观愿望,它同客观现实之间存在各种矛盾,这种主观愿望与客观现实之间的矛盾,正是挫折产生的基本原因。挫折产生的原因可分为客观外部因素和主观内部因素。

1. 客观外部因素　人的生存离不开特定的时间和空间组合而成的特定环境。客观外部因素包括自然环境因素和社会环境因素。自然环境因素是非人为性因素所造成的时空限制、自然灾害或事故,如恶劣的气候、火灾、水灾、地震等。社会环境因素是个体在社会环境中受到政治、经济、道德、风俗、习惯等条件的限制或影响。例如,社会风俗习惯对个体行为的约束,一对相爱至深的恋人受"门当户对"观念的干扰而不能终成眷属等。现代社会里,社会环境因素引起的挫折往往比自然环境因素所引起的挫折更多,影响也更深远。家庭、学校和社会是影响大学生产生挫折的重要社会环境因素。

(1) 家庭环境方面:家庭是社会的细胞,是人出生后所接触的第一个环境,是塑造人的第一所且是最重要的一所学校,个体的思维和处事方式都带有家庭深深的烙印。父母对子女的养育模式、父母对子女的期望值、家庭成员的亲密程度、父母的受教育程度、家庭的经济状况等都会影响子女的心理状况。比如,亲人突然亡故常使人产生强烈的伤感,夫妻间的冲突、婚变容易给子女心理上留下阴影和创伤,简单粗暴的教育方式或溺爱子女,有可能使子女在走上社会后感到诸多不适,处处碰壁而产生挫折等。

(2) 学校环境方面:学校是有计划、有组织、有目的地向人们传授知识、技能、价值标准、社会规范的专门机构,是个体接受社会文化的主要渠道。学校的教育方式和学校的文化氛围对学生的未来发展至关重要。在应试教育的体制下,升学的竞争和压力迫使部分同学自上学起便放弃了正常的娱乐与自由,只专注读书学习、成绩高低,致使心理成长缓慢,面对大学校园的新环境,往往感到无所适从,稍遇挫折便消极逃避难以应对。近年来,国家大力推进教育改革,取得了一定的成果,但学校教育仍存在着一些不足。比如,重视品德、智力的培养,忽视心理素质的训练,当学生面对压力及挑战时感到难以应对,容易产生巨大的失落和恐慌。

(3) 社会环境方面:任何人都不可能脱离一定的社会历史条件而存在,任何社会也必须在变化中发展。对大学生而言,社会的高速发展,既是机遇也是挑战。信息的急剧膨胀和竞争的日益激烈,使大学生的紧张和压力大大增加,在成长中容易面临更多的挫折和挑战。同时,多元化的价值观也容易对大学生造成强烈的心理冲击,对心智发展尚未成熟的大学生来说,也容易产生挫折。

2. 主观内部因素　主观内部因素主要包括生理因素和心理因素。生理因素主要指先天素质所带来的限制,使人无法顺利达到目标,如色盲者难以从事医疗工作。面对这类受先天因素制约,并且难以通过后天努力达到目标而导致的挫折,引导个体正确认识自己是非常重要的。

心理因素归纳起来主要包括以下几个方面。

(1) 人的能力、智力、知识经验的不足:大学阶段是一个人能力、智力丰富发展的时期,是人生观、世界观形成的关键期,由于大学生心智发展尚未健全,对社会缺乏充分认识和生活经验,往往容易表现出盲目性、从众性、冲动性、非适度性和重物质性等特点,面对复杂的社会生活,常常感到无所适从,容易产生各种挫折。

案例 9-1

被困"校园贷"的大学生

"深圳大学生小陈从最初只借6 000元,到如今'滚雪球'累计欠下多少债款,自己也说不清楚,面对放贷人的暴力催收,小陈不得不找地方躲起来;另一名学生从借5 000元开始,半年欠债累计上百万元;陕西大学生借校园贷无力偿还,自杀后其父仍收到多个校园贷平台发来的催款信息,甚至恐吓电话"……类似的媒体报道层出不穷,这些借贷平台就是盯上了大学生社会经验不足、缺乏借贷意识的弱点。而"申请便利、手续简单、放款迅速"的校园贷也恰恰受到没有经济来源的大学生的青睐,个别大学生因此而一步步深陷网贷泥潭。

借贷时鼓吹“安全、快捷、方便，小额贷款、随借随贷”，但若不能及时归还贷款，放贷人会采用各种手段向学生讨债。由于在贷款时向借贷公司提供了身份信息、手机号码等重要个人信息。一旦学生不能按时还贷，放贷人可能会采取恐吓、威胁学生及其家人等手段，对学生人身安全和校园秩序造成严重危害。

一些不法分子还专门针对大学生推出了“求职贷”“培训贷”“创业贷”等借贷业务，脱去“马甲”之后，其实都是不法校园贷，《人民日报》也发文——《警惕校园贷穿上“新马甲”》提醒大学生们远离各类校园贷。目前，国家有关部门已相继出台了系列措施和文件来规范治理校园贷的问题，明确要求取缔校园贷业务。

大学生往往消费意愿强但消费能力弱，缺乏对校园贷的了解和风险认知，缺乏鉴别能力和防范意识，容易陷入校园贷的诈骗套路。加之社会经验不足，常常会被“熟人”利用，或者被高额的兼职回报所诱惑，不仅被动背负债务，还极易泄露个人信息，甚至导致身陷骗局，蒙受巨大精神和财产损失。大学生应树立正确的消费观和金钱观，增加对信贷知识的了解，增强自我保护意识，警惕贷款骗局。

资料来源：张洋.警惕校园贷穿上“新马甲”[EB/OL].http://edu.people.com.cn/BIG5/n1/2018/0904/c1053-30270581.html[2018-09-04].

(2) 个人抱负水平过高：抱负水平是指个人对自己所要达到的目标规定的标准，是个体行为的催化剂，它可以鼓励人们不断向前以达到目标，但是抱负水平过高或过低都不利于目标的达成。一般来说，能力相同的人抱负水平高的相对抱负水平低的更容易遭遇挫折。例如，两名抱负水平不同的大学生考出了同样的80分，一名同学可能觉得“这跟我预料得差不多，我基本已经发挥出了自己的能力水平”而感到欣喜，另一名同学则觉得“这不是我要的结果，我要求自己在各方面表现都要比别人好，这是人生中的失败”而感到懊丧。个人抱负水平过高，甚至超出个人实际能力，则往往力不从心容易遭遇挫折。心理学家勒温(K. Lewin)认为将抱负水平确定在被证明有成功的可能并使人产生成功感的范围之内是十分重要的。能合理设置抱负水平的学生总是把自己的抱负水平确定在略高于其以前成绩的位置上，而不能合理设置抱负水平的学生则总爱走极端，要么把自己的抱负水平定得很高，要么定得很低。曾经有研究者做过投环实验，实验任务是由儿童(被试者)自己决定投掷圆环的距离，距离越远投中的得分越高。结果发现，抱负水平高的儿童多选择在中等距离投掷，而抱负水平较低的儿童则多选择很近或很远的距离投掷，或者不投掷。可见，真正具有较高抱负水平的人，设定的目标是适度的，既有一定的难度，又能通过努力最终达成目标。因此，个体应综合主观能力、客观环境条件等，确定适度的抱负水平。

(3) 动机冲突：挫折产生与否和个体的需要、动机等因素密切相关。在现实生活中，人们的需要是多种多样的，常常会因多种需要而产生多个动机，并指向多个目标。当这些并存的动机相互排斥，或者由于种种条件的限制不可能全部实现而必须有所取舍时，就形成了动机冲突。动机冲突常常导致部分需要和目标不能满足和实现，于是就造成了挫折。一般而言，动机冲突主要有以下四种形式。

1) 双趋冲突(approach approach conflict)：指个体在有目的的活动中，同时有两个并存的目标对其产生同等强度的吸引力，引起同样强度的动机，但因条件限制，无法兼得只能选择其一，从而产生难以取舍的矛盾心态，即“鱼与熊掌不可兼得”的矛盾心态。例如，大学生对先升学还是先就业，往往举棋不定，难以抉择。一般来说，人们面对双趋冲突的选择时，通常不需要花很多时间，也不会感到过分焦虑，因为不论选择哪一个，结果都是自己所希望的，这类冲突通常不是最严重的冲突。

2) 双避冲突(avoidance avoidance conflict)：指个体同时遇到两个具有同样威胁性的目标，对这两个目标都想躲避，但迫于情势，必须选择其中一个才能避开另外一个，从而产生的左右为难的矛盾心态，即“前有悬崖，后有追兵”。例如，有同学既不想刻苦学习，又害怕多门课程考试不及格。无论个体选择目标中的哪一个，都会感到不愉快，因此，双避冲突带来的影响通常较大，也较难解决，面对此类冲突，大多采用“两害相较取其轻”的原则。

3) 趋避冲突(approach avoidance conflict)：指个体在对待同一目标时，同时出现了两种互为矛盾的心态或动机，一方面好而趋之，另一方面又恶而避之，从而产生了既喜欢又害怕的矛盾心态。这一目标可以满足人的某些需求，但同时又会构成某些威胁，既有吸引力又有排斥力。这种动机冲突情境在日常生活中最为普遍。例如，有的女生既喜欢吃甜食，又怕吃了发胖；有的学生既想毕业后考研究生，又担心经济上"划不来"；有的学生既想参加丰富的社会实践活动，使自己得到锻炼，又怕占用太多时间而影响学习等。个体在面对这类动机冲突时，应先权衡利弊再做决定，减除矛盾之苦。

4) 双重趋避冲突(double approach avoidance conflict)：指个体在活动中同时遇到两个或两个以上的目标，而每一个目标又同时存在趋避冲突。即两个目标各有所长、各有所短，使人产生左顾右盼，难以抉择的矛盾心态。例如，学生在择业时，有两家单位可供选择，一家单位收入高，但专业不对口，另一家单位专业对口，但效益较差，感到举棋不定难以选择。

(4) 不合理、不切实际的期望：期望是指个体根据以往的经验在一定时间里希望达到的目标或满足需要的一种心理活动。期望和客观现实之间总会存在一定的差距，如果脱离实际，片面地强调主观愿望，就会扩大两者之间的距离，容易产生挫折。大学生常常遭遇的学习、恋爱、就业等方面的挫折，很多就存在期望过高的现象，甚至有些期望值绝对化，认为自己的大学生活应当是圆满的、理想的，学习、恋爱、就业等都应是一帆风顺，而没有建立在客观现实和既往成长经验基础上的正确认识，没有预见到过程中可能经历的波折，缺乏足够的心理准备，遭遇挫折时就变得束手无策。

(5) 不合理的认知：人们常说"所知决定所感，所感决定所行"，感受与行为往往是外显的，人们很容易捕捉到，而认知却是内隐的，它决定着人们的行为同时也不容易为人们所察觉。哲学家爱比克泰德(Epictetus)有一句经典名言"人们不是被事情本身所困扰，而是被对事情的看法所困扰"。对挫折情境的认知是产生挫折的关键因素。大学生的认知发展水平尚不成熟，对事物的认识有时不能做到全面、客观，存在过分概括化、消极化、绝对化等不合理的认知倾向，这些不合理的认知容易让个体在面对挫折时，感到难以接受或无限放大挫折。例如，存在过分概括化认知的同学往往以偏概全，夸大后果，面对重要考试不及格时，可能会认为"这么重要的考试都搞砸了，这一辈子都完蛋了"。这种不合理的认知会导致自责自罪、自卑自弃，深陷挫折无法自拔。

(6) 个性特征：个性是个体在适应环境的过程中所表现出来的系统的独特的反应方式，它由个体在其遗传、环境、成熟、学习等因素交互作用下形成，具有独特性和稳定性。不同个性特征的人对待挫折的反应也不尽相同。例如，性格孤僻、内向的大学生，在人际交往中过于敏感，常常将他人无意的眼神、动作、话语误解为对自己的排斥和鄙视，进而产生畏缩、抑郁等不良反应，严重者可能会产生恐惧心理，难以与人相处。而这些在个性开朗、外向的同学眼中，则没有过多攻击性的内涵解读，挫折也就无从谈起。

个性特征有缺陷的人往往对周围环境的适应能力不强，遭遇挫折后，极容易产生消极影响。不良个性特征如自私、偏执、多疑、以自我为中心、自负等，往往会加重挫折感，具有这些不良个性特征的人稍遇挫折就容易对生活失去信心，并且更多地使用攻击、逃避、否定等心理防御机制消极应对。

三、挫折的分类

可以根据挫折的持续时间、现实性、发生的原因及情境等，对挫折进行分类。

(一) 按挫折的持续时间分类

根据挫折的持续时间长短，可以分为短暂性挫折和持续性挫折。

1. 短暂性挫折　是指挫折持续的时间较短，挫折带来的紧张状态和挫折感的情境，一般会随着时过境迁而逐渐消失。例如，在竞赛中没有取得好名次，在赛后较短的时间内会有失落、挫败等消极感受，但并不会一直持续。

2. 持续性挫折　是指一种长期性的连续不断的挫折状态。这种挫折状态可以是一个挫折持续的或者是几个挫折的接续。持续性挫折会使人长期处在紧张和焦虑状态之中，还可能导致个体产生性格上的变化，对人的身心健康产生重大的影响。例如，久病未愈、人际关系持续恶化等，会让人长期处于一种紧张焦虑的压力状态之中。

(二) 按挫折的现实性分类

根据挫折是否真实存在，可以分为实质性挫折和想象性挫折。

1. 实质性挫折　是指个体遭遇了现实生活中的某种挫折，是实实在在的挫折。例如，考试失利、寝室矛盾、恋爱分手等，这些挫折都是真实存在于现实生活中的。

2. 想象性挫折　是指个体在想象中对未来可能受到的挫折的预测或认知。例如，有的人在考试成绩尚未公布前，预判成绩一定很糟糕，感到焦虑烦躁。

（三）按挫折发生的原因分类

根据挫折发生的原因，可以分为缺乏性挫折、损失性挫折和阻碍性挫折。

1. 缺乏性挫折　是指人们无法拥有自己认为非常重要的东西时所产生的心理挫折。例如，由于物质缺乏、能力缺乏、资格缺乏、经验缺乏、感情缺乏、生理条件缺乏等所产生的挫折都属于缺乏性挫折。大学生中常见的由于缺乏知心朋友而产生的孤独感和挫折感就是缺乏性挫折。

2. 损失性挫折　是指个体失去了原来所拥有的重要东西而引起的心理挫折。例如，名誉损失、地位损失、财产损失、健康损失、家庭解体、亲人亡故、恋人分手等所导致的挫折都属于损失性挫折。

3. 阻碍性挫折　是指那些在需要和目标之间出现阻碍时给个体带来的挫折，由于自然的阻碍、人为的阻碍、客观的阻碍、想象的阻碍等所造成的挫折都属于阻碍性挫折。例如，找工作时遇到自己无法满足的条件或要求等都属于阻碍性挫折。

（四）按挫折的情境分类

根据挫折的情境（需要满足的各个阶段）不同，可以分为需求挫折、行动挫折和目标挫折。

1. 需求挫折　是指个体内在的需求得不到满足时所体验到的挫折感受。例如，对于物质不当占有的需求，是社会规范所不允许的，个体无法明确地将这种需求表现出来，就会产生挫折感。

2. 行动挫折　是指个体采取了行动受到阻碍或干扰，使其无法达到所期望的目标，从而产生的挫败感。遭遇行动挫折的人同时也会遭遇需求挫折，因为满足某种需求的行为受到阻碍，其需求也就无法满足。例如，想与某人交往多次主动联系，但对方一直不予回应。

3. 目标挫折　是指个体因无法达成自己所期望的目标时形成的挫折。当个体的需要被充分地体验到，并驱使其进行某种活动来满足需要时，此时需要便转化为活动的动机，并将活动指向既定目标。当动机驱使个体完成了某种活动，但活动的目标并没有达到预期的效果时，便会产生目标挫折。例如，一个平时都不锻炼的同学立志要健身减肥，但第一天锻炼的目标就是要跑十千米，还没到跑到一千米可能就放弃了。

以上介绍的挫折分类，都是属于单向度或单因素分类法，单向度分类法有简单、明了的优点，但在现实生活中，我们所遭受到的挫折并非仅用单一因素就可以完全加以描述，很多挫折是多因素叠加的结果。比如，大学生毕业后准备申请出国深造，但没有取得全额奖学金（损失性挫折），必须要自己负担一部分学费；想要去打工挣钱，却又没有时间（缺乏性挫折）；向别人借钱，又觉得有损面子（阻碍性挫折）。

第二节　挫折相关理论

由于挫折的普遍性，各流派的心理学家对于挫折如何产生及其影响都进行了深入的研究，希望了解其机制，寻找提升个体应对挫折能力的方法。下面介绍几种具有代表性的理论。

一、心理防御机制

心理防御机制（mental defense mechanism）最早是由奥地利的心理学家弗洛伊德（S. Freud）提出的，他认为心理防御机制是一种人们面对挫折时在潜意识中产生的心理现象，是从心理上改变自己与现实或事物的矛盾关系，从而使自己易于接受，使自己也可以适当地或暂时减轻痛苦，以使内心获得平衡的一种心理现象。

（一）心理防御机制的类型

心理防御机制的分类有很多不同的标准，如弗洛伊德就是按照心理发展的成熟程度分类，也有学者根据精神病态或对现实歪曲的程度等来进行分类。现代心理学家较为公认的心理防御机制的分类依据是心理发展顺序与心理疾患可能的相关性相结合，即下述四类。

1. 精神病性心理防御机制　又称自恋型或婴儿型心理防御机制，包括否认、曲解、投射等。

2. 不成熟的心理防御机制　即幼儿型心理防御机制，包括幻想、转移、倒退等。

3. 神经症性心理防御机制　即少儿型心理防御机制，包括合理化、内投射、抵消、反向等。

4. 成熟型心理防御机制　即成人型心理防御机制，也是更为符合社会文化、道德规范要求的心理防御机制，如升华、幽默等。

(二) 心理防御机制的作用

心理防御机制是常见的心理现象，几乎每个人都会在不知不觉中使用，它对缓解紧张、焦虑、痛苦有一定的作用，但如果使用不当或过多依赖，也可能会导致负面效果。从个人遭遇挫折时解决问题的效率与维护个人心理健康的角度来看，心理防御机制主要有以下两种作用：一是积极的作用。心理防御机制能暂时减轻或消除痛苦和不安，对情绪起缓冲的作用。二是消极的作用。由于多数的心理防御机制并没有解决现实存在的问题，带有自我欺骗，或者是对现实的逃避，有的时候，可能使现实问题更加复杂化，让人陷入更大的挫折或冲突的情境之中，因而起到消极的作用。

就心理防御机制本身而言，并不能认为是异常或病态的，只有运用不当或过分，进而影响了个人对周围社会环境的适应时，才会成为病态的表现。防御机制的作用就如同临床上的发热患者服用的退热药物一样，只能暂时减轻或消除症状，而不能根本解决问题。

二、挫折攻击理论

社会发展中存在这样的现象：在经济萧条、战争或重大自然灾害之后，容易产生个体的挫折心理，当人们找不到工作，生活的各方面受到限制时，各种形式的攻击行为就会出现。根据多拉德(J. Dollard)和米勒(N. E. Miller)等提出的“挫折攻击”假说，对于诸如此类的现象可以认为“攻击行为的发生总是以挫折的存在为先决条件，反之，挫折的存在也总是导致某种形式的攻击”。

(一) 挫折攻击理论的反应机制

挫折攻击理论的反应机制主要表现为由挫折引发的不同反应模式。人在遭遇挫折情况下通常会出现三种不同的反应，即外罚性反应、内罚性反应和无罚性反应。外罚性反应主要是指人们从外界寻找引起挫折的原因，即使不存在客观的外部原因，也会归咎于外部，继而将由挫折引发的愤怒、不满的情绪向外部进行发泄，对他人或物实施言语或身体攻击。内罚性反应是指人们从自己身上寻找引起挫折的原因，会产生不同程度的内疚感，甚至受到良心的谴责，会将由挫折引起的愤怒、不满的情绪向自己发泄，有些人甚至会产生抑郁状态，严重者会出现自残甚至自杀行为。无罚性反应是指在遭遇挫折后人们将挫折最小化甚至完全忽略它，而出现的没有惩罚性的反应。但无罚性反应并不意味着个体成功应对了挫折的考验。一般来说，产生无罚性反应可能有两种原因：① 个体能够比较客观地了解分析现实情况，并且能正确地理解他人及自己应承担的责任，从而能合理地认识和对待挫折；② 个体自我掩饰挫折不去面对或者假装逃避攻击，此时个体的无罚性反应是暂时的，危险人格和暴戾情绪可能正处于积累期。

(二) 可能诱发攻击的影响因素

为什么有些人遇到挫折会出现攻击行为而有些人却没有呢？伯科威茨(L. Berkowitz)认为挫折所创造的仅仅是一种攻击行为的准备状态，只有在具备了一定条件，攻击行为才会产生，是挫折因素和其他因素的共同作用导致了攻击。

1. 反应受阻引起的内驱力水平　内驱力水平取决于需要的强度，也就是说，一个人想达到目的的动机越强烈，当指向目的的活动受阻时，个体受到的挫折就越大，因而这个人越具有攻击性。

2. 挫折的完整性　挫折的完整性源于机体需要的完整性，在机体的整体需要结构中，要结合其受阻情况所占比例做具体分析。比如，目的反应仅仅部分受阻，只会产生很小的挫折，因而此时产生攻击行为的可能性比起目的行为整体受挫时的可能性要小得多。

3. 较小挫折的积累作用　较多不严重的挫折会叠加起来，产生严重的挫折，并导致激烈的攻击行为。例如，追求自我实现的大学生，在入校时学生会部门面试失利、学期期末考试失利、日常生活中又受到寝室同学关系不良等人际交往的困扰，就比仅仅只是遭遇考试失利可能受到更大的挫折。

4. 攻击反应可能受到的惩罚程度　当直接攻击受到惩罚的威胁提高时，攻击行为被转移到较小威胁的人和对象上去的趋向也随之提高。多拉德认为，"它总是遵循这一规律，即对较直接的攻击行为的抑制程度越高，较间接攻击行为发生的可能性越大"。

挫折攻击理论认为攻击行为的变化、选择是习得的，其根源在于由经验所引起的内在需要结构的变化，这说明了情境因素与心理因素之间具有相互联系的密切性和复杂性。从心理适应的角度来看，攻击具有疏泄内心紧张的作用，但攻击不利于问题的解决，有时反而使问题复杂化，从而妨碍目标的实现。因此，以健康合理的方式疏泄情绪，培育健全的人格，是挫折应对的重要策略。

三、挫折归因理论

归因(attribution)是指人们对他人或自己行为原因的推论过程，即对他人或自己行为过程的因果解释。挫折归因就是对挫折形成的原因进行分析、归类，进而探求挫折事件因果关系的一般规律。挫折归因理论认为，归因会影响个体的挫折应对。

（一）归因的模式

美国社会心理学家韦纳(B. Weiner)认为，人们对事情的归因决定了行为的结果和成就的高低。不同的归因方式会带来不同的情绪和行为反应，在遇到同样的挫折时，有的人会坚持下去直到成功，有的则会轻易地放弃，如果能够正确归因，就会从低谷直升高峰，如果不能正确归因，则可能从高峰跌落低谷。韦纳认为，人们在归因时更倾向于从能力高低、努力程度、任务难度、运气好坏、身心状态、外界环境六个因素上寻找原因，这六个因素又可归纳为三个维度。能力高低属于内因、稳定、不可控因素；努力程度属于内因、非稳定、可控因素；任务难度属于外因、稳定、不可控因素；运气好坏属于外因、非稳定、不可控因素；身心状态属于内因、非稳定、不可控因素；外界环境属于外因、非稳定、不可控因素，详见表 9-1。

表 9-1　归因的三维度与六因素

维度 / 因素	内/外因		稳定性		可控性	
	内因	外因	稳定	非稳定	可控	不可控
能力高低	√		√			√
努力程度	√			√	√	
任务难度		√	√			√
运气好坏		√		√		√
身心状态	√			√		√
外界环境		√		√		√

1. 内/外因　内因指存在于个体内部的原因，如人格、品质、动机、态度、情绪、心境及努力程度等个人特征，如将行为原因归于个人特征，称为内归因。外因是指行为或事件发生的外部条件，包括背景、机遇、他人影响、工作任务难度等，如果将行为原因归于外部条件可称之为外归因或情境归因。

2. 稳定性　在行为内因与外因中均有稳定和不可控因素，如人的情绪易变，而人格特点、能力则会相对长时间保持稳定；在外部条件中，工作性质和任务难度相对稳定，而气候条件则易于变化。

3. 可控性　如果行为原因是可控的，表明个体通过主观努力可以改变行为及其后果，如果行为原因是不可控的，如智力因素、工作难度等，表明个体通过努力也可能无力改变。

（二）归因的作用

不同的归因会引起不同的期望和情绪，并具有不同的动机作用。合理的归因是成功应对挫折的基础。

挫折产生的原因可概括为客观外部因素和主观内部因素。倾向于外归因的个体，通常认为自己的行为结果是受外部力量,如运气、机会、他人权利等无法预料和支配的因素所控制;倾向于内归因的个体,通常认为行为结果是受自身的能力、个人的努力程度等内部因素控制。两种归因方式各有利弊,外归因的人,面对挫折时常常感到无能为力、束手无策,从而不能尽自身的最大努力克服困难;内归因的人,常把成败结果统统归于自身,而对自我过多指责,同样影响问题的解决和挫折的应对。例如,同样是面对学业挫折,有的人归因于自己没有天赋个人能力不足,会感到自卑而缺乏行动动力;有的人将其归因于自己运气不好,从而怨天尤人。

大学生应学习对挫折进行正确归因,避免归因的片面性和笼统性,要学会具体问题具体分析,准确把握,从能力高低、努力程度、任务难度、运气好坏、身心状态、外界环境等各方面进行恰当的归因。正确归因能激发大学生前进的动力,增强战胜挫折的勇气和信心。

拓展学习 9－2

控制点理论

美国心理学家罗特(J. B. Rotter)于1954年提出了控制点的概念,他认为,个体对自己的行为后果获得报酬的原因,在其本人主观解释上有一种心理倾向,他把这种主观倾向称为控制点(locus of control),意指个体对自己的行为和行为后所得报酬间的关系所持的一种信念。

在此基础上,罗特区分出两种人格类型:内控型和外控型。内控型的人相信行为或事情由自己的努力、能力、特质决定,其泛化预期是人可以影响将要发生的事情,无论发生的是好事还是坏事,都是自己造成的。外控型的人相信运气及其他外部力量决定其行为与成败,与内控型人相比,他们更相信发生在自己或别人身上的事情是不受自己控制的。

内-外控是衡量个体归因差异的维度,是一个连续体。内控和外控是维度的两个极端,在实际生活中,极端内控和极端外控的人是很少的,大多数人都处于内-外控这个连续尺度上的某一点,有些人相对外控一些,有些人相对内控一些,有些人则比较均衡。

资料来源:陈少华.人格心理学[M].第2版.广州:暨南大学出版社,2018:119－120.

四、社会文化理论

社会文化理论的创立者是新精神分析学派的代表人物沙利文(H. S. Sullivan)和人本主义心理学派的典型代表罗杰斯(C. R. Rogers),他们强调文化和社会条件对个体的挫折产生及其反应的影响。具体来说,就是他们重视社会环境和文化因素对个体行为和人格特征的影响,认为挫折的产生是由于个体向上意向、自我实现受到压抑的缘故。

(一) 沙利文的观点

沙利文是美国著名的精神病学家,他出生于纽约一个天主教徒家庭,是家中的独子,拥有一个孤独的童年,长大后又目睹了两次世界大战给人类带来的灾难,故其对社会、文化和人际关系的问题极为关心。他认为,人格是在人际情境中形成和表现出来的,是人际关系相对持久的模式,是一个人在与人相处的社会情景中表现出来的生活方式。

挫折感或焦虑正是个体人格发展的向上意向受到压抑而导致的,所以,要避免挫折的产生,社会文化中的人际交往的调节十分重要,只有向上意向得到满足,挫折感才会消失。后期,他根据社会化的自我来定义挫折心理,指出挫折感或焦虑与自尊受到威胁有关,而自尊又来源于他人的评价,所以挫折感或焦虑是人际关系分裂的产物。

(二) 罗杰斯的观点

罗杰斯认为,个体具有的与生俱来的自我实现倾向,是有机体以保持和增强自身发展的驱动力,在个体促进自我发展的过程中,需要获得大量无条件积极对待,个人评价标准和积极对待的标准将趋于一致,同时对经验的感知会使个体产生可控感。这种对积极对待的需要的满足是行为直接且强大的驱动力，诸如舍生取义、见义勇为等受到较高社会赞誉的行为往往就是个体满足积极对待需要的动力驱使的。

如果没有得到无条件积极对待的满足，自我就容易受到威胁，往往会感到焦虑，自我实现的需要被压抑，人格健康发展的趋势就遭到阻碍产生挫折感。为了促使个人潜能的充分发挥，个体需要获得大量的无条件积极对待，帮助个体增加可控性的自我感知，促进心理调整，帮助个体克服挫折，朝自我实现的方向发展。

从以上两位代表人物的观点可以看出，社会文化理论重视社会文化因素对挫折产生的影响以及主体意识对挫折心理的调节作用，主张充分发挥自我的整合和调节作用，强调个体的自尊以及对未来的乐观态度。一个人只要善于自我调节，对未来持乐观态度，就能避免挫折，社会如能尊重人的价值，关心人的意向，同样有助于防止挫折。研究发现，面对挫折和困难时，高自尊水平的人能保持理性，迎接挫折带来的挑战，选择积极的方案解决问题或寻求帮助，能够在坚持目标、放弃目标或改变目标之间做出合理的选择。低自尊水平的人容易在该坚持的时候放弃努力，而在该改变目标的时候却绝望地坚持。大学生可以通过乐观以及集体和他人的关心、尊重来避免挫折的产生。但该理论存在一定的局限性，它对挫折的成因分析过于抽象化，缺乏具体的条件分析，而且自我实现仅是人的基本需要之一，不是唯一需要。

第三节　大学生常见的心理挫折

大学阶段学生不可避免地会遭遇到学业挫折、交往挫折、家庭挫折、恋爱挫折、就业挫折等不同类型的挫折，为了减轻和避免挫折带来的影响，个体会有意无意地采取某种方式来摆脱痛苦，减轻不安以恢复心理平衡，这就是心理防御机制。心理防御机制对每个人都十分重要，它可以缓冲心理挫折，减少焦虑情绪，为人们赢得战胜挫折的时间。心理防御机制本身有积极作用和消极作用之分，而且不同人使用时也会产生不同的效果，积极地使用心理防御有利于挫折的应对，有时防御使用不当也会导致消极后果，不利于挫折应对。例如，同样是考试不及格，有的学生痛不欲生，有的学生懊悔不已，有的学生则不以为意。也正因为人们对挫折的反应不同，挫折反应在不同的人身上的效应也有所不同。

一、常见的心理防御机制

心理防御机制的积极意义在于能够使主体在遭受困难与挫折后减轻或免除精神压力，恢复心理平衡，甚至激发主体的主观能动性，激励主体以顽强的毅力克服困难，战胜挫折。消极意义在于使主体可能因压力的缓解而自足，或出现退缩甚至恐惧而导致心理疾病。挫折的心理防御机制是多样的，有些是积极的，有些是消极的，也有些是中性的。

（一）积极的心理防御机制

积极的心理防御机制指个体正视挫折，承认挫折，正确分析挫折产生的主客观原因，总结经验教训，争取积极的行为方式，最后战胜挫折。常见的有以下几种。

1. 升华（sublimation）　指潜意识欲念以社会较能接受的形式表现出来，从而得到社会的认可和赞同的防御机制。一个人遭遇挫折后，将自己的情感和精力转移到有益的活动中去，从而将不良情绪和冲突的欲念动机导向比较崇高的方面，以保持情绪的稳定和心理的平衡，这就是升华的作用。例如，大学生因失恋而极度悲伤，经疏导后，致力于学习，考上了研究生。升华不仅需要一个人创造性思考的能力，更要有坚强的意志和开阔的胸襟，它可以使原来的动机冲突和不良情绪得到宣泄，还能以更积极的方式实现目标，无疑是心理防御机制中最富有建设性的、积极的行为反应和应对挫折的方式。

2. 补偿（compensation）　指当个体所追求的理想、目标受到挫折，或者生理上、心理上存在某种缺陷时，通过以新的目标替代原有目标或选择其他能成功的方法来弥补缺陷，以减轻心理上的不适感和挫折感。补偿常通过两种途径实现目标：一是改变策略和行为方式。有些大学生在实现目标的过程中，几经努力和尝试都失败后,他们就会冷静下来,认真客观地分析自己的策略方法,并进行适当的调整再作尝试,以实现自己的愿望;二是替换新目标,所谓"失之东隅,收之桑榆"。例如,一个先天有生理缺陷的学生可能难以在体育成绩上与别人一争高低,但可以通过刻苦学习,让自己在学习上取得优异成绩。补偿对于缓解受挫后的损失感,防止心理压力具有积极作用。

3. 认同(identity) 又称表同、仿同,指无意识地取他人之长归为己有,并作为自己行动的一部分加以表达。个体无意识有选择性地吸收、模仿或顺从另外一个人(一般是自己敬爱、尊崇的人,或者归属、认同的团体)的态度或行为的倾向。一个人在受到挫折后,会自觉效仿他人获得成功的经验和方法,使自己的思想、目标和言行更适应环境的要求,从而在主观上增强获得成功的信念与勇气;或者把别人具有的、使自己感到羡慕的品质加在自己头上,以提高自己的信心、声望、地位;或者迎合能满足自己需要的人,按照他们的希望去支配自己的思想和行为。例如,有些大学生将科学家、历史名人以及某些歌星、球星甚至是自己的同学作为认同的对象,将他们那些自己所羡慕的品质加在自己身上,或将自己与所崇拜的人视为一体,从中获得信心、力量和勇气,奋发进取,从而减轻挫折感。认同可以使人从认同对象(榜样)那里获得积极的自我激励与暗示,鼓励自己奋发进取。

(二)消极的心理防御机制

消极的心理防御机制是指个体遭受挫折后,所表现出来的带有强烈情绪色彩的非理性行为。常见的有以下几种。

1. 攻击(aggression) 指当人们遭受挫折后,为了将愤怒的情绪发泄出去,或者对构成挫折的对象进行报复而产生的行为。攻击是人们遇到挫折时最原始的反应,也是大学生中常见的挫折反应。攻击性行为的对象可能是构成挫折的人或物,也可能是其他替代物,还有可能是受挫者自身。根据受挫者攻击的对象不同,可分为直接攻击和转向攻击。直接攻击是指攻击行为直接指向引起挫折的对象,多以动作、表情、语言、文字等表达出来,如对使自己受挫的人采取嘲笑、谩骂、殴打等行为,由于缺乏理智,往往不考虑后果,容易造成严重的后果。直接攻击行为,多发生在那些缺乏生活经验、比较简单、鲁莽、易冲动的学生身上。转向攻击是指受挫者由于种种原因不能攻击使其受挫的对象,于是把愤怒的情绪指向自己(如轻生、自我折磨、自我虐待等)或与其挫折情境无关的对象(一般以"替罪羊"的形式出现,如背后抱怨、发牢骚、摔物、向别人发泄怨气等)。转向攻击行为造成的后果同样严重。转向攻击行为多发生在自制力较弱、自信心较低的大学生身上。

2. 固执(stubbornness) 指个体在受到挫折后,不分析失败的原因,不总结经验教训,而是采取刻板的方式盲目地重复某种活动或坚持某种想法的行为,尽管这种重复或坚持并无成效,但仍要继续下去。固执不等于习惯,如果习惯性行为不能满足需要,人们就会改变它,而固执不仅不会改变,反而会愈演愈烈;固执也不等于意志坚强,意志坚强的人如果知道某种行为不能达到预定的目标,就会改变策略,再作努力。

3. 退行(regression) 指人们受到挫折时所表现出的与自己年龄和身份不相称的幼稚行为。巴克(R. Barker)等人在儿童行为研究的基础上,提出了挫折-倒退理论,他们发现儿童在受到挫折后不仅仅表现出攻击性行为,有的儿童还表现出更加幼稚的行为,也就是所谓的"倒退"。在个体的成长过程中,每个人都逐渐地学会了与自己年龄和发展阶段相适应的言行,但当个体受到挫折后,就可能会失去这种控制,退化到以低于自己年龄和发展阶段的幼稚的方式应对,以求得别人对自己的同情和照顾。有些表现为盲目服从,听取他人的意见,按照他人的安排,毫无主见。有些表现为无理取闹,不分场合,哭叫乱闹,丝毫不考虑对他人的影响。大学生遭遇挫折的退化表现常常令人啼笑皆非,这也是大学生心理发展不成熟的表现。

4. 逃避(escape) 指个体在遇到挫折或感到可能面临挫折时,采取回避、逃避行为来躲开挫折现实的一种挫折反应方式。如有的大学生学习成绩不理想,就把时间精力全放到打游戏、打球等与学习无关的事情中;有的逃避至虚拟的幻想世界,在遭遇挫折后一直沉浸在不切实际的幻想之中,回避现实中存在的问题;有的逃避导致身体疾病,有些大学生因害怕考试受挫,就在考试当天发烧而使自己无法考试,这种逃避往往是无意识的,与装病不同。逃避可以使人降低因挫折产生的紧张感,或者避免再次受到挫折的伤害,但长期下去将大大降低大学生的适应能力和自信,甚至可能会导致适应不良。

5. 冷漠(apathy) 指受挫后表现出的对挫折情境无动于衷和漠不关心的态度。冷漠并非没有情绪反应，相反，是一种压抑极深的痛苦情绪反应。它是由于一个人长期遭受挫折，既无法对引起挫折的对象进行攻击，又感到没有任何希望摆脱或消除困境时产生的一种悲观消极的应对方式。研究表明，以下情况容易出现冷漠反应：一是长期遭到挫折而无法摆脱，二是遭受挫折后无望无助，三是心理上恐惧不安和生理上痛苦难忍，四是进退两难，攻击和退缩之间冲突激烈。冷漠的反应比攻击更为复杂，对身心的危害更大。

6. 自杀(suicide) 是一个人遭受挫折后的一种极端反应方式，也可以看作是受挫后针对自身的一种典型的特殊的攻击行为。通常，自杀行为是在挫折的打击大大超出受挫折者对挫折的承受能力的情况下发生的，特别是当受挫折者将受挫的原因归结为自己，并对自己丧失信心，将自己作为迁怒的对象时更容易导致自杀行为。

(三) 中性(缓和性)的心理防御机制

中性(缓和性)的心理防御机制是指当一个人受到挫折后，采取一些暂时减轻受挫感的行为方式，以缓解挫折为自己带来的心理烦恼，减轻内心的冲突与不安，常见的有以下几种。

1. 合理化(rationalization) 又称文饰，指个体无意识地运用似乎合理的解释来为难以接受的情感、行为、动机辩护，使其可以接受，以求得心理平衡。当个体因挫折产生不良情绪时，为减轻精神上的苦恼和不快，维护个体的自尊和心理平衡，常常为自己遭受的挫折寻找借口或作歪曲的解释。常见的合理化有“酸葡萄心理”和“甜柠檬心理”。

(1) 酸葡萄心理：是指个体所追求的目标受到阻碍而无法实现时，便贬低甚至否定原来的目标，说“不值得追求”，就像《伊索寓言》里那只摘不到葡萄的狐狸告诉自己“葡萄是酸的”一样。例如，某大学生因考试成绩不理想，便说“为那几分读死书有什么意思”。

(2) 甜柠檬心理：是指个体所追求的目标不能实现时，淡化原来的目标与结果，而对自己的既得利益加大肯定，百般强调，以此减轻内心的失望与痛苦。例如，某大学生做了充分准备参加文艺比赛，最终却只获得了鼓励奖，便说“其实这次比赛我并没有准备拿名次，我只要站在舞台上展示给大家就行了，拿个鼓励奖就够了”。

无论是酸葡萄心理还是甜柠檬心理，都是在个体遭受挫折无法达到目标和满足愿望时，用某种借口、态度或行为来掩饰自己，用有利于自己的理由为自己辩解，找到一种“合理化”的解释，以减轻痛苦和焦虑。然而真正应对挫折不能只停留在自圆其说的状态中，而是在情绪稳定后，冷静客观地分析真正的原因，重新确定目标，或努力改进策略方法。

2. 潜抑(repression) 指个体把意识中对立的或现实中所不能接受的冲动、欲望、想法、情感或痛苦经历，不知不觉地压抑到潜意识中去，以致当事人不能察觉或回忆，使自己避免痛苦。潜抑作用是所有心理防御机制中最基础和最基本的方法(如梦、失语、失态、笔误等)。在正常情况下，潜抑能够使人正常地约束和管制自己的行为，保持良好的人际关系和社会秩序。大学生在运用该机制时最重要的是掌握潜抑的度，不良情绪或痛苦经历潜伏、压抑过多过久，都有可能造成心理问题和心理疾病的产生。

3. 否定(denial) 是一种原始又简单的自我防御，指个体无意识地拒绝承认或接受某些不愉快的现实。对已经发生的挫折和不愉快的情境加以否定，从根本上认为它从没发生过，“掩耳盗铃”以避免心理上的不安和痛苦。例如，否认亲人的死讯或不理想的考试成绩等。当人们在遇到严重挫折的时候，总会自觉或不自觉地使用这种应对方式。这也就是为什么当人们听到一个突如其来的坏消息时，不少人都会有这样的念头，“不可能，事情不可能是这样的”！“这怎么可能呢?”其实，这就是人们正在使用“否定”来降低自己心理上所要承受的压力，或者至少是为了最终不得不接受事实而争取一些心理准备的时间。在一定的程度上，否定可以减缓突如其来的挫折所带来的压力，维护原有的心理平衡，或者使人们在心理上有一定的准备来接受不得不接受的痛苦现实，起到一定的缓和作用。

4. 反向行为(reaction formation) 也称矫枉过正，指个体对内心难以接受的、不愉快的观念、情感、欲望、冲动等夸张性地以相反的外在态度或行为表现出来。在性质上，反向行为也是一种压抑过程。例如，有些大学生内心极度自卑，却总以骄傲自大、傲慢不羁的外在表现来掩盖自己的弱点；有些大学生很在意荣誉，却害怕自己不够优秀因此对外表现为不屑一顾，对荣誉成绩根本没有兴趣。反向行为虽然可以在一定程度上掩饰个体的真实动机，减轻内心的冲突和挫折感，但长期如此，容易歪曲自我认知，不利于自我意识的发展。

二、心理挫折的效应

效应原指物理或化学作用所产生的效果，如光电效应、热效应等。在心理学上，效应是某种心理现象带来的效果及影响，心理挫折的效应即指心理挫折带来的效果及影响。宋代散文家欧阳修有诗句“困有亨之理，穷当志益坚”，意指厄运、困境等挫折中本身就包含奋发有为的意思。我们希望每个人都能拥有面对挫折的勇气，找到超越挫折的方法，但也要认识到挫折的双向效应，一方面，挫折使人吸取教训，重新审视需求和目标，调整战略方法，从逆境中重新奋起；另一方面，挫折也可使人一蹶不振，处于不良的身心状态，甚至导致身心疾病的发生。

(一) 挫折的正向效应

挫折的正向效应就是指在遭遇挫折之后，想方设法发掘潜力解决矛盾与冲突，从挫折中吸取经验，获得正向的成长。中国古代有俗语说“艰难困苦，玉汝于成”，说的就是困厄的环境和条件能磨砺人的意志，最终实现目标。美国心理学家阿姆泽尔(A. Amsel)对动物(白鼠)实验的研究显示，动物在遇到挫折后会出现反应率暂时提高的现象。他对儿童的挫折性无奖赏实验研究也显示，儿童表现出无奖赏导致完成某项任务的力量增强或采取各种策略去对待无奖赏的情况。说明一个人在受到挫折后，把挫折当作行动的动力，可以出现努力奋进的结果。当然这并不意味着，挫折与奋进行为之间存在绝对化的关系，奋进行为的产生受到个体的人格特征、对挫折情境的认知、挫折耐受能力等影响。

挫折的正向效应主要表现在以下几个方面。

1. *提高对挫折的认知水平*　挫折的认知理论认为，刺激(S)与反应(R)之间，不是简单的S－R关系，而是S－C－R关系。S因素包括事件、情境、他人、人际关系及自我的行为表现等，R指各种心理行为反应，C是意识、经验因素。认知过程是依据认知者的过去经验及对有关信息的分析而进行的，它依赖于认知者的思维活动，包括信息加工、推理、分类与归纳等。大学生遭遇挫折在某种程度上来说提高了他们对挫折的认知水平。挫折会促使大学生分析造成挫折的内因与外因，认识排除挫折的客观和主观条件，反思自己的认知不足，考虑排除挫折的方案，及时采取措施。如此反复，有助于个体知识结构不断更新发展。同时，吸收经验教训，改变策略，提高个体解决问题的水平。如果个体虽遇到挫折却无动于衷，没有任何压力和紧张，也就不能去探求排除挫折的方法和措施。

2. *磨炼意志力和耐受力*　一个人的意志力不是天生的，而是在后天的磨炼中不断增强的。一次次地遭遇挫折后不断地调整应对措施，日积月累便奠定了大学生以后面对挫折的策略及心理准备。“应知天地宽，何处无风云；应知山水远，到处有不平。”正确面对挫折，想办法跨越它、战胜它，是每个大学生的“必修课”，也是大学生成长成熟的重要标志。经历挫折能磨砺大学生的坚强意志，学会受挫后不放弃，保持信心，积极应对。

3. *激发内驱力促使奋进努力*　挫折是一种内驱力，生活中的强者往往因挫折而激发出强大的身心力量。虽身处逆境，却百折不挠，为了实现目标，投入更多的时间和精力，挖掘潜能奋发努力，最终实现目标与愿望。对行动目标不坚定的人遭遇挫折，往往陷入“习得性无助”的恶性循环之中，止步不前。正所谓“失败是成功之母”，现实中有许许多多虽遭遇挫折却发奋图强的故事，主人公们都没有被挫折击倒，反而在逆境中挖掘自身潜能，爆发出更强大的生命力。

(二) 挫折的负向效应

挫折的负向效应是指在遭遇挫折之后，挫折认知较为消极，挫折承受力较差，沉湎于消极的挫折情绪感受之中，采取消极的挫折应对方式，严重者甚至影响生理健康和心理发展。

国外有心理学家曾采用访问谈话的方式研究挫折与紧张状态的身心反应。他们用可能激起人们挫折感和紧张状态的语言与受试者交谈，并观察他们的反应。结果发现，在这样的访谈中能引起偏头痛发作、鼻腔肿胀及分泌增多、支气管收缩等生理反应，还有受试者体验到发怒但又无可奈何等消极情绪。受挫者往往承受着极大的心理压力，若以往的经验和行事策略失效，无法应对当前的挫折，就容易陷入心理危机状态。情况严重得不到解决时，往往表现出应激状态，甚至还可能诱发精神疾病。结合大学生的身心发展特点，如果经常遭遇挫折，往往容易出现以下负向效应。

1. *影响自我概念和自尊*　自我概念(self-concept)即一个人对自身存在的体验。它包括一个人通过经验、反省和他人的反馈，逐步加深对自身的了解。自尊(self-esteem)是个人基于自我评价产生和形成的一种自重、自爱、自我尊重，并要求受到他人、集体和社会尊重的情感体验。青年期是“疾风怒涛”的时期，也常被称作“第二次诞生”“自我的发现”的时期。大学阶段恰好是对自我概念前所未有的关注时期。大学生们不断探索“我是谁”“我将走向何方”此类问题的答案。在此阶段遭遇挫折，往往对自我概念的形成和自尊的发展造成冲击。

哈佛大学积极心理学课程的主讲人泰勒·本-沙哈尔教授在对人的自尊研究中发现，在青少年时期，多表现为依赖型自尊，即个人的自尊和价值依赖于他人对自己的评价和反映。依赖型自尊的人，喜欢在能力上与他人作比较。对于尚处于依赖型自尊阶段，还未完全形成独立型自尊的大学生来说，受挫后往往容易感到自卑，在应对挫折时，通常会习惯化地从自身缺点和劣势出发，出现猜忌、内向、回避、冷漠等现象。既不利于自尊发展也不利于自我概念的形成。

2. *影响实现目标的积极性*　遭遇挫折，有的人不敢面对现实，选择了逃避或放弃。经常遭遇挫折，往往还会让个人对成功的归因外化，即认为成功往往是偶然的，是被外在的因素决定的，只能靠命运和运气，而失去对自己的努力应有的信心，逐渐变得对目标的达成缺乏信心，影响个体的抱负水平，甚至面对自己力所能及的目标也会丧失勇气，得过且过，无所作为。例如，许多大学生求职受挫后，就走入了成败归因偏差的“死胡同”。总觉得自己时运不济，在求职这个卖方市场，自己并非被上天偏爱的宠儿，做再多努力都无济于事，逐渐对找工作失去兴趣，甚至是不再求职，有回家“啃老”的念头。而不是去分析社会现实和环境因素，在供求需要上多思考，多关注自我能力的提升。

3. *影响身心健康*　个体在遭遇挫折后，会引起情绪紧张、苦恼、失望、侵犯、攻击等消极反应，如果是重大挫折，还会引起情绪状态的巨变，甚至直接影响心理健康发展，可能出现焦虑、抑郁、强迫等情感障碍，以及反社会性人格，攻击性人格等病态人格。同时，挫折还会危及身体健康。生理心理学研究表明，挫折所导致的应激状态对个体有威胁性的影响。应激状态的延续会损坏个体生物化学保护机制，从而导致个体降低抵抗力，易受病菌侵袭。更有甚者，为了摆脱挫折所带来的身心痛苦，希望在极度痛苦和绝望中求得解脱，选择自杀作为解决方式。然而这种选择并没有解决问题，反而给生者和亲人留下无限的遗憾和终身痛苦，带来了消极的社会影响。

第四节　大学生心理挫折的应对

孟子曰：“故天将降大任于是人也，必先苦其心志，劳其筋骨，饿其体肤，空乏其身，行拂乱其所为。所以动心忍性，曾益其所不能。”所谓“吃一堑，长一智”。一个人生活在现实中不可能没有挫折。因此，正确认识挫折、掌握应对挫折的方法和技巧、提升挫折耐受力，是成功战胜挫折的法宝。

一、正确认识心理挫折

从某种意义上讲，挫折是社会生活的组成部分。人们随时随地都可能遇到挫折。例如，数载寒窗苦读，梦想升入理想大学，却未能如愿；一个科学家，经过上百次、上千次甚至上万次的实验，仍未得到理想的结果；一个企业家在一夜之间倾家荡产等。正确地认识挫折是应对挫折的第一步。

（一）挫折的必然性和普遍性

人们常用“心想事成”“一帆风顺”表达对平顺生活的愿望和理想。现实中，挫折常常是我们生活的一部分，它的发生具有必然性，每个人都无法逃避，这是由于事物发展的不平衡性、偶然性及影响事物发展因素的多元性等决定的,不以人的意志为转移。世界上的一切事物都是在挫折中不断发展前进的,人们也是在与挫折的抗争中不断走向成熟。

同时,挫折也是普遍存在的,在一个人的成长过程中,受环境的变化、个性的发展等影响,在不同阶段可能都会面临不同的困难与挫折。例如,学步时走路会摔跤;上学时成绩不理想;人际关系发生危机;就业时理想和现实的冲突;中年时会面临各种生活压力;老年时会面对病痛缠身与生活的孤独等。而在大学生活中,挫折也是普遍存在的,如学业的压力、人际关系的冲突等都是经常碰到的。

能够认识到挫折的必然性和普遍性,一旦遇到挫折,就会有较充分的心理准备,能做到在挫折面前不灰心、不后退,能把挫折作为前进的阶梯、成功的起点。鲁迅先生说"伟大的胸怀,应该表现出这样的气概——用笑脸来迎接悲惨的厄运,用百倍的勇气来应对一切的不幸。"

(二)挫折的两面性

有人说,挫折是一把双刃剑,既可以刺伤自己,也可以保护自己。即挫折具有两面性,既有消极的一面,也有积极的一面,它可以给人带来痛苦与不幸,也可以使人获得经验与信心。

遭遇挫折之后,人们往往会陷入情绪低落、烦躁不安等消极状态中,降低个体的创造性水平,陷入困顿,从而影响目标的达成,甚至危及生命。楚汉相争,刘邦败多胜少,项羽胜多败少,垓下之围项羽挫败,因无脸见江东父老,自刎于乌江。如果不能正确对待挫折,不论英雄豪杰还是平凡世人都将难逃挫败命运。

然而挫折并不总是导致消极的结果,关键是怎样去认识和对待它,古希腊寓言作家伊索在他的《伊索寓言》中说:"人们的灾祸常成为他的学问。"挫折固然使人受到打击,给人带来损失和痛苦,但是如果正确、积极地看待挫折,处理得当,往往能促使挫折从消极方面向积极方面转化,就可以给人激励,让人警觉和成熟,使人更加坚强。

挫折的两面性不是绝对的,二者在一定条件下可以互相转化。历史上有许许多多在挫折中磨砺意志,最终走向成功的故事。司马迁曾写道"文王拘而演《周易》;仲尼厄而作《春秋》;屈原放逐,乃赋《离骚》;左丘失明,厥有《国语》;孙子膑脚,《兵法》修列;不韦迁蜀,世传《吕览》;韩非囚秦,《说难》《孤愤》;《诗》三百篇,大底圣贤发愤之所为作也。"而司马迁自己也在先贤的指引下,忍受巨大的精神和肉体的屈辱和痛苦,铸就了"史家之绝唱,无韵之离骚"的《史记》。

大学生要树立正确的挫折观,在挫折面前,不仅要看到主要矛盾和矛盾的主要方面,而且应兼顾次要矛盾和矛盾的次要方面,辩证地看待挫折,努力减少挫折消极因素的影响,促进消极因素向积极因素转化,从而把挫折带来的压力变为动力。

在挫折面前,我们不仅要看到主要矛盾和矛盾的主要方面,而且应兼顾次要矛盾和矛盾的次要方面,辩证地看待挫折,努力减少挫折消极因素的影响,促进消极因素向积极因素转化,从而把挫折带来的压力变为动力。

二、心理挫折的应对策略

怎样才能在挫折面前不气馁、不畏缩,尽快走出挫折的泥沼,从逆境中奋起走向成功呢?如果说挫折的产生有其要素与条件,那么挫折的应对也有相适应的积极策略。因此,大学生应发挥主观能动性,掌握有效应对心理挫折的方法。

(一)确立恰当的个人目标

在现实生活中,如果个体制定了不切实际或难以达成的目标而不知调整,则很容易产生挫折感。所以在挫折应对中,确立更切合实际的目标十分重要。

确立恰当的个人目标既能抑制和阻止不符合目标的心理和行动,又能引发和推动人们采取达到目标所必需的行动。当大学生在通向目标的道路上受阻时,如经分析所追求的目标是现实的可达到的,就不要放弃,应战胜困难,实现目标。当发现由于自身条件或社会因素的限制,经多次努力达不到目标时,可调整目标或降低要求,改变行为方向,缓解心理上的冲突,增强勇气和信心,以达到更切合实际的新目标。

案例 9-2

日本马拉松运动员的故事

1984 年，在东京国际马拉松邀请赛上，名不见经传的日本选手山田本一出人意料地夺得了世界冠军。当记者问他凭什么取得如此惊人的成绩时，他说了这么一句话："用智慧战胜对手！"

当时很多人都认为山田本一是在故弄玄虚，因为马拉松比赛主要是运动员体力和耐力的较量，爆发力、速度和技巧都还在其次，说智慧取胜确实有点勉强。

两年后，意大利国际马拉松邀请赛举行，山田本一代表日本参加比赛。这一次，他又获得了世界冠军。在接受记者采访时，他还是那句话："用智慧战胜对手！"

10 年后，这个谜底终于被揭开了。山田本一在自传中这样写道："每次比赛之前，我都要乘车把比赛的路线仔细地看一遍，并把沿途比较醒目的标志画下来。比如，第一标志是银行；第二标志是一棵古怪的大树；第三标志是一座高楼……这样一直画到赛程的终点。比赛开始后，我就以百米的速度奋力地向第一个目标冲去，到达第一个目标后，我又以同样的速度向第二个目标冲去。40 多千米的赛程，被我分解成几个小目标，跑起来就轻松多了。起初我把我的目标定在终点线的旗帜上，结果当我跑到十几千米的时候就疲惫不堪了，因为我被前面那段遥远的路吓到了。"

所以，如果你在实现目标的道路上，能学会合理调整和分解目标，就不容易被挫折打倒。

资料来源：李希贵.面向个体的教育[M].北京：教育科学出版社，2014：46-47.

（二）培养积极思维

思维方式是个体获取、加工、输出信息的认识方式。积极的思维方式是符合客观规律和思维规律的认识方式，消极思维方式则恰恰相反。比如，狭隘经验型思维，会把片面性的结论无限外推到其他的事物和范围中去；刻板教条型思维，缺乏辩证发展的观点，把事物看作静止不变、孤立、僵硬的，容易导致思想上的僵化和行动上的失败；主次颠倒型思维，在分析问题时不知道抓重点，主次不分，从而造成不应有的失败与挫折等。

个体对客观事物的反应，很大程度上取决于认知态度。可以运用 ABC 理论，纠正错误认知，改变非理性思维，培养积极思维。首先，弄清自己思维方式不合理与情绪、行为的关系；接下来，通过与不合理的信念辩论，放弃不合理的信念；最后，通过理性的自我认知来达到纠正错误认知的目的。通过认知修正的训练，可以改变消极的认知方式，以更客观、合理、积极的思维来看待挫折。

拓展学习 9-3

通往成长型思维模式的旅程

斯坦福大学心理教授德韦克(C. Dweck)在《终身成长：重新定义成功的思维模式》这本书中，详细阐述了成长型思维和固定型思维的区别，以及如何培养成长型思维来帮助我们实现终身成长。我们要怎样训练自己形成成长型思维模式呢？

1. 接受　第一步就是去拥抱固定型思维模式。每个人都有一部分固定型思维模式。我们需要知道，每个人的思维模式都是成长型和固定型的混合物，这没什么可羞愧的，或者可以说，正常的人类都是这样的。接受自己的一部分固定型思维模式，也并不代表要去接受它高频率出现的事实，以及接受它在出现时所带来的危害。

2. 观察　第二步就是要明确是什么激发了固定型思维模式。固定型思维模式的人格会在什么时候回来？可能是在你面对一个巨大的新挑战的时候。固定型思维模式的人格可能会出现并小声对你说："也许你没有那么大能力，其他人会发现的。"可能是在你为某事奋斗但是进入死胡同的时候。固定型思维模式的人格可能会来到你身边，建议你说："放弃吧，这让你感到沮丧和难为情，还是做些简单的事吧。"

想一想,最近一次激发了你固定型思维模式的是什么事?在固定型思维模式人格出现的时候发生了什么?它对你耳语了什么,你有什么感觉?

3. 命名 现在,让我们来给固定型思维模式人格起个名字。仔细想一想你的固定型思维模式人格。你会不会用你生活中某个人的名字来命名他?或者一本书、一部电影中的人物?他是你的一部分,但也许并不是重要的一部分?又或者,你给了他一个你不喜欢的名字,来提醒自己这不是你想要成为的人?

4. 教育 你现在知道了触发固定型思维模式的诱因,并痛苦地了解了自己的固定型思维模式人格以及他会对你造成什么影响。他有了自己的名字。那么现在还需要做什么呢?教育他。让他和你一起走过这段旅程。

你越了解触发固定型思维模式的原因,就越能在固定型思维模式人格出现时保持警惕。当你马上就要迈出自己舒适区之时,请做好准备,在他出现并阻止你时,要欢迎他的到来。想一下他会对你说什么,但是告诉自己,为什么要迈出这一步,并要求他和你一起踏上旅程:"听着,我知道这可能会失败,但是我愿意试一试。你能不能对我有耐心一些?"

当你遇到挫折,这是他再次出现的绝好时机。不要镇压他或禁止他做什么,就让他做他想做的,让他跳舞、唱歌,然后当他稍微安静下来的时候,告诉他你是怎样计划从挫折中学习并继续前行的。

资料来源:卡罗尔·德韦克.终身成长:重新定义成功的思维模式[M].楚祎楠,译.南昌:江西人民出版社,2017:727-746.

(三)善于总结积累经验

如前所述,挫折具有两面性,生活中的挫折和磨难并不都是坏事。挫折能使人受到磨炼和考验,变得更加成熟和坚强。在实践过程中,不要惧怕失败,要善于从失败中总结经验教训,不断提高自己解决问题、战胜挫折的能力。北宋著名诗人苏轼在《晁错论》中写道:"古之立大事者,不惟有超世之才,亦必有坚忍不拔之志"。生命的奖赏从来就不在起点,它在旅途的终点。在生活中遇到挫折和逆境都是在所难免的。目光长远的人,往往不会在意一时半会的得失,因为他们清楚地明白,人生就是一场马拉松比赛,开始跑得快的人,不一定能最快到达终点,只有坚持到最后的人才能获得真正的胜利。在总结经验教训时,可以从目标的制定是否恰当、实施的途径或方法是否正确、受挫时如何归因、转败为胜的方法在哪里等角度着重考虑,不断总结反思,磨炼意志。

(四)建立心理支持系统

挫折是不可能完全避免的,应对挫折的能力也是大学生所必需的。建立心理支持系统是应对挫折中十分重要的手段。应对资源既包括个人本身的资源,也涵盖周围环境的资源,当深陷挫折时,应充分发挥心理支持系统的作用,充分调动个体的内部资源,同时积极扩展应对资源,寻求外部支持。

个体内部的资源包括:健康的身体、充足的自信、有效的自控力、坚强的信念和乐观的价值取向、丰富的知识与娴熟的专业技能、自主安排时间和生活的技巧等。有效的外部应对资源包括:良好人际关系、有效的社会支持和专业的心理辅导等。其中社会支持包括亲人、朋友等所提供的物质上、心理上的援助与支持,与他们的沟通和交流可以缓解消极的情绪情感体验,有助于顺利度过挫折期,如果自身面对这种不良的情绪体验感到有无力感,普通的社会支持也不能有效地缓解这种感受时,还应该寻求专业的心理支持。

(五)主动寻求专业帮助

心理咨询不仅为大学生提供一个倾诉内心困惑与消极情感的场所,更重要的是能以科学的方法指导大学生解决心理困扰、消除挫折所带来的焦虑和痛苦等不良情绪,有利于大学生的身心健康发展。因此,当大学生为挫折深感苦恼而自身又无法解决时,应该主动到专业的心理咨询机构进行心理咨询,在专业人员的指导下分析受挫原因,提高认识,找到摆脱困境的方法,进一步树立正确的挫折观,提高对挫折的耐受力。

三、提高心理挫折的耐受能力

人们常常用"玻璃心"形容饱受挫折困扰的脆弱人群,他们往往还带有挫折易感人群的共性特征:喜欢被表扬，不喜欢被批评；只想得到，害怕失去；寻求被注意，憎恨被忽视；过分寻求快乐，偏执地害怕痛苦。所谓“好钢需要千锤百炼”，如果不能耐住挫折的千锤百炼，就难坚硬如钢，反而如玻璃易碎。受挫—耐挫—抗挫是挫折应对的三个阶段，耐受了挫折的考验，就能从挫折当中汲取养分和力量，促进目标的实现。

（一）逆商及其研究

逆商（adversity quotient，AQ）全称逆境商数，是美国著名学者史托兹（P. Stoltz）提出的，是指面对逆境承受压力的能力，或承受失败和挫折的能力。史托兹认为，人生的成功，智商、情商固然重要，但在更大程度上取决于逆商，它由以下四个维度构成。

1. *控制感* 人们对周围环境的信念控制能力。面对逆境或挫折时，控制感弱的人只会逆来顺受，听天由命；而控制感强的人则会凭借一己之力能动地改变所处环境。控制感弱的人经常说“我无能为力，我力不能及”；控制感强的人则会说“虽然很难，但这算什么，一定会有办法”。

2. *起因和责任归属* 造成一个人陷入逆境的起因大致可以分为两类，第一类属内因，因为自己的疏忽、无能、未尽全力抑或宿命论。因内因导致逆境时，个体往往表现出过度自责、意志消沉、自怨自艾、自暴自弃。第二类属外因，如合作伙伴配合不力、时机尚不成熟、外界的不可抗力因素等。高逆商者往往能够清楚地认识到使自己陷入逆境的起因，并甘愿承担一切责任，能够及时地采取有效行动，痛定思痛，在跌倒处再次爬起。

3. *影响范围* 高逆商者往往能够将陷入逆境所带来的负面影响控制在某一范围，并能够将负面影响降至最低。只要能够把握逆境的影响范围，就可以把挫折视为特定事件，认为自己有能力处理，不至于惊慌失措。

4. *持续时间* 逆境所带来的负面影响既有影响范围的问题，又有影响时间的问题。逆境将持续多久？造成逆境的因素将持续多久？逆商低的人往往会认为逆境将长时间持续，越这样想，事实往往越会如他们所想。

（二）挫折耐受能力及其影响因素

生活中，有的人能忍受严重挫折，百折不挠，永不妥协，在逆境中奋起，直到重新获得成功；有的人稍遇挫折即意志消沉，一蹶不振；有的人能承受生活、学习、工作中的压力，却不能忍受自尊心受到点滴伤害等，这就是由于个体的挫折耐受能力不同。

1. *挫折耐受能力的定义* 所谓挫折的耐受能力，又称耐挫能力、挫折承受力、挫折容忍力，是指个体对挫折可忍耐、可接受程度的大小。

2. *挫折耐受能力的影响因素* 它与生理条件、过去受挫折的经验、对挫折的知觉判断和个性心理品质等因素有关。

（1）生理条件：一般来说，身体健康、发育正常的人，在生理上来说对挫折的耐受能力高于体弱多病的人。身体健康强壮的人比体弱多病的人更能承受挫折的打击。

（2）过去受挫折的经验：阅历广、经验丰富并历尽艰辛与磨难的人远比生活中一帆风顺、缺乏与斗争锻炼的人容忍力要高。饱经风霜、知识丰富的人较之知识贫乏、生活安逸的人更能抵御挫折。如果从小娇生惯养，很少遇到挫折，或一遇挫折便逃避、失去学习处理挫折的机会，必然导致挫折的耐受能力较低。

（3）对挫折的知觉判断：同一挫折的客观情况相同，而因人、因时、因地会出现感受和判断不同，因此构成的挫折感也就不同。一个人认为是严重挫折，另一个人或许会认为无所谓。能对挫折做出客观评价、正确归因，就能恰当地应对挫折。此外，如果预先想到可能会出现挫折，心理有准备，当挫折来临时，更能经受得住挫折的考验。反之，突如其来的挫折往往使人难以承受，挫折耐受能力相对较低。

（4）个性心理品质：开朗豁达、意志坚定的人拿得起，放得下，遇到“千斤重担压心头”时也能把心理上的重压卸掉，使之轻松自如，因而更能积极、豁达地应对挫折。因此，是否具备优良的个性心理品质对于挫折耐受能力非常重要。此外，其他个人素质，包括价值观、世界观、性格、兴趣、意志、耐心等，都与挫折耐受能力密切相关。

（三）提升挫折耐受能力的方法

1. *接受锻炼磨炼意志* 个人对挫折的耐受能力，是可以在实践中不断磨炼而增强的。经历挫折磨炼的人比一帆风顺、阅历平淡的人更能经受得住挫折的考验。大学生要积极主动地将自己放入充满挑战或艰苦的环境中去锻炼,从“坐而论道”发展到“起而力行”,积极参加各种校内外的社会实践活动,例如,志愿者活动、远足拉练、军训等,体验生活的艰辛、身体的劳累和困乏、挫折的磨难等。不仅可以增强身体素质,还能锻炼实践能力增长才干。在经受锻炼、考验的过程中,磨炼意志,主动培养自身积极的挫折应对方式,提升个体的抗挫能力。

2. 保持积极乐观的心态　积极乐观的心态是人们保持健康心理状态的首要条件。用积极乐观的态度看待事物,即从眼前不利的事态中看到未来光明的远景,从失败中看到成功,从黑暗中看到光明。“塞翁失马,焉知非福”“失之东隅,收之桑榆”等处世格言正是对积极的心态的描述凝练。大学生遇到挫折时,要敢于正视现实,不畏惧、不逃避;要学会自我宽慰,心怀坦荡、乐观向上,做到失败不失志;面对挫折坚定信心、积极应对、自强不息、顽强拼搏,保持积极乐观的心态,最终一定能战胜挫折取得成功。

3. 学会分析挫折　大学生在个体发展的过程中普遍存在着理想与现实、自尊与自卑等多种心理的矛盾。因此,对于大学生来说,在全面认识自己的基础上,结合自身条件、环境因素、发展阶段等内外因对遭遇的挫折进行分析,对提升挫折耐受能力是至关重要的。例如,经济压力是来源于贫困,还是因过度开支引起的?心理压力是因自卑引起的,还是因交往不适引起?通过客观、全面的分析,及时找准挫折中的主要矛盾以及矛盾的主要方面,然后有针对性地学习、努力提高,适时调整、解决心理压力和化解挫折情境,从而达到提高挫折耐受能力的目的。

4. 提高对挫折的预见性　生活中的压力与挫折的来源是多方面的。但对大学生来说,所遭遇的挫折很多时候是可以预见的。研究发现,大学生的挫折源第一位是学习,第二位是社会竞争,第三位是社会交往,第四位是经济困难,第五位是就业问题,第六位是恋爱问题。大一新生因为环境转换更容易遭遇学习挫折;到高年级面临就业压力和社会竞争就更容易遭遇就业挫折;大一学生因对异性关系好奇和乐于探索,以及到毕业阶段可能面临“毕业即分手”而更容易遭遇恋爱挫折;随着入学到毕业社会交往阅历的增加,遭遇交往挫折的概率则逐渐下降等。大学生们可以充分预见在自己大学生活的不同阶段可能遭遇的挫折,提前做好挫折应对的准备,培养挫折的合理认知,学习挫折应对的策略方法,防止真正遇到挫折时陷入压力和恐慌。

5. 注重个性品质的培养和优化　一个人的成功,不完全取决于他的学识,更取决于非智力因素。个性品质就是非智力因素中的关键。大学期间是人格塑造的关键时期,大学生要加强自我认知和自我探索,注重培养自己谦虚、勇敢、乐观、自信等优秀的性格品质,加强实践锻炼磨砺意志,注重培养自觉性、果断性、自制力、坚韧性等意志品质,还要注重兴趣爱好的培养,陶冶情操,丰富知识。优秀的个性品质可以帮助大学生从容、乐观地应对挫折,在挫折面前不畏惧,不紧张。

总之,挫折并不可怕,只要能正确认识挫折,并积极、冷静、客观地分析受挫的原因,采取恰当的方法来应对,人生之船就会战胜惊涛骇浪,驶过激流险滩,到达理想的彼岸。

心理测验 9-1

抗挫折能力测验

【题目】请结合自身的实际情况,选择相应的选项。

1. 在过去的一年当中,你自认为遭受挫折的次数是(　　)。

A. 2 次或 2 次以下　　B. 3～5 次　　C. 5 次以上

2. 你每次遇到挫折,(　　)。

A. 大部分都能自己解决　　B. 有一部分能靠自己解决　　C. 大部分自己无法解决

3. 你对自己才华和能力的自信程度如何?(　　)

A. 十分自信　　B. 比较自信　　C. 不太自信

4. 在面临困境时,你通常(　　)。

A. 知难而进　　B. 找人帮助　　C. 放弃目标

5. 如果有令你很担心的事发生时，你通常(　　)。

A. 无法安心工作　B. 工作照样不误　C. 介于A、B之间

6. 碰到令人讨厌的竞争对手时，你通常(　　)。

A. 无法应付　B. 应付自如　C. 介于A、B之间

7. 面临失败时，你通常(　　)。

A. 破罐破摔　B. 使失败转化为成功　C. 介于A、B之间

8. 当工作进展太慢时，你会(　　)。

A. 焦躁万分　B. 冷静地想办法　C. 介于A、B之间

9. 碰到难题时，你通常会(　　)。

A. 失去自信　B. 为解决问题而费尽心思　C. 介于A、B之间

10. 在工作或学习中感到疲劳时，你通常会(　　)。

A. 总是想着疲劳，脑子也不好使了

B. 休息一段时间，就把疲劳给淡忘掉

C. 介于A、B之间

11. 当工作或学习条件恶劣时，你通常(　　)。

A. 无法干好工作　B. 能克服困难干好工作　C. 介于A、B之间

12. 当因工作或学习而产生自卑感时，你会(　　)。

A. 不想再干了　B. 立即振奋精神去工作或学习　C. 介于A、B之间

13. 当上级交给你很难完成的任务时，你会(　　)。

A. 竭力把任务顶回去　B. 千方百计干好　C. 介于A、B之间

14. 当困难落到自己头上时，你往往会(　　)。

A. 厌恶至极　B. 认为是个锻炼的机会　C. 介于A、B之间

【评分】

(1) 1～4题：选择A、B、C分别得3、2、1分。

(2) 5～14题：选择A、B、C分别得1、3、2分。

【结果解释】

总分在31分以上：说明你的抗挫折能力很强。

总分在21～30分：说明你虽有一定的抗挫折能力，但对某些挫折的抵抗力薄弱。

总分在20分以下：说明你的抗挫折能力很弱。

【思考题】

(1) 根据挫折的分类，谈一谈大学生常见的挫折有哪些。

(2) 回顾过往的生活，你有没有遇到过重大挫折？如果有，你是如何应对的？

(3) 结合挫折归因理论，想一想该如何进行正确的挫折归因。

(罗　婷)

第十章

大学生常见异常心理与应对

本章要点

掌握：异常心理的概念；心理正常与异常的区分原则；异常心理判断标准；大学生异常心理的处置。

熟悉：异常心理产生的原因；大学生常见异常心理；焦虑与恐惧相关障碍；强迫障碍；抑郁障碍。

了解：正常心理活动的功能；异常心理的分类。

现代人需要应对激烈的竞争、复杂的人际交往和社会需求，人们凭借自身的能力可以适应或承受这些刺激，维护心理健康。但如果长期过度紧张，超出了个体适应和应对能力就会引发异常心理，导致社会功能受损。大学生在生活中可能面临困难，经受挫折，受迷惘、压抑、痛苦等消极情绪的影响，甚至可能出现异常心理。因此，大学生需要了解异常心理的有关知识，正确认识和判断异常心理，以便及早预防和正确应对异常心理。

第一节　异常心理概述

心理活动的正常与异常是相对的，其间没有截然的分界线，是一个由“正常”向“异常”的连续渐变过程。由于心理活动的复杂性，异常心理的表现形式复杂多样。异常心理是生物、心理、社会(文化)因素相互作用的结果。

一、正常心理与异常心理

对于异常心理的解释是以对正常心理的理解为前提的。正常心理是指能够遵循人的心理现象及其活动规律的心理活动。正常心理活动具有三大功能：① 能保障个体顺利适应环境，健康地生存发展；② 能保障个体正常地进行人际交往，在家庭、社会团体、机构中正常地肩负责任，使人类赖以生存的社会组织正常运行；③ 能使个体正常、准确地反映和认识客观世界的本质及其规律性，以便创造性地改造世界，创造出更适合人类生存的环境条件。心理活动的完整性、心理活动与外界环境的统一性一旦遭到破坏，便会导致心理活动偏离正常，丧失正常心理活动的三大功能，从而出现异常的心理活动。

异常心理(abnormal psychology)又称变态心理，是指偏离正常人心理活动规律的心理现象及心理活动。异常心理的表现形式多样，程度也不尽相同，既可表现为某一心理过程的异常，又可表现为明显的行为偏离或严重的精神疾病。无论是何种表现形式，异常心理由于丧失了正常心理活动的功能，都会不同程度地影响个体与环境的协调统一，破坏个体适应环境的能力。

二、异常心理的分类

2022 年 6 月世界卫生组织发布的《世界精神卫生报告》揭示，全球人口的心理健康水平呈现下降趋势，截至 2020 年，全球大约有 10 亿人在遭受异常心理的困扰。对异常心理进行分类十分重要。异常心理的分类随时代的变迁而不断变化，迄今为止尚无统一的分类系统，许多分类方法都有各自的侧重，并仍在不断完善之中。

（一）现象学分类

1. 认知过程障碍　包括感觉障碍、知觉障碍、思维障碍、注意障碍、记忆障碍、智能障碍、自知力障碍、定向力障碍等。

2. 情感过程障碍　包括情感高涨、欣快、情感低落、情感脆弱、情感迟钝、情感淡漠、情感倒错、焦虑与抑郁性情感、矛盾情感、病理性激情和病理性心境恶劣等。

3. 意志行为障碍

（1）意志障碍：意志增强、意志减退、意志缺乏、意向倒错和矛盾意向等。

（2）行为障碍：兴奋状态、木僵状态、违拗症、被动性服从、刻板动作、模仿症、离奇行为、持续动作、强制性动作和强迫动作等。

4. 意识障碍　包括周围环境的意识障碍、自我意识障碍。

5. 人格障碍　包括偏执型人格障碍、分裂型人格障碍、反社会型人格障碍、冲动型人格障碍、癔症型人格障碍、强迫型人格障碍、焦虑型人格障碍、依赖型人格障碍及其他人格障碍。

6. 性心理障碍　包括性指向障碍、性偏好障碍、性身份障碍。

（二）症状和病因学分类

目前，国际上有两种较为权威的异常心理诊断和分类系统，一种是由世界卫生组织制定的《疾病和有关健康问题的国际统计分类》（*International Statistical Classification of Diseases and Related Health Probelms*）简称《国际疾病分类》（*International Classification of Diseases*，ICD），另一种是由美国精神医学学会（American Psychiatric Association，APA）推出的《精神障碍诊断与统计手册》（DSM）。现已分别更新至第 11 版和第 5 版，即 ICD－11 和 DSM－5。两种分类系统主要按照症状学分类原则，兼顾病因学、病理生理特征进行分类（表 10－1）。目前我国疾病系统多采用 ICD，研究系统多采用 DSM。

表 10－1　ICD－11、DSM－5 关于异常心理的主要分类

ICD－11	DSM－5
1 神经发育障碍	1 神经发育障碍
2 精神分裂症或其他原发性精神病性障碍	2 精神分裂症谱系及其他精神病性障碍
3 紧张症	3 双相及相关障碍
4 心境障碍	4 抑郁障碍
5 焦虑或恐惧相关障碍	5 焦虑障碍
6 强迫及相关障碍	6 强迫及相关障碍
7 应激相关障碍	7 创伤及应激相关障碍
8 分离障碍	8 分离障碍
9 喂食或进食障碍	9 躯体症状及相关障碍
10 排泄障碍	10 喂食及进食障碍
11 躯体不适或躯体体验障碍	11 排泄障碍
12 物质使用或成瘾行为所致障碍	12 睡眠-觉醒障碍
13 冲动控制障碍	13 性功能失调
14 破坏性行为或反社会障碍	14 性别烦躁

续 表

ICD-11	DSM-5
15 人格障碍及相关人格特质	15 破坏性、冲动控制及品行障碍
16 性欲倒错障碍	16 物质相关及成瘾障碍
17 做作障碍	17 神经认知障碍
18 神经认知障碍	18 人格障碍
19 妊娠、分娩及产褥期伴发精神或行为障碍	19 性欲倒错障碍
20 在他处归类的心理或行为因素影响的障碍或疾病	20 其他精神障碍
21 与归类于他处疾病相关的继发性精神和行为综合征	21 药物所致运动障碍及其他不良反应
—	22 可能成为临床关注焦点的其他状况

三、异常心理产生的原因

异常心理是生物、心理、社会(文化)因素相互作用所致。因此,要了解异常心理形成的原因,必须多侧面、多层次地进行考虑,全面分析生物、心理、社会等各种因素的作用。

(一) 生物学因素

遗传、脑损害、生物化学物质代谢等生物学因素通过生物学途径影响中枢神经系统的功能,导致异常心理。家系调查和遗传学研究揭示了遗传因素在异常心理发生发展中的重要作用。现已发现,精神分裂症、人格障碍、心境障碍等与染色体异常、基因异常有关;器质性心理异常则多与中枢神经系统感染(特别是慢性病毒的感染)、中毒和颅脑损伤有关;脑外伤后常常伴随较高的情绪障碍、精神病性症状。尽管脑外伤的严重程度与随后异常心理发生率的相关性研究结果不一致,但异常心理的出现与受伤前的精神健康状况、对神经系统的损伤程度等因素有关。母亲妊娠期和分娩时的环境事件可增加子代异常心理的发生率,包括母亲妊娠期严重心理应激或创伤暴露、饥饿与贫困、产科并发症、感染、酒和药物使用等,这些因素均可能影响正常神经发育过程中特定区域的发育,并且限制神经可塑性的发展,从而导致异常心理的发生风险增加。

(二) 心理因素

心理应激会促发异常心理已是共识。任何个体都不可避免地会遇到各种各样的生活事件,如学习、人际交往、恋爱是大学生心理应激的主要来源。尤其是负性或应激性生活事件常常会导致个体产生不同程度的应激反应,而且长时间负性体验的累积效应对正常心理活动的影响更为明显,如长期紧张繁忙的学习、学业受挫、人际关系冲突及家庭变故等生活事件所致的长期持久的负性体验得不到释放与消解,均可能使大学生出现心理障碍。人格不健全被称为易病性或易罹患性心理素质。神经科学和心理学研究均表明,个体心理特征与异常心理的发生发展有关,包括个体对某些事物的感知、思维方式,以及个人整体的个性特征、气质、应对方式等。例如,个性古板、严肃、多愁善感、焦虑、悲观、敏感、内向的人易患焦虑与恐惧相关障碍;有强迫人格的人易在心理压力下发展为强迫症;大学生的抑郁障碍、自杀意念与内向、孤僻、多疑、偏激、固执、嫉妒、压抑等个性特征相关。

(三) 社会因素

随着社会的发展和科学技术的不断进步,人们的欲求和压力不断增加,出现的心理问题也越来越多。可能引起异常心理的社会因素包括社会变迁、社会压力、社会文化冲突及社会支持系统缺乏。社会生活中的重大变化、制度变革、激烈的竞争、贫富两极分化等社会问题都会增加异常心理发生的可能性。在强大的社会压力和激烈竞争中,一些人对自己缺乏正确的评价,迎接挑战的心理准备不足,对失败的心理承受力较差,也易出现异常心理。此外,不同人群的社会地位、文化程度、性别、年龄、职业等的差别也影响着人们的心理健康和行为。

综上所述,生物、心理、社会等因素的共同作用导致了人们异常心理的发生和发展。要预防异常心理的发生,也需要从改善上述各方面因素入手,其中对情绪、个性和行为的调节是自我保健的重要内容。

第二节　大学生常见的异常心理

大量调查研究表明，大学生面临着各种矛盾与压力，如学习适应、抑郁焦虑情绪的困扰、就业压力、人际交往困难等，这些因素均可能诱发大学生产生异常心理。焦虑与恐惧相关障碍、强迫障碍、抑郁障碍、双相情感障碍、精神分裂症、失眠障碍等是大学生常见的异常心理。

一、焦虑与恐惧相关障碍

（一）焦虑与恐惧相关障碍概述

焦虑与恐惧相关障碍的特征包括过度的焦虑和恐惧，即没有明确客观对象和逻辑依据的过分担忧和恐惧不安的一种情绪状态，伴随相关行为紊乱。患者的焦虑与恐惧情绪并非由实际威胁引起，而是一种泛化的、没有明确危险目标和具体内容的恐惧，其紧张恐惧程度与现实情况不符，常伴有明显头晕、胸闷、心悸、呼吸急促、出汗、口干、尿频、震颤等自主神经系统功能紊乱症状。值得注意的是，焦虑是大学生常见的情绪状态，多见学习焦虑、人际焦虑、自我形象焦虑、择业焦虑等。人们在面对潜在或真实的危险或威胁时都会产生焦虑，此时的焦虑是由一定原因引起的适度的焦虑，属于正常焦虑反应。适度的焦虑是有益的，可以使人保持适度的警觉状态，调动身心能量，积极促进学习、工作、生活的顺利开展。焦虑障碍中的焦虑是不正常的焦虑，换言之，是病理性焦虑。病理性焦虑有三个特征：其一，焦虑来源指向未来实际并不存在的某种威胁或危险；其二，个体焦虑程度与现实事件的严重程度极不相称；其三，个体认识到这种焦虑是过度的和不恰当的，但无法控制。大学生如果对自己期望过高，压力过大，凡事患得患失，久而久之就会产生持续性焦虑、担心、恐慌不安，并伴有明显的运动性不安和各种躯体不适症状。患有焦虑障碍的大学生，有其个性基础，大多胆小、敏感、做事犹豫不决、对新事物、新环境适应能力较差。

（二）焦虑与恐惧相关障碍的主要表现

1. *广泛性焦虑障碍*（generalized anxiety disorder，GAD）　是焦虑障碍最常见的表现形式，以过度焦虑和担忧为主要表现。患者长期感到紧张不安，反复担心会有不利的事情发生，心烦意乱，但这些忧虑并非由客观存在的实际威胁所致，并不指向任何一个具体的事件，患者常常说不出具体担心的对象或内容，而只是一种不明原因的提心吊胆、惶惶不安的内心体验。常伴有自主神经功能失调的表现，如心动过速、呼吸急促、口干、便秘、出汗，以及肌肉紧张和运动性不安的症状等，表现为有一组或多组肌肉不舒服的紧张感，搓手顿足、来回走动、坐立不安、无目的的小动作增多等。患者往往能够认识到这些担忧是不恰当和过度的，但无法控制，因难以忍受而感到痛苦。由于紧张不安和高度警觉，患者对外界刺激易出现惊跳反应，注意力难以集中，易受干扰，难以入睡，易惊醒。

2. *惊恐障碍*（panic disorder，PD）　又称急性焦虑障碍，患者常在无特殊恐惧性的处境中，突然感到一种突如其来的惊恐体验，伴濒死感、精神失控感、大难临头感；患者常有严重的自主神经功能紊乱症状。患者似乎感到死亡将至，遂惊恐万分、奔走、惊叫、四处呼救，伴胸闷、呼吸困难、心动过速、头痛、眩晕、四肢麻木、全身发抖等自主神经症状。惊恐发作常没有任何诱因，不局限于任何特定的情景。起病急骤，终止迅速，一般持续数分钟至数十分钟后自行缓解，很少超过 1 小时，但不久又可突然再发，发作期间意识清醒，高度警觉。发作后仍心有余悸，担心再度发作而惴惴不安，有期待性焦虑，因而产生回避行为。例如，不敢单独出门、不敢到人多热闹的场所、回避学习或工作场所。

3. *社交焦虑障碍*（social anxiety disorder，SAD）　又称社交恐惧症（social phobia），是以在社交场合持续紧张或恐惧、回避社交为主要表现。患者恐惧的对象主要是社交场合和人际接触。主要表现为负性评价自己的社交行为，害怕被人注视，害怕自己在人前有丢面子的言谈举止、担心被别人嘲笑。在社交场合持续紧张和恐惧，表现为害羞、脸红、局促不安、尴尬感、笨拙、不敢抬头、不敢与人对视甚至觉得无地自容，因而患者会回避社交场合。患者害怕当众讲话，一旦必须当众发言时，常常会惊慌失措、语无伦次，甚至害怕在公共场所进食、饮水等,以致影响社会功能,在极端情形下可导致自我社会隔离。若被迫进入社交场合,则产生严重的焦虑反应。大学生产生社交焦虑障碍的一个重要原因,常常是胆怯、过分关注自己、对自己能力不自信,害怕自己言行不得体被人笑话。

案例 10-1

社交焦虑障碍

某女大学生,20岁。自述从记事起就胆小、害羞、敏感,不敢在课堂上发言,也很少与同学交往。中小学时专心学习,对人际交往并不在意。进入大学后,学习压力减小,校园活动丰富,该女生希望能改善自己的人际关系,融入新的集体环境中。但在实际的人际交往中,她总担心自己的表现不尽如人意,会被同学取笑。起初,与异性交往时或上课时有异性坐在身旁,该女生会感到不自然、脸红、手心出汗。后来,上课时不敢抬头看黑板,说抬头看黑板会瞟到前面的男生,担心同学知道后会嘲笑她。不敢跟异性说话,一到男生面前就浑身僵硬,一句话也说不出来。最后,甚至在路上碰到男生也感到担心、紧张,于是只能待在寝室里,不去上课,吃饭也需要同学帮忙从食堂带回。该女生知道自己的问题所在,曾想通过参加班集体活动的方式来改善自己的问题,但每次活动之前又总是找种种借口逃避,以致问题越来越严重。为此她深感痛苦,迫切想改变自己的状况从而过上正常的生活。

4. 场所恐惧障碍(agoraphobia) 主要表现为对某些特定场所或情境的恐惧,如广场、密闭的环境和拥挤的公共场所等(包括剧院、商场、车站、电梯、广场、乘坐公共交通工具等),患者自认为在这些场所发生危险时难以逃离、无法获得帮助,产生极度的恐惧和焦虑,因此刻意回避这些环境,或者需要家人、亲友的陪同。有些患者甚至把自己困在家里,不敢出门,严重影响日常生活。

5. 特殊恐惧障碍(specific phobia) 患者对某一特定的物体、情景或活动产生不合理的恐惧,常起始于童年或成年早期,以女性多见。此类患者的症状恒定,多只限于某一特殊对象,既不改变,也不泛化,如特定的自然环境(如高处、雷电、黑暗、风)、动物(如昆虫、猫、蛇等)、鲜血、尖锐锋利的物品等,患者通常恐惧的不是物体或情景本身,而是随之可能带来的后果,如恐惧蜘蛛是害怕被咬伤。这些恐惧是过分、不合理和持久的,患者常因过度恐惧而回避,严重者不敢看到和听到与恐惧对象有关的事物。例如,普通人可能都会害怕蛇,但看到蛇的图片不会感觉害怕,而恐蛇症的患者不敢看蛇的图片和"蛇"字,不敢听别人提到"蛇",甚至会因怕蛇而足不出户,明知不合理却无法控制。

(三)焦虑与恐惧相关障碍的干预

焦虑障碍常用药物治疗和心理治疗。常用的心理治疗有行为治疗和认知疗法。放松疗法对急、慢性焦虑均有效,全身松弛可有效降低生理唤醒水平,缓解因焦虑导致的自主神经系统症状,同时降低主观的恐慌不安感。认知疗法通过矫正患者不合理和歪曲的认知可有效缓解患者由于对威胁的过度估计而产生的惊恐不安感,从而缓解焦虑症状。同时,大学生要保持良好的自我心态,增加自信,通过自我疏导、自我放松缓解焦虑情绪。

恐惧障碍的治疗常用行为治疗和药物治疗。行为治疗是治疗恐惧障碍的首选方法,其中系统脱敏疗法或冲击疗法对恐惧障碍效果良好。其基本原则是消除恐惧对象与恐惧反应的条件联系及对抗回避反应,并在此过程中改变不合理认知。联合心理治疗和药物治疗是治疗恐惧障碍的最佳方法。

二、强迫障碍

(一)强迫障碍概述

强迫障碍(obsessive-compulsive disorder, OCD)又称强迫症,是以反复出现强迫观念或强迫行为等强迫症状为主要表现的心理障碍。多数患者认为这些观念和行为没有必要或不正常,但无法摆脱,为此感到焦虑和痛苦。尽管如此,很多患者早期并不主动寻求治疗。

近年来大学生强迫障碍的发生有增长的趋势。强迫障碍大多由强烈而持久的精神因素及情绪体验促发，与患者的生活环境、精神创伤或童年时期的生活经历相关。患强迫障碍的大学生多有个性基础，如缺乏自信、过分谨小慎微、墨守成规、过分追求完美、责任心过重、拘谨呆板等。此外，大学生强迫障碍的发生可能与严重的学习就业压力和社会竞争的日益激烈有关。

（二）强迫障碍的主要表现

强迫观念是某些思想、表象、意向以刻板的形式不由自主地出现在患者的意识中，患者明知没有必要，但无法摆脱，如强迫怀疑、强迫性穷思竭虑、强迫回忆等。强迫行为是患者重复出现刻板的、单调的动作和行为，明知不合理，但不得不做，无法终止，如强迫检查、强迫洗涤、强迫询问、强迫计数、强迫性仪式动作等。强迫障碍可以表现为以一种症状为主，也可以几种症状兼而有之，但以强迫观念最多见，强迫行为多是为减轻强迫观念所致的焦虑而采取的顺应行为。强迫障碍主要特点是有意识的自我强迫和自我反强迫同时存在，二者的尖锐冲突使患者异常痛苦。患者体验到观念或冲动来源于自我本身，却违反自身意愿，遂极力抵抗和排斥，但无法控制。即患者明知强迫观念和行为的持续存在毫无意义且不合理，却无法克制或终止，越是希望克制，越是感到焦虑和痛苦。

值得注意的是，个体出现强迫倾向的观念和行为表现不一定是强迫障碍患者，带有强迫倾向的正常人与强迫障碍患者的鉴别需要考虑强迫症状的严重程度（强迫症状出现的频度、强度、持续时间），以及由此引起的心理冲突程度和对社会功能的损害程度。如有些人出门后忍不住回去检查门是否真的锁好，这其实只是一种小心谨慎的表现，但如果每次出门后，必须要反复检查数次，自己明知不必要却不能控制这种行为，严重影响了日常生活，就应当考虑强迫障碍的可能了。

（三）强迫障碍的干预

强迫障碍的治疗比较困难，对多数强迫障碍的患者，药物与心理治疗同时或相继进行比单独使用任一种治疗的效果更佳。认知行为疗法是治疗强迫障碍的有效心理治疗，其核心是暴露、反应预防和认知重建。暴露技术是使患者反复面对促发强迫症状的物品或环境，同时联合放松技术缓解患者的焦虑情绪；反应预防要求患者推迟、减少甚至放弃能减轻焦虑的强迫行为，如缩短洗手时间，减少洗手次数甚至放弃洗手，以打断强迫症状中的负强化，逐渐减少强迫症状出现的频度，重建正常的行为反应模式；认知重建是纠正患者对强迫症状的错误认知，从而改善患者的强迫症状。

三、抑郁障碍

（一）抑郁障碍概述

抑郁障碍（depressive disorder）是以显著而持久的情感低落为主要特征的一类心理障碍。其核心症状为与处境不相称的心境障碍和兴趣丧失，大部分患者有反复发作的倾向，女性多见。抑郁障碍是一种持久的心境低落状态，患者愉快感丧失，兴趣减退甚至缺乏，常有自我感觉不良、自罪自责甚至自伤和自杀，并有其他的认知、行为和社会功能的异常，伴焦虑、躯体不适感和睡眠障碍等症状，严重者可出现幻觉、妄想等精神病性症状。抑郁障碍通常具有较强的隐蔽性，如“微笑型抑郁”患者可以面露笑容，在外人面前与常人无异，其实内心深处却有强烈的痛苦、悲哀。抑郁障碍是最常见但也是最不容易察觉和识别的心理障碍之一。

（二）抑郁障碍的主要表现

既往将抑郁障碍的表现概括为“三低症状”，即情绪低落、思维迟缓、意志减退，但这些重度抑郁发作时的典型症状却并非在所有抑郁障碍患者身上出现。目前将抑郁障碍的表现归纳为核心症状、心理症状群、躯体症状群三个方面。发作应至少持续 2 周，并且不同程度地损害社会功能，或给本人造成痛苦或不良后果。

1. 核心症状　包括心境低落、兴趣减退、快感缺失，患者可能同时出现三种症状，也可能只以其中某一两种症状为突出表现。

（1）心境低落：自我感受或他人观察到的显著而持久的情绪低落和抑郁悲观。患者可以从闷闷不乐到悲痛欲绝、悲观、对前途失望甚至绝望，许多患者常用“心情不好”“高兴不起来”“活着没有意思”“想死”等描述自己的体验，感到郁郁寡欢、痛苦难熬，整天愁眉苦脸、唉声叹气，有度日如年、生不如死之感。丧失自信或自尊,认为自己毫无价值,一无是处,十分消极,在悲观失望的基础上常感孤立无援,有明显无助感,认为世界充满无法克服的障碍。典型病例常有“晨重夜轻”的节律特点,即情绪低落在早晨较为严重,而傍晚时可有所减轻,如出现此特点则有助于诊断。部分患者可表现出无故的紧张恐惧、烦躁不安、易激惹、担心自己或家人的健康,偶尔出现冲动行为。

(2) 兴趣减退:患者自觉兴趣索然,任何事都提不起劲,生活中不再有乐趣,没有什么值得追求的目标,什么事都不愿意做。甚至以前自己非常爱好的活动,也会感到缺乏兴致,索然无味。

(3) 快感缺失:患者体验快乐的能力下降,在愉悦的氛围中或面对愉悦的事情高兴不起来,不能从日常的活动中体验到快乐,即使从事自己以前喜欢的事情也体会不到快感。有些患者为缓解情绪或消磨时间,可能会勉强自己参加一些活动,但不能从其中感受快乐。

2. *心理症状群* 主要有焦虑、认知症状、精神运动性迟缓或激越、自杀观念和行为等表现。

(1) 焦虑:与抑郁常常伴发,患者表现为莫名其妙的紧张、担心、坐立不安甚至恐惧,可伴发一些躯体症状,如心跳加速、胸闷、尿频、多汗等。

(2) 认知症状:主要表现为认知扭曲、思维迟缓、注意力和记忆力下降等症状。在心境低落的影响下,患者自我评价过低,以消极、否定的态度看待自己。许多患者有强烈的内疚感和自责感,严重时可出现罪恶妄想,毫无根据地认为自己是家庭和社会的累赘或自己犯下弥天大罪,为此不吃不喝。将所处的环境视为灾难性的,对未来没有信心和希望甚至悲观绝望。患者的思维联想速度缓慢,反应迟钝,思考问题困难,自觉“脑子好像生了锈的机器”,决断能力降低。记忆力明显下降,无法集中注意力,反应时间延长。部分患者的自知力受损。

(3) 精神运动性迟缓或激越:精神运动性迟缓表现为活动减少、动作缓慢、学习效率下降,严重者不注意个人卫生,甚至表现为木僵或亚木僵状态。患者面部表情贫乏甚至缺乏。精神运动性激越表现为动作行为和言语活动的显著增加,大脑过度活跃,反复思考一些没有意义或缺乏条理的事情,致使患者无法集中注意力,思维效率下降。在行为上表现为烦躁不安、捶胸顿足、来回踱步等。

(4) 自杀观念和行为:抑郁障碍患者有自杀观念和行为的占50%以上,10%~15%的患者可能最终死于自杀。自杀行为是严重抑郁的一个标志。部分严重的抑郁障碍患者感到生活中的一切,甚至生活本身都没有意义,会认为“死是最好的归宿”“结束自己的生命是一种解脱”或“活在世上是多余的人”,因而有自杀计划和行动,反复寻求自杀。有的患者会出现“扩大性自杀”,即患者有强烈的自杀意念,为免除亲人的痛苦和不幸的遭遇,常将自己的亲人杀死后再自杀,导致极其严重的后果。

3. *躯体症状群* 躯体症状群主要有睡眠障碍、精力减退、胃肠功能紊乱、慢性疼痛等症状。

(1) 睡眠障碍:表现为不易入睡、睡眠浅、早醒等,早醒是特征性症状,一般比平时早醒2~3小时,早醒后不能再入睡;有的表现为入睡困难,辗转反侧,即使睡着了也感到睡眠不深,非常小的刺激都可能使其惊醒;少数患者表现为睡眠过多,但仍觉精疲力竭。

(2) 精力减退:抑郁障碍患者常诉说“太累了”“完不成任务”或“缺乏动力”。表现为过度疲乏,意志活动显著持久地抑制,行动迟缓、语调低沉、生活被动懒散,自觉能力下降,不愿与人交往,常独坐一旁或整日卧床,严重者不语、不动、不食,可达木僵状态,即“抑郁性木僵”。

(3) 胃肠功能紊乱:许多抑郁障碍患者食欲下降,自感食之无味,严重者甚至不愿听到“吃饭”这些词语,完全丧失进食欲望,体重明显下降。也有少数抑郁障碍患者可出现食欲异常增加的情况,过度饮食而导致体重增加。

(4) 慢性疼痛:主要为不明原因的头疼和全身疼痛。这些疼痛可以是固定的,也可以是游走的,有的疼痛较轻,有的难以忍受,相当一部分患者因疼痛而至综合性医院各科就诊,但现有的医学检查不能发现能够解释患者症状的器质性改变。

(5) 其他非特异性症状:躯体不适的主诉可涉及全身各器官系统,如头痛、恶心、呕吐、心悸、胸闷、出汗、尿频、肢体沉重等。部分患者的抑郁症状可能被躯体症状掩盖,遂至综合性医院各科就诊,但没有任何可证实的器质性病理基础,使用抗抑郁药物治疗对其有效。

综上所述,当发现自己或身边同学出现情绪低落、愁眉苦脸、表情呆滞、懒言少动,对周围事物没有兴趣达两周以上时，就应考虑是否患有抑郁障碍，及时寻求从事心理咨询或心理治疗的专业人员的帮助，以便早期发现，尽早接受专业的指导和治疗，避免发生意外。

拓展学习 10－1

抑郁情绪与抑郁障碍的区别

抑郁情绪是一种常见的情绪，人们遇到心理压力、生活挫折等情况会产生抑郁情绪。抑郁障碍是以显著而持久的情感低落为主要特征的一种疾病。二者区别主要在以下几个方面。

1. 有无原因　抑郁情绪基于一定客观事件为背景，即“事出有因”；而抑郁障碍通常是不明原因的，缺乏客观心理应激的条件，或者虽有不良精神刺激因素，但是“小题大做”。

2. 持续时间　抑郁情绪有一定的时限性，通常是短期性的，通过自我调适可以缓解；而抑郁障碍是一种持久的心境低落状态，常持续两周以上，不经治疗难以自行缓解，且症状持续加重。

3. 严重程度　抑郁情绪的程度较轻；抑郁障碍程度严重，并且影响患者的学习和生活，不同程度地损害社会功能，甚至出现自杀行为。

4. 躯体症状　抑郁障碍常伴有明显的躯体症状，如持续的顽固失眠，体重减轻，食欲下降，全身多处出现难以定位的躯体不适，检查又无异常。

5. 变化规律　典型抑郁障碍的症状具有节律性，表现为“晨重夜轻”的变化规律。

6. 发作倾向　抑郁障碍可反复发作，每次发作的基本症状大致相似，有既往史。

7. 家族病史　抑郁障碍的家族中常有精神病史或类似的情感障碍发作史。

资料来源：姜德利.精神病学[M].长春：吉林科学技术出版社，2017：283－285.

（三）抑郁障碍的干预

抑郁障碍需要专业的临床治疗和心理干预，干预方案的选择应依据抑郁反应的严重程度而定。严重抑郁障碍患者，尤其是有自杀观念和行为的患者，除积极采取措施预防自杀外，应及时运用有效的药物进行治疗。对轻、中度抑郁的情况，尤其是有明显心理社会因素作用的抑郁发作患者可进行心理治疗，一般采用支持性心理治疗、认知行为疗法、家庭治疗等方法，帮助患者改变导致抑郁的认知和行为方式，以合理的方式应对生活中各种诱发抑郁情绪的事件。此外，及时观察患者的异常言谈和行为表现以了解患者的心理变化，加强安全监护，以防发生意外。

四、双相情感障碍

（一）双相情感障碍概述

双相情感障碍(bipolar affective disorder, BAD)是指既有躁狂或轻躁狂发作，又有抑郁发作的一类心境障碍。躁狂/轻躁狂和抑郁常反复循环或交替出现，有时也会以混合方式存在。双相情感障碍具有反复发作的倾向，多次发作之后会出现发作频率加快、病情复杂化的现象。病情严重者表现为快速循环方式，1 年之内可有 4 次以上发作，难觅相对稳定的间歇期。

（二）双相情感障碍的主要表现

1. 躁狂发作　典型的躁狂发作表现为“三高”症状，即心境高涨、思维奔逸、意志行为增强，有的患者可能伴发精神病性症状和躯体症状。发作至少持续 1 周，并有不同程度的社会功能损害。

(1) 心境高涨：患者表现为自我感觉良好、轻松愉快、热情乐观、兴高采烈甚至戏谑轻浮。其情绪对他人具有感染力，但是极不稳定，时而欢乐愉悦，时而激动易怒。有明显的易激惹性，当不能满足其要求时，患者会出现大发雷霆、愤怒、敌意，并且极易与他人发生冲突，甚至有攻击或破坏性行为。

(2) 思维奔逸：患者的思维联想速度明显加快，思维内容丰富多变，脑中的思维和概念络绎不绝，讲话滔滔不绝、语速快、语量大，联想丰富、口若悬河、高谈阔论且引经据典，患者常因说话过多出现声音嘶哑，有些患者自感说话速度难以跟上思维速度。言辞夸大,自认为才华出众、权威显赫,严重者可达到夸大妄想程度。患者注意力不集中,被动注意增强,话题和概念转移极易被周围事物吸引而发生随境转移。

(3) 意志行为增强:活动明显增多,意志增强,难以安静。患者爱好交际,爱管闲事,行为轻率或鲁莽,不计后果。整日忙碌不停,做事缺乏深思熟虑,不断改变计划和行动,有始无终。

(4) 精神病性症状:躁狂发作时伴有的精神病性症状多在情绪症状基础上产生,内容多与心境高涨等躁狂症状有关,常表现为夸大妄想、关系妄想和被害妄想等。夸大妄想常涉及本人健康、容貌、能力地位和财富等,认为自己才华出众、出身名门、神通广大等。其妄想内容多与现实接近,持续时间也较短。

(5) 生理症状:患者自觉精力充沛,无疲倦感,睡眠需求减少,还可能伴有交感神经功能兴奋的症状,如心率加快、面色红润、瞳孔轻度扩大等。

2. *轻躁狂发作*　轻躁狂与躁狂核心症状一致,只是轻躁狂症状的严重程度未达到躁狂发作的程度,而且不伴有妄想等精神病性症状。患者主要表现为持续数天的心境高涨、思维活跃、精力充沛,显著的自我感觉良好,社交活动增多,过于热情,睡眠需求减少等,有的表现为易激惹、行为鲁莽。多数轻躁狂状态的患者不认为自己有病,多描述为自己"状态好",且拒绝治疗。

3. *抑郁发作*　以心境低落为主,情绪与其处境不相称,从闷闷不乐到悲痛欲绝,甚至发生木僵。患者兴趣丧失,无愉快感,有明显的疲乏感,思维迟缓,联想困难。自我评价过低,否定自我价值,自责。有些患者反复出现自杀意念或自伤、自杀行为。可伴睡眠障碍和食欲减退等症状。

(三) 双相情感障碍的干预

双相情感障碍的干预遵循全病程治疗原则,综合运用药物治疗、物理治疗、心理治疗和危机干预等措施,在疾病的不同治疗阶段按需组合、主次有序,同时考虑不同患者的耐受性和依从性,制定适宜的个体化治疗方案。急性治疗期的目的是控制症状、缩短病程,主要是药物治疗,以心境稳定剂和第二代抗精神病药物治疗为主。巩固治疗期在药物治疗的同时辅以心理治疗。维持治疗期在适当调整药物剂量后,给予心理治疗,有效改善社会功能和预防复发。对双相情感障碍有效的心理治疗包括认知行为疗法、精神分析疗法、家庭治疗等。

五、精神分裂症

(一) 精神分裂症概述

精神分裂症(schizophrenia)是异常心理中最为严重的一种类型。至今病因未明,表现为感知、思维、情感、行为等多方面的障碍,以精神活动与环境之间不协调为特征。患者一般意识清醒,智能正常。本病多起病于青壮年,发病缓慢、病程迁延,部分患者经治疗后可痊愈或者基本痊愈,而其他患者则最终出现精神衰退和精神残疾。

(二) 精神分裂症的主要表现

在典型精神分裂症症状出现前,患者常表现出不寻常的行为和态度方面的变化,如敏感孤僻、回避社交、对人冷漠、与家人关系疏远等。精神分裂症由于变化缓慢,可持续数月甚至数年,直至症状充分展现方引起人们的重视。精神分裂症的表现复杂多样,不同个体、不同疾病类型、不同疾病阶段其表现有很大差异,但均有感知觉、思维、情感、意志及行为障碍和自知力障碍的特点。

1. *感知觉障碍*　精神分裂症最突出的感知觉障碍是幻觉,可出现幻听、幻视、幻嗅、幻味、幻触等,幻听最为常见。幻听内容可以是评论性的、争论性的或命令性的。患者的情绪与行为由于受到幻听的支配,可表现出违背本性、不合常理的举动。

2. *思维障碍*　是精神分裂症最主要、最本质的症状。

(1) 思维形式障碍:又称联想障碍,主要表现为思维联想过程缺乏连贯性和逻辑性,这是精神分裂症最具特征性的症状。在与患者交谈时感到费劲和无法沟通,交谈中患者抓不住谈话要点。严重者,言语支离破碎,无法交谈。有的患者在并无外界因素影响的情况下思维突然停顿,或感到思维被抽走;有的患者脑内涌现大量联想并伴有明显的不自主感或强制感;有的患者会感到某种不属于自己的思想被强行塞入;有的患者会对事物做一些不必要的、过度具体化的描述,或用一些具体的词句或行为来表达某些抽象概念,这种概念只有患者本人才能理解;有的患者创造新的不存在的单词或符号来表达特殊的意义。

(2) 思维内容障碍:主要表现为妄想,最多见的妄想是被害妄想和关系妄想。妄想内容荒谬离奇,但患者却坚信不疑。疾病初期,患者对自己某些明显不合常理的想法将信将疑,但随着疾病的进展,则逐渐与病态信念融为一体,在妄想影响下常做出一些反常的行为。妄想对象泛化,涉及的对象可从最初有过矛盾的人逐渐扩展到同事、朋友、亲人,直至陌生人。严重者甚至认为报纸、杂志、广播、电视等的内容都与己有关。

3. *情感障碍*　精神分裂症的情感障碍主要表现为患者情感体验的丧失,外在情感表现以及情感反应与内在思维或外界环境不协调。患者情感体验的丧失最早涉及的是较细腻的情感,如对亲人不体贴、对同事不关心。慢慢地发展成对周围事物的情感反应迟钝,对生活和学习的兴趣减少。随着病情的进展,患者的情感日益淡漠,最后患者可丧失与周围环境的任何情感联系。

4. *意志及行为障碍*　患者从事有目的性活动的意愿和动机减退或丧失。轻者表现为安于现状、无所事事,对前途无打算、无追求,个人卫生懒于料理。重者终日卧床少动,孤僻离群,行为被动,甚至个人生活不能自理,本能欲望也缺乏。有的患者表现紧张综合征,包括紧张性木僵和紧张性兴奋两种状态,可以交替出现,木僵时以缄默、随意运动减少或缺失以及精神运动无反应为特征,严重者保持一个固定姿势,不语不动、不进饮食、不自动排便,对任何刺激均无反应。木僵患者有时可以突然出现冲动行为,即紧张性兴奋。

5. *自知力障碍*　自知力是指患者对自己的躯体疾病或精神疾病的认识能力。自知力的完整程度及其变化是精神疾病发展和转归的重要指标之一,精神分裂症患者的自知力有不同程度的损害。少数患者可存在部分自知力;而大部分患者不承认自己存在精神方面的异常情况,并拒绝接受治疗,即自知力丧失。

随着病情迁延,患者进入慢性期。此期患者主要表现思维贫乏、情感淡漠、意志活动减退或缺乏、社会行为退缩等,表现出不同程度的残疾状态。病情不断加重,最终导致患者丧失社会功能,需要长期或反复住院治疗。

(三) 精神分裂症的干预

精神分裂症的早发现和早治疗直接影响疗效和降低疾病复发的可能性,应该尽早实施有效的足量、足疗程的全病程药物治疗。针对疾病发展的不同阶段,治疗的侧重点有所不同。精神分裂症急性期以药物治疗为主,慢性期除药物控制症状和预防复发外,还应当重视社会心理康复治疗,以促进患者社会功能的恢复。精神症状消失,自知力恢复,仅为临床痊愈。为使患者尽早恢复原有的工作或学习能力,重建稳定的人际关系,尚需采取恰当的心理社会干预措施。例如,通过支持性心理治疗以缓解社会心理因素给患者造成的各种心理压力;通过家庭治疗以增进家庭成员间的情感联系;通过社会技能训练,提高患者适应能力和生存能力,促进患者身心的全面康复。

六、失眠障碍

(一) 失眠障碍概述

失眠障碍(insomnia disorder)是指在有充足的睡眠机会和合适的环境下,出现持续的入睡困难或睡眠维持困难,患者对睡眠时间和(或)量不满足并影响白天社会功能的一种主观体验。失眠障碍以女性尤为多见。作为一种原发或继发状态,失眠既是一种独立存在的原发性疾病,也可以是某种精神障碍或躯体疾病的症状之一。

(二) 失眠障碍的主要表现

患者主要表现为长时间的入睡困难、不能熟睡、频繁地被惊醒、醒后不易再入睡。患者自感整夜在做噩梦,睡眠质量不佳,醒后缺乏清醒感,出现疲乏、困倦、全身不适、无精打采、反应迟缓、头痛、记忆力下降等症状,导致精神活动效率下降以致影响社会功能。失眠可引起焦虑、抑郁、恐惧情绪,对失眠的恐惧和对失眠所致后果的过度担心会进一步加重失眠,失眠者常陷入"失眠—担心—焦虑—失眠"的恶性循环。每天晚上睡觉时,都会因为焦虑"今天如何早一点入睡"而导致大脑的兴奋水平过高,以致难以入睡,久治不愈。

有些患者失眠仅为主观感到睡眠不佳,有时旁人见其打鼾,醒后却称没睡着,常伴有焦虑、抑郁情绪。长期失眠可导致情绪不稳、个性改变,显著降低患者的生活质量。

(三) 失眠障碍的原因

失眠障碍可继发于心理障碍、身体因素和环境因素,原发性失眠障碍是因精神紧张、焦虑恐惧、担心失眠等心理因素而致的睡眠启动和维持困难。主要原因包括以下几项。

1. *心理障碍* 失眠是一些心理障碍的症状表现之一,如抑郁障碍、焦虑障碍、恐惧障碍、精神病性障碍等。抑郁障碍常表现为早醒,焦虑障碍常表现为入睡困难。

2. *心理社会因素* 例如,思虑、精神紧张,过分关注自己的入睡困难引起兴奋不安或焦虑烦恼,进而导致难于入睡,此类失眠障碍约占失眠总数的 30%;某些个性特点,如敏感、高警觉、对健康要求过高、易激惹等;升学就业失败、晋升受阻等问题;重大事件的心理创伤等。

3. *反生理时钟* 如通宵上网、时差等。

4. *不良生活方式* 如睡前过度用脑、睡前进食、睡前剧烈的体力活动、上床时间不规律等。

5. *其他* 某些药物(咖啡因、茶碱、甲状腺素等)、食物(茶、咖啡、酒等)和睡眠环境变化;其他疾病,如一些躯体疾病和脑部疾患。

(四) 失眠障碍的识别

判断失眠障碍时,不能仅仅把睡眠时间的长短作为判断标准,因为有些人只需要很短时间的睡眠,而有些人睡眠时间在正常范围,却因睡眠质量较低而痛苦不堪。失眠障碍的判断依据主要为入睡困难,或难以维持睡眠,或睡眠质量差,这种睡眠紊乱每周至少发生 3 次并持续一月以上。日夜专注于失眠,过分担心失眠的后果,睡眠量或质的不满意引起了明显的苦恼或明显影响社会功能。

(五) 失眠障碍的干预

失眠障碍的干预旨在改善夜间睡眠与日间症状。有人长期以镇静催眠药物来缓解失眠症状,有些药物虽然可以帮助夜间睡眠,但不一定让患者日间获益,长期使用还会引起药物依赖,一旦脱离药物,失眠的苦恼又会重新发生。因此,心理治疗是失眠障碍干预中不可或缺的手段,通常采用认知行为治疗,旨在帮助患者调整可能诱发或加重失眠的观念和行为,形成正确的睡眠理念和健康的睡眠行为。认知疗法主要是提高患者对睡眠的正确认识及减少睡眠前焦虑和恐惧;行为治疗主要帮助患者建立有规律的睡眠节律,降低睡前焦虑。此外,森田疗法、音乐疗法等对失眠障碍也有一定疗效。

第三节 大学生异常心理的识别与处置

大学生异常心理可严重阻碍大学生成长、成才和发展,了解正常与异常心理的区分原则,做到及早识别,正确看待异常心理,及时寻求专业帮助,有利于更好地解决问题,提高大学生对环境的适应能力。

一、大学生异常心理的识别

大学生了解异常心理的判断标准,不是为了成为心理异常的专业诊断人员,而是仅仅了解一些基本常识,识别自己和周围的人哪些表现是正常的,哪些表现可能是异常的,哪些需要专业人员帮助。这样就不会因为自己偶尔失眠怀疑自己患"焦虑症"而忧心忡忡,也不会因为对某些异常心理状态放任不管,而错过求治的最佳时机。

人的心理状态几乎每时每刻都随着外界环境的变化而不断改变,并且随着某些内在的生理和心理环境的变化而改变。正常心理和异常心理是一种相互交叉、相互转化和不断演变的动态过程,异常心理的形成是一个由"正常"逐渐向"异常",由量变到质变,并且相互转化和依存的连续过程,故心理活动正常和异常是相对的,其间没有截然的分界线,而是连续的渐变过程。甄别心理活动正常与否的困难在于心理活动受诸多因素的影响,包括主观状态、心理素质、社会文化背景、人际关系等因素,无法用一种绝对的标准来度量错综复杂的异常心理现象。因此,判断一个人的心理是否异常,只有将其心理状态和行为表现放在当时的客观环境、社会文化背景中加以考察,通过与社会普遍认可的行为模式比较,以及和其本人一贯的心理状态、人格特征及行为方式相比较，多方面分析，才能得出较为可靠的结论。不同的学者会从不同角度、按照不同的标准看待心理正常和异常，因此，心理正常和异常各种区分方法和判断标准不尽相同，目前我国比较常用并为人们普遍接受的主要有如下两种。

（一）心理正常与异常的区分原则

我国临床心理学家郭念锋根据心理学对心理活动的定义，即“心理是对客观现实的反应，是脑的功能”，提出区分心理正常与异常的三条原则。

1. 主观世界与客观世界的统一性原则　心理是对客观现实的反应，任何正常的心理活动或行为，在形式和内容上应该与客观环境（自然环境和社会环境）保持一致。如果一个人的感知觉和思维内容脱离现实，其精神和行为就与环境失去了统一性（或同一性），必然难以为人理解。例如，精神分裂症的幻觉、妄想等症状与客观现实不符，是主观世界与客观世界的统一性丧失；神经症性障碍的心理冲突与实际处境不相符合，并且长期持续，无法自拔。

2. 心理活动的内在协调性原则　人的心理活动是一个完整的统一体，认知、情绪情感、意志行为之间具有协调一致的关系，这种协调一致性确保个体能准确和有效地反映客观现实，具有良好的社会功能。例如，一个人遇到令人愉悦的事，会产生愉快的情绪体验和相应的表情，并以欢快的语调和行为表达内心体验，即可说这个人的认知、情绪情感、意志行为具有内在协调性，他的心理和行为处于正常状态。反之，如果一个人用低沉不快的语调诉说愉快的事，或者对痛苦的事做出愉快的反应，其心理过程则失去了协调一致性，即为异常状态。

3. 人格的相对稳定性原则　个体在长期的生活过程中，都会形成自己独特的人格心理特征。人格特征一旦形成，便具有相对的稳定性，在没有重大变故的情况下，一般是不易改变的。如果在没有明显外部因素作用的情况下，一个人的人格发生明显的改变，即要考虑其心理活动是否出现了异常。

（二）心理正常与异常的判断标准

1. 经验标准　是指判断者凭借自身的知识和经验去评价自己或他人心理活动是否正常，或以一般人的心理状态为标准判断他人心理活动正常与否。该标准简洁实用，是最常用的判断方法。但该标准以经验为依据，有极大的主观性，容易受到判断者的经验、知识水平、观察角度、态度倾向等因素的影响，判断结果存在个体差异，其可比性和一致性较差。

2. 社会适应标准　是以社会适应能力为标准判断人的心理状态。社会适应能力是指个体在社会活动中能否遵循社会伦理道德规范、社会准则和顺应社会风俗，与社会环境保持一致，以及当出现违背上述准则和规范的言行时，是否能做出为公众所理解和认可的解释等。具体表现为与周围社会环境的协调一致、人际关系的妥善处理、工作能力的正常发挥、社会道德规范的遵守和风俗习惯的顺应等方面。由于不同社会环境的民族文化和社会准则不一致，相应的社会适应标准也不尽相同，难以进行跨文化、跨地区的比较。

3. 症状与病因学标准　又称医学标准，是以是否存在临床症状和明显的病因为判断心理异常与否的标准。即运用医学检查手段及标准能找到异常心理症状的生物学病因，并以此判断心理活动异常与否。如某种心理现象或行为可以找到病理解剖和病理生理的变化，则可判断为心理异常。这种判断标准源于医学诊断方法，具有科学性和说服力。然而，目前仅有 1/10 左右的异常心理能找到确切的生物学原因，如病因明确的脑器质性疾病、躯体疾病、药物中毒所致的异常心理，而大部分异常心理尚无法找到相应的生物学指标。因此，该标准的应用范围比较局限和狭窄。

4. 统计学标准　统计学标准判断个体心理活动正常与否是以其心理特征偏离群体样本平均值的程度为依据。这一标准源于心理测量结果，反映出人群的心理特征呈正态分布，绝大多数人都在均值附近，远离均值的两端则被视为“异常”。统计学标准提供了心理特征的数量化结果，比较客观，便于比较和操作。但这种标准也存在缺陷，在某些情况下，心理测量的结果处在远离均值的范围却未必是异常，如智力超常的人尽管在人群中是极少数，但不被认为是异常。故统计学标准也不是普遍适用的。

结合上述的区分原则和判断标准，我们在评估一个人是否有心理异常时需要考虑三个方面。首先要依据原则和标准判断是否有明显的行为或心理症状及其持续时间，个体有时因为求职择业、感情婚恋、社会适应等问题会出现一些心理困扰或情绪的波动，但因其程度轻、持续时间短、较易解决，不能把这种暂时的心理状态归于异常心理。其次,判断是否有强烈的主观痛苦感,但重性精神病患者和某些人格障碍患者除外,因为这些患者自知力受损,无主观痛苦感。再次,判断是否有社会功能受损或有适应不良的行为。即心理状态是否影响到正常的学习、工作和人际交往等功能。如果一个人能够按照社会适宜的方式行动,其心理状态和行为模式能为常人所理解,即使有时出现轻度的抑郁和焦虑现象,也不能认为其心理活动出现了异常。就大学生而言,有异常心理的人学习能力会受到严重影响,不能胜任学习;在人际交往方面,不能与他人恰当相处,与他人冲突增多或回避交往。

拓展学习 10-2

人的心理区域

人的心理正常与否并无明确的界限,具体地说,如果将人的心理正常比作白色,心理不正常比作黑色,那么白色与黑色之间存在着一个巨大的缓冲区域,即灰色区,即非器质性精神痛苦的总和,包括心理不平衡、情绪障碍、行为问题等,这些均不同程度地干扰人们正常的生活。灰色区又可进一步划分为浅灰色区与深灰色区两个区域。浅灰色区的人只有心理冲突而无人格改变,突出表现为失恋、丧亲、家庭不和、学习困难、工作不顺心、人际关系不和睦等各种矛盾带来的心理不平衡和精神压抑;深灰色区的人则有种种异常的人格和神经症性障碍,如强迫障碍、恐惧障碍、焦虑障碍等,见图 10-1。人生是一个连续变化的过程,从个体来说,一个人的心理健康与否并非恒定不变。从群体来说,人类的心理健康不是黑白分明,而是两极小,中间大,因此,人们不要忽视了灰色区域的存在,应对心理问题做及时的矫正。浅灰色区的人应进行心理咨询,全面、深刻地认识影响正常生活的内外矛盾,积极地适应和解决,最终缓解由此产生的心理冲突与压抑,获得内心的和谐,增强自信心和自主能力,积极地适应生活,完善自己的人格。深灰色区的人应进行心理治疗,改变影响正常生活的行为与思维方式,以消除或减轻心理上的痛苦与压抑,控制或摆脱变态的行为,正常地生活。

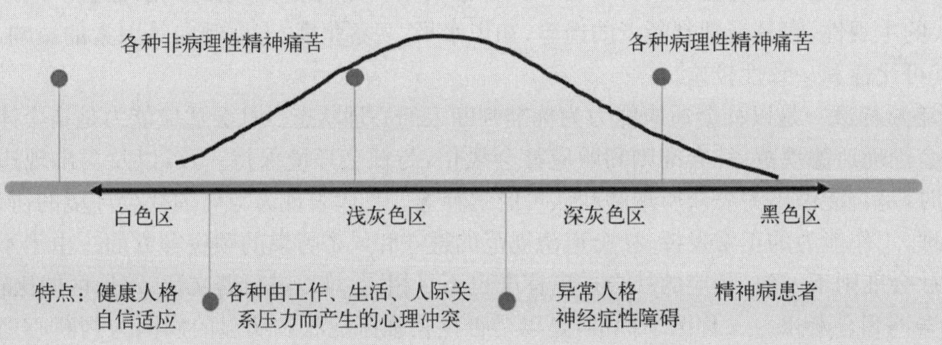

图 10-1 心理的区域

资料来源:高东.大学生心理健康标准研究[J].华夏医学,2011,24(5):586-587.

二、大学生异常心理的处置

(一)及时寻求专业帮助

大学生如果心理上有痛苦,而自己又觉得无能为力,严重影响了正常的学习和生活,因而怀疑自己心理出现异常,或者有发展为异常心理的倾向时,一定要及时寻求专业人员的帮助。心理辅导老师、心理咨询师、心理治疗师和精神科医师不仅会保护隐私,还可运用专业的技术和手段进行心理评估和诊断,确定心理问题的严重程度,并及时采用专业的方法与措施进行适当的干预。专业人员的帮助会有利于大学生更好地解决问题,提高对环境的适应能力。

对精神病性障碍的大学生处理策略必须周密而慎重：① 应当立即联系学生家长，由家长协同处理。与家长联系一方面可了解学生的既往史，另一方面患病学生的治疗也需要家长的认可和配合。② 患病学生及时送医院治疗，治疗越及时、系统、正规，预后越好。

（二）不要乱贴标签

对于异常心理的判断必须要注意两点：① 异常心理的结论必须由专业人员做出。正常心理和异常心理之间没有明确界限，异常心理的症状表现复杂多样，而且有些心理症状和异常行为没有特异性，因此判断一个人是否有异常心理，需要专业人员（心理治疗师、精神科医生）运用心理学和精神病学的理论、技术和方法，根据一定的诊断标准，按照严格的程序进行心理评估与诊断。一般人或多或少会出现一些不良心理症状，个人不能简单地仅仅依据一些心理症状做出盲目判断。切勿道听途说，或者盲目地从一些书籍和资讯上断章取义，寻找些许符合自己情况的只言片语，急于“对号入座”。现在网络信息丰富，网上有各种异常心理的相关信息，这些信息很多来自非专业人员，观点可能存在偏差，所以要对网上的信息要进行正确的判断，不要盲目地根据网络信息给自己“诊断”为某种异常心理，加重心理负担。② 进行心理诊断时，有时会运用到心理测验，切忌把心理测验的结果直接作为异常心理的诊断依据。目前专业领域对异常心理做出诊断是以专业人员的观察和访谈为主，心理测验结果只能是心理诊断的参考信息，作为辅助诊断依据。

（三）正确看待异常心理

对异常心理的不正确看法不仅会造成误解，也会给自己和他人带来伤害。比较常见的对异常心理的错误看法有两种。一种是把“心理有问题”或“异常心理”视为“不光彩的”，担心受到别人歧视，因而不敢告诉周围的人，也不敢走进咨询室寻求帮助，一味地讳疾忌医，搁置心理困扰，结果错过了干预的最佳时期，导致病情加重，增加了治疗难度。另一种则是将“异常心理”看作难以治愈的顽疾，认为自己一辈子都难以摆脱“异常心理”的阴影，从而陷入难以自拔的沮丧和痛苦之中。尽管异常心理的原因比较复杂，疗程比较复杂，起效比较慢，但是异常心理是可以治疗的，不必对之恐惧。

事实上，异常心理是每个人在生命的某个阶段都有可能遭遇的困扰，既然能遭遇，也就能度过。异常心理同许多躯体疾病一样，并不是不治之症。电影《美丽心灵》中约翰・纳什（John Nash）是精神分裂症患者，可谁也无法抹杀他人生中的光辉。他在妻子的帮助下，与这种被认为是只能好转、无法治愈的疾病作斗争，一如既往地坚持工作，经过十几年的不懈努力，于 1994 年获得诺贝尔奖，他在博弈论方面颇具前瞻性的工作也成为 20 世纪最具影响力的理论，而纳什也成了一个不仅拥有美好情感，还具有美丽心灵的人。大多数异常心理都是可逆的，并没有达到精神分裂症的严重程度。

法国医生皮内尔（P. Pinel）说：“心理异常不是一项罪恶，他们只是生病的人，他们的不幸状态值得我们以体贴和善意的态度对待之，以恢复他们的理性。”因此，对那些出现异常心理的同学，要给予尊重、理解、关心、帮助，真诚的关注和耐心倾听，给予适当的照顾，对于他们的进步，即使很小也要及时给予肯定和欣赏，帮助患病的同学减轻压力，并协助其获取专业帮助。在此过程中，应尽可能地保护其隐私。请记住，没有人能全然对异常心理免疫，请不要歧视那些罹患心理疾病的同学。

【思考题】

（1）抑郁障碍的核心症状有哪些？

（2）结合区分原则和判断标准，在评估一个人是否有心理异常时还需要考虑哪些因素？

（3）人们对异常心理往往讳疾忌医，你知道其中的原因吗？正确的做法应该是什么？

（姚莉华　杨小丽）

第十一章

大学生心理危机干预与生命教育

本章要点

掌握：心理危机的概念与特征，心理危机干预的目标，自杀风险评估。

熟悉：大学生常见的心理危机，自杀的心理动机和心理过程，追求生命的意义与幸福感。

了解：心理危机的过程，大学生心理危机的成因，心理危机评估的内容及结论。

危机伴随着人一生的成长和发展，没有人能够完全避免。突发的自然环境和社会环境事件等客观因素、个性特征和对事件的认知评价等主观因素都有可能导致心理危机的产生。大学阶段，正是个体知识获取以及个性形成的关键阶段，由于大学生的心理和人格发展尚未成熟，情绪反应强烈且控制力较差，遭遇心理危机时极易采取一些极端的方式解决问题，给本人、家庭和社会带来严重的后果。因此，普及心理健康教育知识，建立快速、高效的心理危机预防与干预体系，及时准确地识别出大学生中的危机人群，并给予必要的心理援助，对于缓解当事者的心理压力，防范过激行为，促进心理功能和社会功能的恢复，提高解决问题的能力具有重要的意义。

第一节　心理危机与大学生心理危机

生活中的很多事件或因素都有可能导致个体内心失衡，如情绪、人际交往等个体因素，经济压力、就业压力等社会现象，地震、海啸等自然灾害均可能诱发心理危机。大学生正处于人格形成的关键时期，在心理和生理等压力下，更易陷入危机状态。

一、心理危机的概念与特征

（一）心理危机的概念

心理危机(psychological crisis)是指当人们遭遇突然或重大的应激事件，运用个人常规处理问题的方法无法解决，而出现的解体和混乱的暂时心理失衡状态。从这个定义来看，心理危机概括起来有两层含义，第一层含义即危机是困难和境遇。这些困难和境遇使得人们无能为力，不能有意识地主宰自己的生活；第二层含义则指人们在遭遇困难和境遇后出现的“解体状态”，个体在“解体状态”下表现出恐惧、害怕和悲伤的反应，以及因失去对生活的希望而产生的自伤自杀的观念或行为。

美国心理学家凯普兰(G. Caplan)于1964年首次提出了心理危机的概念，认为当一个人面临突然或重大生活困难情境时，他先前的危机处理方式和惯常的支持系统无以应对眼前的处境，即当他必须面对的困难情境超过了他的能力时，这个人就会产生暂时的心理困扰(psychological distress)，这种暂时性的心理失衡状态就是心理危机。

美国心理学家卡奈尔(K. Kanel)于2003年对心理危机的实质和发展过程做了更合理和清晰的解释，提出无论从哪个角度去定义心理危机，其实质都包含三个方面的基本内容：① 发生危机事件；② 危机个体感受到危机事件并因此产生主观痛苦；③ 以前解决问题的方法对目前问题的解决无效，导致当事人意识、情感和行为等方面的功能失调。心理危机是指个体难以通过先前处理问题的方式或其现有的支持系统来应对眼前的困境，因此产生暂时的心理困扰，继而引发一系列的问题，是一种暂时性的心理失衡状态，它既可引起焦虑、悲伤、愤怒等不良情绪，也可使人更加成熟。这些反应主要表现在认知上问题解决能力与应对机制暂时受到打击；心理上于暂时性的震惊状态后，随之而来的是否认、混乱、害怕、恐惧、沮丧、情绪麻木、怀疑、易怒与难以平静。这些反应会扰乱个体的心理平衡状态并在生理上出现一般性应激反应，如心跳与呼吸频率的改变、过度出汗等。

（二）心理危机的特征

1. 普遍性与特殊性　危机是普遍存在的，每个人在人生的不同阶段都可能产生心理危机，尤其是在成年期前的各个成长阶段，由于个人能力不足难以应对新的环境要求而出现心理危机。特殊性则是指面对同样的境遇每个人产生的心理失衡状态是不同的。

2. 突发性与复杂性　危机往往是突如其来的，对此个体毫无准备，因而产生强烈的心理失衡和混乱。不期而遇使危机具有较大的破坏性，个体的现有资源难以应对，从而对正常的生活、学习和工作造成严重影响。由于不能有效地解决问题，当事人意识、情感和行为等方面的心理功能失调和心跳加快、呼吸急促、过度出汗等生理反应。

3. 无助性与动力性　突如其来地遭遇非常态的、超出个人应对能力的事件，个体在应激事件面前感到无力无助，从而引发混乱、害怕、恐惧、沮丧等情绪反应。然而，在环境较高的要求和压力驱使下，个体会付出更大的努力，调动更多的资源来应对压力，促使其活动的动力更足，在一定条件下提高工作学习效率。

4. 危险性与机遇性　“危机”一词中的“危”字的含义是危险，“机”字的意思则是机遇。危机潜伏着危险，如果个体不能通过改变认识评价、提高应对能力等方法降低危机的反应，就可能使心理失衡持续存在，严重的有可能出现心理崩溃或诱发精神疾病，这是危机的危险性。危机也是机遇，个体在较高的环境要求和挑战下，如果能够将危机视为蜕变的动力，积极寻求有效的化解途径，危机就可能成为成就自我的契机，从而突破困境、自我成长。

（三）心理危机的过程

卡普兰(G. Caplan)认为，个体从觉察到危机存在到产生各种生理和心理反应，经历了四个阶段：第一阶段，个体感受到来自外部的压力，或经历创伤性事件，从而产生焦虑紧张等情绪反应，原有的心理平衡被打破，个体尝试着运用惯常的手段来解决问题。此阶段个体并未意识到自己应对能力不足，不会寻求帮助。第二阶段，经尝试后发现自己难以应对所面临的困境，应对失败的压力使紧张焦虑的情绪增加，个体努力采用不同的方式包括寻求他人帮助来解决问题。第三阶段，新方法的尝试仍未解决面临的问题，内心的紧张情绪进一步增加，为了摆脱困境，个体动用了一切资源、尝试了各种方法解决问题。为了缓解紧张情绪，个体会采用一些无效的甚至有害的举动，如酗酒、无目的的游荡等，非但不能解决问题，相反损害身心健康，进一步加深挫败感和降低自我评价。第四阶段，经过前面三个阶段的不懈努力，问题并没有得到解决，从而产生无助感，紧张焦虑情绪上升到难以忍受的程度，出现人格解体、退行行为等，处于危机状态。

心理危机是个体面对压力挑战时的反应过程，可以分为5个时期：① 前危机期。危机发生之前，个人能自如地应对环境要求，个人能力和环境要求保持平衡，但此时个体已感受到某种威胁事件可能发生，为此有不安感。② 冲击期。在突如其来的、较为严重的事件发生后数小时内，个体产生焦虑、惊恐等强烈的情绪反应，出现不合理思维和失败的应对行为，个别人甚至出现意识障碍。③ 危机期。由于无法摆脱困境而表现出退缩、否认问题、合理化或形成不适当的投射，此时紧张焦虑难以承受，渴求解脱，有强烈求助愿望。④ 适应期。采用积极的方法来接受现状，解决问题，随着环境压力的减少，个体的社会功能逐渐恢复，自我评价上升，焦虑紧张降低。⑤ 后危机期。危机的冲击基本过去，但可能产生两种结果，一是在实践中学会了许多积极解决问题的方法和应对危机的技巧，危机应对能力增强；二是危机造成的长期的消极影响，可能导致人格改变、酗酒吸烟、药物滥用甚至诱发精神疾病。

二、大学生常见的心理危机及成因

(一)大学生常见的心理危机

1. 成长危机　大学生已经步入青年期,但由于长期沉浸在学习应考中,社会接触少,生活阅历浅,因而心理发展相对滞后。进入大学后大部分学生才开始思考自己的人生定位,时常受到未来目标、自我认同等问题的困扰。大学生性生理发育已经成熟,性意识较强,渴望异性的友谊和爱情。但由于人生观、价值观、爱情观尚未完全形成,恋爱标准不确定,对异性缺乏了解,因此,经常处于要不要恋爱的矛盾、渴望同异性交往与不善同异性相处的矛盾,以及性渴望和性压抑的矛盾之中,如果不能正确处理,则容易产生心理危机。

2. 人际危机　和谐的人际关系是大学生学业成功、生活幸福的前提条件,也是判断大学生心理健康与否的重要指标。大学生人际关系危机主要指在与他人交往的过程中不适应、逃避交往、自闭、自恋、自负的心理和行为。由于不善处理人际关系故时常发生人际冲突。与中学时代相比,大学阶段的学生独立性强,交往中自我暴露少,因此,同学之间较难形成紧密的人际关系,加之,同学们来自全国各地,地域差异、文化习俗、家庭背景、兴趣爱好等均存在较大的不同,交流中不可避免地会产生摩擦甚至冲突,如果冲突得不到及时的解决,就可能产生人际关系危机,给大学生的心理健康带来严重的不良影响。

3. 学业危机　学习是大学阶段学生的主要任务,学业成绩是评价学生最重要的指标之一,学业危机是大学生常见的心理危机。大学生发生学业危机的原因有以下几个方面。部分人一新生由于对学校的管理模式和学习方法适应不良出现了学习困难;还有部分因长期受应试教育影响,进入大学后失去了学习目标和动力,致使在高中阶段成绩优秀的学生出现了学习问题,导致其对自身学习能力产生了严重的怀疑。不喜欢所学专业也是出现学业危机的重要原因,部分学生所学的专业并非自己的选择,而是家长的意愿或学校的调剂,学生对学习缺乏兴趣,学习成绩很差,所学课程不及格,以致因学业问题留级、退学。还有部分学生由于参加过多的社团活动、勤工助学、社会实践或各类证书考试,占用时间过多,影响了学业成绩。

4. 情感危机　恋爱在大学生中极为普遍,绝大部分大学生都有过恋爱的经历或正在恋爱。爱情是美好且令人向往的,它能极大地增进人们的幸福感。然而,恋爱中双方也会因琐事出现矛盾甚至争吵,若不能正确认识并及时处理,则可能导致情感危机,影响身心健康。情感危机是指个人在情感方面遭遇困境和打击,陷入矛盾和痛苦的状态,干扰正常的思维和判断能力,影响学习生活的正常进行。严重者不再相信爱情,怀疑人生的目标,质疑人活着的意义,出现自伤、自杀的行为,或者变爱为恨,攻击恋爱对象。

5. 就业危机　自高校扩招以来,毕业人数逐年增加,大学生就业形势极为严峻,据教育部的官方报道2023年毕业生人数达到了前所未有的1 158万。影响就业的因素很多,概括起来主要有两个方面:一是绝对就业困难。某些专业由于技术革新或者行业不景气,社会需求减少,导致这些专业的学生就业困难;二是相对就业困难。社会所能提供的职位不能满足学生就业的期望,学生心仪职业的岗位竞争太激烈;而愿意聘用毕业生的岗位学生又不愿意去,出现"就业难""招人难"并存的现状。目前我国大城市求职人数众多,能提供的工作岗位却相对较少,而广大乡镇及农村地区尽管严重缺乏专业人才,但由于工作条件较差,待遇较低,大学毕业生往往不愿到此就业。近些年尽管政府已出台了多项鼓励大学生到乡镇及农村就业的举措,也发挥了一定的积极作用,但尚未能从根本上解决就业难的问题。就业压力是高年级学生心理危机发生的可能原因,每年的就业形势也对低年级大学生产生了相当大的影响,使他们不得不重新审视和评价自己所学的专业,对未来的职业规划感到迷茫和困惑。

6. 其他危机　除上述五种大学生常见的心理危机之外,大学生中还可能因其他原因发生心理危机,如家人意外亡故、自己罹患难治性疾病、评优或评奖学金失败、因家庭变故而发生经济困难等。

(二)大学生心理危机的成因

1. 心理危机发生的主观因素

(1) 人格特征:人格特征影响着个体的行为方式、生活方式和习惯,也影响着个体对心理社会刺激物的认知评价,决定了个体应对危机的方式和危机反应的类型和强度。神经质倾向、敏感内向的人格特征在面对危机事件时比他人更容易出现心理危机。因为内向性格者不容易及时地得到和利用社会支持,往往把注意力指向自身,特别是对自己所作出的无效应对上,这会加剧其对消极情绪的体验,从而导致应对行为更加无效，增加生活事件的消极影响。因此在遭遇到相同的生活变故时，内向性格的人比外向性格的人更易产生持续性的和消极的心理应激反应。

（2）认知评价：人们对事物的心理反应在很大程度上依赖于对世界的知觉和解释，即认知评价。如果事件本身可能对大多数人都具有威胁性，但却未被当事人觉察，或被理解为是积极的或没有危险的，则不会产生危机反应。相反，如果事件本身不具有威胁性或者具有积极意义，然而，却被错误地判断为具有威胁性，也会使个体产生危机反应。因此，困扰人的不是事件本身，而是对事件的看法。

（3）躯体疾病：脑血栓、心脏病等急性疾病及糖尿病、肾病、癌症等慢性疾病患者由于受到疾病病情、进展状况及预后的影响，焦虑、恐惧、抑郁等情绪问题格外突出。因心理压力可导致情绪低落、悲观绝望，对外界事物不感兴趣，言语减少，不愿与人交往，不思饮食，严重者甚至出现自杀观念或行为。同时，长期的疾病状态也可能会导致患者人际关系方面的困难，进一步加剧心理危机的发生和不良影响。

2. 心理危机发生的客观因素

（1）自然环境：自然环境包括无法克服的自然条件的限制，它是那些给人们的生命和财产造成严重损失的自然状况的突变，包括干旱、洪水、山洪暴发、地震、台风或龙卷风、流行性传染病以及其他自然灾害等。自然性灾害不仅会造成严重的生命损失，更会严重影响农业产出，损害工商业的生产能力和其他各种组织功能的正常发挥，从而造成巨大的经济损失和生产能力的急剧倒退。

（2）社会环境：社会环境也会导致危机的产生。例如，遭遇到战争、革命、政变、武装冲突、大规模的政治变革、政府重要政策的变迁、大规模恐怖主义活动、民族分裂主义活动，以及其他政治骚乱等政治性危机事件；物价波动、股票市场的不确定性波动等宏观经济性危机事件；社会不安、社会骚乱、罢工、游行示威、小规模的恐怖主义行动、对相关价值的认同危机等社会性危机事件等。

（3）家庭环境：家庭环境及父母教养方式也是大学生心理危机发生的可能影响因素。幼时身处不良的家庭环境（如父母吸毒、贩毒或刑事犯罪），饱受创伤的成长经历（父母亡故、经济极度困难），遭遇重大家庭变故（父母离异、分居等），早期成长环境的不稳定，如反复搬迁，家庭教养方式不当（溺爱、过于严厉、缺乏温情等），以及父母应对挫折的方式和反应，都可能影响大学生人格特征的形成和发展，影响个体对事物的认知评价，从而增加大学生心理危机发生的可能性。

三、大学生心理危机预防策略

（一）建立心理危机信息反馈制度

1. 心理危机识别预警制度　学校心理咨询机构应对大学生定期进行心理普查，动态了解大学生的心理健康状况，建立大学生心理健康档案。通过心理普查识别出有严重心理问题的学生，并对可能发生或正处于心理危机状态的学生予以及时的干预和帮助。

2. 学校心理危机干预机构值班制度　学校心理咨询机构应该建立心理危机干预的值班制度，每天安排专职人员值班以便及时有效地为处于危机中的大学生进行干预和帮助。

3. 学校心理危机干预快速反应制度　制定心理危机干预制度，根据心理危机发生的严重程度、紧急程度以及影响范围确定心理危机应急处理中的快速支援部门和人员的到位时间和地点。

4. 心理危机干预信息沟通制度　构建及时畅通的学校内部、外部危机信息沟通机制，明确心理危机的报告层级和通报范围。

（二）心理危机预防策略

1. 全员心理健康教育，普及心理危机常识　学校会定期开展心理教育主题活动，普及心理危机常识。首先，利用选修课、讲座、心理辅导网站、热线电话等形式，宣传、普及心理危机应对的基本知识，有针对性地开展心理危机教育，教会大学生及时处理心理危机的基本知识，引导大学生树立防范心理危机的意识，帮助大学生提高应对心理危机的能力。其次，要对心理委员、寝室长等学生心理骨干成员、辅导员、教师进行预防心理危机的专题培训，使他们具备初步识别心理问题的能力。辅导员、班主任要深入学生日常生活，及时了解学生的学习、生活、思想和心理状况。再次，对学校教师和管理人员进行专题培训。尤其要对辅导员、导师、宿管人员、保卫人员等与学生学习生活密切相关的人员进行预防心理危机的专题培训，使他们具备初步识别心理问题的能力。辅导员、班主任要深入学生日常生活，及时了解学生的学习、生活、思想和心理状况。最后，建立一支受过专业训练的高素质的心理健康教育工作队伍，提高大学生心理健康教育专兼职教师的专业水平，更好地适应心理危机干预工作的要求。

2. 通过心理普查等渠道及时发现危机学生　高校心理咨询中心应为每一位大学生建立心理档案，定期开展心理普查和心理危机排查，动态更新大学生心理健康档案。通过心理普查识别出来的可能有严重心理问题的学生，应及时进行追踪随访。重点关注心理危机的高发群体。

3. 建立心理危机的发现和报告制度　要做好大学生心理危机的预警工作，除了建立大学生心理档案，对高危人群进行干预外，还应该完善大学生心理危机预警信息发现与报告制度，健全完善“学校-院系-班级-宿舍/个人”预警网络。

4. 开展心理咨询及时解决心理问题　学生在日常学习、生活中遇到的心理困惑可以找心理学专业人员进行诉说、商讨和询问，以解决问题。专业人员运用心理学的相关理论和技术可以为大学生提供帮助，通过心理咨询改变大学生不合理的认知，消除不良情绪，及时化解心理危机，促进心理的健康成长。

四、大学生心理危机的评估与干预

(一) 大学生心理危机的评估

1. 心理危机评估的内容　当个体处于危机状态时会产生一系列的身心反应，这些危机反应一般持续6～8周，生理反应主要表现为头痛、失眠、多梦、心悸、呼吸困难、食欲缺乏等，躯体症状较心理症状更易受到关注。心理反应主要表现在认知、情绪和行为三个方面，这也是心理危机评估的重点内容。

(1) 认知状态：对心理危机当事人认知过程进行评估，考察当事人在知觉、注意、记忆、思维等方面是否有异常或者功能下降的现象。比如，是否有注意力过分集中于危机事件；是否存在非理性的和自我否定的想法，如自责、无用感、夸大、以偏概全、非黑即白等。在急性情绪创伤或自杀准备阶段，心理危机者的注意力往往过分集中在悲伤反应或想“一死了之，一了百了”之中，从而出现记忆和认知能力方面的“缩小”或“变窄”，判断、分辨和做决定的能力下降，部分人会有记忆力减退、注意力不集中等表现。

(2) 情绪状态：心理危机者常见的情绪反应主要有紧张、焦虑、抑郁、悲伤和恐惧不安，部分人有恼怒、敌对、烦躁、失望、过度兴奋和无助等表现。应重点关注心理危机者有无情感体验明显与环境不协调，严重超出环境的影响，表现出过度的情绪化，情绪波动不定且幅度较大，甚至表现出当事人意志努力所不能控制的消极情绪爆发，即情绪失控的现象。

(3) 行为反应：心理危机当事人往往会有痛苦悲伤的表情，以及哭泣或独居一隅等“反常”行为。危机干预者需要更多地注意当事人的行为状况以及在假设情境下的计划与预期行为，以此了解当事人的主观能动性和自控能力。例如，心理危机者会表现出日常能力的下降，不能上班和做家务，兴趣减退，社交技能丧失，日趋孤单、不合群、郁郁寡欢，对周围环境漠不关心，对前途的悲观和失望，漠视他人帮助和关心，脾气暴怒或易冲动，甚至出现严重的攻击破坏行为(如酗酒、自杀等)。

2. 心理危机评估的结论　根据迈尔(R. A. Myer)等编制的危机干预定式评估工具，危机严重程度评级主要从认知、情感和行为三方面进行，每个方面又按照其严重程度由轻到重、由缓到急划分为六个级别。

(1) 认知方面：第一级，注意力集中，解决问题和做决定能力正常。求助者对危机事件的认识和感知与实际情况相符(无损害)；第二级，思维集中在危机事件上，但思想能受意志控制。解决问题和做决定能力轻微受损，对危机事件的认识和感知基本与现实相符(轻微损害)；第三级，注意力偶尔不集中，感到较难控制对危机事件的思考。解决问题和做决定的能力降低。对危机事件的认识和感知与现实情况所预计的在某些方面有偏差(轻度损害)；第四级，注意力时常不能集中，较多考虑危机事件而难以自拔。解决问题和做决定能力因为强迫性思维、自我怀疑而受到影响。对危机事件的认识和感知与现实情况可以有明显的不同(中等损害)；第五级，沉湎于对危机事件的思虑，因为强迫性思维、自我怀疑和犹豫而明显影响求助者解决问题和做决定的能力，对危机事件的认识和感知与现实有实质性差异(显著损害)；第六级，除了危机事件，不能集中精力。因为受强迫、自我怀疑和犹豫的影响丧失了解决问题和做决定的能力。对危机事件的认识和感知与现实情况有明显差异从而影响了正常的生活(严重损害)。

(2) 情感方面：第一级，情感状态稳定，对日常活动情感表达恰当(无损害)；第二级，情感对环境反应适切，对环境的变化只有短暂的负性情感流露，求助者完全能够控制情绪(轻微损害)；第三级，对环境的情感反应适当，但对环境变化有较长时间的负性情感流露，求助者能够意识到需要自我控制情绪(轻度损害)；第四级，情感反应与环境有脱节，常表现出负性情感，对环境变化有较强烈的情绪波动。情感状态虽然稳定，但需要努力才能控制情绪(中等损害)；第五级，负性情感体验明显超出环境的影响，与环境明显不协调，心境波动明显。求助者意识到负性情绪，但不能控制(显著损害)；第六级，完全失控或极度悲伤(严重损害)。

(3) 行为方面：第一级，对危机事件应对行为恰当，能保持必要的日常功能(无损害)；第二级，偶尔有不恰当的应对行为，能保持必要的日常功能，但需努力(轻微损害)；第三级，偶尔出现不恰当的应对行为，有时有日常功能的减退，表现为效率降低(轻度损害)；第四级，有不恰当的应对行为且做事没有效率。需花很大精力才能维持日常功能(中等损害)；第五级，求助者的应对行为明显超出危机事件的反应，日常功能表现明显受到影响(显著损害)；第六级，行为异常难以预料，并且对自己或他人有伤害的危险(严重损害)。

(二) 大学生心理危机的干预

1. 心理危机干预的概念　埃弗利(G. S. Everly)认为，危机干预是指向受灾人员提供紧急心理照料，以帮助那些受灾人员恢复适应水平，防止或减轻心理创伤潜在的负面影响。

大学生的心理危机干预是指针对处于心理危机状态的大学生及时给予适当的心理援助，使之尽快摆脱困难。它是一种依据大学生心理危机的预警指标进行综合判断，通过调动处于危机之中的个体自身潜能，确定心理危机的程度并采用适当的方法与途径进行适当的干预，来重新建立或恢复危机爆发前的心理平衡状态的心理咨询和治疗的技术。大学生心理危机干预的主要目标是降低急性剧烈的心理危机和创伤的风险，稳定和减少危机或创伤情境的直接严重后果，促进个体从危机和创伤事件中恢复或康复，帮助的及时性、迅速性是其突出特点，有效的行动是危机干预成败的关键。

2. 心理危机干预的目标　阿吉莱拉(D. C. Aguilera)和梅西克(J. M. Messick)认为“危机干预的最低治疗目标是在心理上帮助病人解决危机，使其功能水平至少恢复到危机前水平，最高目标是提高病人的心理平衡能力，使其高于危机前的平衡状态”。埃弗利认为心理危机干预主要有三个目标：① 减少急性的、剧烈的危机和创伤的风险；② 稳定和减少危机事件或创伤情境的直接严重的后果；③ 促进个体从危机和创伤事件中恢复或康复。

一般来说，危机干预有三个层次的目标。最低目标是缓解危机者的心理压力，防止过激行为，如自杀、自伤或攻击行为等。中级目标是帮助来访者恢复以往的社会适应能力，使其重新面对自己的困境，采取积极而有建设性的对策。最高目标是帮助来访者把危机转化为一次成长的体验并提高来访者解决问题的能力。在危机干预的三个目标层次中，最低目标的核心是“劝阻”，中级目标的核心是“恢复”，最高目标的核心是“发展”。

3. 心理危机干预的步骤　尽管解决危机的措施和途径各不相同，但危机的发生发展有其共性，吉利兰德(B. E. Gilliland)和詹姆斯(R. K. James)提出危机干预六步法。

(1) 确定问题：明确当事人存在的问题以及问题的严重程度，应用倾听、共情、理解、接纳、尊重等咨询技术获得当事人的信任，并了解危机出现的前因后果，当事人对危机的认识和态度，有无应对危机的尝试等，确定问题后及时与有关人员沟通，采取进一步的措施。

(2) 保证求助者的安全：保证求助者安全是危机干预的核心任务。出现危机的大学生都存在严重的安全风险，应安排和组织有关人员对求助者进行陪护和监督，危险性高的大学生应由专业人员监护，必要时还需联系专科医生给予医疗处理。

(3) 给予支持和帮助：在危机干预中根据求助者的具体情况，鼓励其暴露心中的痛楚，使情绪得以适当的宣泄。同时，给予求助者足够的支持，使其相信危机干预人员理解他，认同他，愿意帮助他，且有能力帮助他。

(4) 提出可变通的应对方式：处在危机中的人往往认为自己遇到了无法逾越的鸿沟，糟糕的结局难以避免，只能采用自杀等极端方式方能解脱。危机干预人员应帮助求助者探索可以利用的替代解决方法，如积极寻求可以获得的环境支持，使问题得到顺利的解决，即便有的问题解决起来确有困难，但也可以通过调整自己的期望来适应现实。

(5) 制订行动计划：应明确对危机解决能够提供帮助的人员，并明确这些人员应在何时、以何种方式介入危机干预；有哪些措施可以帮助当事人避免危机的进一步恶化；有什么方法可以改善当事人的生存状态等。在制定计划的过程中，必须尊重求助者，不要使其觉得失去自主、任人摆布，要让其相信专业人员的能力，相信自己能够发生积极的改变。

(6) 得到求助者的承诺：在危机干预计划获得求助者同意后，就应按照计划展开危机干预工作。但在计划实施之前，应得到当事人不会自伤自杀、不发生极端行为的承诺，同时教会当事人如果产生了极端行为的冲动，应如何进行自我调节，或者如何在第一时间通知危机干预者，并承诺在干预者到来之前不做出极端行为。

4. 心理危机干预的方式

(1) 电话危机干预：电话危机干预是指处于紧急情绪障碍、精神崩溃或企图自杀的个体，通过拨通专用电话，向干预人员求援。这种方式具有快速、方便、经济和匿名等优点。

(2) 网络干预：网络干预是个体通过网络发帖求助，向干预人员寻求援求助方法。这种方法可以使得干预人员通过视频进行远程面对面的帮助。

(3) 现场干预：现场干预是指心理咨询专业人士到达具有心理危机状态的个体所处环境中进行干预，是干预人员与求助者直接的面对面的会晤。其优点是能相对快速地、详细地、全面地、准确地了解求助者的状况，从而及时地、有针对性地对求助者实施解释、疏导及具体干预。

5. 心理危机干预的策略　心理危机干预不仅服务于已经发生心理危机的大学生，普通大学生、出现心理问题的大学生、处于心理危机边缘的大学生都属于心理危机干预的服务对象。生态系统观认为，危机不单单只是当下发生的情境，而是一种预期的潜在可能性，所以全方位有针对性地进行干预是保障大学生心理健康的必然要求。依据不同的对象，可以相应实施两条干预路径。

(1) 一般性干预：一般性干预适合于所有的大学生，目的是帮助大学生发展良好人际关系，维持学业成就，减少人际和学业压力。干预的内容是通过与学校心理健康相关的课程、心理健康活动统合，重点是提高学生的学习技能、情感沟通技能、问题解决技能、情绪管理技能等。同时，通过课程及活动加强学生的适应能力，构建积极的社会支持体系。

(2) 专业性干预：专业性干预适合于那些正在经历心理困境和心理危机边缘甚至心理危机中的大学生。该计划可以通过个体咨询、团体咨询和针对具体问题的专业辅导等进行，注重鼓励和强化，使得这种预防变得持续和综合，避免一次性干预在短期内失效。同时也强调教给大学生一些针对具体问题的替代性行为和处理技能。

第二节　自杀心理与预防措施

根据2019年世界卫生组织的数据，全球每40秒就有一个人自杀死亡，2019年有70多万人死于自杀，超过死于疟疾、乳腺癌、战争和凶杀案的人数。自杀已成为严重的全球公共健康问题。世界卫生组织呼吁世界各国做出更多的努力，阻止这些可预防的死亡发生。

一、自杀概述

(一) 自杀的概念及分类

自杀(suicide)是指个体有意识地采取各种手段自愿结束自己生命的异常行为。一般将自杀分为自杀意念(suicidal idea)、自杀未遂(suicidal attempt)和自杀死亡(committed suicide)三类。自杀意念是指有寻死的愿望，但未采取任何实际行动；自杀未遂是指有自杀行为但未导致死亡，即决心自杀但未成功；自杀死亡是指有意采取毁灭自己的行为，并导致死亡。

（二）自杀的相关因素

自杀可能是环境和个人因素相互作用的结果，其确切病理机制还不甚明了，一般比较认可的因素包括如下几种。

1. 生物学因素　包括性别、遗传、神经生物学因素。

（1）性别因素：在世界范围内，自杀死亡者中男性比女性多。2019年世界卫生组织报道，2000～2019年，全球年龄标准化自杀率显示每10万个女性中有5.4人自杀，而每10万个男性中有12.6人自杀。

（2）遗传因素：家谱系调查和双生子研究表明，自杀行为确实有一定的遗传学基础。家系调查发现，自杀者的第一级亲属有较高的自杀或自杀未遂风险。双生子研究显示，单卵双生子自杀观念和自杀行为的一致率高于双卵双生子。

（3）神经生物学因素：研究发现，神经递质和神经内分泌的变化，如脑脊液中5-羟色胺、多巴胺、去甲肾上腺素、肾上腺素等，与自杀行为的发生有关。对自杀者死后的脑研究揭示，大脑前额叶皮质5-羟色胺活动降低，尤以腹侧前额最为明显。大量的研究结果显示，自杀未遂者脑脊液中5-羟色胺的代谢产物5-羟吲哚乙酸及前额叶5-羟色胺转运体密度降低，且下降程度与致死性或自杀未遂的严重性呈正相关。

2. 心理学因素　一般认为心理应激和心理特征与自杀相关。有学者提出自杀行为的发生是应激与个人心理素质等因素共同作用的结果。

（1）心理应激：重大的负性生活事件在诱发自杀上扮演重要的角色，常成为自杀的直接原因或诱因。自杀者由于生活中遭遇困境而产生激烈的心理冲突，陷入危机状态不能自拔，出现心理异常或难以承受的痛苦而产生自毁行为。有研究发现，自杀者在自杀行动前的3个月内，生活事件的发生频率明显多于常人，与1周内发生的生活事件的关系尤为密切。这些生活事件多具有“丧失”的特征，常引起个体明显的情绪反应，如人际冲突、被拒绝、工作或经济问题、社会地位改变、名誉受损及多重生活事件等。当个体处于某种慢性痛苦时期，这些应激事件常起着“扳机”的作用，触发自杀。

（2）心理特征：自杀者有无独特的心理特征目前尚无定论，有些学者提出以下心理特征可能与自杀有关：① 认知方式，自杀者一般存在不良的认知模式，如采用非此即彼和以偏概全的思维方式，易走极端等，在挫折和困难面前不能对自身和周围环境做出客观评价，夸大负性事件的危害性；易从宿命论的角度看待问题，相信问题所带来的痛苦是不能忍受的、无法解决的和不可避免的；对人、对事、对己、对社会均倾向于从阴暗面看待问题，自卑或自尊心过强，有戒备心理和敌意；缺乏洞察、分析、处理问题的能力。② 情绪情感，自杀者通常有各种慢性的痛苦、焦虑、抑郁、愤怒、厌倦和内疚的情绪特征，他们难以接受这种负性的情感情绪，缺乏精神支柱，绝望感尤为明显。多数自杀者有情绪不稳定的倾向。③ 意志行为，具有冲动性和盲目性，做事不计后果等特点，具有一定的攻击性。④ 人格不成熟，缺乏决断力，没有主见。⑤ 从思想上、感情上把自己与社会隔离开来，缺乏持久而广泛的人际交往，回避社交，难以获得较多的社会支持资源，适应性差，对新环境适应困难，缺乏归属感。

3. 社会学因素

（1）年龄：自杀率随年龄而增加，进入老年后上升更加明显。从年龄段分布上看，15～35岁及65岁以上是自杀的高峰年龄段，老年男性是自杀率最高的人群。但近年来自杀有低龄化趋势，青少年自杀率明显增加，自杀成为青少年主要死亡原因之一。

（2）职业与社会阶层：失业者、贫困、无固定职业者及非技术工人、农牧业从业人员的自杀率较高。美国一项调查资料显示，蓝领工人的自杀率最低，而从事专门职业者，如医生、律师、作家、音乐家等自杀率较高。

（3）婚姻与家庭关系：独身、离婚、丧偶者自杀率高于婚姻状况稳定者，家庭关系混乱或具有冲突性者自杀率高，反之，家庭关系和睦、融洽者自杀率低。在已婚者中，无子女者的自杀率高于有子女者。

（4）地域：自杀率具有一定的地域性。2016年世界卫生组织报告显示，男性自杀率排前3位的是俄罗斯、乌克兰和韩国，女性自杀率排前3位的是印度、韩国和比利时。在城乡之间，一般情况下城市自杀率高于农村，我国农村自杀率高于城市。

（5）文化信仰：如宗教对死亡的认识态度会影响教徒的自杀行为等。

4. 疾病因素

(1) 躯体疾病：在自杀死亡者中患有各种躯体疾病者占25%～75%。大量研究表明，慢性和(或)难治性的躯体疾病，如脑损伤、癫痫、帕金森病、癌症、艾滋病、糖尿病、慢性肾脏疾病、肝脏疾病等患者的自杀率明显高于一般人群。关于躯体疾病者自杀的原因，可能与下述因素有关：① 因疾病导致的功能受限，不能参加正常的职业和社交活动；② 疾病导致的难以忍受的痛苦；③ 毁容带来的痛苦；④ 因疾病系“不治之症”导致的悲观、绝望情绪；⑤ 其他如经济负担、累及他人等。

(2) 精神障碍：我国罗传琳等学者2023年的研究显示，抑郁症和双相障碍患者的自杀风险高于精神分裂症患者，临床上应定期评估患者的自杀风险，重点关注存在幻觉和抑郁症状的患者；武伟丽等学者2024年的研究表明，快感缺失可能部分独立于其他抑郁症状，是首发抑郁障碍患者自杀意念的危险因素之一。

5. 其他因素　包括以往的自杀经历、社会支持系统及社会交往、教育年限、战争、移民、社会经济状况及社会认可度、媒体对自杀的报道等。

(三) 自杀的心理动机和心理过程

1. 心理动机　自杀者自杀前的心理动机主要表现为以下几方面：① 摆脱痛苦、逃避现实，实现精神重生；② 为了某种目的或信仰牺牲自己；③ 自我惩罚，即惩罚自己的罪恶行为，如学习成绩不好自觉对不起父母，在强烈的自罪自责心理的驱使下做出自杀的决定；④ 追求完美，通过自杀达到自己道德上和人格上的完满；⑤ 呼救求助，通过自杀来向外界寻求帮助和同情。

2. 心理过程　有的自杀是由爆发性激情引致，是在偶然事件引起的激愤、悔恨、内疚和羞愧等情绪失控状态下出现的冲动性行为，但有的自杀则并非突然发生，而是经过长时间深思熟虑后做出的决定，其心理过程经历了如下3个阶段。

(1) 自杀观念或自杀动机形成阶段：对遇到的挫折和难以克服的困难，发生了认知偏差，以绝对化的思维方式分析所面临的情境，产生悲观、沮丧、内疚自责、绝望厌世等消极情绪，得出“唯有一死才能解脱”的结论，从而产生自杀企图。

(2) 矛盾冲突阶段：虽然自杀者有了自杀念头，但求生的本能和对死亡的恐惧，使之处于极度矛盾的心理状态之中。他们常常会谈论与自杀有关的话题，暗示自杀，或以自杀威胁相关的人，表现出明显的自杀意图，这实际上也是自杀者有意无意地发出的引起别人注意的求助信号，若此时能及时得到帮助，他们很可能打消自杀的念头，转而以积极的态度解决困境。

(3) 自杀平静阶段：自杀者似乎从心理困扰中解脱出来，表现异常平静，不再谈论或暗示自杀，情绪显得较为乐观，主动与人接触。有的人开始向好友分发心爱的纪念品，对有隔阂的人表示宽容或寻求谅解，有一种看透一切的感悟以及没有必要再为生与死的抉择而苦恼。

二、自杀风险评估

评估自杀风险不仅是危机干预的重要步骤之一，也贯穿危机干预过程的始终。早期识别出有自杀倾向的人，及时为其提供紧急支持和干预，可以有效减少自杀事件的发生，保护生命安全。

(一) 了解危险因素

美国巴特尔(Batter)等通过研究确定了大量可预测自杀的危险因素，若某人已具备危险因素中的4～5项，那么这个人则可能正处在自杀的高危时期，应及时采取干预措施防止自杀行为的发生。这些危险因素有：① 有自杀家族史；② 曾有自杀未遂史；③ 已经形成一个特别的自杀计划；④ 最近经历了心爱的人去世、离婚或分居等事件；⑤ 家庭出现大的经济损失；⑥ 陷入特别的创伤损失而难以自拔；⑦ 是精神病患者；⑧ 有药物和酒精滥用史；⑨ 最近有躯体和心理创伤；⑩ 有失败的医疗史；⑪ 与家庭或其他亲友失去了联系；⑫ 有抑郁症，或处于抑郁症的恢复期，或最近出现抑郁症的症状；⑬ 在给家人的书信中分配财产或安排后事；⑭ 有特别的行为或情绪特征改变，如冷漠、退缩、易激怒、焦虑、恐慌或社交、睡眠、饮食、学习、工作习惯的改变；⑮ 出现严重的绝望或无助感；⑯ 陷入以前经历过的躯体、心理或性虐待的情节中不能自拔；⑰ 显示一种或多种深刻的非正常的情感特征，如愤怒、孤独、攻击性、悲伤或失望、内疚、敌意等。

（二）注意呼救信号及自杀线索

大多数自杀者在自杀前呈现矛盾的心理状态，处于既想“结束生命、摆脱痛苦”又“恐惧死亡、眷恋人生”的矛盾之中，故常常会谈论与自杀有关的话题，有意无意地向周围人暗示自杀，发出求助信号。约 2/3 的自杀成功者由于没有得到应有的回应，继而发生了无可挽回的结局。

常见的自杀线索包括以下几个方面：① 言谈中表现出严重的孤独、无助和失望；② 对未来失去兴趣，回避为未来做现实的计划，回避或拒绝讨论生活的意义；③ 表现出专注于死亡，包括用艺术、诗歌或故事描绘死亡；④ 向亲友、同学、同事或在个人作品中流露出消极、悲观厌世的情绪，表达自杀的意愿；⑤ 无理由突如其来将极有价值和纪念意义的个人物品赠送他人；⑥ 消极情绪突然改善，情绪显得很平静甚至较为乐观，主动与人接触，对有隔阂的人表示宽容或寻求谅解；⑦ 行为上出现戏剧性的变化，如一向谨慎的人忽然对什么都不在乎，内向的人突然开朗起来或者无故与人争吵，毫不顾忌地发泄，过多吸烟、酗酒等；⑧ 制订自杀计划、购买自杀工具、寻找自杀场所等；⑨ 近期内有过自伤或自杀未遂的行为等。

三、自杀的预防策略

自杀是个人素质和应激相互作用的产物，是心理、社会和生物等多种因素作用下形成的行为。因此，应该从多维度、多途径开展自杀的预防。

（一）培养正确的生命观和人生观

培养尊重生命的态度，建立积极的生命价值观，认识珍爱生命的价值，热爱生活，积极乐观，激发生命的潜力，不断追寻和实现生命的意义。此外，塑造和培养正确的人生观，增强生命责任感，增强对自己承担的多种角色的认同感及适应力，在计划、组织、实施的各项活动中学习对自己负责，对他人负责的态度，提高自己承担责任的能力，在亲情教育中体会对家长的亲情与责任，从而使自己能以乐观负责的态度善待生命、珍爱生命和发展生命。

（二）提高耐挫折能力

压力会伴随人的一生，谁都不可能避免。在众多压力面前，每个人耐受压力和挫折的能力是不同的，有的人积极乐观，越挫越勇，不断成长；有的人却无所适从，怨天尤人，牢骚满腹，在惶惶然中一事无成。因此，在心理健康教育的课堂教学、讲座、学生活动中，树立正确的挫折观，明确学习、生活中的挫折和压力在所难免，提高自我认识水平，客观地看待自我和环境，对自己有恰当的期望，避免因高期望所致的失望和痛苦。也可通过参与心理训练活动，如团体互动、模拟演练等方式了解在压力打击下的恰当反应，学习改善人际关系的技能，了解面临挫折时如何积极利用各种社会支持资源，以及出现情绪行为反应后知道如何求助。

（三）了解自杀预防知识

学习自杀预防的相关知识，对自杀有正确的认识，了解自杀想法的迹象，学习精神障碍的表现、危害和治疗的可能性，了解自杀的发展过程。消除对自杀者的歧视，对自杀未遂的同学予以帮助，做好预防工作，不必刻意避讳和有自杀想法的人讨论自杀问题；相反，对自杀问题适时适度地探讨可能会让其意识到自杀并不是解决问题最好的方法。同时也要通过全面学习心理健康知识，树立心理健康意识，正确认知和管理心理压力，增强心理调控能力和社会适应能力，不断提高心理健康水平，预防心理障碍的发生。

（四）发现并关注高危人群

高危人群出现自杀的可能性大，需要及时发现并予以关注。有研究发现，大学生中的自杀高危人群主要是有学业困难、感情困扰、人际障碍、经济困境、突遭重大打击和罹患精神疾病等的学生。因此，如果身边同学有考试不及格、失恋、经济困难等容易产生危机的情形，应加强与其沟通，了解其对事件的认知评价、情绪状况及学习生活状态，有利于及时掌握情况。如果同学对事件的评价恰当，反应适中，有较强的耐受压力和抵御挫折的能力，则除了给予必要的支持外，应保持联系并持续关注；如果同学对事件的情绪和行为反应强烈，主观痛苦感明显，则需要特别关注，应动员其他同学予以支持和帮助，并将此情况汇报给辅导员，建议其到学校心理咨询中心进行危机评估，由专业人员对其进行危机干预，必要时及时转介医院精神科。

（五）及时解决诱发自杀的心理问题

自杀是多种原因诱发下的一个结果，相较于其他因素，精神障碍或疾病是诱发自杀最主要的因素。此外，大学生面临着学业负担、自身成长、感情变化和就业等多方面压力,当个体因无力应对困境出现不可承受的心理痛苦时,有可能走上自杀的悲剧之路。因此,当用既往方法无法有效应对困境出现心理痛苦时,应及时寻求治疗和专业心理帮助。值得注意的是,推动有自杀想法和行为学生的专业心理求助行为也是自杀预防工作的一个关键组成部分。

第三节　生命存在与生命价值

当代大学生应该了解生命的意义,发挥生命的潜能,培养自己尊重生命的态度,珍惜生命,秉持积极乐观的心态,活出人生的精彩。

一、生命存在概述

(一)生命存在的形式

生命构成了世界存在的基础,正是因为有了生命世界才变得精彩。而在所有生命存在的形式中,人是超越一切其他生命现象之上的存在物。人的生命包括生物性、精神性和社会性三种基本属性。其中生物性是所有物种生命的共同属性,而精神性和社会性则是人类所特有的。个体完整的生命存在的形式即生物性生命、精神性生命和社会性生命。

1. 生物性生命　生物性是人生命的最基本属性,是人的生命的社会性、精神性的基础和前提。生物性生命是每个人作为肉体的生命,它涵盖了生长、发育等核心过程。

2. 精神性生命　精神性是指人类所特有的高度发展的思维能力和情感,即能够用抽象意识对外界事物做出反应,形成主观的观念、精神、道德、性格等,并能采取有意识的行动以达到自己的一定目的。人生命的精神性来源于人的社会生活,包括其所处的家庭环境、社会环境以及成长过程中所受的教育、经历等因素,这些因素对人的性格、道德、情感、思维等基本精神属性的形成具有根本性的影响。因此,良好的精神属性的产生和发展需要良好的家庭、社会、教育等环境。

3. 社会性生命　社会性生命是人与人、人与世界间的生命连接。人是一种社会的存在,从出生到死亡,其所有的活动或生活都发生于具体的社会现实生活之中,并且不可避免地、有意识地要与周围的人发生诸如生产关系、亲属关系、同事关系、买卖关系等各种各样的关系。遵守相关的关系规则,并扮演各种角色,享有正当的权利和履行相应的责任,这就是人的社会性存在。作为个体的生命如果离开社会,不仅会使个体生命失去应有的意义和价值,同时,也将丧失自然生命存在的基础。人的社会性要求每个个体必须正确处理好现实生活中的各种关系,以实现社会的和谐,这样才能使个体生命自身获得充分的发展。换句话说,社会是个人发展的基础,离开社会,人就会失去应有的价值和意义。

在人生命的三种属性中,生物性与生俱来,是个体生命存在的自然物质载体和本能的存在方式,是人的生命之本,与健康安全与否决定着生命的长度,失去生物性,即失去生命本身,一切将变得毫无意义,这就要求每一个人都要倍加珍惜和保护自己的生命。精神性赋予生命灵性和灵魂,使人超脱动物的本性,拥有了实现生命价值和意义的动力。因此,人生命的精神性决定了生命的高度。社会性则为实现个体生命的价值和意义提供了基本条件和场所,并在很大程度上决定了生命的境界,体现生命的宽度。因此,人生命的三种属性相互联系、相互制约,共同构成个体的完整生命。

(二)生命的特征

1. 有限性与无限性　生命的有限性首先表现为时间上的有限性,即每个人的寿命都是有限的。其次,生命的有限性表现为生命的不可逆性。最后,生命的有限性还表现为生命的不可重复性。生命对于任何人来说都只有一次,每个人的生命从长度、高度、宽度等各个维度都是独一无二的,没有重复的可能性。同时,由于自我意识的存在,人的生命又具有无限性。这是因为客观世界本身并不是各种单纯事件的复合体,而是各种过程的复合体。正是生命的有限性才促使人去努力思考、发奋创造,积极生活去实现自己生命的无限性。

2. 超越性与珍贵性　生命的超越性是指生命能够超越自身局限，追求更高的境界和价值，这是人生命的内在本质属性。生命哲学家认为生命的超越性来自生命与生俱来的能量与活动。生命具有超越生命本身的能力，生命的过程是不断地更新自己和超越自己的过程。生命的珍贵性表现于生命的产生需要苛刻的条件、复杂的过程。生命由自然孕育而成，每一个生命的诞生都是珍贵的，都是不可替代的。生命只有一次，一旦失去就无法复生。珍爱生命是一种义务，每个人的生命不仅属于自己，还属于一切爱我们的人、属于社会。随意糟蹋甚至放弃生命的行为是一种对自我、对他人和社会不负责任的表现。因此，要用感激之心来看待生命。遗憾、痛苦也可以把生命的价值提升，不管面对的是幸运还是一时的苦难，都要珍爱自己的生命，悦纳自己的生命。

3. 整体性与独特性　生命有多方面的需要，在任何一种满足需要的活动中，它都以一个完整的生命体方式参与和投入，从而表现出一种整体性和和谐性。生命的神奇之处，就在于能做到肉体和精神的统一、生理和心理的统一、感性和理性的统一，进而达到个体生命整体和谐发展基础上的个人与社会的统一。另一方面，人类生命具有独特性。与其他生命形式相比，人类的生命最具有智慧，人可以凭借自身的智慧过一种创造性的生活。同时，个体生命因遗传、环境等因素不同而表现出存在的差异性。我们永远无法将生命定格，任何生命功能的产生和存在都是流动的、发展的。正因为生命的无限性和独特性，才使我们无法用自我主观的思维模式去掌控他人的人生。

心理测试 11-1

画出你的生命线，体验生命的意义

【导语】取一张白纸和一支笔，深呼吸，放松下来，安静、真实地面对自己的内心。

【题目】

1. 画线　将白纸横着放，在白纸的顶端写上“我的生命线”。在白纸的中间，从左到右画一条长长的横线，然后在右侧加上一个箭头，让它成为一条有方向的生命线（时间轴），并在横线起点处画一条垂直线（事件影响程度）。

2. 标注过去经历的重要事件　先找到你目前所在的年龄点，在横线上标出来。比如，你现在是 20 岁，就标出 20 岁的那个点，点的左边代表过去，右边代表未来。回忆过去你觉得对你影响较大的事件，找到事件发生的年龄点，用任意符号标注事件对你的影响，影响是消极的，则标在横线下方，影响是积极的，则标在横线上方，符号标注越远离横线，事件对你的影响越大。完成标注后，再整体观察一下，体会一下自己内心的感受。

3. 规划未来　记录未来想做的事情即在相应年龄点上写下想要做的事情。

【分析总结】

(1) 看看是横线上方的标注多还是横线下方的标注事件多？

(2) 如果所有的标注都在横线上方，这说明什么？

(3) 如果生命线上你目前年龄点的左侧或者右侧是空白的，这说明什么？

(4) 和你的同学分享，看看其他同学的生命线和你的有什么不同？

(5) 从这个测试中，你收获了什么？

资料来源：毕淑敏.心灵七游戏[M].长沙：湖南文艺出版社，2018：208-209.

二、理解生命意义

（一）生命意义的内涵

关于生命的意义，不同的人有不同的理解和界定。有人将生命的意义界定为一种能给予个体存在以方向感和价值感的目标，并实现此目标的过程，个体可以获得成为一个有价值的人的认同感。还有人认为，生命的意义指的是个人的意义，也就是个体存在的理由。当个人能意识到自己存在的理由时，会感到力量，并觉得自己的存在是有价值的。

生命的意义到底是什么?没有人能够用概括性的语言来回答这个问题。因为生命的意义在每个人、每一天、每一刻都是不同的,所以重要的不是生命意义的普遍性,而是在特定时刻每个人的特殊的生命意义。这个问题就好比问一个棋手:“告诉我,大师,世界上最佳的招法是什么?”离开特定的棋局和特定的对手,压根儿不存在什么最佳的招法。人的存在也是这样,你不应该追问抽象的生命意义,每个人都有自己独特的使命。这个使命是他人无法替代的,并且你的生命也不可能重来一次。每个人生命的任务是特定的,完成这些任务的机会也是特定的。

概括来说,生命意义主要包括两个方面:对生命意义的执着追求和对生命意义的理解。简而言之,生命的意义就是去追求自己的理想与生活目标,过上自己想要的生活,获得生命价值的认同感。

(二) 生命意义的追寻

人到底为了什么而存在?人的生命存在最主要的是“意义”的存在。正是“意义”决定了人的生命存在与发展的方向,正是“意义”体现了生命的价值和尊严。

生命的意义在于“活着”,在于“活着”的过程。生命的意义也在于实现自己的价值。过去的人们创造了我们现在所享受的物质文明和精神文明,他们的生命对于我们来说是有意义的。同样地,我们现在所有的努力和创造,对于后代是有意义的,这样才有人类更加美好的未来。

(三) 生命意义对心理健康的影响

生命意义与心理健康是相互作用的。心理健康在一定程度上依赖于人们怎样看待生命;反之,对于生命意义的认识也受心理健康水平的影响。

1. 生命意义与个体自我认同感的同一性　奥地利著名心理学家弗兰克尔(V. Frankl)认为,生命的意义与价值在自我认同感和同一性形成过程中发挥着重要的作用,当一个人缺乏生命意义时就会产生空虚、无聊和厌烦的感觉。生命意义能够持续预测和调节心理健康状况,生命意义感的实现程度是判断心理健康水平的标准之一。然而,如果给生命强加过度的意义和价值,也会极大地损耗自我的能量并产生无力感、无能感,导致出现各种形式的甚至是自我毁灭式的逃避行为,也就是埃里克森所说的“自我认同危机”。同时,自我认同发展状态也对生命意义有影响。一个自我认同高的人可能更有动力创造生命的价值和意义。

2. 生命意义与个体情绪　国外学者发现,生命意义感和情绪健康之间存在着明显的正相关关系,生命意义能够持续地预测心理健康,且积极情绪与生命意义体验存在紧密关系。国内学者对人生观与个体日常情绪的研究表明,个体在人生目的、意义追求上的不同与个体情绪有不同程度的相关。

3. 生命意义与挫折应对　国内外的诸多研究表明,在压力背景(如生活重大事件、人生变故、伤残等)下,生命意义在应对方式与压力之间有调节作用。国外一项对大学生的调查发现,生命意义是压力与药物滥用之间的调节变量;国内的研究表明自我超越生命意义感与压力调节存在交互作用,李虹对788名大学生样本进行了分析,发现自我超越的生命意义对心理健康具有调节作用,可以调节应激条件下的忧郁情绪、一般健康问题和自尊,并能够缓解校园压力对心理健康的负面影响。

4. 缺乏生命意义的后果　一个人在生活中如果没有找到自己生命的意义,会产生严重的后果。首先,当人们在探索生命意义的过程中遭受挫折,就可能被生存的空虚感所笼罩,便会转而寻求享乐和追求金钱甚至吸毒等作为补偿,而这些补偿除了获得短暂的快乐外,会让人的空虚感更加强烈;其次,生命意义的挫折感和价值感的冲突会导致心理疾病,如焦虑、抑郁、恐慌等;第三,缺乏生命意义感是大学生自杀的主要原因之一。研究发现,自杀的人缺乏对生存的重要信仰和对生命价值的认识,当遇到较大的压力时往往会放弃解决问题的努力和尝试,从而选择轻生。生命意义感的提高,有助于降低大学生社会性无聊感,减少自杀意念的出现。

三、追求生命的意义与幸福感

大学生追求生命的意义,首先要体会到人生的幸福感。幸福感也叫主观幸福感,是指个体主观上对自己已有的生活状态的一种积极的肯定的态度和感受。也就是说,主观幸福感是一个人对自我的生活状态、周围环境和相关事件的满意认知和评价,同时也是一个人在情绪体验上对这些方面的主观认同。一个有幸福感的大学生,也必然会更乐观更积极地寻求生命的意义。其次,大学生要做对社会有意义的事情,实现作为一个社会人的社会价值，会更有成就感。最后，心流理论之父、积极心理学奠基人米哈里（C. Mihaly）说："生活质量不仅仅取决于快乐，也包括我们为了追求快乐而做的事。"为何有些人总是比别人快乐？有研究发现，比较快乐的人有内在的目标，并且目标是与个人的需求一致的、可行的、实际的，被文化所认同，且不会互相矛盾的；比较快乐的人在追求成功时，会全身心投入自己的目标，并相信自己是向着目标努力的；比较快乐的人是乐观和有期盼的，有正面的期盼，能从负面的事情中找到正面的意义，有幽默感，不会沉迷在不断重复及自我中心的思虑之中。追求幸福感的方法可以参考以下几个方面。

（一）形成乐观的积极思维

人们越关注什么，什么就越有可能变成现实。积极的情绪推动我们的思维往积极的方向思考问题，消极的情绪推动我们的思维往消极的方向思考问题。快乐不等于没有不快乐，所以负性情绪的体验是一种自然而正常的生命现象。若是身处逆境，遭遇各种磨难，却以积极的态度和想法来对待，则易逆转处境，同时收获智慧与预期的结果。若以怨天尤人的态度待之，人的行为也会消极怠慢，则会失去更多的机会。因此，形成乐观的积极思维非常重要。

（二）培养积极的解释风格

积极心理学家塞利格曼（M. E. P. Seligman）博士认为能够形成"积极思维"，关键在于解释风格。对解释风格的判断维度有三个：永久性、普遍性与个人化。永久性即事情的起因是否会始终存在；普遍性即起因影响许多情况；个人化即起因就是我，而不是其他人或其他情况。

悲观的人的特征是，他们相信坏事都是因为自己的错，这件事情会毁掉一切，会持续很久。乐观的人在遇到同样的坏事时，会认为现在的失败是暂时性的，每个失败都有它的原因，不一定是自己的错，可能是环境、运气或其他人为原因的后果。因此，乐观的人不会被失败击倒，在面临恶劣环境时，他们会把它看成是一种挑战，更努力更积极地去克服它。

（三）接纳自己的不完美

好与坏都是相对的。比如，很多负面情绪也是人性的一部分，如果我们能够接受不良情绪，我们就可以从不良情绪中获得新的感悟，甚至促进个人成长。这个世界上没有完美的事物也没有完美的人，这种不完美才是独特的，使人成为这个世界上独一无二、无可替代的个体。

（四）尝试一些改变

接受不完美不代表放弃自己，我们可以做出改变，让自己变得更好，离理想的自己更接近。首先要放弃执念。很多人之所以体验不到快乐，不是他不够优秀，也不是他收获得不多，而是某些近乎固执的偏见、认知和目标。比如，认为取得第一才有资格幸福、要每天都非常自律才是完美的，不能接受懈怠，甚至是正常的放松。其次，确立合适的目标后，改变要立即行动起来，不抱怨不拖延。

（五）遵循幸福法则

有人总以为幸福在未来，今天的努力是为了明天的幸福，但从来没有感觉到今天是幸福的。珍惜当下，活在当下，才能感受到最真实的幸福。塞利格曼博士提出了塞式幸福法则，具体见下：

1. 过去的就让它过去吧　过去的事不能决定未来，不要把自己桎梏在过去。一个人如果总沉溺在过去及发泄愤怒会引发心脏病及更多的愤怒。我们可以通过学会感恩和宽恕逃离过去。感恩和宽恕能改变我们的记忆，感恩能增加美好记忆的强度，宽恕则可以将痛苦记忆的保险丝拆掉，使它不能再被引爆。过去的就让它过去吧，这样会更幸福。

2. 培养乐观情绪　面临困境，需要培养乐观情绪。我们可以提出证据，用证据来证明自己的想法不对；还可以分析存在的原因，来进行合理的解释和利用暗示心理法进行自我调整。通过这一系列的反驳，让自己从悲观的情绪中走出来，感受乐观情绪带来的美好，让自己重新振作起来，最终获得全面的胜利。

3. 抓住现在的幸福　现在的幸福感与过去和未来的幸福感有非常不同的成分，它包含愉悦和满意。愉悦有很强的感官和情绪特点，纯粹是感觉上的满足与快乐，不需要思考，如狂喜、兴奋、高潮、兴高采烈和舒适。满意是做了最喜欢做的事而带来的感觉。这个感觉比愉悦更长久，因为它是思考和诠释的结果，不容易习以为常，它的能量来自我们的优势和美德。积极行动起来，为自己的幸福改变，并坚持下去。

【思考题】

(1) 从哪三个方面进行大学生心理危机评估?

(2) 常见的自杀线索包括哪几个方面?

(3) 大学生追求幸福的方法有哪些?

(张春霞　王艳郁)

第十二章

大学生职业生涯规划与择业心理

本章要点

掌握：职业生涯规划的目标和原则；职业生涯规划的意义。

熟悉：大学生职业生涯规划及择业中常见的心理问题；大学生职业生涯规划素养的培养。

了解：职业生涯规划的特征和内容；常见的职业生涯理论。

经历了高考，你所进入的大学是不是理想中的学府？你打算怎么度过大学生活？毕业后去向何方？如何发挥自己的潜能，体现自己的价值？在你理想的生活状态中，职业将扮演怎样的角色？所有这些话题都是生涯规划问题。本章将围绕大学生关心和关注的职业生涯问题开展讨论，希望能够帮助大学生拨开云雾，对自己的生涯发展进行理性规划与主动实践。

第一节 职业生涯规划的概述

一、职业生涯规划的概念及特征

（一）职业生涯规划的概念

1. 生涯　什么是“生涯”？“生”可以理解为生命，“涯”可以理解为边际，通俗地讲，可以将“生涯”视为人从出生到生命终结的全部历程，即人的一辈子。我国台湾地区学者林清文认为，“生涯”这两个字在词意上即暗示了生命的这两个端点，但是更强调的是在这两个端点之间的生活要如何充实，即两个端点之间的生活内涵。《论语》中的一段话有明显的生涯阶段的意味：吾十有五而志于学，三十而立，四十而不惑，五十而知天命，六十而耳顺，七十而从心所欲，不逾矩。宋代洪迈的《容斋随笔》提到“人生五计”：小的时候要多吃、成长、活下去，是生存之计；在青壮之年，要思考到自己要如何在社会中立足，是立身之计；年岁渐长，成家立业，要维持家庭的温饱和家门和乐，是立家之计；白发渐增，心力犹在，颐养天年，怡然自得，是老死之计；去日无多，回顾人生，不应有恨，从容面对人生的结束，是好死之计。可以看出，人在每个人生阶段都有在这个阶段的特殊任务。

2. 职业生涯　美国职业管理专家萨伯(D. E. Super)指出：职业生涯(career)是生活中各种事件的演进方向和历程，它统合了人一生中的各种职业和生活角色，由此表现出个人独特的自我发展组型，它也是人自青春期至退休以后，一连串有酬或无酬职位的综合，甚至包括了副业、家庭和公民的角色。可以看出，职业生涯不仅包含职业角色，还同时包含了职业以外的各种生活角色，而且“生涯”的内涵和外延仍在不断拓展中，职业在很大程度上决定了一个人的自身发展和生活状态。因此，常见以“职业生涯”指代整个生涯，此为广义的职业生涯。狭义的职业生涯作为生涯的下位概念,是指个体一系列工作经验的总和,是有计划的职业发展历程,个体承担作为工作者的角色。本章重点讨论狭义的职业生涯。

3. 职业生涯规划　从字面意思上来看,职业即是对个体的职业生涯发展制定计划。简单来说,职业生涯规划是帮助个体发现自己喜欢并擅长的工作,然后力争得到这份工作,并获得在这个岗位上的长期职业发展。但职业生涯规划,又不是简单地找工作或只与工作有关,它是个系统工程,主要取决于两个方面:一是社会发展的客观需要,特别是社会职业的现实需求;二是大学生或当事人自身的实际情况,其中起主要作用的是当事人自己。因为职业生涯规划不是社会或学校强加在个人身上的实施方案,而是当事人在内生动力的驱使下,结合社会职业的要求和社会发展利益,依据现实条件和机会所制定的个人化的实施方案。所以,我们注重从个人的角度来探讨职业生涯规划,其主要内容包括:自我认识、自我规划(确定职业方向和目标,制定职业发展道路计划)、自我管理(明确需要进行的自我学习、提升准备和行动计划)、自我实现(反馈评估、修正完善)。

职业生涯是动态的、未知的,要对这种不确定性有一定的心理准备,相应的规划和行动也要有一定的弹性,实现原则的坚定性与策略的灵活性的统一。

(二)职业生涯与规划的特征

1. 方向性　也称发展性,职业生涯目标是人生追求的重要目标。职业生涯的追求目标就是实现组织满意和达成个人需求。职业生涯规划就是围绕目标,分解贯穿人生发展的每个阶段,通过不断的调整和持续的职业活动安排,最终实现职业生涯目标。

2. 时间性　也称阶段性,强调职业生涯是一个时间概念。每一个职业生涯周期内的角色和主题存在差异,而职业生涯规划是对未来的职业生涯目标和未来职业行动的预测。因此,各项活动的实施及完成时间,都应该有时间和顺序上的安排,以便作为检查行动的依据。

3. 空间性　也称角色性,是指职业生涯是以事业的角色为主轴,也包括了其他与工作有关的角色。生涯不仅局限于个人的职业角色,也包括学生、子女、父母、公民等涵盖人生整体发展的各个层面的各种角色。这些角色不一定都和职业息息相关,但都会以自己独特的方式对职业生涯产生一定的影响。

4. 独特性　也称个体性,职业生涯是个人的行为经历,而非群体或组织的行为经历。每一个人的生涯发展是独一无二的。即使以相同的顺序经历同样的角色,不同的个人特质,表现不尽相同。如比尔·盖茨(B. Gates)和扎克伯格(M. E. Zuckerberg),二人都在少年时期表现出过人的计算机天赋,又先后进入哈佛大学学习然后辍学选择创业。这看似高度重叠的一段人生结果却是截然不同,比尔·盖茨的微软关心的问题是"我们如何能让你和你的公司更有生产力?"而扎克伯格则关心"我们如何能更好地让你和你的朋友保持联系?"这些都是个人特质在生涯中的独特体现。

5. 主动性　也称主体性,人是职业生涯的主动塑造者。只有当人主动去探索时,职业生涯才会清晰出现。个人的遗传因素、社会阶层、偶发因素等都会在一定程度上影响职业生涯发展,但实际上真正影响的是个体做出的职业生涯决策,真正做出行动的人是个体本身。从这个角度看,毫无疑问职业生涯是由个体主动塑造的。更何况现代社会快速发展,不确定因素增加,一个人并不一定能够确保终身只待在一个组织中,因此,个人的职业生涯更多地受其职业兴趣和职业动机影响,具有主体性。

二、职业生涯规划的意义

(一)明确职业生涯发展方向

明确方向的意义首先在于引导。有句谚语:"如果你不知道自己要去哪儿,那你哪儿也去不了。"说明只有明确了目标,才能够知道下一步走向何处,才不会茫然,不至于慌不择路。否则,对于没有目标的航船,任何方向吹来的风都是逆风。设定了目标,就可以规划每一步行程。职业生涯规划也是如此,要实现职业生涯的成功,首先要知道职业生涯的目标是什么。然后,前瞻性的规划可以帮助我们从宏观上把握整个职业生涯发展的大概态势,通过少走不必要的弯路,尽可能地缩短实现目标的距离。

明确方向的第二个意义在于激励。职业生涯规划有助于引导大学生积极进行人生价值的思考,树立正确的职业理想。有了清晰明确的职业理想目标,个体就容易克服生涯中逆境和困难,不断向前。

案例 12-1

朝着北斗星走，就能走出沙漠

比赛尔是西撒哈拉沙漠中的一颗明珠，每年有数以万计的旅游者来到这儿。可是在肯莱文发现它之前，这里还是一个封闭而落后的地方。这儿的人没有一个走出过沙漠，据说不是他们不愿离开这块贫瘠的土地，而是尝试过很多次都没有走出去。肯莱文当然不相信这种说法。他用手语向这儿的人问原因，结果每个人的回答都一样：从这儿无论向哪个方向走，最后都还是转回出发的地方。为了证实这种说法，他做了一次试验，从比赛尔村向北走，结果三天半就走了出来。比赛尔人为什么走不出来呢？肯莱文非常纳闷，最后只得雇一个比赛尔人，让他带路，看看到底是为什么。他们带了半个月的水和食品，牵了两头骆驼，肯莱文收起指南针等设备，只拄一根木棍跟在后面。

十天过去了，他们走了大约八百英里（1 英里≈1 609 米）的路程，第十一天的早晨，他们果然又回到了比赛尔。这一次肯莱文终于明白了，比赛尔人之所以走不出大沙漠，是因为他们根本就不认识北斗星。在一望无际的沙漠里，一个人如果凭借感觉往前走，他会走出许多大小不一的圆圈，最后的足迹十有八九是一把卷尺的形状。比赛尔村处在浩瀚的沙漠中间，周遭没有一点参照物，若不认识北斗星又没指南针，想走出沙漠确实是不可能的。

肯莱文在离开比赛尔时，带了一名叫阿吉特尔的青年，就是上次和他合作的人。他告诉这名青年，只要你白天休息，夜晚朝着北方那颗星走，就能走出沙漠。阿吉特尔照着去做，三天之后，果然来到了大漠的边缘。阿吉特尔因此成为比赛尔的开拓者，他的铜像被竖在小城的中央，铜像的底座上刻着一行字：新生活是从选定方向的那一刻开始的。

资料来源：邢朔.找到属于自己的北斗星[J].文学教育(下)，2019(3)：187.

（二）避免路径依赖

拓展学习 12-1

永远的 4 英尺 8.5 英寸

美国铁路两条铁轨之间的标准距离是 4 英尺 8.5 英寸（1 英尺≈0.304 8 米，1 英寸≈0.025 4 米），这是一个很奇怪的标准，究竟是从何而来的呢？

原来这是英国的铁路标准，而美国的铁路原先是由英国人建的。为什么英国人用这个标准呢？原来英国的铁路是由电车轨道的设计者设计的，而这个正是电车所用的标准。电车的铁轨标准又是从哪里来的呢？原来最先造电车的人以前是造马车的，而他们沿用了马车的轮宽标准。

马车为什么要用这个一定的轮距标准呢？因为如果那时候的马车用任何其他轮距的话，马车的轮子很快会在英国的老路凹陷的路辙上撞坏的。为什么？因为这些路上的辙迹的宽度是 4 英尺 8.5 英寸。

这些辙迹又是从何而来的呢？答案是古罗马人所定的。因为在欧洲，包括英国的长途老路都是由罗马人为他们的军队所铺的，4 英尺 8.5 英寸正是罗马战车的宽度。如果用在这些路上驾驶不同轮宽的马车的话，轮子的寿命都不会长。

那么罗马人为什么以 4 英尺 8.5 英寸为战车的轮距宽度呢？原因很简单，这是战车的两匹马屁股的宽度。

资料来源：余荣华.从美国铁路宽度想到的[J].国防，2008(11)：73.

在职业生涯中，常常出现选择的第一份工作在哪个领域、什么职业，很可能一生都跳不出这个领域、这种职业。当初一个不经意的偶然，可能导致日后难以改变的必然，这就是路径依赖。看起来有几许悖谬，但却是事实。一旦做了某种选择，惯性的力量会使这一选择不断自我强化，人们轻易走不出去。一旦选择了“马屁股”“人生轨道”可能就只有 4 英尺 8.5 英寸宽。虽然我们并不满意这个宽度，但已很难从惯性中抽身而出。

对正处于职业生涯发展初期阶段的大学生而言，如果设置的职业生涯发展预期是经过深思熟虑的有意识选择，如果在选择和行动时都能保持清醒，有的放矢地朝着目标一步步靠近，而非从一个阶段到下一个阶段的茫然随波逐流、走一步算一步，就可以有效地避免路径依赖。

(三) 降低机会成本

拓展学习 12-2

“机会成本”的概念

机会成本最早是经济学中的概念，指一笔投资在专注于某一方面后所失去的在另外其他方面的投资获利机会。萨缪尔森(P. A. Samuelson)在其《经济学》中曾用热狗公司的事例来说明机会成本的概念。热狗公司所有者每周投入 60 小时，但不领取工资。到年末结算时公司获得了 22 000 美元的可观利润。但是如果这些所有者能够找到另外其他收入更高的工作，使他们所获年收入达 45 000 美元。那么这些人所从事的热狗工作就会产生一种机会成本，它表明因他们从事了热狗工作而不得不失去的其他获利更大的机会。对于此事，经济学家这样理解：如果用他们的实际盈利 22 000 美元减去他们失去的 45 000 美元的机会收益，那他们实际上是亏损的，亏损额是 45 000−22 000=23 000 美元。虽然实际上他们是盈利的。

资料来源：娄慧慧.大学生高等教育的个人机会成本分析[J].学园，2015(14)：199.

职业生涯发展中也涉及“机会成本”的问题。选择一个职位，另外一个可能的职位带来的效益就是机会成本；想跳槽转行，继续留在原来那个行业可能创造的价值就是机会成本。机会成本越高，权衡选择的难度就越大。

职业生涯发展如同爬树一样，一旦发现树上所结的果实并非自己所需或上面的枝干已经腐朽时，唯一的选择就是退下来，换一棵树或者朝另一个方向继续爬。在旧树干上爬得越高的人，退下来的难度也就越大，而越是等待观望，所付出的代价就越大。

职业生涯规划可以帮助大学生明确自己想采摘怎样的果实，用望远镜看看“树”的顶端有没有这些果实，从而提前做出恰当的选择，降低个人的成本。

三、职业生涯规划的目标及原则

(一) 职业生涯规划的目标

职业生涯规划的目标是指个人在选定的职业领域内未来时点上所要达到的具体目标，根据时间长度的不同，包括长期规划目标、中期规划目标和短期规划目标等。

1. 长期规划目标　长期规划目标是个体根据自己的专业、兴趣、性格和价值观以及社会的发展趋势理性思考，制定自己 5～10 年以上通过努力可以达成的目标，如规划自己 30 岁成为医院的主治医生，40 岁成为医院的科室主任等。长期规划目标具有如下特征：① 目标是自己认真选择的，和组织、社会的发展需求相结合的；② 目标很符合自己的兴趣、价值观，能为自己的选择感到骄傲；③ 目标能用明确的语言定性说明；④ 有实现的可能，并有更大的挑战性；⑤ 目标与志向相吻合，能够立志通过努力实现理想。

2. 中期规划目标　中期规划目标是个体将长期规划目标进行分解，结合自己的资源、组织环境要求和自己的兴趣、能力和价值观制定的 2～5 年内达成的目标和任务。如 5 年内考上一流高校博士生。一般来说中期规划目标具有如下特征：① 目标是结合自己的志愿、组织的环境及要求制订的，与长期目标是相一致的；② 目标符合自己的兴趣、价值观，使人充满信心，且愿意公之于众；③ 目标切合实际，并且未来的发展有所创新，有一定的挑战性；④ 目标能用明确的语言定量与定性说明；⑤ 目标有比较明确的执行时间，根据外部环境变化可做适当的调整；⑥ 目标可以发挥自己的能动性，实现的可能性非常大。

3. 短期规划目标　短期规划目标是个体根据自己现实的资源、价值观、所学的专业和社会环境的需求，并结合中长期规划目标，制定的2年内的目标和任务。它可以进一步分解为年度目标、学期目标、每月目标、每周目标等。短期规划目标具有如下特征：① 目标表述清晰、明确；② 目标对于本人具有意义，与自我价值观和中长期目标一致，有可能暂时不能完全满足自己的兴趣要求，但可“以迂为直”；③ 目标切合实际，并非幻想；④ 有明确的具体完成时间；⑤ 有明确的努力方向，通过努力能达到适合环境需要的能力，实现起来完全有把握；⑥ 目标精练。

在确定以上各种类型的职业生涯目标后，就要制定相应的行动方案来实现它们，把目标转化成具体的方案和措施。

（二）职业生涯规划的原则

1. 目标性原则　目标性原则就是确立职业理想。目标性原则是大学生进行职业规划的首要原则。理想目标是成功路上的导航灯，奋斗途中的推动器。在职业发展的道路上，难免会遇到挫折和困难，只有坚定目标，才能矢志不渝。大学生规划的职业理想就需要了解社会的发展趋势和需求与自己的兴趣爱好和专长，确定职业理想，了解自己将来所要从事的职业的具体要求，做到心中有数，围绕未来职业对个人素质和能力的要求来制订自己大学阶段的学业计划。需要说明的是，对于大学生来说，大学生所学的专业是毕业求职的基础，某种程度上也是大学生最重要的资源。因此，大学生生涯规划应该在大学学习和学业上要有明确的目标和要求。

2. 可行性原则　可行性原则也称可操作性原则，就是制定的规划不仅有目标，还有落实目标的方案，为目标进行排兵布阵。表现在目标和行动方案是与自己的兴趣、价值观、能力、社会环境、组织环境相结合，制定清晰的目标和规划方案，列举具体的、可量化的和可操作的行动措施。大学阶段，制定的职业规划应该就是一个时间计划表，这个规划将时时提醒自己已经取得了哪些成绩以及下一步的进展如何。就大学学习来说，如果说职业理想是河对岸的一个目标，那么专业的学习就是到达对岸目标的渡船。每个专业都有培养方向和培育目标，也有一定的就业领域。在规划时，要分析自己所学的专业，了解本专业的发展状况，清楚它对个人素质和能力的培养要求，根据专业的要求和特点来规划。

3. 独特性原则　独特性原则就是根据个人特点来规划。每个人的性格、兴趣、爱好和志向都是不一样的，生活习惯和学习习惯也是不同的，所处的社会环境和家庭环境也有很大的区别，实施计划的方法、能力和意志力也会有不同程度的差异，这些都是个体的差异。大学生在进行职业生涯规划时，一定要对自己有较为全面的认识，结合自身的情况或特点来做规划。这样才能有针对性，也才能取得较好的效果。

4. 发展性原则　发展性原则就是根据不同阶段来规划。生涯规划的制定应该充分考虑大学的不同学习阶段有不同的学业目标，在制订规划时应具体到大学里的每一年、每一学期。例如，刚进大学的第一年主要是学习基础知识，适应环境；第二、第三年主要是专业学习和提高综合素质；大四和毕业年级强调实践。因此，在大学不同学习阶段的规划应该有所侧重。

四、职业生涯规划的内容

职业生涯规划是个人在生涯发展历程中，对自身各种特质以及外界进行探索，以逐渐形成职业生涯决策，并建立职业生涯目标，拟定实现目标的工作、教育、培训计划和行动方案的过程。用信息加工理论(information processing theory)的信息加工金字塔模型可以清晰阐释职业生涯规划的过程和内容(图12-1)。

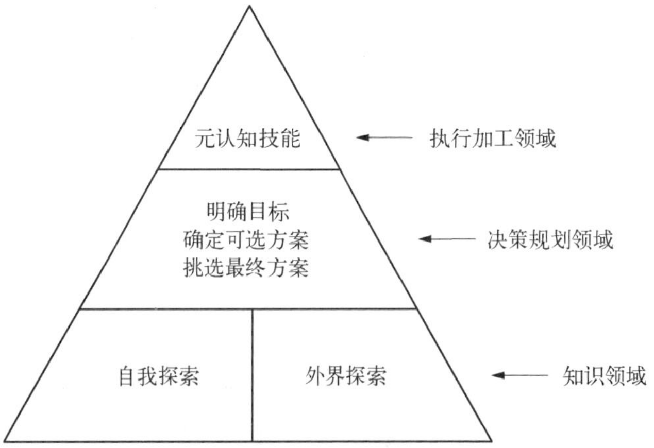

图12-1　职业生涯规划的金字塔模型

金字塔的底层是知识领域。该领域包含了自我探索和外界探索。自我探索是个体对自身各种特质的探索，如兴趣、能力、性格、价值观等；外界探索是对毕业去路和成长资源的探索，包括职业、职场、校园、家庭等。自我及外界探索是进行决策规划的基础,探索得越充分,可利用的信息越多,越有利于理性地决策。一方面,从心理发展阶段看,大学生处于自我概念逐渐成熟的时期,对于我是谁、我能干什么等问题不一定清晰;另一方面,大学生对外界的了解和体验较少,对外界探索充满好奇和迷茫。因此,对于大学生来说,探索是最基础的工作,也是最为重要部分之一,在进行职业定位的过程中,或许三分之二的时间和精力将用于自我探索和职业探索。

金字塔的中间层是决策规划领域,基于底层探索所获得的认知、体验等进行决策,指为达到一定的目标,从两个以上的可行方案中选择一个合理方案的分析判断过程,是决策者经过各种考虑和比较之后,对应当“做什么”和应当“怎么做”所做的决定。也就是说,职业决策由三部分构成: ① 明确目标;② 确定可选方案;③ 挑选最终方案。对大学生来说,职业决策的核心在于根据自身特点和社会需要做出合理的职业方向抉择,即进行职业定位的问题。这个问题看似是一个点的选择,实际涉及对自我的了解、对职业世界的认识和体验,因此职业决策实际是一个整合过程。

金字塔的顶层是执行加工领域。职业生涯规划的过程能否顺利、有效地进行,需要一个较好的指挥及调控中心,执行加工领域对职业生涯决策提供指导和调整,好比球队的主教练。执行加工中包含元认知技能,主宰着我们如何思考职业生涯问题和决策制定。

以上三个部分中,金字塔的底层(知识领域)是职业生涯规划的信息系统,中间层(决策规划领域)是进行职业生涯规划的信息处理系统,而顶层(执行加工领域)是整个职业生涯规划过程的指挥系统。

第二节 职业生涯规划理论

一、人职匹配理论

最早的职业生涯规划理论被称作特质因素理论,该理论假定,个体的能力兴趣与大千世界的职业机会可以一一匹配,匹配一旦完成,个体的职业选择问题也就迎刃而解。美国波士顿大学教授帕森斯(F. Parsons)是该流派的典型代表。

1909 年,帕森斯在其著作《选择一个职业》中提出“人与职业相匹配是职业选择的焦点”。他认为,个人都有自己独特的人格模式,每种人格模式的个人都有其相适应的职业类型。人格模式包括能力倾向、兴趣、价值观和人格等,这些都可以通过心理测量工具来加以评定。

帕森斯的人职匹配理论具有较强的操作性,自提出以来经久不衰。其具体步骤如下: 第一步是探究个人,即评价求职者的生理和心理特点。通过心理测量及其他测评手段,获得有关求职者的身体状况、能力倾向、兴趣爱好、气质与性格、家庭背景、优势和局限等方面的个人资料。第二步是分析各种职业对人的要求,了解相关职业信息,如职业描述、入职条件、发展前景、薪酬福利等,以及不同工作岗位的优势和不足。第三步是人职匹配,即职业指导人员整合个人和工作领域的信息,在了解求职者的特性和职业的各项指标的基础上,帮助求职者进行比较分析,以便选择一种适合其个人特点又有可能得到并可能取得成功的职业。

帕森斯的特质因素论第一次系统地阐述了科学的职业指导方法,是职业指导最基本的理论,至今仍对职业指导工作具有重要的意义。特质因素论注重在实际辅导中,借助心理测量工具的使用和解释,对咨询者进行指导。然而,由于测量工具本身存在信度与效度问题,加之特质因素论假定个人特质与工作特征是稳定不变的,而事实上,这二者都在不断发展变化。因此,静态测量的结果未必能真正反映个人的长处与内心深层次的冲突,有可能仅止于表面的帮助。

二、生涯发展理论

自 20 世纪 50 年代开始,美国职业管理专家萨伯对发展心理学、差异心理学、社会心理学及人格发展理论进行了长期研究,系统地提出了有关生涯发展的理论,从而打破了特质因素论一统天下的局面,成为继帕森斯之后又一位里程碑式的人物。

（一）生涯发展阶段

萨伯认为，人的生涯发展会伴随年龄增长而递进，每个年龄阶段各有其生涯发展的任务。根据个体不同生命周期的特点和不同职业阶段的任务和目标，将生涯划分为成长、探索、建立、维持与退出五个不同的发展阶段（表 12－1）。每一阶段都有其特定的发展任务需要完成，而且前一阶段发展任务达成与否直接关系到后一阶段的发展。

表 12－1　生涯发展过程

发展阶段	年　龄	发 展 任 务
成长阶段	0～14 岁	发展自我形象，发展对工作世界的正确态度，并了解工作的意义
探索阶段	15～24 岁	发展相关的技能使职业偏好逐渐具体化、特定化并实现职业偏好
建立阶段	25～44 岁	在适当的职业领域稳定下来，巩固地位并力求晋升
维持阶段	45～64 岁	维持既有成就与地位，更新知识与技能，创新
退出阶段	65 岁以上	减少在工作上的投入，计划安排退休生活，退休

根据萨伯的生涯发展阶段理论，大学生正处在生涯发展阶段的探索阶段。这个阶段的主要发展任务就是从多种机会中探索自我，逐渐明确职业偏好，并在所选定的领域中开始起步。

（二）生涯彩虹图

萨伯在生涯发展阶段理论的基础上，又提出了生活广度、生活空间的生涯发展观，并加入了角色理论，将生涯发展阶段与角色彼此间交互影响的状况，用综合图形进行描绘，即“生涯彩虹图”（图 12－2），形象地展现了生涯发展的时空关系。

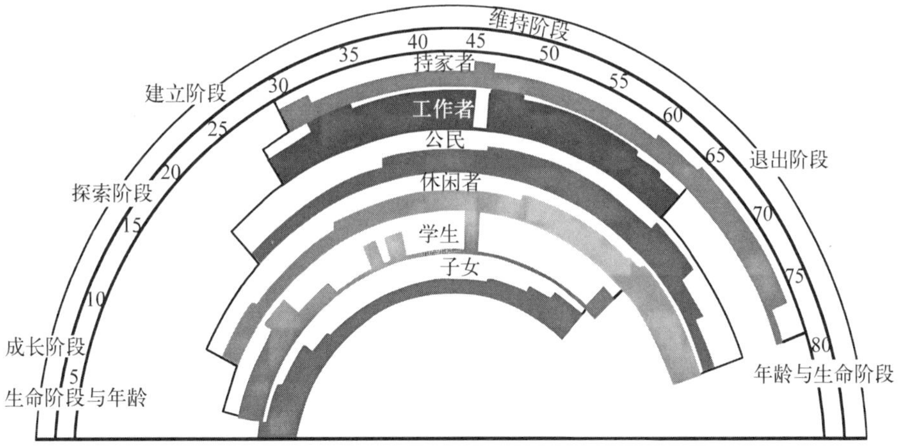

图 12－2　生涯彩虹图

生涯彩虹图的横向代表“生活广度”，是个体生涯发展的成长阶段、探索阶段、建立阶段、维持阶段和退出阶段（外圈）。纵向代表“生活空间”，由一组角色组成，包括子女、学生、休闲者、公民、工作者、持家者（内圈）。内圈上的阴影部分表示角色的分量。在同一年龄阶段，个人可能同时扮演多重角色，内圈上阴影部分也会有所重叠，但占比不同，投入到各角色的精力分量也不同。如果一个人在某个角色上投入了过多的精力，打破了角色间平衡，则可能导致另一个角色的失败。

按照萨伯的生涯彩虹图，大学生正承担着子女、学生、休闲者和公民等角色。如果大学阶段不统筹考虑这几个角色，一味地玩游戏，那仅承担了休闲者角色，就必然打破角色间平衡，使学生和子女等角色的失败。

萨伯的生涯发展理论和生涯彩虹图直观形象、结构化地展现了个体的生涯发展状况，对个体的自我了解，自我诊断和复盘反思具有很强的指导意义。

三、职业兴趣理论

美国约翰斯·霍普金斯大学心理学教授霍兰德(J. Holland)在研究中发现不同兴趣的人在职业选择上存在很大差异,某一种职业会吸引具有相同人格特质的人,这种人格特质反映在职业上就是兴趣;当个人的兴趣类型与职业环境相匹配时,将会增加个人的职业满意度、职业稳定性和职业成就感。于是 1959 年,霍兰德提出了职业兴趣理论,他依据大多数人的职业兴趣,将人格归纳为六种类型:即现实型(R)、研究型(I)、艺术型(A)、社会型(S)、企业型(E)和常规型(C)。每一种人格类型对应着其喜欢的活动和职业(表 12-2),这些人格类型可以通过测验得出。

表 12-2 霍兰德的六种人格类型表

类　型	喜欢的活动	喜欢的职业
现实型(R)	喜欢和事物打交道,用手、工具、机器制造或修理东西。愿意从事事务性工作,喜欢户外活动或操作机器,而不喜欢在办公室里工作	计算机类工程师、机械类工程师、摄影师、电子工程师、设计师等
研究型(I)	喜欢处理信息、探索,考虑问题理性,喜欢研究那些需要分析、思考的抽象问题,喜欢独立工作	实验室工作人员、生物学家、化学家、社会学家、物理学家和程序设计员等
艺术型(A)	喜欢创造、自我表达,喜欢写作、音乐、艺术和戏剧	作家、诗人、漫画家、演员、戏剧导演、作曲家、乐队指挥和室内装潢人员等
社会型(S)	喜欢帮助别人、与人合作,热情关心他人,愿意帮助别人解决困难	教师、社会工作者、心理咨询师和服务性行业人员等
企业型(E)	喜欢领导和支配别人,或善于为了达到个人或组织的目的而去说服别人,喜欢成就一番事业	商业管理者、律师、政客、营销人员、市场或销售经理、公关人员、采购员、投资商、电视制作人和保险代理员等
常规型(C)	喜欢处理数据,喜欢固定的、有秩序的工作或活动,希望确切地知道工作的要求和标准,愿意在一个大的机构中处于从属地位	会计师、银行出纳、行政助理、秘书、档案文书管理员和税务专家等

霍兰德提出职业兴趣理论六边形模型(图 12-3)用来解释六种人格类型之间的关系,在该模型中,任何两种人格类型之间的距离越近,其职业环境及人格特质的相似性就越高,一致性也就越高。如企业型和社会型是最邻近的类型,他们相似性很高,都喜欢与人打交道,只是打交道的方式不同而已。

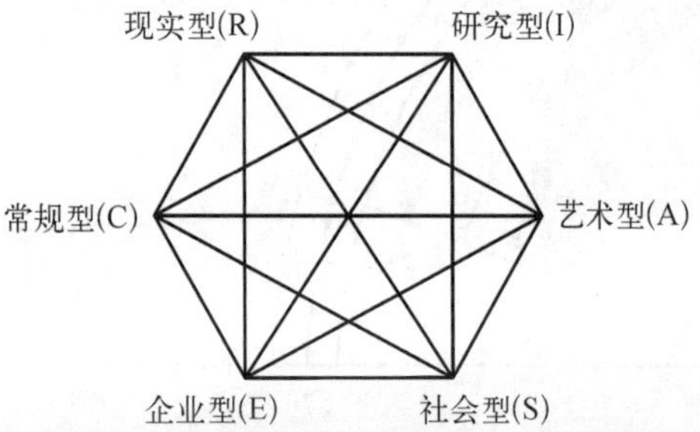

图 12-3 霍兰德职业兴趣理论六边形模型

霍兰德职业兴趣理论结构完整,清晰易懂,编制的问卷具有实用价值,是大学生职业生涯规划的重要理论和工具。

四、职业锚理论

"锚"是使船只停泊定位的铁制器具。20 世纪 70 年代美国麻省理工学院教授沙因(E. H. Schein)提出职业锚理论。所谓职业锚(career anchor)是指一个人在面临困难的职业选择时,所坚守、不放弃的内心深层次的价值观,是个人同工作环境互动作用的产物。个人以习得的实际工作经验为基础,与其在经验中自省的动机、价值观、才干相互作用,逐步整合形成的与职业相关的自我概念或职业定位。

沙因教授提出了八种职业锚类型(表 12-3),即技术/职能型、管理型、自主/独立型、安全/稳定型、创造/创业型、服务/奉献型、挑战型和生活型等。

经过多年的发展,职业锚已成为许多个人职业生涯规划和公司人力资源管理的重要工具。个人在进行职业规划和定位时,可以运用职业锚理论思考自己已具有的能力,确定自己的发展方向,审视自己的价值观是否与当前的工作相匹配。只有个人的定位和需从事的职业相匹配,才能在工作中发挥自己的长处,实现自己的价值。尝试各种具有挑战性的工作，在不同的专业和领域中进行工作轮换，对自己的资质、能力、偏好进行客观的评价，是使个人的职业锚具体化的有效途径。对于企业而言，通过雇员在不同的工作岗位之间的轮换，了解雇员的职业兴趣爱好、技能和价值观，将他们放到最合适的职业轨道上去，可以实现企业和个人发展的双赢。

表 12－3　职业锚的八种类型

类　型	内　涵
技术/职能型（technical/functional competence）	追求在技术/职能领域的成长和技能的不断提高，以及应用这种技术/职能的机会。他们对自己的认可来自他们的专业水平，他们喜欢面对来自专业领域的挑战。对技术/职能型的人来说，来自同行专业人士的认可比管理者的表扬更有价值。他们一般不喜欢从事管理工作，认为这意味着放弃他们在技术/职能领域的成就
管理型（general managerial competence）	追求并致力于工作晋升，倾心于全面管理，独自负责一个部分，可以跨部门整合其他人的努力成果，他们想去承担整个部分的责任，并将公司的成功与否看成自己的工作。具体的技术/职能工作仅仅被管理型的人视为通向更高、更全面管理层的必经之路
自主/独立型（autonomy/independence）	希望随心所欲安排自己的工作方式、工作习惯和生活方式，他们追求能施展个人能力的工作环境，最大限度地摆脱组织的限制和制约。自主/独立型的人倾向于基于以往成就晋升，希望从中获取更多的自主权。他们喜欢直接地表扬或认可，对他们而言，勋章、推荐信、奖品、证书等奖励方式比晋升和金钱更有吸引力
安全/稳定型（security/stability）	追求工作中的安全与稳定感，他们愿意从事可预见的职业。他们关心财务安全，如退休金和保险。安全/稳定型的人喜欢基于资历的提升方式，明确晋升周期的公开等级系统。他们希望因为忠诚和稳定的绩效而被认可，并希望得到稳定和连续雇佣的保证。尽管有时他们可以达到一个更高的职位，但他们并不关心具体的职位和具体的工作内容
创造/创业型（entrepreneurial creativity）	希望使用自己的能力去创建属于自己的公司或创建完全属于自己的产品（或服务），而且愿意冒险，并克服面临的障碍。他们想向世界证明公司是他们靠自己的努力创建的。他们可能正在别人的公司工作，但同时他们在学习并评估将来的机会。一旦他们感觉时机到了，他们便会自己走出去创立自己的事业
服务/奉献型（service/dedication）	服务/奉献型的人希望职业允许他以自己的价值观（如帮助他人、通过新的产品治愈疾病）影响其所在的组织或社会。他们对组织忠诚，希望得到基于贡献的、公平的、方式简单的薪酬。对服务/奉献型的人而言，比金钱更重要的是认可他们的贡献，给他们更多的权利和自由来体现自己的价值
挑战型（pure challenge）	喜欢解决看上去无法解决的问题、战胜强硬的对手、克服难以克服的困难和障碍等。对他们而言，参加工作的原因是工作允许他们去战胜各种不可能。新奇、变化和困难是他们的终极目标。如果事情非常容易，它马上变得非常令人厌烦
生活型（lifestyle）	喜欢允许他们平衡并整合个人、家庭和职业三方需要的工作环境。他们希望将生活的各个主要方面整合为一个整体。因此，生活型的人需要一个能够提供足够有弹性的职业环境

第三节　大学生职业生涯规划及择业中常见的心理困扰

职业生涯规划不是一蹴而就的，职业生涯规划的困境也是长期积累的结果。大学生在进行职业生涯规划时，会遭遇一些相似的心理困扰，如果不能得到及时恰当的调适，很可能会发展成为影响择业和成长的心理问题。

一、大学生职业生涯规划中常见的心理困扰

（一）规划意识淡薄，职业目标模糊

进入大学后，部分学生可能仍然沿袭了中学阶段的模式，只专注于专业课程的学习，尚未弄清大学学习不仅要求学生高度自律，重视专业课课程的学习，同时，对于职业、职业目标、通往职业目标的道路选择等，也是大学阶段需要思考的重要问题。然而，由于各种原因，大学生往往没有给予职业规划充分的重视，规划意识淡薄，职业目标模糊。部分学生考虑过今后的职业道路，但大多停留在较浅的层次上，对未来的成长缺乏

规划和思考,抱着"车到山前必有路"的心态。

(二)价值取向偏颇,自我认知不足

职业价值观即个体评价和选择职业的标准,这是个体在职业生涯规划中的一个重要问题。个体在进行职业生涯规划时,应当首先澄清自己内心深处的职业价值观,即进行职业选择时,你看重什么,什么是有价值的,然后审视自己对这个问题的回答。

案例 12-2

商人和渔夫

一个美国商人坐在墨西哥海边一个小渔村的码头上,看到一个渔夫划着一艘小船靠岸,船上有好几尾鱼。

商人问渔夫:"多长时间能抓这么多?"

渔夫说:"一会儿工夫就抓到了。"

商人接着问道:"你为什么不待久一点,多抓一些鱼?"

渔夫答:"这些鱼已经足够我一家人生活所需。"

商人又问:"那么你一天剩下时间干什么?"

渔夫解释:"我每天睡到自然醒,出海抓几条鱼,回来后跟孩子们玩一玩,再睡个午觉,黄昏时溜达到村子里喝点小酒,跟朋友们玩玩吉他,我的日子过得充实又忙碌。"

商人帮他出主意:"我是哈佛大学企业管理硕士,我可以帮你。你每天多花一些时间去抓鱼,到时候你就有钱去买条大一点的船,再抓更多的鱼买更多的船,然后你就可以拥有一支船队。接着,你可以自己开一家罐头工厂,你可以控制整个生产、加工处理和销售,然后你可以离开这个小渔村,搬到墨西哥城,再搬到洛杉矶,最后搬到纽约。"

渔夫问:"这要花多少时间呢?"

商人回答:"十五到二十年。"

渔夫反问:"然后呢?"

商人解释:"然后你就可以在家'躺平'啦,时机一到,你就可以宣布公司上市,把股票卖掉,到时候你就发财了。"

渔夫继续问:"然后呢?"

商人回答道:"然后你就可以退休啦,你可以搬到海边的小渔村去住,每天睡到自然醒,出海随便抓几条鱼,跟孩子们玩一玩,再睡个午觉,黄昏时,去村子里喝点小酒,跟朋友们玩玩吉他。"

渔夫很疑惑:"我现在不就是这样了吗?"

资料来源:宁致远.墨西哥渔夫[J].决策,2015(10):92.

不同的人对这个故事有不同的感受。即便是同一个人,处于不同的生命阶段,其对这个故事的解读可能也会有所差异。职业价值观因人而异,因时而异。但无论怎样,职业价值观是一个不断澄清和抉择的过程,更是一个塑造的过程。

(三)职业准备不够,实践能力缺乏

案例 12-3

忙与茫

小张的大学生活非常忙碌。平时没课时在学校的"菜鸟驿站"兼职,周末去市区的一家大型超市做促销员,还在一家酒店做婚宴的服务员,寒暑假还会去送快递。小张坦言,确实很辛苦,但是可以锻炼自己

的能力，还可以赚钱，值得。

紧张的兼职使得小张的学习略显吃力，但小张努力做到不挂科。小张说，虽然有迷茫，也知道学习很重要，但求职简历上不会出现成绩，这么丰富的实践经历倒是可以加分。

实践能力是职业准备的重要内容，但从职业生涯规划的角度，需要考虑实践内容与专业的融合。许多大学生为了增加就业竞争力，会选择通过做兼职来增加实践经验，如家教、促销员、快递员等；还有大学生会通过“考证”来增加筹码，如营养师、物流师、育婴师等。这些做法固然是在进行职业准备，然而相对来说缺乏方向性和系统性，侧重于量而忽视了质，甚至会因此影响专业学习，本末倒置。

二、大学生择业中常见的心理问题

（一）从众心理

选择职业，就是选择未来的发展和走向，大学生若能正确地选择职业，就能为未来的成功奠定良好的基础。因此，大学生应该把握机遇，争取迈好走向社会的第一步。然而，大学生的择业期望水平易受到其他择业者的影响而采取不切合实际的从众行为，再加上网络、媒体的不当宣传，容易误导学生忽视自身的特点与自我的创造性，在选择工作时举棋不定，缺乏主见，常为家长、同学的意见所左右，随波逐流。

（二）虚荣心理

学成从业、服务社会、实现自身价值是每一名大学生的愿望。但是由于每个人的生活环境、家庭背景以及能力和性格不同，所碰到的机遇不同，因此在择业目标、职业选择上并不具有可比性。然而，部分大学生攀比心较强，虚荣心理较重，在求职择业过程中，不从自身的特点、自身的能力和社会需要出发，盲目攀比，只把注意力集中在社会知名度高、地理位置优越、收入待遇较好的工作单位，不考虑所选单位是否适合自己，是否有利于自身的长远发展，不考虑自己的特点和专长，只追求找到一个让别人羡慕的工作单位。有的大学生不屑到基层工作，总想找到一份超过别人的“高大上”的工作，以为这样才能体现自身的价值，这种虚荣心理使得不少毕业生迟迟不愿签下录用合同，“我不能比别人差”“我不能不如人”，只求得一时的心理平衡，却未能充分考虑到自身价值的实现和长远的发展，错失了很多好的就业机会。

（三）自卑心理

自卑是大学生择业过程中常见的心理现象，是由于择业时遭受暂时性挫折而产生的轻视自己或低估自己能力的一种倾向，表现为畏惧择业、害怕面试等。大多数大学生在顺利地完成了学业以后，往往踌躇满志，总以为自己已具备了相当的实力，期盼着能在社会中大展宏图。然而，长期处在学校环境中的大学生，对外部世界不甚了解，对求职中可能遭遇挫折并无心理准备，一旦投递的简历被拒，便极易产生自卑心理，感到空前的失落和愧疚，自惭形秽，过低评价自己，对自己全盘否定，在择业中缺乏自信和勇气，不敢面对竞争。

（四）依赖心理

在择业过程中，部分大学生表现出缺乏主动参与意识和竞争意识，信心和勇气不足。在就业机会面前顾虑重重，不能主动地向用人单位展示自我、推销自我，依靠自身的努力去赢得竞争、赢得用人单位青睐，而是把希望寄托在“拉关系”“走后门”上面，有的甚至由家长出面与用人单位洽谈，殊不知，这样的结果恰恰会让用人单位对其产生缺乏独立意识及能力较差的印象。这类同学往往有“车到山前必有路”的想法，依赖心理严重，总是依赖他人、依赖家长，不愿发挥主观能动性，不愿承担起作为一名大学生应该也必须承担的择业义务。

（五）焦虑心理

部分大学生在择业过程中面对严峻的就业形势感到迷茫、焦虑和恐惧，尤其是来自贫困家庭、性格过于内向、有身心缺陷或者成绩较差的学生。焦虑心理不仅影响他们的学习和生活，也不利于顺利就业。少数学生由于过度焦虑，就业过程中一旦失败，就“躺平”，出现退行性行为，通过打游戏、上网、睡觉等行为来麻痹自己，或者找种种理由搪塞，表现为“慢就业”“懒就业”，最终错失就业良机。

第四节　培养大学生生涯规划素养和健康择业心理

一、理性认识职业自我

理性认识职业自我是客观分析和评估职业自我的前提。当具体到职业发展方面的问题时,最先想到的往往是"我喜欢什么?不喜欢什么?"这个喜好是评估职业自我的重要方面,但并非唯一方面。我真的喜欢吗?我为什么喜欢?我是不是能做好自己喜欢的工作?等,都是理性分析职业自我时要慎重考虑的。理性分析职业自我可以从六个方面进行(图12-4)。

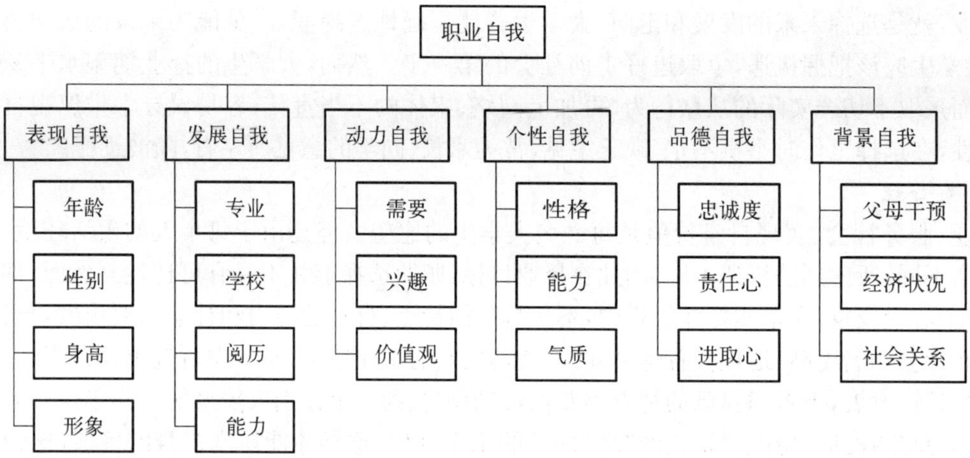

图12-4　职业自我评估的六个方面

职业自我的这六个方面位于不同的层次。有的处在最上面一层,如表现自我,探索起来也比较容易;有的则是相对深层的,对它们的探索需要借助一些工具,如动力自我、个性自我。还有一些尚未有相对成熟的探索工具,如品德自我,要在目前的条件下,对之进行探索,需要一些探索的角度、时间和阅历。可以看出,职业自我是一个内涵丰富、层次复杂的探索对象,因此需要综合多方面的探索手段。除了心理测量之外,职业实践、自我反省和他人评价也是理性认识职业自我的重要途径。

1. 职业实践　职业实践是指历时较长、较为系统的职场实地操作。职业实践不但可以帮助大学生对职场进行深入细致的了解,而且可以对职业自我的心理测量结果进行验证,还可能会发现一些之前未曾意识到的问题。比如,惊喜地发现自己的机械操作能力很强,而平时未曾有机会使用这样的能力;一直以为自己的人际交往能力不错,实际却发现并非如此。

职业实践中要积极地用脑用眼用心,在有限的时间内,尽可能体验更多,成长更多。职业实践可以说是大学生探索职业自我的最为直接有效的方法。

2. 自我自省　"吾日三省吾身"讲的是君子修为,其实更是个体了解自我、完善自我的必然有效手段。用现代语言来讲,个体尽量清晰地还原事件的客观面貌,考察自己在整个事件发展过程中的角色和行为,从中总结自己的成败得失,这就是自省。具体到职业自我的探索,也是如此。

比如,记录自己关于职业的发展历程,可以从以下几个方面进行描述和分析:① 我当时有什么雄心大志?最想做什么?② 我会立下这种志向,最主要是受到哪些事情或经验的影响?③ 我当时最崇拜什么人,为什么?④ 我最后选择了什么?放弃了什么?⑤ 我原本希望朝哪个方面发展?为何不能如愿?⑥ 假如时光可以倒流,我要如何改写历史?⑦ 我还有哪些心愿和梦想,仍然未能实现?

在此基础上,可以特别地进行个人成就史的分析:① 请至少找出五件在学习、工作或生活上的成就事例，每件事例都要记载时空背景，包括人物、地点，以及大略的发生时间，并做以下分析：发生了什么事？遭遇到哪些挑战？出现了哪些机会？这件事跟我有什么关系？如果没有我，结果会如何？我怎么解决问题？经过我的努力，取得了哪些成果？我从中得到了怎样的满足？② 找出这些成就事例的经历彼此是否都有共通之处——这才是重点所在。

自省的材料非常丰富，实际上，日常生活发生的每一件事情，如果你愿意，细究起来都很有意思。很多你无意识的选择、反应都是自我的真实、直接体现。但自省的关键之处在于，要时刻将其与职业、职业生涯、职业生涯发展联系起来，有针对性地思考、总结，从而达到探索职业自我的目的。

3. 他人评价　我是个怎样的人？适合怎样的工作？如果用此类问题询问亲朋好友，结果可能会很有趣。可能会有吃惊的第一反应：他们一点儿都不了解我！平静下来，又觉得他们说得似乎也有点儿道理。这就在一定程度上应了那句老话——“当局者迷，旁观者清”，很多时候的确如此。然后，我们可能会发现，这些亲朋好友的话也不尽相同，这也是正常的——有多少双眼睛，就有多少个角度。

有意识地与他人多交流，听取不同的人对自己、对某一件事情的评价，兼听则明，借别人的阅历实现自己的成长，这也是职业自我探索的有效途径。

职业自我的探索是一个漫长的过程，我们会不断地成长、不断地发现，职业实践也会不断地修正我们的看法。我们能够做的，就是坦然接受这一切——包括好的和不那么好的，然后积极地思考、行动。

二、客观认识工作世界

做合理的生涯规划，除了自我探索，还有一个很重要的部分就是了解工作世界，以及对趋势的判断和把握。工作世界包含工作的全部要素和意义，如工作的职责、内容和范围，工作中要使用的工具、技术，以及处理的人际关系等。关于工作世界，可以借助《中华人民共和国职业分类大典》，了解职业世界的层次和类型，同样可以通过不同年代的修订版看到职业的发展和趋势，如2015年版中记录的职业和1999年版相比，增加了9个中类，21个小类，新增347个职业，取消894个职业，2021年版首次尝试对与数字经济、数字技术等密切相关的职业进行研究分析。也可以借助标准职业分类系统（SOC）和“职业世界地图”来了解工作世界。

职业世界地图认为，每一个工作系列的位置是基于其首要的工作任务。总共有四种首要的工作任务：数据、观念、物、人。无论哪种职业，都需要或多或少地与上述几类对象打交道。但是主要对象及对于主要对象所要完成的任务是有差异的。有的职业需要更多地与人打交道，而有的需要更多地接触物体。同样是与人打交道，有的职业需要更多地进行指导、教育，而有的职业需要更多地进行接待、服务。我们需要了解意向性职业与各类对象打交道的比例，看看工作的主要对象是人、物还是数据、观念，同时也要了解面对各类对象的不同工作任务，分析与自己的职业兴趣是否吻合、能否发挥自己的特长。

通过掌握职业世界的宏观分类，可以了解职业分布的大致情况。但是，对于具体的求职而言，还要知道这些职业的具体内涵、这些职业所在的组织的微观结构等更深入的内容。对这些内容的深入进行了解和客观认识，调研必不可少。探索和了解职业世界的渠道有很多，总结起来是4个字：人、事、网、书。

1. 请教人　请教人是指请教专业教师、已毕业的师兄师姐，或找到感兴趣行业的前辈，参加校友、学友、协会、学会等社群活动，就行业现状与发展前景、日常职责、工作环境、工作时间、资质要求、发展空间、薪资收益、标杆人物、挑战与趋势以及建议和推荐等内容深入交流，获得资讯。其中，生涯人物访谈是最高效地收集信息的方式。

2. 尝试事　动手去做一些尝试，小范围验证。比如，参加社会实践、报名成为志愿者或者以见习和实习等方式，深入一线，身体力行，更好地感知和判断；也可以采用参访等方式去调研、了解企业和职业，通过直接经验来获取对工作世界的了解。

3. 搜索网　通过网络搜索来获取相关的职业信息。在大数据时代，要避免大数据推送的信息茧房，学会鉴别海量信息，并能提取自己真正需要的信息。我们既要注意信息的时效性、准确性和客观性，根据自己的需要判断信息的价值，又要学会对信息进行分类和整理，有序整合，便于以后查找和使用。其中，招聘网站是了解岗位和职业信息的有效渠道，如智联招聘、前程无忧、中华英才网等，通过其行业和职业的搜索功能查看职位的具体职责、应聘要求等。此外,“丁香园”“医护知音”等相关视频号、公众号也是不错的信息渠道。

4. 阅读书　通过查阅介绍行业、职业的书、报刊和杂志,阅读人物传记,也是了解工作世界的重要途径。但要注意书的出版时间和文章的发布时间,现在5年以上的信息可能就失去参考价值了。人物传记的故事一定有历史烙印,所以阅读时需要辩证吸取。

三、提高自身能力

积极进行内部和外部探索,抓住每一个机会去学习和成长,整合每一次经历和收获,这不仅是成长的必经之路,也是构建合理的职业能力结构的有效途径,更是在各项激烈的竞争中脱颖而出的“法宝”。

(一) 一定的专业素质

具备一定的专业素质是获得工作的前提,也是职业生涯发展的重要基础。从内容上来看,专业素质可以分为专业知识和专业技能。专业知识主要是指专业学科的理论及相关知识;专业技能主要是指应用专业知识解决专业领域内实践问题的能力。部分大学生在专业素质的培养过程中,对于专业理论知识的掌握不牢,忽视了专业知识与工作实践之间的联系,造成专业技能的欠缺。因此,注重自身专业素质的提高,是在求职准备阶段最重要和最核心的任务。

(二) 良好的核心技能

核心技能也称通用技能或关键技能,是指用于多种职业场景的基础能力,核心特征是可迁移性和普适性,是个人职业发展和终身学习的基础。英国早在20世纪70年代末就提出了核心技能的概念,即人们在教育或工作等各种不同的环境中学习和培养的通用的、可迁移的技能,是人们在职业生涯甚至日常生活中所必需的,并能体现在具体职业活动中的最基本的技能,具有普遍的可适用性和广泛的可迁移性。核心技能分为沟通、数字的运用、信息技术、与他人合作、提高学习能力与增进绩效、解决问题六种技能。其中前三种属于“主要的”或“硬的”技能,后三种属于“更广泛的”或“软的”技能。下面重点介绍沟通技能和与他人合作技能。

1. 沟通技能　沟通技能指一个人与他人有效地进行沟通信息的能力,其中最重要的是同感倾听和真诚表达。

同感倾听,也称共情,指一个人可以设身处地体验感受另一个人的内心活动,与之产生思想与情感上共鸣的能力。同感倾听要求一个人全神贯注地倾听对方讲话,竭力从对方的角度考虑问题,并领会其喜、怒、哀、乐,并予以复述、确认和反馈。运用同感倾听,要学会“停、看、听”,即当对方说话时,暂停手中正在进行的工作,注视对方,为对方提供表达感受的时间和空间;仔细观察对方说话时的面部表情和肢体动作;倾听对方的内容,不要急于评论和判断;待对方说完后再将接收到的信息反馈给对方,这样既可以澄清是否存在误解,同时也可使对方感到被了解和尊重。

我们不仅需要同感倾听来表达对他人的接纳和尊重,也需要通过真诚的表达使对方了解我们的情感和思想。当别人的行为激起了我们的情绪时,我们可以采用“我的信息”的方式来与他人进行沟通。一般而言,表达“我的信息”的基本句式是“当你……我感到……因为……”也就是说,真诚的表达即用理性的语言描述感情的内容,通常包括三部分:描述行为(只描述而不评价),指出行为的后果,说出对这个行为后果的感受。例如,你没有跟我打招呼就用了我的电脑,我觉得很不舒服,有一种不被尊重的感觉。这样,对方感受到的就不是责备,也不会忙于辩解,而是会体谅到你真实的处境和感受,从而自发产生消除问题的动机。

2. 与他人合作技能　在今天这样一个讲求合作和共赢的社会,如果不善于借他人之力赢得共同发展,就很难取得成功。因此,理解团队的重要性并知道如何在一个团队中工作是现代工作者的重要技能。

(1) 集中精力:和其他成员一起把精力集中于团队的基本问题上,为了共同目标而努力。团队工作中的个人需要认真履行团队赋予的职责,全力以赴完成团队给自己设定的目标,任何逃避个人职责的成员都是不受欢迎的。在此基础上,优秀的团队成员还会关心其他成员的工作,给予支持或反馈。当自己确实有重要的个人事情需要处理时,应提前和团队领导及其他成员坦诚交流,解释自己所面临的情况,并提出建设性意见。

(2) 坦率处理冲突并愿意妥协:学习用建设性、双赢的方式处理冲突。要坚持自己认为十分重要的事情，但不必每次讨论都坚持自己的看法。必须用团队的目标和利益来考虑问题，在尊重自己也尊重他人的情况下解决冲突，既要有坚持性也要有开放性。

（3）既重视结果也重视过程：团队的目标固然重要，但团队建设的过程也同样重要。举例来说，如果我们没有经过适当的讨论或无视意见的分歧而做出一项决策，即便结果有利，也是不妥当的。从长远考虑，在团队建设初期，要更为重视团队建设的过程而不是结果。如果团队能够形成一种富有建设性、充满活力的运作模式，将会给团队的发展带来巨大的潜力，团队的效能能够充分发挥，团队的能量才会真正大于个体之和。

四、正确对待挫折

大学生是一个承载社会、家长以及自身高期望值的特殊群体。自我定位比较高，成才期望强，这使得大学生在面临严峻的就业形势时遭遇到了前所未有的心理压力。这种压力随着年级的增高而日益积聚，在艰难的求职过程中爆发。如果不能及时恰当地进行调适，不但可能影响择业和就业，甚至可能影响正常的生活。因此，正确对待职业生涯规划中可能遇到的各种挫折，对于大学生健康成长、适应社会有着重要的现实意义。

1. 坦然悦纳，理性担当　挫折情绪没有好坏，要悦纳和宽容情绪的产生。同时，面对困难和挫折，不抛弃不放弃，迎难而上，才是一个成年人应有的负责任的态度。作为一个成年人，对自己负责，对自己的成长负责，不仅要做出选择，而且要承担各种选择带来的短期和长期后果。理性分析造成挫折的原因，如果是由于自己能力所限，那就及时调整目标；如果是策略失误，那就及时调整策略。客观结果已定，我们能够改变的只有主观的态度和行动。

2. 主动调节，善于求助　面对成长过程中总会遇到的困惑和困难，陪伴、倾诉、休息和睡眠、自我放松与健康娱乐等，都是我们常用的一些自我调节与维护的手段。但如果我们的能力不足以解决问题，就要学会求助。当然，此处的求助不是投机，不是一遇到问题就请别人帮忙而自己无所作为；求助也不只是索取，在自己力所能及之时也要积极回应他人的求助。总之，在自力更生的同时，也要学会及时求助，借助他人和团队的力量，直面挫折，超越挫折。

拓展学习 12-3

大学生职业生涯规划常用方法

1. 五W分析法　指五个“什么”归零思考模式，即从探究自己具备什么样的特性开始，然后依次问下去，包括五个问题：

（1）我是谁？（Who am I?）：一一列出自己的优点和缺点。

（2）我想干什么？（What do I want?）：对自己职业发展的一个心理趋向做检查。每个人在不同阶段的兴趣和目标并不完全一致，有时甚至是完全对立。随着年龄的增长和经历的增多而逐渐固定，并最终锁定自己的终身理想。

（3）我能干什么？（What can I do?）：对自己能力和潜力做全面总结。一个人职业的定位最根本的还是归结于他的能力，职业发展空间的大小则取决于自己的潜力。对个人潜力的了解应从几个方面着手认识。

（4）环境支持或允许我干什么？（What can support me?）：包括客观和人为主观两方面。客观主要包括本地的各种状态，如经济发展、人事政策、职业空间等；人为主观方面包括同事关系、领导态度、亲戚关系等。

（5）自己最终的职业目标是什么？（What can I be in the end?）。

回答这五个问题，找到他们的最高共同点，就有了职业生涯规划。

具体做法是将前四个问题答案分别写在四张纸上，然后把四张纸和第五张空白纸一字排开，认真比较第一张到第四张纸上的答案。将内容相同或相近的答案用一条横线连起来，这样将得到几条连线，其中不与其他连线相交又处于最上面的线所指向的内容,就是职业生涯的方向。

2. SWOT 分析法　SWOT 分析法是由四个英文单词的首字母组成的分析方法,是基于个体内外竞争环境和竞争条件下的态势分析,就是将与研究对象密切相关的各种主要内部优势、劣势,外部的机会和威胁等通过调查列举出来,并依照矩阵形式排列,然后用系统分析法,把各种因素相互匹配起来加以分析,从中得出一系列相应的结论。

(1) S 代表优势(strength):与竞争对象相比优秀、出色的方面。如性格果断、意志力坚强、知识丰富等。

(2) W 代表劣势(weakness):与竞争对象相比处于落后的方面。如工作经验不足、不擅长人际交往等。

(3) O 代表机会(opportunity):有利于职业选择和职业发展的一些机会。如离职留下的职位空缺、新的政策支持等。

(4) T 代表威胁(threat):存在潜在危险的方面。如出现新的竞争对手、所学专业不再适应市场变化新需求等。

SWOT 分析法的步骤:首先评估自己的优势和劣势;然后找出机会和威胁,最后做出未来发展规划。

3. 平衡决策单　平衡决策单是在面对职业决策时系统分析每一个可能选项,从而判断执行各个选项的利弊得失,然后依据其利弊得失的加权计分排定各个选项的优先顺序,以执行最优先或偏好的选项。

运用平衡决策单遵循如下步骤:

(1) 列出可能的职业选项:将各种生涯选择项水平排列在决策平衡单的顶部。

(2) 确定影响职业选择的因素:在平衡单的左侧,垂直列出在"自我物质方面的得失""他人物质方面的得失""自我精神方面的得失"和"他人精神方面的得失"四个方面的重要价值观和考虑因素。

(3) 对各项考虑因素进行加权计分:给各种价值观或因素按 1～5 的等级分配权重。一项价值观或因素的重要性越大,它的权重就越高。5 为最高权重,代表"非常重要",1 代表"最不重要"。对自我需求和价值观的准确了解,是分配价值观和考虑因素指定权重的前提。

(4) 计算出各个职业选项的得分:根据各项生涯选择满足个体价值观和考虑因素的程度进行打分。分值在"—5"到"5"之间,其中"5"表示"价值观和考虑因素在该生涯选择中得到了完全的满足","0"表示不知道或无法确定,而"—5"表示"价值观和考虑因素完全未能得到满足"。

(5) 排定各个职业选项的优先顺序:将各项生涯选择的得分与各项价值观或考虑因素的权重相乘进行计分,将结果记录在相应的空格内。将每一选择下所有的正负积分相加,得出总分。对所有总分进行比较和顺序。

资料来源:方伟.大学生职业生涯规划咨询案例教程[M].北京:北京大学出版社,2008:232-234.

【思考题】

(1) 回想自己的成长经历,谈谈自己做过的规划,以及这些规划与职业生涯规划的差别。

(2) 根据生涯发展理论,谈谈大学生应该如何开展生涯规划。

(3) 结合身边同学实际,想想大学生职业生涯规划中常见的心理问题。

(王胜男　赵海钧)

本书主要参考文献

阿比盖尔·A·贝尔德.心理学.宋玉萍，译.北京：中国人民大学，2014.

埃米尔·库艾.心理暗示力.方舟，译.北京：中国华侨出版社，2013.

安德鲁·J.杜布林.人际关系——职业发展与个人成功心理学：原书第10版.姚翔，陆昌勤，等译.北京：机械工业出版社，2015.

伯格.人格心理学：原书第8版.陈会昌，译.北京：中国轻工业出版社，2014.

博克，袁著，蒋永强.拖延心理学.陆正芳，译.北京：中国人民大学出版社，2009.

陈良，张大均.情绪调节策略对大学生职业决策的影响.北京：科学出版社，2014.

陈琦，刘儒德.当代教育心理学.第3版.北京：北京师范大学出版社，2019.

陈选华，王军.放飞理想——大学生心理健康教育课程.合肥：中国科学技术大学出版社，2008.

陈泽河，苗成彦.创造个性教育.北京：中国石油大学出版社，2007.

程玮.大学生心理教育与发展.北京：科学出版社，2008.

戴维·迈尔斯.社会心理学：原书第11版.侯玉波，乐国安，张智勇，等译.北京：人民邮电出版社，2016.

方伟.大学生职业生涯规划咨询案例教程.北京：北京大学出版社，2008.

冯维.青年心理学.重庆：西南师范大学出版社，2016.

顾雪英.当代大学生职业生涯规划.北京：高等教育出版社，2011.

郭念锋.心理咨询师(基础知识).北京：民族出版社，2015：172.

郝伟，陆林.精神病学.第8版.北京：人民卫生出版社，2018.

胡谊，张亚，朱虹.大学生心理健康教育.上海：华东师范大学出版社，2019.

黄希庭等.健全人格与心理和谐.重庆：重庆出版社，2010.

霍华德·S.弗里德曼，米利亚姆·W.舒斯塔克.人格心理学——经典理论和当代研究：原书第6版.王芳，等译.北京：机械工业出版社，2011.

科尔·因克森.理解职业生涯.高中华，译.北京：中国轻工业出版社，2011.

乐国安.社会心理学.第3版.北京：中国人民大学出版社，2017.

李小薇.大学生心理健康教育.北京：北京师范大学出版社，2017.

李小薇，潘亚姝，朱丽芬.大学生心理健康教育.北京：北京师范大学出版社，2017.

李占江.临床心理学.北京：人民卫生出版社，2014.

李中斌.情绪管理.大连：东北财经大学出版社，2015.

理查德·K.詹姆斯，伯尔·E.吉利兰.危机干预策略：原书第7版.肖水源，周亮，等译.北京：中国轻工业出版社，2018.

理查德·格里格，菲利普·津巴多.心理学与生活：原书第19版.王垒，等译.北京：人民邮电出版社，2016.

励骅.大学生心理学.合肥：合肥工业大学出版社，2011.

刘苍劲.新时期大学生心理健康教育实效性研究.北京：北京师范大学出版社，2017.

刘国秋.大学生心理健康教育.济南：山东人民出版社，2013.

刘盛贤，赵岚.大学生心理调适与发展.北京：高等教育出版社，2012.

刘新民.变态心理学.第2版.北京：人民卫生出版社，2013.

刘志国.身边的心理故事：大学生心理健康教育读本.重庆：重庆大学出版社，2015.

陆卫明，李红.现代人际关系心理学.西安：西安交通大学出版社，2013.

罗伯特·斯莱文.教育心理学——理论与实践：原书第10版.吕红梅，姚梅林，等译.北京：人民邮电出版社，2016.

罗传琳，李媛媛，刘肇瑞，等.精神分裂症、抑郁症、双相障碍患者自杀风险比较及相关因素.中国心理卫生杂志，2024，38(1)：1-8.

洛克.把握你的职业发展方向.钟谷兰，等译.北京：中国轻工业出版社，2006.

马丁·塞利格曼.真实的幸福.洪兰,译.沈阳:万卷出版公司,2010.
马伟娜,姚雨佳.自动情绪调节的理论与实证研究.上海:华东师范大学出版社,2016.
梅宪宾.大学生心理健康教育.长春:吉林大学出版社,2011.
彭聃龄.普通心理学.第4版.北京:北京师范大学出版社,2012.
皮连生.教育心理学.第4版.上海:上海教育出版社,2011.
全国高等学校学生信息咨询与就业指导中心.大学生职业发展与就业指导.北京:高等教育出版社,2009.
桑德洛克.心理调适.王建中,等译.北京:高等教育出版社,2008.
宋宝萍.大学生积极心理健康教育——理论与实践.西安:西安电子科技大学出版社,2018.
孙宏伟.心理危机干预.第2版.北京:人民卫生出版社,2018.
王高亮,李侠.大学生心理健康教育.北京:北京工业大学出版社,2010.
王丽焕,张录全,肖建伟.大学生心理健康教育教程.北京:对外经济贸易大学出版社,2012.
王淑兰.大学生心理健康教程.西安:世界图书出版社,2008.
王伟.人格心理学.第2版.北京:人民卫生出版社,2013.
王文科.生命教育概论.广州:广东高等教育出版社,2008.
王秀阁.大学生人际交往理论与方法.北京:人民出版社,2012.
王哲,贾楠.现代大学生心理健康教育.北京:机械工业出版社,2012.
沃特·谢弗尔.压力管理心理学:原书第4版.方双虎,等译.北京:中国人民大学出版,2009.
吴增强.学习心理辅导.上海:上海教育出版社,2006.
伍尔福克.教育心理学:原书第10版.何先友,等译.北京:中国轻工业出版社,2008.
武伟丽,冀紫阳,张清清,等.首发未治疗抑郁障碍患者快感缺失与自杀意念的关系.中国心理卫生杂志,2024(5):383-387.
向群英,唐雪梅,赖芳.大学生心理素质教育与训练.北京:科学出版社,2010.
许国彬.高校学生心理教育与咨询.北京:科学出版社,2012.
严万森,王加好.大学生心理健康教育.北京:北京大学医学出版社,2015.
杨世昌.大学生心理健康教程.北京:科学出版社,2011.
杨小丽,孙宏伟.大学生心理健康教育.北京:科学出版社,2017.
杨秀君.心理素质训练.上海:上海交通大学出版社,2010.
姚本先,王道阳.大学生心理健康教育.第3版.合肥:安徽大学出版社,2019.
姚萍.大学生心理健康与咨询.北京:北京大学出版社,2010.
姚树桥,杨彦春.医学心理学.第6版.北京:人民卫生出版社,2013.
俞国良.社会心理学前沿.第3版.北京:北京师范大学出版社,2016.
约翰·麦克劳德.心理咨询导论:原书第4版.夏颖,刘凤至,等译.上海:上海社会科学院出版社,2019.
曾红媛,何进军,陈龙图.大学生心理健康教育.上海:复旦大学出版社,2013.
张大均.教育心理学.北京:人民教育出版社,2011.
张大均.学生心理健康教育.北京:科学出版社,2010.
张纪梅.大学生心理健康教育.北京:人民卫生出版社,2010.
张俊主.大学生情绪智力与心理健康.太原:山西人民出版社,2008.
张强,杨惠琴,赵文,等.心动力、新起点——大学新生心理适应.北京:科学出版社,2015.
张松.大学生心理健康教育.武汉:武汉大学出版社,2012.
张信容.当代大学生心理健康教育.北京:中国铁道出版社,2011.
张雪琴.大学生心理发展与调试.北京:中央编译出版社,2011.
章志光.社会心理学.第3版.北京:人民教育出版社,2015.
赵丽琴.大学生心理健康指南.北京:高等教育出版社,2010.
郑日昌.心理与教育测量.第3版.北京:人民教育出版社,2015.
中共重庆市委教育工委.让心灵追上人生的脚步——大学生心理成长导引.重庆:西南师范大学出版社,2016.
钟谷兰,杨开.大学生职业生涯发展与规划.第2版.上海:华东师范大学出版社,2016.
周文生,唐磊.大学生心理健康教程.北京:化学工业出版社,2010.